21 世纪全国高校民政类规划教材

U0369882

社会福利机构经营与管理

主　编　任　波　周良才

参　编　赵淑兰　胡尹慧　蒋传宓

　　　　卢　霞　李飞虎

主　审　张　新

北京大学出版社
PEKING UNIVERSITY PRESS

内 容 简 介

本书对当今我国社会福利机构经营与管理的基本概念、基本理论、发展现状、操作规程及改革发展方向进行了全面、系统的梳理。

全书共分为11讲40个讲题。第1讲介绍社会福利与社会福利机构的基础知识,使学习者对社会福利及社会福利机构有一个基本的认知。第2～3讲主要讲述发展社会福利机构的基本理论,为学习者将来从事社会福利机构经营与管理工作打下坚实的理论基础。第4～7讲分别介绍社会福利机构的申办与建设、社会福利机构的外部管理、内部管理及服务规范,这4讲内容是当今我国社会福利机构经营与管理的主要内容。第8～10讲分别介绍社会福利机构经营与管理的有关政策法规、管理艺术及对突发事件的应对与处置。第11讲运用具体的案例阐述社会福利机构的经营与管理。

本书主要供社会福利企事业单位管理与服务人才培训使用,也可作为高校民政类和社会工作类专业教材使用。

图书在版编目(CIP)数据

社会福利机构经营与管理/任波,周良才主编.—北京:北京大学出版社,2014.9
(21世纪全国高校民政类规划教材)
ISBN 978-7-301-24028-1

Ⅰ.①社…　Ⅱ.①任…②周…　Ⅲ.①社会福利－组织机构－管理－研究－中国
Ⅳ.①D632.1

中国版本图书馆 CIP 数据核字(2014)第 047431 号

书　　　　名:社会福利机构经营与管理
著作责任者:任　波　周良才　主编
策 划 编 辑:胡伟晔
责 任 编 辑:陈斌惠　王慧馨
标 准 书 号:ISBN 978-7-301-24028-1/C・0995
出 版 发 行:北京大学出版社
地　　　　址:北京市海淀区成府路 205 号　100871
网　　　　址:http://www.pup.cn　新浪官方微博:@北京大学出版社
电 子 信 箱:zyjy@pup.cn
电　　　　话:邮购部 62752015　发行部 62750672　编辑部 62765126　出版部 62754962
印 刷 者:北京富生印刷厂
经 销 者:新华书店
　　　　　　787 毫米×1092 毫米　16 开本　18.5 印张　373 千字
　　　　　　2014 年 9 月第 1 版　2014 年 9 月第 1 次印刷
定　　　　价:42.00 元

本书为民政部 2013 年度福利彩票公益金社会福利企事业单位管理人才培养支持项目成果

编 委 会

主任委员：

包丰宇　　　民政部人事司（社会工作司）司长

副主任委员：

甄炳亮　　　民政部人事司（社会工作司）副司长

任　波　　　重庆城市管理职业学院党委书记，教授

委员：

杨凤欣　　　民政部人事司（社会工作司）人才工作处处长

张　新　　　重庆城市管理职业学院党委副书记，教授

周良才　　　重庆城市管理职业学院社会工作学院院长，教授

陈利荣　　　重庆城市管理职业学院继续教育学院副院长

赵淑兰　　　重庆城市管理职业学院社会工作学院副教授

胡尹慧　　　重庆城市管理职业学院社会福利教研室主任

前　言

随着我国经济社会的不断发展，传统的福利制度已不适应社会发展的需要。社会进步和对社会公平的追求及居民对社会化福利需求的持续增长，使各种社会福利成为现阶段建设有中国特色社会保障体系的重要内容。在这一大背景下，大批社会福利机构如雨后春笋般涌现出来并蓬勃发展，这为我国社会福利事业的发展注入了新的活力。但是，随着社会福利机构的快速发展及社会需求的不断更新，各类社会福利机构的经营与管理又出现了一系列的问题。其中，专业人才经营与管理水平不高是现阶段制约社会福利机构发展的严重问题，它严重影响了社会福利机构的生存与发展。

从某种意义上说，一个社会的文明程度往往最能从这个社会对待弱势群体的态度以及弱势群体的福利状况中反映出来。在社会财富日渐丰裕的当代，社会弱势群体的生存状态和生活质量受到了前所未有的高度关注。培养更多、更优秀的社会福利服务人才，提供丰富的社会福利产品，提高社会福利服务质量和效率，为有福利服务需要的社会各类人士特别是社会弱势群体提供专业化、职业化、社会化的优质福利服务，使全体社会成员共享社会文明与进步的成果，是历史赋予当代人的责任，更是我们民政社会工作相关教育工作者义不容辞的责任。为此，民政部西部民政社会工作培训中心（重庆城市管理职业学院）于2013年3月申请了民政部2013年度福利彩票公益金社会福利企事业单位管理人才培养支持项目。该项目旨在开发有针对性的专业培训教材，并面向中西部地区开展社会福利企事业单位管理与服务人才培训，从而推动社会福利事业专业人才队伍建设，促进中西部地区社会福利事业的快速健康发展。

本书以社会福利机构的经营和管理流程为主线，从申办到建设，从内部管理到外部管理，从服务规范到政策法规，从机构管理者管理艺术培养到突发事件应对能力的提升，系统地阐述了当代社会福利机构在经营和管理的过程中会遇到的种种问题以及应对的技巧。

本书由重庆城市管理职业学院党委书记任波与周良才教授共同担任主编，张新教授担任主审。编写工作的具体分工为：第1讲由周良才编写，第2、3讲由任波、赵淑兰编写，第4、8讲由蒋传宓编写，第5、7讲由卢霞编写，第6、9、10讲由胡尹慧编写，第11讲由李飞虎编写，重庆市民政局社会福利和慈善事业促进处处长江文波提供了部分案例素材。全书由周良才教授负责统稿。在编写过程中，陈王华、唐娇华与沈菊三位老师协助主编做了许多具体的工作。

在编写过程中，我们参考了许多同类著作和论文，吸收了原作者的建设性观点，并借鉴了不少精彩片段。在此，我们向他们表示感谢。同时，我们还要向为本书的出版付出大量辛勤劳动的北京大学出版社胡伟晔女士表示衷心的感谢！

需要特别说明的是，本书的开发与出版，得到了民政部 2013 年度福利彩票公益金社会福利企事业单位管理人才培养支持项目的经费支持。在此，谨向长期以来一直关心支持重庆城市管理职业学院发展的国家民政部及各级民政部门表示衷心的感谢！

由于编者水平有限，书中难免有不当之处，敬请读者批评指正。

编　者

2014 年 6 月于重庆大学城

目　　录

社会福利机构认知

学习（培训）目标

通过本讲学习（培训）：

1. 了解社会福利的基本概念与特征；

2. 掌握社会福利的功能与作用；

3. 学会分析社会福利与社会保障的关系；

4. 了解社会福利机构的概念、基本类型与中外社会福利机构的发展现状；

5. 掌握社会福利机构及社会福利机构社会化的主要特征；

6. 学会分析社会福利机构发展过程中存在的问题，并能提出解决问题的办法。

核心概念

社会福利　社会保障　社会福利机构

本讲概览

本讲主要学习（培训）任务是社会福利机构的基本概念与特征。教师通过运用案例分析、知识讲授、分组讨论、读书指导等教学方法，对中外社会福利机构进行介绍，让学生（学员）认知中外社会福利机构，了解当前国内外社会福利机构的发展现状，学会分析我国社会福利机构在发展过程中存在的问题，进而提出解决问题的方法与未来改革的思路。具体内容包括：社会福利的内涵，社会福利机构的基本类型，社会福利机构的特征以及中外社会福利机构的发展现状等。

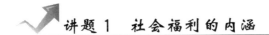

导入案例

　　胡锦涛在中国共产党第十八次全国代表大会报告中指出，社会保障是保障人民生活、调节社会分配的一项基本制度。要坚持全覆盖、保基本、多层次、可持续方针，以增强公平性、适应流动性、保证可持续性为重点，全面建成覆盖城乡居民的社会保障体系。改革和完善企业和机关事业单位社会保险制度，整合城乡居民基本养老保险和基本医疗保险制度，逐步做实养老保险个人账户，实现基础养老金全国统筹，建立兼顾各类人员的社会保障待遇确定机制和正常调整机制。扩大社会保障基金筹资渠道，建立社会保险基金投资运营制度，确保基金安全和保值增值。完善社会救助体系，健全社会福利制度，支持发展慈善事业，做好优抚安置工作。建立市场配置和政府保障相结合的住房制度，加强保障性住房建设和管理，满足困难家庭基本需求。坚持男女平等基本国策，保障妇女儿童合法权益，积极应对人口老龄化，大力发展老龄服务事业和产业。健全残疾人社会保障和服务体系，确实保障残疾人权益，健全社会保障经办管理体制，建立更加便民快捷的服务体系。

（资料来源：新华网，2012 年 11 月 8 日）

讲题 1　社会福利的内涵

一、社会福利的界定

　　社会福利是一个与福利有着紧密联系的社会学名词，可以将它看成是"社会"与"福利"的合成词。至于什么是社会福利，对此有多种回答，从现有的资料来看，各方面对"社会福利"一词主要有 5 种不同的理解。一是"社会政策"研究中的社会福利概念，大致与社会资源同义，它包括一切有形无形的收入、财产、安全、地位、权利等。而所谓的"社会政策"是"将我们在社会福利的生产、分配与消费中的社会的、政治思想的和制度的内容，放入一个我们所期望达到的具有活力的道德与政治结合的标准框架中进行的探索"。这种对社会福利的界定是各种看法中意义最为宽泛的一种。二是针对市场经济带来的不公正所采取的一切维护社会公平的制度和措施，大致与目前使用的"社会保障"一词同义。按照这种理解，"社会保障"是社会福利的一部分而不是相反的。"社会保障"是实现"社会福利"的一种手段，它的资金来源于专门的社会保障税的收入，而社会福利的资金则来自一般的国家财政。三是一切形式的由政府、社会、单位和他人提供的高于基本生活水平的经济、政策和服务保障，在词义上与社会救助、社会保险相对应，指享受型而非生存型的社会利益。我国理论界所谓的"现代社会保障体系"，在含义上正是指这个意义上的社会福利和社会救助、社会保险等三大部分或三大支柱。四是由政府和社会提供的一切低于或高于基本生活水平的经济收入、政策扶持和服务保障等。以我国目前的政策为例，除了指通过民政部门提供的针对老年人、残疾人、孤儿、优抚对象的收入保障、政策优惠、福利服务以外，还包括建设、教育、卫生、司法部门提供的住房、教育、医疗、司法方面的救助以及工会、妇联、共青团等社会团体采取的保护弱势群体的各种措施和服务等。五是民政部门代表国家提供给弱势老人、残疾人、孤儿和优抚对象的收入和服务保障，保障标准主要是维持其基本生活。近年来，随着社会福利社会化的推进，也提供高出基本生活水平以上的个人付费的服务保障。这种社会福利定义在含义上最为狭隘，因此也有人直接称这种意义上的社会福利为民政社会福利。本书所说的社会福利，是指上述第五种理解上的社会福利。

特别需要说明的是，现在大多数欧美国家是从广义的角度来理解社会福利的，即将社会福利理解为由政府举办和出资的一切旨在改善人民物质和文化、卫生、教育等生活的社会措施，包括政府举办的文化、教育和医疗卫生事业、城市住房事业和各种服务事业以及各项福利性财政补贴。广义的社会福利覆盖的对象是全体国民，提供的福利既包括物质生活方面，也包括精神生活方面。20世纪20年代，英国经济学家庇古创立"福利经济学"，在理论上把"福利"区分为"社会福利"和"经济福利"。"社会福利"是指由于对财物的占有而产生的满足，或由于其他原因（如知识情感、欲望等）而产生的满足，涉及"自由""友谊""正义""家庭幸福""精神愉快"等，是广义的"福利"。而"经济福利"则是"社会福利"中能够用货币衡量的部分，它对社会福利有决定性的影响，是狭义的福利。庇古主张通过转移性支付和收入均等来增加社会福利。"福利经济学"的创立使"福利"这个概念广为流传，并逐渐被一些西方国家政府接受为一项社会政策。第二次世界大战后，西方的福利理论进一步发展成"福利国家"论，自英国开始，发达的工业化国家纷纷宣布建成了"福利国家"，它们的国民可以享受从摇篮到坟墓的普遍福利，社会福利成了最高层次的社会保障。

在通常情况下，我国则是从狭义的角度来理解社会福利的，即将社会福利理解为民政部门代表国家提供给弱势老人、残疾人、孤儿和优抚对象的收入和服务保障。在我国，各级民政部门是社会福利的主管部门，它主管的社会福利主要有三大项：老年人社会福利、儿童社会福利与残疾人社会福利。

二、社会福利的特征

（一）保障内容的福利性

社会福利是由国家和社会团体为改善国民的物质和文化生活条件，提高国民生活质量而兴办的公共福利设施、社会津贴、社区服务等，这些形式的福利是由国家或社会免费或优惠提供的，具有明显的福利性。因此，社会福利也有"社会工资"的美称，特别是在英国及北欧等福利型国家里，社会福利已成为人们生活中不可或缺的"工资"的重要组成部分。

（二）水平的不可逆性

社会福利是工业化与都市化的产物，是现代社会对贫困等社会问题的制度性回应，基本功能是通过满足变迁中的社会需要与人类需要，达到缓解社会冲突与解决社会问题的目的。一般来说，社会福利的水平具有不可逆性。也就是说，社会福利的水平只能逐渐提高，不能降低。如果出现降低的情况，就会遭到人们的普遍反对，甚至影响整个社会的稳定与发展。

（三）权利与义务的不对等性

一般来说，社会福利表现出权利与义务的不对等性，也就是说人们在享受社会福利时无须贡献什么，限制性条件也非常少，最多是规定必须是该国或该团体的成员。在这一点上，社会福利与社会救助和社会保险都有较大的区别。众所周知，社会救助的享受条件是享受人自己提出申请且要经过家庭经济状况的调查，在确认其生活状况低于社会贫困线后，才有资格享受社会救助。社会保险的享受条件是先参保且满一定的期限，达到一定的年龄或其他规定条件后，方能得到保险给付，权利和义务在社会保险中基本上是对等的。

（四）实现方式的多样性

人们的生活需求是多方面的，不仅需要经济收入保障，而且需要各种社会服务，这就决定了社会福利的实现方式也应是多种多样的。特别是对社会上的老、弱、病、残等弱势群体来说，经济收入保障固然重要，而服务保障同样是不可缺少的。如果没有福利服务保障，他们即使有了钱，也有可能陷入生活困境之中。因此社会福利不仅要注重资金保障，还要特别注重发展各种形式的福利性服务保障，并通过动员社会成员的广泛参与，使自助—互助式的社会福利服务成为提高社会生活质量的有效手段。社会福利服务既能改善人们的生活条件，又能改善人们的人际关系，它有利于健康和谐生活方式的建立，从而从根本上提高人们的社会生活质量。

三、社会福利的功能和作用

（一）提高国民生活质量

社会福利通过提供低费或者免费的福利待遇和提供现金补贴，使社会成员在收入不减少的情况下，提高生活待遇。随着社会化生产的发展和生产力水平的提高，劳动者创造的财富越来越多，社会化生产的发展必然带来人们生活社会化程度的提高，许多原来属于个人的责任和家属的职能成为国家的责任和社会的职能，如儿童健康、老人保健、残疾人康复和就业、科学文化和教育事业的发展等，这些都需要国家为社会成员举办。国家通过财政税收的方式，将积累的财富通过举办各种社会福利事业，使社会成员共同受益，提高社会成员的物质生活水平。

（二）促进社会稳定

通过举办社会福利，可以对因竞争而产生的弱势群体进行补助和帮助，有利于针对不同保障对象的需求提供特殊的福利设施和服务，从而保护他们的基本权利，减少贫富差距和社会震荡，追求和维护社会公平，促进社会稳定。

（三）调控经济发展

从宏观层面讲，社会福利基金的积累，有利于增加市场上的货币供应量，促进消费，从而提高投资，保证国民经济平稳发展；从微观层面讲，社会福利的实施与完善，可以使企业摆脱年老、伤残等社会性负担，有利于企业优化劳动组合与人才合理流动，从而使企业作为市场经济主体能够集中精力从事生产经营，提高效率，增强企业活力和转换企业经营机制。

四、社会福利与社会保障的关系

在社会福利和社会保障的相互关系上，一直存在着不同的见解。华中农业大学文法学院田北海认为，与学者们对社会福利及社会保障的概念界定类别相对应，关于社会福利与社会保障的关系，大致可分为以下4种观点（见表1-1）。

表1-1　国内关于社会福利及其与社会保障关系的观点

社会福利定义	主要观点	社会保障定义	二者关系
剩余性狭义社会福利观	社会福利是疗救社会病态、预防或矫正社会问题的一种制度或手段	①广义的社会保障是指各种具有经济福利性的、社会化的国民生活保障系统的总称②狭义的社会保障是指国家和社会为满足社会成员的基本生活需要而提供的一系列物质帮助或制度保障	①社会福利∈社会保障②社会福利=低层次社会保障
制度性狭义社会福利观	社会福利仅限于保障社会成员的基本生活		社会福利=狭义社会保障
发展性狭义社会福利观	社会福利是社会保障的最高层次		①社会福利∈广义社会保障②社会福利=高层次社会保障
广义社会福利观	社会福利泛指一切为了满足人们日益增长的物质生活与精神生活需要而提供的社会服务与社会措施		①狭义社会保障∈社会福利②狭义社会保障=低层次社会福利③社会福利=广义社会保障

资料来源：田北海.社会福利概念辨析——兼论社会福利与社会保障的关系［J］.学术界，2008（2）

剩余性狭义社会福利观认为，社会福利是社会保障的一个子系统，而且在社会保障体系中处于较低层次。具体而言，社会福利是指由民政部门负责的为孤、寡、老、幼、病、残等社会弱势群体提供的用于满足其基本生活需要、维持最低生活水平的收入援助和服务保障。

制度性狭义社会福利观认为，社会福利等同于狭义的社会保障，即都是指国家或社会为满足社会成员基本生活需要而提供的一系列物质帮助与服务保障。

发展性狭义社会福利观认为，社会福利是广义社会保障的一个子系统，但与剩余性狭义社会福利不同的是，社会福利不是处于社会保障体系中的较低层次，而是处于社会保障体系中的最高层次。

广义社会福利观认为，狭义的社会保障是社会福利的一个子系统，而不是相反。而且，在社会福利体系中，社会保障处于较低层次。换言之，社会福利不仅要满足社会成员的基本生活需要，而且要"尽可能改善人们的物质文化生活，提高其生活质量以获取个人生活及能力的提升"。

在理解社会福利与社会保障的关系方面，我国通常将社会福利界定为社会保障的一个子系统。

思考题

1. 结合案例，谈谈你对社会福利的认识。
2. 简述社会福利的基本内涵与特征。
3. 谈谈社会福利与社会保障的异同。

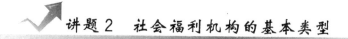

讲题2 社会福利机构的基本类型

一、社会福利机构的定义

社会福利机构是指国家、社会组织和个人举办的，为老年人、残疾人、孤儿和弃婴提供养护、康复、托管等服务的机构。

二、社会福利服务机构的主要类型

社会福利服务机构按服务对象可以分为老年人福利机构、残疾人福利机构和儿童福利机构。

（一）老年人福利机构

老年人福利机构是指由国家、社会组织和个人举办的，为老年人提供养护、康复、托管等服务的机构，包括老年社会福利院、养老院或敬老院、老年公寓、托老所和老年人服务中心等。老年人福利机构的宗旨是：以科学的知识和技能维护老年人基本权益，帮助老年人适应社会，促进老年人自身发展。

常见的老年人社会福利机构有以下几种。

（1）敬老院：是指在农村乡（镇）、村设置的供养"三无"（无法定抚养义务人，或者虽有法定抚养义务人，但是法定抚养义务人无抚养能力的；无劳动能力的；无生活来源的）"五保"（吃、穿、住、医、葬）老人和接待社会上的老年人安度晚年的社会养老服务机构，设有生活起居、文化娱乐、康复训练、医疗保健等服务设施。

（2）老年社会福利院：是指由国家出资举办、管理的综合接待"三无"老人、自理老人（日常生活行为完全自理，不依赖他人护理的老年人）、介助老人（日常生活行为依赖扶手、拐杖、轮椅和升降等设施帮助的老年人）、介护老人（日常生活行为依赖他人护理的老年人）安度晚年而设置的社会养老服务机构，设有生活起居、文化娱乐、康复训练、医疗保健等服务设施。

（3）养老院或老人院：是指专为接待自理老人或综合接待自理老人、介助老人、介护老人安度晚年而设置的社会养老服务机构，设有生活起居、文化娱乐、康复训练、医疗保健等服务设施。

（4）老年公寓：是指专供老年人集中居住，符合老年体能心态的社会养老服务机构。

（5）护老院：是指专为接待介助老人安度晚年而设置的社会养老服务机构，设有生活起居、文化娱乐、康复训练、医疗保健等服务设施。

（6）护养院：是指专为接待介护老人安度晚年而设置的社会养老服务机构，设有生活起居、文化娱乐、康复训练、医疗保健等服务设施。

（7）托老所：是指为短期接待老年人托管服务的社区养老服务场所，设有生活起居、文化娱乐、康复训练、医疗保健等服务设施，分为日托、全托、临时托等。

（8）老年人服务中心：是指为老年人提供各种综合性服务的社区服务场所，设有文化娱乐、康复训练、医疗保健等多项或单项服务设施和上门服务项目。

（二）残疾人福利机构

残疾人福利机构是指为肢体、智力、视力、听力、语言、精神方面有残疾的人员提供康复和功能补偿的辅助器具，进行康复治疗、康复训练，承担教育、养护和托管服务的社会福利机构。

残疾人福利机构的宗旨是：以科学的知识和技能维护残疾人基本权益，帮助残疾人适应社会，促进残疾人自身发展。

（三）儿童福利机构

儿童福利机构是指为孤、弃、残儿童提供养护、康复、医疗、教育、托管等服务的儿童社会福利服务机构，如儿童福利院、社会福利院、SOS 儿童村、孤儿学校、残疾儿童康复中心、社区特教班等。

儿童福利机构的宗旨是：以科学的知识和技能维护儿童基本权益，帮助儿童适应社会，促进儿童自身发展。

思考题

1. 简述社会福利机构的概念与类型。

2. 理论联系实际，谈谈你对社会福利机构的认识。

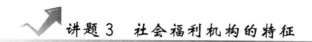
讲题3 社会福利机构的特征

一、社会福利机构的基本特征

社会福利机构作为以非营利为目的社会组织机构，与以营利为目的的社会机构相比，具有以下明显的特征。

（一）社会福利机构的目的是修补或预防个人与社会之间的关系

社会福利机构的目标是通过其运营活动所期望实现服务社会的状态，这也是社会福利机构存在的前提与社会意义。具体来讲，社会福利机构的目标是多元化的，可以从不同的角度去理解：从意识形态层面来看，它可以促进社会稳定、经济发展以及维护社会伦理道德；从具体操作层面来看，它的核心目标就是解决个人与社会之间的关系，从而满足人的现实需要。在现实生活中，不同问题产生的原因以及问题的表现形式是多种多样的，但其共同之处就是出现问题这部分人群与他们生活的环境之间出现了不适应的状态，造成了所谓的"社会边缘化"局面。社会福利机构的作用就是要帮助这些处于社会边缘的群体或者个人回到正常的生活轨道中来。当然，由于社会福利机构为实现其目标采取的手段与途径的不确定性，其结果也会出现不确定的局面。社会福利机构为老人、残疾人、儿童等提供服务，为他们创造积极的、支持性的社会环境，这些服务不仅包括物质帮助如社会保障与社会服务，也包括提供参与社会实践活动的机会。与此同时，也要看到社会福利机构的社会效应是抽象而非实体的，因此很难对其进行客观的评价。

（二）社会福利机构与其所处的环境是一种资源依赖关系

社会福利机构的合法性、技术支持以及所需的资金都来源于社会环境。首先，社会福利机构要得到政府部门或者专业组织以及社会公众对其认可才能建立和运行，否则它的存在就缺乏合法性。其次，社会福利机构的目标必须体现社会主流价值观，也就是说它的目标是社会大众达成共识的结果，并随着政治、经济以及意识形态的变化而变化。例如，在19世纪，在对待精神病患者、流浪儿童、贫困人群等弱势群体时，其服务目的主要是使他们不要去影响社会的主流生活，重在对他们的控制。因此，耻辱感、集中隔离和机构化成为当时社会福利机构服务的主要特征，这些反映了当时对社会弱势群体的认识以及对产生这种情况原因的理解，认为问题产生的主要原因就是由于个人原因造成的。福利国家的兴起虽然在一定程度上改变了人们对社会福利目标以及社会福利的看法，但在很多社会福利机构提供的社会服务内容中，社会照顾、社会康复以及社会控制成分仍然不太明确，是一个较为复杂的问题。再次，社会福利机构在解决社会问题时，使用的手段和方式不仅要体现社会各界的期望，同时又要代表管理者以及专业人员的想法。最后，社会福利机构的资金来源主要有政府直接拨款或通过合同购买服务、社会捐助、服务收费以及其他形式的第三方付款等。总之，社会环境一方面能决定社会福利机构的目标，另一方面也能决定社会福利机构所能使用的资金和人力。

（三）社会福利机构对社会环境中的资金依赖程度高，对服务对象依赖性小

社会福利机构对社会环境中的资金依赖程度高，对服务对象依赖性小直接导致在社会福利服务活动中存在官僚作风、冷漠、效率低以及浪费等现象存在，大多数公共的和非营利的社会福利机构所提供的服务都是无偿或低偿的，有时候甚至强迫服务对象接受其所提供的服务，带有强烈的施舍性，提供服务与接受服务的人群之间并不存在一种直接的交换关系，服务对象并不能像购买商品时那样有选择的权利。与此同时，福利服务的资源有限性使得社会福利机构提供的服务经常以直接提供的方式出现，但由于社会福利机构与其服务对象之间的不平等的供求关系的存在，因此在服务过程中出现一些矛盾便是不可避免的。社会福利机构的资金来源决定其为了自身的生存与发展的需要，在管理与运转过程中首要考虑的是资金提供者的要求，而将服务对象置于次要甚至是可以忽略的地位，为此，对服务过程的控制与服务质量的评估就成为社会福利机构组织管理中的一个重要因素。

（四）社会福利机构的从业人员主要由社会工作者构成

社会工作者产生于19世纪末，当时的慈善机构为改善服务而对其工作人员进行培训并称为社会工作者。所谓社会工作者，是专门以助人为职业的工作人员。作为以助人为宗旨的社会福利机构，它的原则是帮助他人从而使得人们能更加美好地生活。

（五）服务质量取决于工作人员的个人素质

社会福利机构工作人员的知识、技能、价值观念以及服务对象的配合程度都会体现在服务的过程中，从而影响服务质量。因此，工作人员的动机和投入是影响社会福利机构服务质量的重要因素，而且这些因素难以被有效控制。

二、社会福利机构社会化的主要特征

我国社会福利机构的改革是实现社会福利机构社会化的重要步骤。可以说，推进社会福利机构社会化的基本思路对于加快社会福利机构的发展同样适用，其特征包含以下几个方面。

（一）实现投资主体多元化、服务对象公众化、运行机制市场化、服务方式多样化和服务队伍的专业化与志愿者相结合

（1）投资主体多元化。指的是改变过去投资主体单一的状况，形成国家、集体、社会组织和个人的投资渠道，以多种所有制形式发展社会福利事业。

（2）服务对象公众化。是指要改变之前社会福利机构只面对"三无人员"、"五保户"、孤儿等传统服务对象的观念和方式，以有偿、抵偿和无偿相结合的方式，向老年人、残疾人、儿童以及其他有需求的社会弱势群体提供福利服务。

（3）运行机制市场化。指的是要改变计划经济条件下的管理方式和运行机制，按照产业化的思路和市场经济规律发展社会福利事业，建立市场化的运行机制，在注重社会效益的同时注重经济效益，使所有社会福利机构不仅能生存而且能够不断发展。

（4）服务方式多样化。指的是要利用家庭、社区福利服务网络和社会福利机构等载体，开展集中、分散、上门包户等方式的福利服务，形成社会福利服务的完整体系，满足不同人群、不同层次的需求。

（5）服务队伍的专业化与志愿者相结合。要通过专业教育和职业培训，为社会福利机构逐步建立起一支政治强、业务精、作风正的福利服务专业化队伍，通过倡议、发动、引导志愿者服务活动和建立"服务储蓄"制度等，不断壮大志愿者队伍，使志愿者服务制度化、经常化，建立起专业人员与志愿者相结合的福利服务队伍。

（二）从国情出发，建立以国家兴办的社会福利机构为示范，其他多种所有制形式的社会福利机构为骨干，社区福利为依托，居家供养为基础的社会服务网络

（1）以国家兴办的社会福利机构为示范。指的是国家举办的福利机构在运行机制、管理方式、服务水平、操作规范及硬件建设等方面发挥示范作用。

（2）以其他多种所有制形式的社会福利机构为骨干。指的是各种所有制形式的社会福利机构通过拓展服务领域、增加服务项目、提供优质服务，满足不同层次的福利服务需求，在社会服务体系中发挥骨干作用。

（3）以社区福利为依托。是指通过在社区修建一批福利服务的设施和网点，成立一定数额的中介性福利服务组织，形成一支福利服务的专兼职队伍，动员社区单位参与社会福利事业，使社区福利服务形成网络，并通过网络的有效运作，满足社区居民的各种福利服务需求。

（4）以居家供养为基础。是要坚持家庭在养老、助残、抚孤中的基础地位，通过道德教育、舆论宣传、制度规范和政策支持，最大限度地发挥家的福利服务功能和作用，不能因为推进社会福利机构社会化而将原本属于家庭的责任变由社会来承担。

（三）适应社会要求，建立政府宏观管理、社会力量举办、福利机构自主经营的社会福利事业管理体系

（1）政府宏观管理。是政府通过转变职能，减少直接举办、管理社会福利机构，不再对社会福利机构的日常运营进行干预，把主要心思用到有关社会福利政策法规、规章制度的制定上来，要制定规划，依法审批，不断总结、推广先进经验，同时要做好相应的服务工作以解决实际工作，为各类社会福利机构创造好的发展环境。

（2）社会力量兴办。是政府通过倡导、组织、支持和必要的资助，动员、引导和支持集体、个人、社会团体、各类单位等以多种形式捐助或举办社会福利事业，充分发挥社会中介组织在筹集社会资金、组织社会资源、提高服务质量、完善服务项目、规范服务行为等方面的积极作用，使社会力量成为社会福利的主体。

（3）福利机构自主经营。是各类社会福利机构实行实体化经营与管理，建立市场化运行体制，真正成为自主经营、自负盈亏、自我积累、自我发展的独立法人实体。

思考题

1. 简述社会福利机构的基本特征。
2. 简述社会福利机构社会化的主要特征。
3. 讨论社会福利机构社会化的可行性途径及社会意义。

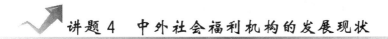

讲题 4　中外社会福利机构的发展现状

一、我国社会福利机构的发展现状

近年来，我国社会福利事业迅速发展，全国各地初步形成了以国家、集体兴办的社会福利机构为主体，以社区福利服务机构为依托，以社会举办的各种社会福利机构为新的生长点，以家庭自我保障为基础的具有中国特色的对特殊困难群体的社会保障网络和社会福利服务体系。

（一）收养性特殊社会福利机构稳步发展

特殊社会福利是社会福利制度最基本的组成部分，指的是国家和社会为丧失领导能力、无经济收入、无法定抚养人的孤老残幼以及家庭无力照顾的老年人、残疾儿童、精神病患者等社会特殊群体提供物质帮助和福利服务，维护其生活、教育、医疗和康复等方面的基本权利。目前，收养性特殊社会福利机构一直呈稳步发展态势，截至 2012 年年底，城市中的国有社会福利事业单位（包括社会福利院、儿童福利院、精神病福利院和各类康复中心）已达到 2168 所，总共收养城市"三无"对象和自费代养人员 21.6 万人，还有集体兴办的城镇敬老院、农村敬老院共 4.1 万多所，共收养 85.2 万多名城乡"五保"老人和少量自费代养老人，乡镇敬老院的覆盖率已达到了 85%。据不完全统计，近 10 年全国社会福利事业单位总支出在 100 亿元人民币以上。此外，我国儿童福利事业在设施建设和管理服务方面获得了巨大发展，早在 1999 年，就已完成了儿童福利事业机构的百院改造工程，使孤残儿童的保育水平大大提高，截至 2012 年年底，民政部在全国范围内开展的孤残儿童助医康复工程已为数千名孤残儿童进行了手术矫治和康复治疗。此外，我国还大力拓展儿童福利方面的国际交流与合作，取得了不错的成绩。

（二）社会福利事业社会化的探索更加深入

为了满足人民群众对社会福利的巨大需求，加快我国社会福利事业发展的步伐，早在 1986 年，民政部就提出了"社会福利社会化"的工作思路，经过 28 年的发展，现已取得了较为丰硕的成果。

随着多项政策法规的出台，对社会力量举办社会福利机构的扶持力度逐渐加大，管理更加规范。例如，1999 年 10 月 1 日起在全国范围内正式实施了《老年人建筑设计规范》，这对于规范老年福利服务设施的设计和建设工作，维护老年人合法权益起到重要作用。1999 年 12 月，民政部发布了《社会福利机构管理暂行办法》，对社会福利机构的性质、宗旨、申办程序、兴办条件和内部管理等都作出了明确规定，为社会各界开展社会福利事业提供了法律依据。2000 年年初，国务院批准并转发了民政部等 11 部委《关于加快实现社会福利社会化的意见》，明确了今后一个时期我国发展社会福利事业的指导思想、总体思路和目标任务，确定了鼓励社会力量投资兴办社会福利机构的优惠政策，这标志着我国社会福利事业已步入了规范化发展道路。同时，社会福利事业的服务对象已由传统的"三无"扩展到社会上广大困难群众。据有关部门统计，在国有福利事业单位中，自费收养人数已达 50%，农村乡镇集体兴办的福利机构中，自费收养人员也已超过 10%。

民办社会福利机构开始大量出现。据统计，除国家和集体兴办的福利机构之外，其他社会力量举办的社会福利服务机构已达 1000 多家，床位接近 4 万张，实际收养人员数万人。同时，社会福利事业的资金投入由政府财政单独负担转变为多渠道资金筹集方式，主要包括以下几个方面。一是社会福利有奖募捐募集资金。近年来，我国社会福利有奖募捐福利彩票的销售逐年增加，2012 年，中国福利彩票发行销售再创历史新高，年销量达到 1510.32 亿元，首次突破 1500 亿元，比 2011 年增加 232 亿多元，增幅 18%；为国家筹集公益金数量达到 464 亿多元，首次突破 400 亿元，公益金筹集率为 30.72%。随着福利彩票发行规模的扩大，为国家筹集公益金的数量也同步增长。中国福利彩票已经成为国家筹集社会资金发展社会福利和公益事业的重要渠道，为保障和改善民生作出了重要贡献。从 1987—2012 年，中国福利彩票 25 年来累计销售 7876 多亿元，筹集公益金 2530 多亿元。二是社会捐赠。三是集体出资兴办社会福利设施。四是国内社会团体和民间组织及个人的投入。五是国外社会团体、组织和个人投入。与此同时，对社会福利事业单位的管理也开始探索政事分开的新途径，积极转变政府职能。例如，上海、广州等地已经出现了由政府资助、社会服务的事业团体或中介组织着手管理社会福利服务机构的现象，并正在从中探索经验，以便进一步扩大和推广。

国有社会福利机构的管理方式改革进一步深化。早在 1999 年，民政部就开始进行了社会福利事业单位内部的管理体制、用工制度和分配制度"三项制度改革"，并实行了分类指导与分级管理的模式，制定了《国家级福利院标准》，在此基础上又修订了《国家级福利院标准》，对社会福利院、精神病人福利院、儿童福利院和孤儿学校提出了不同的设施设备标准、服务标准和质量要求，突出了专业化管理和分类管理的特点，人数达到 500 万。在全国大中城市形成了以设施服务和社会互助为主要形式的社区福利服务网络，社区福利服务的迅速发展，极大地影响和带动了各项社会福利事业的发展，为保障城市特殊困难群体的合法权益、满足广大人民群众的多种服务需求发挥了十分重要的作用。

（三）相关法律法规逐步建立，发展环境大幅改善

改革开放以来，各级党委、政府为鼓励和扶持社会公益事业的发展，先后制定并出台了一些政策与法规，其中对社会福利事业发展影响较大的法律法规有三部，分别是 1999 年 9 月实施的《中华人民共和国公益事业捐赠法》、1998 年 9 月实施的《社团登记管理条例》以及 2004 年 6 月修订实施的《基金会管理条例》。同时，还有 20 多个全国性的法律法规和文件，对于社会福利机构的管理有着积极的促进作用。2003 年 9 月，国家税务总局联合财政部发文规定，对企事业单位、社会团体和个人等社会力量向社会福利机构的捐赠，准予在缴纳企业所得税和个人所得税前全额扣除。党的十六届四中全会也提出，要"健全社会保险、社会救助、社会福利和慈善事业相衔接的社会保障体系，构建社会主义和谐社会"的目标，社会福利事业首次写入中央全会报告，从根本上明确慈善事业的功能定位，对加快发展我国的慈善事业具有十分深远的意义。

（四）对外交流与合作取得初步成效

在经济全球化以及我国加入世贸组织的大背景下，各级各类社会福利机构通过各种渠道与国外及国际性慈善公益机构和跨国公司等组织进行了有效的沟通与交流，这不仅吸取和学习了组织管理、资金筹集、项目运作、人力资源管理以及专业知识培训等各方面的先进理念与经验，同时也获取了国际社会的资金和项目支持。许多国际组织、跨国公司通过与国内的福利机构合作，共同实施了许多规模较大、辐射范围较广的慈善项目并取得了较好的效果。例如，2000 年 3 月启动的全国性"微笑列车"项目，是由中华慈善总会牵头与美国微笑列车组织合作的，已为全国 8 万多青少年实施了兔唇免费矫治手术；2003 年实施的"格列卫"项目，由瑞士诺华制药公司提供免费药物，为 1300 多名家庭贫困的患者提供了价值 5 亿元人民币的免费药物，从而有效地减轻了患者的医疗负担。

二、我国社会福利事业发展存在的主要问题

目前，我国社会福利制度主要包括集体福利、特殊社会福利以及社区福利服务三个组成部分，其中以集体福利所占比例最大，这种状况严重滞后于以市场化为导向的经济体制改革的发展。而福利事业改革的趋势是逐渐将集体福利货币化，由社会来承担社会福利事业。因此，在这种情况下，我国的社会福利事业呈现一些突出的矛盾与问题。

（一）社会福利的供给不足，不能满足社会发展的需要

在经济发展与社会进步、人口老龄化、家庭小型化、城镇化加快的背景下，人民群众

对社会福利服务的需求与现有的福利供给不足之间的矛盾越来越激烈，主要体现在社会福利事业单位数量少，设施设备等普遍落后陈旧，服务水平也低。据统计，我国现有的社会福利服务只能满足10%左右的社会需求，而国家对社会福利保障与福利服务的资源投入少，福利服务的增长远低于社会需求。同时，国家负担的"三无"对象人均经费少，生活水平普遍较低。据统计数据显示，2012年我国大中小城市居民的平均生活费用为851元/月，而社会福利机构中孤残儿童的生活费用平均只有382元/月，仅占居民平均生活费用的45%，其中约三成的地区低于当地居民的最低生活保障标准。

（二）社会福利事业地区发展不平衡，存在较大差距

社会福利事业的发展与政治经济发展状况密切相关。我国各地政治经济发展不平衡导致了城乡之间、东西部地区之间的社会福利事业发展不平衡。统计资料表明，沿海某省每万人口拥有社会福利机构床位12.1张，而西部某省则只有2.6张，经济发达与欠发达地区在社会福利机构的资金投入、人员素质和管理水平及其服务质量等方面都存在较大差距。

（三）社会福利社会化程度较低，受计划经济管理体制影响较大

目前，我国的社会福利事业单位大部分是由国家和集体出资兴办的，而社会力量兴办的福利机构比例却非常小，同时，多数社会兴办的福利机构在地理位置、规模设施、服务水平等方面都不尽如人意，并且其中有些商业化色彩较浓不能占据主导地位。由于占主体地位的国家和集体兴办的福利事业单位与政府仍然保持领导与被领导的关系，从而政府对其采取了包揽、包办、包管等一包到底的管理体制，导致形成了一种端铁饭碗、吃大锅饭的体制，福利事业单位没有在适应市场、改善经营和努力提高服务质量上下功夫，使得本来就很有限的资源未能得到充分的发挥和利用。

（四）社会福利服务队伍的专业化水平低，整体素质亟待提高

从社会福利服务工作的岗位职责和专业技能要求来看，现有的服务队伍还远不能适应社会工作发展的客观要求，专业水平较低，专业技术人员、专业社会工作者和管理者十分缺乏。据统计，目前我国在国有社会福利事业单位与集体所有的福利事业单位从事服务的人员仅为20万人，其中专业技术人员所占比例不足10%，类似情况在社区服务工作中也普遍存在，这严重影响了社会福利服务内容与项目的扩展以及服务质量的提升。

三、进一步发展我国社会福利机构的路径选择

政治体制改革的深入以及市场经济的发展为我国社会福利机构的改革与发展赢得了良好的外部环境，人民群众需求水平的提高和社会的不断进步也为社会福利机构的发展提出了更高的要求，而社会福利社会化正是迅速提高我国社会福利和服务水平的有效方式，也是今后发展我国社会福利机构的主要途径和方向。《关于加快实现社会福利社会化的意见》的出台标志着我国的社会福利事业进入一个有突破性改革和实质性发展的阶段。

（一）发挥政府在促进社会福利社会化过程中的推动作用

在促进社会福利社会化的过程中，政府应发挥好推动作用。首先，政府对社会福利的

投入量要随着财政预算的增长而逐年递增，并对社会福利支出在国家财政预算中单独列出预算科目。其次，在加快推进社会福利社会化的过程中，应加速制定与之配套的法律、法规和政策体系，确保各项优惠措施的落实，从而吸引和鼓励社会力量举办社会福利机构。同时，应改变社会福利事业由国家包办、政事不分、不求效益的局面，要积极鼓励和帮助介于政府与居民之间非营利性的社会中介组织和社会服务机构的成长和发育，在政府规划指导下，由中介组织承担起福利企事业单位的行业性管理及有关培训、咨询、项目运作等具体事务性工作，或直接经办管理、委托各类社会福利机构，建立政府宏观管理和资助、社会中介组织承办、福利机构实体化运作的管理体系。

（二）实现社会福利机构投资主体多元化

对于社会力量投资兴办的社会福利机构，在强调和确保其福利性和公益性的前提下，允许其引进产业化的经营机制，做到自主经营、自负盈亏，使投资者能够获得相应的经济利益，同时也应注重利用精神鼓励的方式引导人民群众参与公益事业。要大力发展社区服务，促进社会福利社会化在基层得到落实。社区福利服务是我国社会福利事业的重要组成部分，是社会福利社会化最有效的实现形式和突破口，各地应积极建立社区服务的管理体制和公众参与机制，因地制宜地建立起老年人、残疾人、孤儿、精神病人、优抚对象等福利服务和便民便利、互相帮助的服务设施或项目，努力做到人民群众的各种服务需求在社区内就能得到较好的解决。

（三）实现从业人员专业化

从业人员的专业化，是提高服务质量的关键。随着社会福利社会化的推进，国家对国有福利机构直接拨款的方式将会彻底改变，变为由政府供养对象自主选择供养机构，政府按社会福利机构中供养对象的数量拨付财政补助。这种变化可实现不同所有制形式的福利机构之间的公平竞争。可以预见，在未来的社会里，社会福利事业的改革和发展将成为政府和社会共同关注的热点问题之一。随着社会的发展，社会力量参与社会福利事业的积极性将大幅提升，社会福利机构将大量涌现，城市失业、退休人员将逐步实现社区化管理，社会保险、社会救助和社会福利服务将在社区层面得到整合，而社区服务将成为失业、下岗人员新的就业平台。在这种背景下，建立社会工作者专业职称评聘体系和资格认证制度，在社会福利工作中实现国家、各省、自治区、直辖市分级培训和考核达标、持证上岗，也就是实现从业人员的专业化迫在眉睫。

四、国外社会福利机构的发展现状

（一）福利私营化在西方国家的发展

20世纪80年代，西方国家在经历福利危机之后，纷纷进行大规模的福利改革，从"国家福利"向"多元福利"转变已是大势所趋。在这次改革中，私营化成为主要的改革方向且地位十分重要，西方国家强调政府不再是唯一的福利提供者，希望通过逐渐降低对政府拨款补助的依赖，缩减政府的公共服务活动及其在这些机构中的资产所有权，把营利的商业组织与非营利的志愿性团体引入福利的供给中，从而进一步强化其角色与功能以使私立机构成为服务供给的主体。有学者指出，社会福利私营化是指政府将社会福利的供给完全或者部分转移到民营部门，同时引进市场经营规则，以价格机能调节供需，重视成本回收，并强调使用服务者的购买力和受益者的付费等问题，从而达到有效地分配与利用资源。甚至有人认为政府只有完全从所有的福利服务责任中抽离出来才能实现真正的私营化。事实上，大多数研究者认为社会福利领域存在的仅是修正的私营化，尽管政府的服务提供责任减少，但是政府还会承担政策的制定和资金资助的责任。在社会福利私营化的过程中，由于竞争机制的引入，服务成本会降低，服务质量会提高，管理的灵活性会得到改善，人们的选择权会得到保障，因政府垄断带来的无效率也会降低。

第二次世界大战以后，在凯恩斯主义和国家干预思想的影响下，福利国家出现并发展，这也被视为一种延续战时社会和政治的共识，政府在社会福利服务领域的介入和包揽，国家在公民福利中扮演重要的提供者、管理者和资助者角色以及持续增长的福利开支被看作福利国家的基本特征。20 世纪 70 年代中期石油危机所导致的经济危机开始动摇了福利国家的经济和意识形态基础，也为新右翼思想的形成和发展提供了舞台。新右翼继承和发展了古典主义对国家干预的批评，要求政府摒弃对市场的干预，而要以最小化的政府作为发展经济和社会福利的基础。对新右翼而言，"民间是最好的"和"市场是最好的"是其核心概念，市场经营要比政府部门有效率且可以给服务使用者更多的选择空间。在新右翼思潮的推动下，福利多元主义的倡导得到了广泛的重视，事实上，福利国家福利供给者通常是混合的、多元的，只是强调政府部门和非正式部门的重要性，而轻视志愿部门和商业部门的角色。福利多元主义的侧重点在于强调政府减少支配角色，转而由志愿部门和商业部门来主导服务提供和输送，以实现不同部门角色和功能的重新配置。

西方福利国家为达到社会福利私营化，基本上是朝着三个方向发展。第一，逐渐降低对政府拨款补助的依赖，回归到以私立机构为服务供给的主体。第二，慈善事业逐渐增加商业色彩，以一种更具营利性的风格来经营服务的供给，伴随而来的绩效效应就是营利的福利机构逐渐增加。第三，强调使用服务者付费，使社会福利原有的利他动机逐渐被取代。为此，管理式竞争、私营化、契约外包、商品化、市场化、去机构化、去科层化、结合民间资源与力量纷纷被提出，主张政府与民间合作，共同提出社会福利的各项服务与方案。例如，在英国有"福利多元主义""福利的政治经济或混合式经济"，美国有"共同生产"、权力下放等，欧洲其他国家有"福利组合""社会经济"，新西兰与澳大利亚则有"从福利国家到福利社会"等。虽然这些策略的名称不同，但它们却有类似的内涵与发展方向，就是政府不再是唯一的福利提供者，福利的责任从此由政府部门、非营利部门、商业部门、非正式部门等共同承担。

关于社会福利私营化的方式，可以概括为两大作用：一是为政府减负，具体措施包括减少财政预算、使用者付费、鼓励义工参与和出售政府所办福利机构等；二是为非政府机构增权，具体措施有使用代金券、财政拨款和资助等。在社会福利服务领域，最普遍的方式就是所谓的"购买者与生产者分离"，也就是政府通过购买契约或者委托契约来购买民间机构所提供与生产的社会福利。在这个契约关系中，政府主要是承担监督和质量控制的职责，它需要制定一系列资助服务使用者的规则和标准以及确立契约和资助的规章，同时它还可以提供一些激励措施来鼓励和吸引个人或者组织提供特定的福利服务。在西方，福利私营化可以归纳为公共资产的出售、付费、契约外包和自由化 4 种类型。在福利服务领域内，契约外包是被经常使用的，而强制性竞标是实现这一私营化措施中最主要的因素，它能够保证外包在规范的框架内进行。事实上，不管是政府福利机构的出售还是民间组织福利服务的购买契约都体现出政府和民间组织在福利服务领域中角色的重新定位，因此，如何界定政府、民间组织和家庭在社会服务中的责任和权力，通过哪种方式实现高效节约的服务提供和输送是西方福利改革的关键所在，也是我国福利社会化的根本着眼点。随着福利私营化的出现和发展，其优势和劣势也越来越受到大众的关注，就私营化过程中政府的表现来看，主要存在以下几个方面的争议。一是认为政府越来越依赖非营利组织提供服务，难以在服务领域中发挥竞争优势，服务质量不齐，私营化后所期待的竞争机制并不存在，并且有机构垄断的现象存在。二是政府监督与效率问题。认为只有那些容易监督和控制的项目可以选择采用私营化手段，就社会福利而言，只有政府办的和非营利性组织办的机构才可以被信任，因为福利服务的目标是模糊的且服务过程不易被监督。三是政府资金减少的问题。认为在福利领域内减少财政支出并没有真正减少政府运行成本，相反会导致行政和监督费用的增加、服务质量的下降以及服务使用者得到合适服务的难度增加。在私营化的过程中，非营利性组织会以盈利为导向，社会福利组织可能会减少对贫困者的服务而乐于服务能够付得起相关费用的人群，这可能使得真正有需求的人无法获得应有的照顾，而且，在这个过程中非营利性组织可能会把精力用于筹集和吸引募捐以及企业的捐助，同时，这些机构会把他们的服务转向更能吸引政府资助的领域。

福利机构私营化存在较多异议，但是也引起了社会的广泛关注。它的优势有专业化水平高、创新和竞争增加、灵活性和服务质量的提高、政府与民营机构合作关系的建立等。私营化在西方的趋势还在继续，它对社会服务质量、数量和平等分配的长远影响仍然不太明显，如何在老龄化日趋严重的今天有效利用人力和物力资源，为更多的人提供高质量的服务成为社会普遍关心的话题。私营化为 20 世纪 80 年代处于福利危机中的国家开辟了一条新的道路，在我国老龄化加剧、养老服务还不发达的形势下，可以借鉴西方发达国家发展的经验和教训并将其应用到社会福利事业发展中，这些值得政府和社会的重视。

（二）美国的发展现状

随着人均寿命的增长和高龄人口的增加，如何照顾好身体虚弱的老人已成为美国社会政策议事日程的一个重要问题。20 世纪末，美国 65 岁以上的老年人就已达到 3350 万人，占总人口的 12.8%，2010 年到 2030 年间，第二次世界大战后婴儿潮出生的人将加入老年人的行列，因此，预计到 2030 年，将会有 6900 多万 65 岁以及以上的老人，占总人口的

20%。更严峻的是，增长最快的将会是85岁及以上的老年人群体，其数量将会由1995年的360万人增长到2050年的1800万人。在日常生活中有活动困难的人口比例将会随着年龄的增长而增长，在65～74岁年龄段的占12%，75～84岁年龄段的占27%，85岁及以上的比例高达58%。1990年，大约有1%的65～84岁的老人入住疗养院，75～84岁的老人入住比例大约为7%，85岁以上的有24%的老年人入住疗养院。人均寿命和老年人口的增加，特别是85岁以上高龄老人的迅速增加，将会导致更多的老年人需要外界的援助。20世纪末，大量老年人对长期照顾的需求开始成为美国全国关注的话题，美国的长期照顾服务发展有3个目标。一是通过改善个人健康、提倡健康的生活方式和习惯、提供身体检查服务以尽早发现病情尽早治疗来降低长期照顾需求的发生率。二是管理、限量使用长期照顾需求所需财力和人力资源的开支。美国很多州都已经开始关注疗养院的巨大开支导致的政府预算不均衡且开始把老人从疗养院重新安置到家庭或以社区为基础的计划。三是强调家庭或非正式照顾作为长期照顾首选的和最节约资源的照顾方式。在美国，普遍认为正式服务能够帮助家庭照顾者继续维持他们的照顾，同时认识到当老年人变得更加困难的时候希望家庭成员提供全部的服务并不现实，为此，如何协调正式服务和非正式照顾以节约资源和减轻照顾者的负担成为政策制定者首要考虑的问题。

在美国，服务成本的提高和服务提供的断裂是长期照顾系统的两个突出问题。医疗保险制度是老年人最主要的联邦健康保险计划，1956年，美国为贫困老年人设立了公共医疗补助制度计划，这对保障老年人的健康起到了非常重要的作用，但是长期照顾的费用十分高昂，特别是在养老机构中。1998年，护理院照顾的平均成本是每年56 000美元，20世纪80年代，基于对护理养老院的巨额开支可能会毁掉公共医疗补助制度的恐惧，政府制定了一系列法规和条例严厉限制护理院的新建和扩大，并且调整政策以减少老年人在医院的停留时间，限制疗养院床位的提供，鼓励家居保健机构的发展。控制医院和医生照顾开支的一个明显影响就是对居家护理衰弱老人需求的快速增长，为此政府开始允许技术水平较低的专业人员和辅助专职人员在督导下从事专门的医疗和护理工作。这些旨在支持花费较少的中等水平执业者（如护士、护理员、助理医生等）能够处理各种慢性疾病，他们会经常使用更多的低技术但受过高等训练的医疗专家较少事实的介入办法，如花更多的时间和老人在一起，更加频繁地探访、督导照顾者以保证老人对治疗的配合。在老人长期照顾体系中，存在着不同项目之间的断裂，老年人需要个案管理者帮助他们在不同项目之间进行转换和选择。大多数老年人倾向于选择在家里接受以社区为基础的长期照顾，这其中存在的一个问题就是服务协调的断裂和服务的非持续性，目前大约有200多万美国人在为他们社区的老年人提供照顾，大多数的非正式照顾者负担都很重，他们不仅要提供照顾，而且要通过不同的渠道积极地寻找和维持照顾服务。有数据表明，即使开始了正式的服务，也不意味着正式照顾可以结束。

在过去的二十几年时间里，很多项目开始关注改善服务的连续性并且退出了系统的服务包，这些实验旨在整合医疗保险制度、公共医疗补助制度和老年人津贴，并且克服制度之间的服务障碍和无效率，将之前的零碎的服务变为由一个服务提供者提供持续的长期照顾服务，以连接正式的长期照顾和短期照顾，并且重新认识非正式照顾角色的重要性。老年人全面服务计划被广泛采用的 PACE 模式取得了很好的效果，PACE 模式的首要目标就是最大化衰弱老人的自主权，持续在社区居住和以低于医疗保险、医疗救助和付费服务的成本提供高质量的服务。从联邦政府的角度看，该模式的目的在于减少服务的琐碎性，有效地把短期照顾和长期照顾整合到一个综合的、一站式体系内。在 PACE 模式中，强调和重视预防性和康复性服务，以稳定和维持老年人疾病的慢性状况，防止疾病恶化，并因此改善老年人的生命质量，同时支持他们非正式的照顾者。

思考题

1. 理论联系实际，分析我国当前社会福利机构发展存在的问题、产生原因及发展趋势。

2. 结合所学知识，讨论你所在地区社会福利机构经营与管理过程中存在的困难及解决措施。

本讲小结

对社会福利机构的认识可以从以下两个方面进行。

1. 了解世界各国特别是发达国家的社会福利机构经营与管理的现状，学习其先进经验，结合我国实际情况，借鉴其可取之处。

2. 在对我国社会福利机构基本知识进行学习（培训）之后，深刻体会我国传统文化对于社会福利机构存在方式的影响。要深刻意识到，随着社会的发展，传统的社会福利方式已不能适应和完全满足社会需要，为此，我们要进行一系列的探索与改革，以求在为老年人、残疾人、孤残儿童提供更好服务的同时，促进我国社会福利事业的不断发展。

推荐阅读

1. 时正新. 中国社会福利与社会进步报告［M］. 北京：社会科学文献出版社，2000.

2. 时正新. 中国社会福利与社会进步报告［M］. 北京：社会科学文献出版社，2003.

3. 多吉才让. 中国社会福利概论［M］. 北京：中国社会出版社，2002.

4. 陈良瑾. 社会救助与社会福利［M］. 北京：中国劳动社会保障出版社，2009.

第 ② 讲

发展社会福利机构的理论论证

学习（培训）目标

通过本讲学习（培训）：

1. 了解人类关于理想社会的主要思想；

2. 了解人道主义精神的主要内容；

3. 掌握社会公正的含义；

4. 理解罗尔斯的社会正义原则；

5. 掌握社会和谐理论的主要内容。

核心概念

理想社会　人道主义　社会公正　正义原则　和谐社会

本讲概览

本讲主要学习（培训）任务是学习与理解发展社会福利机构的理论基础，掌握人类关于理想社会的主要思想、人道主义精神的主要内容、社会公正与社会正义原则以及社会和谐理论。

具体内容包括：孔子的大同社会、柏拉图的理想国、莫尔的乌托邦、康帕内拉的太阳城以及马克思和恩格斯的共产主义社会等理想社会思想；人道主义、社会公正和社会正义原则；构建和谐社会的文化基础、思想渊源以及中国构建社会主义和谐社会的探索与实践。

通过对知识的学习，培养学生的社会福利理论思考与服务反思能力，从而促使社会福利服务自觉性的形成。

导入案例

一个记者倘若要人们尊敬，就必须摆脱病态的自私，有足够的勇气面对可怕的灾难和沉重的问题，并且将自己的善念和祝福投向那些需要温暖和阳光的人们，要听到他们内心的哭泣，要看到他们眼中的泪影，更要热情地体现具有普遍意义的人道主义情怀。人和禽兽的区别就在于人有内在的精神，就在于人能从利他的行为中感受到快乐和幸福，就在于人懂得同情和怜悯，否则，人和禽兽又有何异？

（资料来源：http://blog.sina.com.cn/s/blog_4759f69e010096x8.html）

讲题 1　理想社会论

建立平等、友爱、团结、互助、和谐的理想社会，一直是人类的美好追求。翻开跌宕起伏的思想档案，走进繁星闪烁的历史长河，不难从一代又一代思想家对经世治国的智言慧语中发现人类对理想社会的不懈追求。古今中外关于理想社会的思想，从公元前中国古代大思想家孔子（前 551—前 479）的大同社会和古希腊大哲学家柏拉图（前 427—前 347）的《理想国》，到公元后英国空想社会主义者托马斯·莫尔（1478—1535）的《乌托邦》和意大利空想共产主义者康帕内拉（1568—1639）的《太阳城》，再到国际无产阶级领袖、科学社会主义的创始人卡尔·马克思（1818—1883）和弗里德里希·恩格斯（1820—1895）的共产主义社会，这些思想犹如一盏盏高悬不灭的明灯，照耀着人类社会的发展之路，激励着人类社会不断前行。

一、孔子的大同社会思想

孔子关于社会理想的核心思想就是实现"大同"。《礼记·礼运》篇对大同社会思想进行了明确而系统的论述。按这篇文章记载，据说周历十二月，有一种叫"蜡祭"的祭鬼神宗教仪式，有一次，孔子和他的弟子们作为名流和有影响的人物，被邀参加了祭祀并饮酒。饮完酒后，他们一同到门楼上游观。此时，孔子很有感慨地叹了口气。其弟子子游问他为何感叹。孔子有感而发，说出了一大段有关大同社会的言论：

"大道之行也，与三代之英，丘未之逮也，而有志焉。大道之行也，天下为公。选贤与能，讲信修睦。故人不独亲其亲，不独子其子，使老有所终，壮有所用，幼有所长，矜、寡、孤、独、废疾者皆有所养，男有分，女有归。货恶其弃于地也，不必藏于己；力恶其不出于身也，不必为己。是故谋闭而不兴，盗窃乱贼而不作，故外户而不闭，是谓大同。"

在这些言论中可以看出孔子关于大同社会的主要观点。在孔子看来，实现大同社会，就等于实现了社会发展的最大规律，实现了最理想的真理境界。大同社会最大的特点就是"天下为公"，实行公有制。在大同社会，"货恶其弃于地也，不必藏于己；力恶其不出于身也，不必为己"。在国家治理与社会管理权上，"选贤与能"，实现贤能政治。在人与人、人与社会的关系上，"讲信修睦"，讲究诚信和睦，相互之间和谐相处，不搞阴谋诡计。人与人之间互相爱护、互相关心、互相帮助。老年人、幼童、鳏而无妻者、寡而无夫者、孤儿、独身无靠者、病人、残废者，都有人抚养，壮年人都有自己的用武之地。在社会分工方面，"男有分，女有归"。男人们都有自己的事业，女人们都能找到自己的夫家，男女两性各得其位，各得其所。在社会秩序方面，"谋闭而不兴，盗窃乱贼而不作，故外户而不闭"。没有图财害命的事，没有偷盗抢劫，人与人之间没有戒心，晚上睡觉用不着关门闭户。

随着儒家思想被确立为中国封建王朝的正统思想，孔子的大同社会思想在历朝历代的影响也不断扩大并逐渐深入人心。太平天国领袖洪秀全（1814—1864）提出"有田同耕，有饭同食，有衣同穿，有钱同使，无处不均匀，无人不饱暖"的人间天国。在清朝光绪年间，康有为（1858—1927）在《大同书》中提出建立一个"人人相亲，人人平等，天下为公"的理想社会，并以孔子的有关思想作为理论武器，宣传变法维新。中国近代民主革命的先行者孙中山（1866—1925）倡导"三民主义"（民族、民权、民生），公开宣传"世界大同""天下为公"，并以此作为奋斗目标。

二、柏拉图的理想社会思想

柏拉图在《理想国》一书中精心设计出一个以公有制为基础的理想社会方案，一个在正义原则指导下的整体幸福的城邦国家。这样一个城邦就是理想国的雏形，它一定是善的。在这个城邦之中可以发现智慧、勇敢、节制和正义这4种性质：智慧即用来对整个国家大事进行谋划以改进其对内对外关系的知识；勇敢即保持住法律通过教育所建立起来的关于什么样的事情应当害怕的信念；节制即一种好秩序或对某些快乐与欲望的控制，天性优秀和天性低劣的部分在谁应当统治、谁应当被统治这个问题上所表现出来的一致性和协调性；正义即每个人必须在国家里执行一种最适合他天性的职务。这4种性质就构成了"善"。

柏拉图将正义区分为国家的正义与个人的正义，国家的正义在于每个人"只做自己的事而不兼做别人的事""每个人都一个人干他自己分内的事而不干涉别人分内的事"，在于"生意人、辅助者和护国者这三种人在国家里各做各的事而不相互干扰"。在这个城邦国家中，所有公民按其"天赋"被划分为三个等级："智慧型"的公民阶层，即"爱智者"，他们最适合于做国家的统治者；"勇敢型"的公民阶层，即"爱胜者"，这些人天生充满激情和勇武精神，最适于担当保卫国家的重任；"爱利者"，即从事农耕、手工制作、经商等活动的劳动者。个人的正义在于每个人"自身内的各种品质在自身内各起各的作用"，做其本分的事情。"正义的人不许可自己灵魂里的各个部分相互干涉，起别的部分的作用。他应当安排好真正自己的事情，首先达到自己主宰自己，自身内秩序坦然，对自己友善。"国家的正义源于个人的正义。

柏拉图认为，建立这个国家的目标是为了全体公民的最大幸福。在这个国家中，人的禀赋差别决定了社会分工，处于不同阶级的人在分工前提下协作，各安其位，各尽职守。在"善"的城邦国家里，生意人、辅助者和护国者各做各的事而不互相干扰。国家还通过实施教育、制定法律和提倡美德来防止一切有害国家的行为；国家的最高统治者应该是哲学王——最具有智慧的人，只有他能使政治权力与聪明才智合二为一，带领全国人民一起建设"善"的国家。

三、莫尔的理想社会思想

托马斯·莫尔的理想社会思想主要体现在其著作《乌托邦》中。通过将现实中的欧洲国家与完全有序合理的国家乌托邦进行对比，寄托了他对理想国家和幸福美好社会的憧憬。莫尔认为，正是私有制造成了社会的不公正和种种社会罪恶。他深信，"如不彻底废除私有制，产品不可能公平分配，人类不可能获得幸福，私有制存在一天，人类中绝大的一部分也是最优秀的一部分将始终背上沉重而甩不掉的贫困灾难的担子"。在乌托邦，私有财产不复存在。社会的基础是财产公有制，人们在经济、政治权利方面都是平等的，实行按需分配的原则。公民们没有私有财产，每 10 年调换一次住房，穿统一的工作服和公民装，在公共餐厅就餐，每人轮流到农村劳动两年，官吏由秘密投票方式选举产生，职位不得世袭。居民每天劳动 6 小时即能满足社会需要，其余时间从事科学、艺术、智慧游戏活动。没有商品货币关系，金银被用来制造便桶溺器。

在乌托邦的教育中，德育占最优先的地位。"在一切财富中，美德占首位，而学问居第二位。"知识应与道德有机地结合起来，有知识、学问，但却傲慢尚虚荣，那么知识就会成为罪恶的渊薮。对青年进行道德教育是每一个社会成员的义务，乌托邦人即使在吃饭时也精心安排座次，以使青少年养成良好的道德习惯。乌托邦人实行的是集体进餐制，就餐时，青年人和老年人交叉就座，这样年长者可以随时观察青少年的举止。这些态度严肃而又令人敬畏的老年人能防止年轻人的言语或举止有失检点。中餐和晚餐开始时，有人先诵读一段有教育意义的书，以示对青年人进行德行劝勉，接着就是老年人的简要得体的议论，年长的人更喜欢听青年人的议论，从中可以了解每个人的倾向和才能。乌托邦的德育中，十分重视人道、仁慈等观念的境界。乌托邦不准公民从事屠宰业，也不准人狩猎，因为杀生会使人丧失人性中最可贵的恻隐之心。乌托邦人热爱和平，向往安宁的生活，对于战争，也充满人道精神。乌托邦人在与他国发生争端时，主要依靠和平的方法解决，但在祖国遭受侵犯之时，却能英勇斗争，奋起反击。他们平时训练有素，作战时英勇善战。他们决不苟且偷生，在需要时能杀身成仁。这些都是良好的教育及国家制度培养出来的高尚的情操。

在《乌托邦》中，莫尔论述了一条社会主义的道德原则，即人们在追求幸福与快乐时，不应也无权去妨碍他人的快乐。有道德的人要做到牺牲自己，成全别人，要尽到博爱人类、同情人类的义务。个人的行为以不能违反公共利益为前提，个人利益必须服从集体利益。同时，乌托邦人崇尚自然、简朴的生活，反对奢华，视金银如粪土。

四、康帕内拉的理想社会思想

康帕内拉在其著作《太阳城》中，通过朝圣香客招待所管理员和热那亚航海家的对话，猛烈地抨击了私有制所产生的种种社会弊病和罪恶，力主废除私有制；同时描绘了一个人人必须劳动、一切生产和分配活动都由社会来组织的理想社会制度。

在太阳城中，实行"哲人政治"，只有大智大慧的"贤明"才能担任最高统治者（被称为"太阳"）及其他主要统治者（分别被称为"威力""智慧"和"爱"）。没有剥削，没有私有财产；房屋、宿舍、床铺和其他一切必需的东西都是公有的，一切产品和财富都由公职人员来进行分配；人人劳动，产品按公民需要分配。儿童由国家抚养和教育，妇女分娩以后，就到一所特设的公共大厦里休养并照料婴儿，断乳后，小孩便按性别交给男首长或女首长抚养。青年人都以彼此互助为己任。

人人都能掌握知识，并适得其所，"身体上有任何缺陷的人都不会无所事事。年近老年的人虽然除外，但还是可以吸收他们来参加一些会议。跛子可以充当看守员，因为他还有视觉；瞎子可以用手梳羊毛，装褥垫的枕头；失去手臂和眼睛的人，可利用他们的声音和听觉等来为国家服务。最后，如果是只有一只手或一只脚，那就让他到乡下去工作。尽管他身体残疾，但还是可以获得很好的待遇。"每个人无论被分配做什么工作，都能把它看作是最光荣的任务去完成。每个人都可以享有荣誉，过着幸福的生活。

五、马克思和恩格斯的共产主义社会思想

马克思和恩格斯关于共产主义社会的思想主要体现在马克思《1844 年经济学哲学手稿》、1845—1846 年马克思和恩格斯合著的《德意志意识形态》、1848 年发表的由马克思和恩格斯共同起草的《共产党宣言》、马克思 1875 年撰写的《德国工人党纲领批注》以及恩格斯在《卡·马克思〈雇佣劳动与资本〉1891 年单行本导言》等重要文献中。

在《1844 年经济学哲学手稿》中，马克思在对资本主义所造成的异化进行猛烈批判的基础上，比较系统地论述了共产主义。"共产主义是私有财产即人的自我异化的积极的扬弃，因而是通过人并且为了人而对人的本质的真正占有；因此，它是人向自身、向社会的即合乎人性的人的复归，这种复归是完全的、自觉的和在以往发展的全部财富的范围内生成的。这种共产主义，作为完成了的自然主义＝人道主义，而作为完成了的人道主义＝自然主义，它是人和自然界之间、人和人之间的矛盾的真正解决，是存在和本质、对象化

和自我确证、自由和必然、个体和类之间的斗争的真正解决。它是历史之谜的解答，而且知道自己就是这种解答。"①

在《德意志意识形态》中，马克思和恩格斯指出，在共产主义社会里，任何人都没有特定的活动范围，每个人都可以在任何部门内发展，社会调节着整个生产，因而使我可能随我自己的心愿今天干这事，明天干那事，上午打猎，下午捕鱼，傍晚从事畜牧，晚饭后从事批判，但并不因此就使我成为一个猎人、渔夫、牧人或批判者。

马克思和恩格斯在《共产党宣言》中宣告："代替那存在着各种阶级以及阶级对立的资产阶级旧社会的，将是一个以每个人自由发展为一切人自由发展的条件的联合体。"

在《德国工人党纲领批注》中，马克思对共产主义社会的发展阶段及其分配制度作了原则构想。指出共产主义社会的第一阶段是"刚刚从资本主义社会中产生的，因此它在各个方面，在经济、道德和精神方面都还带着它脱胎出来的那个旧社会的痕迹。所以，每一个生产者，在作了各项扣除以后，从社会领回的，正好是给予社会的。他给予社会的，就是他个人的劳动量"。也就是说，在共产主义社会的第一阶段，还只能实行"各尽所能，按劳分配"的原则。"在共产主义社会的高级阶段，在迫使个人奴隶般地服从分工的情形已经消失，从而脑力劳动和体力劳动的对立也随之消失之后；在劳动已经不仅仅是谋生的手段，而且本身成了生活的第一需要之后；随着个人的全面发展，他们的生产力也增长起来，而集体财富的一切源泉都充分涌流之后——只有在那个时候，才能完全超出资产阶级法权的狭隘眼界，社会才能在自己的旗帜上写上：各尽所能，按需分配！"

恩格斯在《卡·马克思〈雇佣劳动与资本〉1891 年单行本导言》中指出，一个新的社会制度是可能实现的，在这个制度之下，现代的阶级差别将消失；而且在这个制度之下——也许在经过一个短暂的，有些艰苦的，但无论如何在道义上很有益的过渡时期以后——通过有计划地利用和进一步发展现有的巨大生产力，在人人都必须劳动的条件下，生活资料、享受资料、发展和表现一切体力和智力所需的资料，都将同等地、愈益充分地交归社会全体成员支配。

马克思和恩格斯为人类社会的发展描绘了一幅美好的蓝图，在共产主义社会中，没有私有制、没有剥削和压迫，生产资料与社会产品公有，人人为工为农，人人要劳动，人人受教育。没有城乡、脑体、工农的差别，在分配上，实行各尽所能，按需分配。这些关于未来社会的美好设想，在世界范围内产生了深远的影响，激励着一代又一代人向着理想社会奋勇前进。不难设想，在共产主义社会中，其成员无论天资聪慧与否、体格健全与否，也无论是年轻力壮还是年老体衰，都能获得幸福生活所必需的生产生活资料，并得到很好的照顾。

上述关于人类对理想社会的追求的描述，为发展社会福利机构，并为有需要的社会成员提供社会福利服务提供了重要的理论基础。

----

① 〔德〕马克思.1844 年经济学哲学手稿［M］.北京：人民出版社，2000：78—93.

思考题

   1. 简述孔子大同社会思想的主要内容。

   2. 简述柏拉图理想社会思想的主要内容。

   3. 简述莫尔理想社会思想的主要内容。

   4. 简述康帕内拉理想社会思想的主要内容。

   5. 简述马克思和恩格斯共产主义社会思想的主要内容。

讲题2　人文精神论

从人性复归到人文精神的提出，是人类文明的一大进步。发展社会福利机构，为有需要的社会成员提供社会福利服务，不仅是人类所追求的理想社会的应有之义，也是人类社会所特有的人文精神在社会生活实践中的具体体现。

一、人文精神内涵辨析

人文精神是整个人类文化基础之上提升、体现出来的最根本的精神，它以追求真善美等崇高的价值理想为核心，以人的自由和全面发展为终极目的[1]，表现为关注人存在的意义、尊严、价值、道德、文化传统，关注人的自由与平等，人与社会、自然之间的和谐，对人类遗留下来的各种精神文化现象的高度珍视，对全面发展的理想人格的肯定和塑造[2]，对正确的世界观、价值观、人生观和社会责任感的培养。人文精神是通过对人文知识的吸收、内化而形成的一种稳定的内在特质。[3] 人文精神的获得必须经过人文知识的内化、整合而变成主体的意识、思想、情感等生命体验和善行。人文精神是人类文化的灵魂，是人自身和人的生活的价值属性，体现在人的情感、实践和行动之中。随着社会历史的发展以及人类对自身认识的不断深入，人文精神的内涵会不断地丰富。人文精神是和科学精神相对的，它突出人的主体地位，揭示主体价值。如果说科学精神的核心是"求真"，那么人文精神的核心则是"求善"[4]。

人文精神形成于人类认识自我、发展自我、完善自我的过程中，并规范、指导和约束着人类自身的各种活动，是人类对于自我的精神关怀。其任务是唤醒和守护人的尊严，关

① 试论人文精神与核心价值观的建构［EB/OL］. http：//www. xzbu. com/2/view-397000. htm.

② 印明鹤. 新时期加强高校学生人文精神培养的思考［J］. 黑河学刊，2010（2）.

③ 王冬云. 论青年学生人文精神的培养［J］. 社会工作，2006（11）.

④ 丁霞. 科学精神与人文精神融合新探［J］. 理论月刊，2008（5）.

注并提升人的价值和意义，维护人的权利，表达人的心声，关注、批判、纠正一切不公平、不合理、不人性、不人道的思想、制度、规则和习惯，建立一个公正、合理、阳光、和谐的社会。①

人文精神是人文知识化育而成的内在于主体的精神成果，它蕴含于人的内心世界，见之于人的行为动作及其结果。人文精神的载体在人自身，人文精神的获得必须经过人文知识的内化、整合而变成主体的意识、思想、情感等生命体验和善行。人文精神强调以人为本，肯定人的价值，崇尚人格理想和道德。②

二、与人文精神相关的重要概念

"人道主义""人文主义""人本主义"三个概念与人文精神这一概念密切相关。中文"人道主义"、"人文主义"和"人本主义"三个词都与英文中的 humanism 有关，在实际用法上："人道主义"主要指对不同的人一视同仁的同情和怜悯，尤其是指对不幸和灾难中的人的仁慈和救助；广义的"人文主义"指强调人的地位与价值、关注人的精神与道德、重视人的权利与自由、追求人的旨趣与理想的一般主张，狭义的"人文主义"指欧洲文艺复兴以来的类似主张和思潮；"人本主义"则指哲学理论中以人为宇宙万物之中心或本位的思想，与"神本主义""唯物主义"相对。③

综上所述，人文精神、人道主义、人文主义、人本主义 4 个概念既彼此关联，都突出人的核心地位与价值，又存在着明显的区别：人道主义、人文主义、人本主义可视作三个平行概念，它们从不同的侧面关注与关怀人；人文精神则是一个更高层次的概念，符合人道主义、人文主义、人本主义的行为常常闪烁着人文精神的光芒。中国社会科学院哲学研究所研究员周国平曾把人文精神的基本内涵分为三个层次④：一是人性，对人的幸福和尊严的追求，是广义的人道主义精神；二是理性，对真理的追求，是广义的科学精神；三是超越性，对生活意义的追求，这与人文主义、人本主义的基本意思是一致的。人本主义和人文主义都以人为本位，集中体现为对人本身的关注、尊重和重视，着眼于生命关怀，着眼于人性，注重人的存在、人的价值、人的意义尤其是人的心灵、精神和情感。人文精神则倡导把情感看作人的基本存在方式，社会要关注人的精神状态和内在需求，避免人的异化。从某种意义上说，人之所以能成为万物之灵，关键就在于人文，在于人类有自己独特的精神文化。当人类社会出现人性游离时，这种精神文化就会发出人性复归的理性呼唤。

---

①　王光辉．谈新课程改革下教师内涵储备的价值取向 ［EB/OL］．http：//wetalent.com/news.php? id＝3887.

②　褚思翔．人文精神内涵 ［EB/OL］．http：//hi.baidu.com/danbangua/blog/item/bfe099111102ce76ca08c448.html.

③　何光沪．基督宗教与人文主义：从误解走向对话 ［EB/OL］．http：//blog.sina.com.cn/s/blog_4afe47070100078l.html.

④　褚思翔．人文精神内涵 ［EB/OL］．http：//hi.baidu.com/danbangua/blog/item/bfe099111102ce76ca08c448.html.

三、东西方文化视域中的人文精神

在西方文化视域中,"人文精神"有广义和狭义之分。广义的人文精神是指欧洲始于古希腊的一种文化传统。狭义的人文精神则是指文艺复兴时期的一种思潮,其核心思想有三:一是关心人,以人为本,重视人的价值,反对神学对人性的压抑;二是张扬人的理性,反对神学对理性的贬低;三是主张灵肉和谐、立足于尘世生活的超越性精神追求,反对神学的灵肉对立、用天国生活否定尘世生活。

在像中国这样的东方文化视域中,"人文"一词,与"天文"相对,是指区别于自然现象及其规律的"人与社会"的事务,其核心是贯穿在人们的思维与言行中的信仰、理想、思维方式、价值取向、人格模式、审美情趣。《易经》有云:"刚柔交错,天文也;文明以止,人文也。观乎天文以察时变,观乎人文以化成天下。"现在很多中国学者把中国传统文化的基本特征概括为一种人文精神,在这个意义上的人文精神,实质上就是儒家的教化天下的思想,也就是主张通过诗书礼乐等来塑造符合儒家道德理想的人。

新儒家代表徐复观和牟宗三两位先生认为,中国的人文精神躁动于殷周之际,其基本动力便是忧患意识。忧患意识在周初表现为"敬",此后则融入于"礼",尔后更升进为"仁"。从表面看来,人是通过"敬"等工夫而肯定自己的;本质地说,实乃天命、天道通过"敬"等工夫而步步下贯,贯注到人的身上,作为人的本体,成为人的"真实的主体性"。"忧患意识说"认为,天命或天道是超越的天降命于人或天道贯注于人身时,又内在于人而成为人性,使人有道德属性。人通过基于忧患意识而起的道德实践即尽人之性,便可以领悟到天命或天道的存在,体验到道德自我的存在,从而到达超越的境界。这便是性与天命的贯通,天与人的合一。[①]

四、社会福利机构所体现的人文精神

从英国早期的贫民救济院、贫民习艺所和慈善组织会社,到旧中国的育婴堂、慈养院和施粥厂等,以及当代中国为老年人、残疾人和失依儿童等特殊社会成员所建立的社会福利机构,无不是人文精神特别是其中的人道主义精神的直接而具体的体现。

当今世界,社会福利机构在社会救助、减灾救灾、社区服务、社会福利、慈善公益、扶贫开发等各个领域发挥着积极作用,其服务惠及儿童、青少年、妇女、老年人、残疾人等各类社会弱势群体和因各种原因而使生活临时陷入困境的人群。这些社会福利机构的性质不管是官办还是民办,都具有利他性、非营利性、志愿性和公益性等特点,因而都是对人文精神特别是人道主义精神的生动阐释。

---

① 褚思翔. 人文精神内涵 [EB/OL]. http://hi. baidu. com/danbangua/blog/item/bfe099111102ce76ca80c448. html.

思考题

1. 谈谈你对人文精神的理解。
2. 请结合中国社会福利实践，分析人文精神在中国的体现。
3. 试分析人文精神与社会福利的关系。

讲题 3　社会正义论

一、正义的多重理解

正义是一个历史概念。一般认为，正义观念萌于原始人的平等观，形成于私有财产出现后的社会。不同时代、不同社会或阶级的人们对"正义"有着不同的解释。《孟子·告子上》："生，亦我所欲也，义，亦我所欲也。二者不可得兼，舍生而取义者也。"这里的"义"即正义，意指正义事业。舍生取义即为了正义事业不怕牺牲。古希腊哲学家柏拉图认为，"各尽其职就是正义"，在国家层面，人们按自己的等级做应当做的事就是正义，在个人层面，每一个人自身内理智、欲望和激情等各种品质各起各的作用，自身内秩序井然就是正义。古罗马法学家乌尔比安认为："正义是给予每一个人他应得的部分的这种坚定而恒久的愿望。"基督教伦理学家则认为，肉体应当归顺于灵魂就是正义。马克思主义伦理学认为，正义与否的客观标准主要在于其行为是否符合社会发展的要求与广大群众的利益。美籍奥地利法学家凯尔森（1881—1973）认为："正义是一种主观的价值判断。"美国学者约翰·罗尔斯（1921—2002）在其名著《正义论》中，对正义作了如下阐释："正义是促进事物向公平方向发展并维持公平状态的一种道德力量。"

根据《现代汉语词典》，正义是指公正的、有利于人民的道理。在学术语言中，正义一词涉及伦理学、政治学、经济学、法律学、社会学等学科，是一个非常复杂的概念。正如美国社会法学代表人物罗斯科·庞德（1870—1964）所说的那样："在伦理学上，我们可以把正义看成是一种个人美德或是对人类需要的一种合理、公平的满足；在经济学和政治学上，我们可以把社会正义说成是一种与社会理想相符合，足以保证人们的利益与愿望的制度；在法学上，我们讲的执行正义（或法律）是指在有政治组织的社会中，通过这一社会的法院来调整人与人之间的关系及安排人们的行为；现代法哲学的著作家们也一直把它解释为人与人之间的理想关系。"[①] 在大众语言中，正义与道德、公正、公平、公道、正

---

① 〔美〕罗科斯·庞德. 通过法律的社会控制——法律的任务［M］. 北京：商务印书馆，1984：73.

直、正当等概念密切相关。正义既被作为一种普遍的道德价值追求，又被分化到社会生活的各个领域中。由此，在正义舞台上，出现了各种各样的正义呼唤：社会的、经济的、政治的、法律的和综合的正义等等。

对于达至正义的途径，也仁者见仁，智者见智。《荀子·儒效》："不学问，无正义，以富利为隆，是俗人者也。"意思是：不学习，缺乏正义感，只求财富兴隆，这是庸俗的人。《韩诗外传》卷五："耳不闻学，行无正义。"亚里士多德说："正义只存在于由法律管辖其人际关系的一群人之间。"意思是：正义要由法律来维护。这是明确的理想，但是法律不会自己运作。就像孟子所说的那样："徒善不足以为政，徒法不能以自行。"（《孟子·离娄上》）意思是：光靠善心不足以办好政治；光有法度也不会自动运作。我们需要的，不仅是一套普遍适用的公平的法律条文，还须有一群良善而诚实的执法人员。①

（一）东方文化视域中的正义

在古汉语中，"正义"一词最初是分开写的。"义"与"道"相连，称为"道义"，合乎道则义，背乎道则不义。道在本质上被视为一种规律，只有按照这种规律办事，才能达致一种良好的秩序，既包括天道，也包括人道。在唯物主义者看来，天道是自然界及其发展变化的客观规律，而在唯心主义者看来，天道是上天意志的表现，是吉凶祸福的征兆。人道则指人间法则，即人类行为的规律与规范，维护的是社会秩序。天道是大道，人道是小道。中国古代道学中有"修道最终之境，乃天之大道也，故为天道"之说。感悟天道可以预知一切事情的发展轨迹，就像佛教中关于天道的描述那样："通一道，而齐万道，此道即天道也。"通过天人感应，使人道符合天道，实现天人合一。这样，天道就成为了天地法则，万物随其运转，既维护自然界的自然秩序，又维护人世间的社会秩序。在现实社会生活中，毕竟不是人人都能感悟天道，所以人道被提到重要位置。合乎人道，方能为人。因而，人道成为做人的基本价值追求，成为是否称得上为人的道德底线。人要正义，就是要尊重天道与人道，遵守应然秩序，并通过修身养德恭行而保善趋善。

在《论语》《孟子》《大学》和《中庸》等儒家经典中，阐述了许多做人的道理和人应当具备的美德。例如，"仁义礼智信""温良恭俭让"等，以教导民众如何达善。仁是指仁爱、恻隐之心，要求爱人；义是指羞恶之心，要求处事得宜且合理，做正义之事，保持做人的节操；礼是指恭敬之心，要求遵循人际关系的正常规范，如礼仪、礼制、礼法；智是指是非之心，要求明辨是非；信是指言无反覆，要求诚实不欺。如果说"仁义礼智信"是人应崇尚、追求的五种高尚品德，那么"温良恭俭让"则是人应培养、陶冶的五种高尚品性。仁是做人的基础，义是做人的气节，礼是做人的文表，信是做人的支柱，智是做人的主导。儒家思想十分强调做人首先要仁。这种仁者爱人的思想一直传承到现在。人们普遍认为仁是做人的基础，也就是一个人的本质，一个人的所有德行。仁与不仁，是衡量一个人品德修养优劣的象征。儒家思想还十分强调做人要重义轻利。义是一种绝对的道德观，

----

① http://wenku.baidu.com/view/1153142c4b73f242336c5f37.html.

也就是说做人不仅要心存道义，而且在行为上也要符合道义。"义"是属于精神层面的东西，与物质层面的"利"相对，义为上，利为下，所以才会有舍生取义。义是中国人自古以来所崇尚的一种精神，其行为表现在于取不取不义之财、敢不敢主持公正、能不能为正义之事献身。子曰："饭疏食饮水，曲肱而枕之，乐亦在其中矣。不义而富且贵，于我如浮云。"（《论语·述而》）孔子的意思是说，吃粗食，喝凉水，睡觉时弯着胳膊作枕头，也有不少乐趣。干不正当的事而得到的富和贵，对我来说就像是天上的浮云。

（二）西方文化视域中的正义

古希腊时代最初谈到正义时，是先肯定宇宙万物有某种正常的秩序，然后当这种秩序被破坏时就需要修复了。因此，正义侧重于修复原有的秩序。由此推而言之，社会上的不成文法（风俗习惯）与明订的法律，就代表了既定的秩序，也即守法就是正义。反之，违法者即是不义，必须受到惩罚。这种正义观后来称为"报复"的正义，其标准在于社会上的公序良俗与法令规范。亚里士多德说："政治学上的善就是正义，正义以公共利益为依归。按照一般的认识，正义是某种事物的'平等'（均等）观念。"[①] 此外，亚里士多德还谈到分配正义。在亚里士多德的论述中，分配正义不仅包括把公共储备分配给贫穷的公职人员和公民，而且还指在俱乐部和其他私人团体中对利益的分配。[②] 古罗马著名政治家、演说家、雄辩家、法学家和哲学家马库斯·图留斯·西塞罗（前106～前43）认为，正义是"使每个人获得其应得的东西的人类精神意向"。[③]

当代西方探讨"分配"正义的知名学者约翰·罗尔斯倡导于"无知之幕"下订立契约，也即在设计分配规则时，必须完全无视人群既有的利害关系，以实现作为公平的正义。正如罗马时代的正义女神，手握天秤而两眼蒙起，无视她所要裁决的原告与被告，只就法律作公正的判断。[④] 罗尔斯认为，正义的主题或对象就是社会，尤其是社会的基本政治和经济制度。正义即是指制度的道德、制度的德行，是指称社会基本结构的属性是否道德。

与罗尔斯不同，罗伯特·诺齐克（1938—2002）强调程序正义，突出个人权利，提出所谓持有正义的概念。诺齐克主张任何物资的分配，只要是透过成人间的自愿贸易，同时财产根基于正当的基础，那么这种分配便是正义的。以此挑战约翰·罗尔斯在《正义论》一书中的论点，罗尔斯主张收入的分配若要正义便必须至少照顾到最贫穷的人，诺齐克则主张强迫分配收入就好像将人们视为只是一种财富来源一般。

社群主义者迈克尔·沃尔泽（1937—　）坚持一种多元主义的分配正义，认为寻求一致性是对分配正义主题的误解，正义是一种人为建构和解释的东西。分配正义理论所提出的问题有许多种答案，并且，在答案范围内，还为文化多样性和政治选择留有空间。社会诸善应当基于不同的理由、依据不同的程序、通过不同的机构来分配；而且，

① 〔古希腊〕亚里士多德. 政治学［M］. 北京：商务印书馆，1981：148.
② 〔英〕戴维·米勒. 社会正义原则［M］. 应奇，译. 南京：江苏人民出版社，2001：2.
③ 〔古罗马〕西塞罗. 论共和国、论法律［M］. 北京：中国政法大学出版社，1997：216.
④ http://wenku.baidu.com/view/1153142c4b73f242336c5f37.html.

所有这些不同都来自对社会诸善本身的不同理解——历史和文化特殊主义的必然产物。①

综上所述,不管是在东方文化还是在西方文化中,正义在社会中都占有很重要的地位。换言之,正义是东西方文化共同的德行,正义本身在人类社会具有普遍性。所不同的是,东方文化更加注重个人品德品性品格修养,这在"仁义礼智信,温良恭俭让","人不学,不知义","知书达理","修身,治国,平天下","幼而学,壮而行,上致君,下泽民"等表述中都有明显的体现。而西方文化则更加注重秩序恢复,既包括社会生活和政治生活中的秩序,如柏拉图的"各司其职",也包括经济生活中的秩序,如罗尔斯的分配正义和诺齐克的持有正义。

当前,中国社会正处在全面现代化转型期,原有社会秩序以及嵌入这种秩序之中的利益关系因为经济领域的持续深入改革而面临重大的调整,因而,人们对社会经济秩序、社会公平与正义,特别是经济领域的正义的关注持续升温。这与西方社会以启蒙运动为代表的现代自由主义"道德谋划"(凭借普遍理性的预设建立普遍规范伦理,以填补上帝退位后所留下的道德规范空缺,重建现代公共社会的伦理秩序②)的理性主义时代所面临的情况,在某种程度上有相似之处。虽然在社群主义者阿拉斯代尔·麦金太尔看来,这种"道德谋划"在理论和实践两个方面都已失败,但这并不能掩盖西方现代自由主义伦理理念的理论意义和思想价值。基于这种考虑,下面将对20世纪70年代以来当代西方政治哲学中所热议的社会正义作一简要引介。

二、罗尔斯的正义理论

罗尔斯在"无知之幕"假设和"社会契约论"的基础上阐述了正义原则。在罗尔斯看来,适用于社会基本结构的正义原则正是原初契约的目标。这些原则是那些想促进他们自己的利益的自由和有理性的人们将在一种平等的最初状态中接受的,以此来确定他们联合的基本条件。这些原则将调节所有进一步的契约,指定各种可行的社会合作和政府形式。罗尔斯把这种看待正义原则的方式称为作为公平的正义。由于正义原则是在一种无知之幕后被选择的,因而可以保证任何人在原则的选择中都不会因自然的机遇或社会环境中的偶然因素得益或者受损。因为处在原始平等地位上的个人不知道自己在社会中的阶级立场或社会地位,以及自己在天赋和才能、智慧和力量等的分配方面的命运将如何。

在罗尔斯的正义理论中,一个组织良好的社会被设想为一个由那些人们在一种公平的原初状态中将选择的原则来调节的互利互惠的合作体系。它的成员是自律的,他们所接受的任务是自我给予的。③人们在相互关系中认识到某些具有约束力的行为规则,并且基本上据此而行动。这些规则详细规定了一种合作体系,以促进参与其中的人们的利益,而社

① 迈克尔·沃尔泽.正义诸领域:为多元主义与平等一辩 [M].南京:译林出版社,2002:4.

② 万俊人.何处追寻美德——重读麦金太尔的《追寻美德》 [EB/OL].http://book.douban.com/review/6142599/.

③ 〔美〕罗尔斯.正义论 [M].何怀宏、何包钢、廖申白,译.北京:中国社会科学出版社,1988:11, 13, 33.

会的特征是，既存在利益冲突的一面，也存在利益一致的一面。罗尔斯认为，一个社会，当它不仅被设计得旨在推进它的成员的利益，而且也有效地受着一种公开的正义观管理时，它就是组织良好的社会。也即它是一个这样的社会，在那里：每个人接受、也知道别人也接受同样的正义原则；基本的社会制度普遍地满足、也普遍为人所知地满足这些原则。在目标互异的个人中间，一种共有的正义观建立起了公民友谊的纽带，对正义的普遍欲望限制着对其他目标的追逐。正是一种公开的正义观，构成了一个组织良好的人类联合体的基本条件。[①]

由于正义原则是在无知之幕的后面选择出来的，所以，任何人都无法设计出有利于自己的特殊条件的原则。因而，正义原则是在一种原始的公正的协议或谈判的情形下达成的。这种原始协议下的平等，是一种"起点平等"。罗尔斯承认，这是一种纯粹假设的前提或情形，作这样的假设完全是为了得出某种正义概念。

罗尔斯正义理论的核心是两个正义原则及其优先排列。他认为，按照主体的不同，正义又可分为两种，即对制度来说的正义和对个人来说的正义。关于制度的正义的首要对象是社会基本结构，即把主要社会制度安排成为一种合作体系。社会基本制度则指政治制度以及主要的经济和社会安排。所有这些制度合在一起，就是指社会基本制度规定了人们的权利和义务，所以，看一个社会体制是否正义，主要是看其基本权利和义务如何分配，以及不同社会部门中的经济机会和社会条件。为此，罗尔斯坚持认为，在原始状态中的人们将选择两个相当不同的原则：第一个原则要求平等地分配基本的权利与义务；第二个原则认为社会和经济的不平等只要能给每一个人，特别是那些最少受惠的社会成员带来补偿利益，那么它们就是正义的。

罗尔斯声称，第一个原则适用于社会基本结构的第一部分，即社会制度规定和保障公民的各种基本的平等自由，包括政治自由（选举权和出任公职的权利），言论、集会、信仰和思想自由，人身自由和财产权，法治概念中所规定的不受任意逮捕和搜查的自由，等等。这些被写入现代各国宪法的平等自由权利，正是罗尔斯的第一个正义原则所优先肯定的，它要求正义社会的公民拥有同样的基本权利，享受这方面同等的自由。所以，第一个原则又称平等原则。第二个正义原则适用于社会基本结构的另一部分，即社会制度规定和建立社会、经济不平等的方面，也就是社会合作中利益和负担的分配。它适用于人们在收入和财富的分配以及在使用权力方面的不平等，故又称不平等原则或差别原则。它承认人们在分配的某些方面是不平等的，但要求这种不平等对每个人特别是社会弱势成员有利。罗尔斯的两个正义原则明显地表明了他对于社会中最少受惠者的偏爱与保护，他认为只有保证了这些人的利益，该社会才能说是正义的，这就把矛头直指功利主义。功利主义的价值核心是整体的利益最大化，因此为了整体的最大利益，可以牺牲某些个人的自身利益。而罗尔斯的正义原则所提出的新观点是，即使为了社会利益，牺牲某些个人的利益也是不

---

① 〔美〕罗尔斯. 正义论［M］. 何怀宏、何包钢、廖申白，译. 北京：中国社会科学出版社，1988：5.

正当的，这种社会制度是不正义的。

罗尔斯更看重人们在基本自由权利上的平等，因此，他的两个正义原则在优先性的安排上不是并列的，他强调第一个原则即平等原则优先于第二原则即差别原则。罗尔斯认为，只有把人类的财富当作是集体的社会的财富时，分配才能是公正的，所以，唯一公正的原则是不平等只有在有利于境况较差的人时才能被接受。[①]

三、诺齐克的正义理论

罗伯特·诺齐克强调程序的正义，突出个人权利，提出了"持有正义"的概念，并按照归纳定义指出了持有正义的领域。

（1）一个符合获取的正义原则获得一个持有的人，对那个持有是有权利的。

（2）一个符合转让的正义原则，从别的对持有拥有权利的人那里获得一个持有的人，对这个持有是有权利的。

（3）除非是通过上述（1）与（2）的（重复）应用，无人对一个持有拥有权利。

分配正义的整个原则可以表述为：如果所有人对分配在其份下的持有都是有权利的，那么这个分配就是公正的。这样，从最初获取的正义再加上以合法手段转让权利的正义，就构成了诺齐克分配正义的核心原则。他强调，一个人对持有物拥有的权利也只能是这两种方式，否则，分配的正义就要求按这两条原则进行纠正。

从这种历史的持有正义的权利原则出发，诺齐克对目的原则和模式化原则的分配正义进行了批判。目的原则为每一种分配方式设定一个特定的目的，如功利主义者以社会总体功利的最大化为目的。在诺齐克看来，罗尔斯的正义原则也是一种目的原则（虽然罗尔斯本人并不这么认为），因为它设定了分配出现差别时必须使处于最不利地位的人得到最大可能的利益。这就相当于事先划定了一种目的作为分配标准。模式化原则是指根据某些自然维度来评价分配方式，如按照人们的需要进行分配，即以人的物质和精神需求来衡量分配。在诺齐克看来，这些原则的分配正义都是不可取的。因为任何模式化的或目的的正义观念都必然导致对自由的破坏。假定有一种要求收入均等化的分配模式，某个政府要想坚持这种模式，就必须不断地干涉个人自由。人们又必然要互相交换，这就又会使人们持有物的实际分布与所要求的模式不一致。为了维护这一模式，政府又要采取更大的强制，最终毁灭个人自由。诺齐克站在个人权利的基石上，坚决反对国家对个人权利的任意干涉。他以个人的持有权为根本点，认为干涉这种持有权的任何模式化原则或目的原则都是不可取的，至少是没有多少依据的。他坚持认为，合理的国家是最弱意义上的国家，这种国家的职能只是保障个人权利免受侵犯，如果超出了这一职能，它所导致的社会状况就已不再是自由交换的结果，也就侵犯了个人权利。[②]

---

① 顾肃. 当代西方政治哲学中的社会公正理论［J］. 河北学刊，2007，27（6）.
② 同上.

四、米勒的正义理论

作为市场社会主义的社群主义理论家，戴维·米勒的正义理论致力于寻找当人们把他们所处社会的某些方面评判为正义或不正义的时候所运用的潜在原则，并进而表明无论是独立地看还是把它们放在一起，这些原则都是首尾一贯的。他把焦点集中在应得、需要和平等三项原则上，并认为如果人们认真对待正义原则，那么这些原则就能够在我们的制度和实践中的实质性变革方面为我们提供指导。①

米勒认为，社会正义所讨论的是生活中好的东西和坏的东西应当如何在人类社会的成员之间进行分配，即社会正义被视作一种对利益与损失的分配正义。其中的利益包括：金钱和商品、财产、工作和公职，教育、医疗、儿童救济金和保育事业，荣誉和奖金，人身安全、住房、迁移以及闲暇机会。这些利益必须与非惩罚性的损失以及兵役、艰苦、危险和低层次的工作和照顾老人等负担并置。② 对它们的分配依赖于主要社会制度的运作。社会正义理论所关注的重点是对收入和财富、工作和教育机会、医疗保健等资源的分配。民族国家是首要的分配机构，其政策和实践促成了社会正义和不正义。与此同时，国家行为的效果是与其他机构相互影响的。例如，金钱与商品通过市场、税收与转让得到分配；医疗保健通过具有不同程度的自主性的医院和健康中心进行分配；住房条件通过国家和市场的共同作用进行分配。没有其他制度与机构的合作，国家本身在很大程度上是虚弱无力的。因此，如果要真正关心社会正义，就要把它的原则应用到个别地或整体地产生贯穿整个社会的分配后果的亚国家制度上去。③

作为一种社会美德，正义告诉我们应当如何安排我们的关系，相互之间怎样行动才是正当的。正义从根本上要求我们把人们当作平等的来对待；或者正义应被理解为在知道将要作出的决定中他们自己的利害关系之前所能同意的东西。如同罗尔斯"无知之幕"后所订立的契约那样。为了构造自己的正义理论，米勒提出一种与迈克尔·沃尔泽不同的正义多元论。在后者看来，由于社会生活具有多样化和充满冲突的特征，因此，对一种社会物品的意义及其合法运作边界的任何解释都存在善争议，所以应当放弃追求唯一分配标准的主张。在此基础上，米勒提出自由交换、应得和需要三个分配原则，这些原则分别在自己的领域中起作用。自由交换创造出一个市场，其中所有物品都通过货币这个中介转换成所有别的物品；应得则要求特定物品与特定个人之间有一种非常紧密的联系，它只有在非常特殊的条件下才能产生具体明确的分配；需要产生了一个特殊的分配领域，其中需要本身就是正当的分配原则。在一个贫困的社会里，相当大部分社会财富将被划入这个领域。④

---

① 〔英〕戴维·米勒. 社会正义原则［M］. 应奇，译. 南京：江苏人民出版社，2001：前言 3.
② 同上，7—8，12.
③ 同上，13.
④ 〔美〕迈克尔·沃尔泽. 正义诸领域：为多元主义与平等一辩［M］. 褚松燕，译. 南京：译林出版社，2002：25—31.

米勒从人类关系模式开始，提出并论证自己的正义多元论。他将人类关系分为团结性社群、工具性联合体和公民身份联合体三种基本模式。在团结性社群内部，实质性的正义原则是按需分配。每个人都被期望根据其能力为满足别人的需要作出贡献，责任和义务则视每种情况下社群联系的紧密程度而定。在工具性联合体中，人们以功利的方式相互联系在一起，相应的正义原则是依据应得分配。在公民身份联合体中，首要的分配原则是平等。公民地位是平等的，每个人都享有同等的自由与权利，包括人身保护的权利、政治参与的权利以及政治社群为其成员提供的各种服务。[①]

思考题

1. 简述罗尔斯正义理论的基本主张。

2. 简述诺齐克正义理论的基本主张。

3. 简述米勒正义理论的基本主张。

4. 请针对社会上的"拼爹"现象，结合转型期中国的社会实际，谈谈你对社会公正的看法。

讲题4 社会和谐论

一、构建社会主义和谐社会的文化基础

中华文化关于以和为贵、和而不同的思想，是构建社会主义和谐社会的文化基础。作为东方文明古国的中国，有着悠久和璀璨的尚和文化。中华民族是一个注重和谐、和睦的民族。两千多年前，先秦思想家孔子就提出"和为贵"的思想，《论语》载："礼之用，和为贵。先王之道，斯为美。"孔子还把"和同之辩"运用到君子与小人关系上，并将其作为区别君子和小人的一种标志。他说："君子和而不同，小人同而不和。"意思是说，君子可以与他周围的人保持和谐融洽的关系，但他对待任何事都必须经过自己大脑的独立思考，从来不愿人云亦云，盲目附和；而小人则没有自己独立的见解，不讲原则，表面上只求与别人完全一致，实际上却不能与别人保持融洽友好的关系。"和而不同"的理论思考首先在于强调和睦相处，"和"的起点在于"人同此心，心同此理"，就是"己所不欲，勿施于人"，以和为贵。《礼记·中庸》倡导"和而不流"，就是强调与人相和而不随波逐流、

---

① 〔英〕戴维·米勒.社会正义原则〔M〕.应奇,译.南京：江苏人民出版社，2001：27—32.

同流合污。中庸之道就是在两个极端间取其中项，执两用中，无过无不及，恰到好处，此"中"即所谓"和"。"君子和而不同"是中华文化之精粹。治平之本、仁爱之核的贯彻和实现，必须通过"和"来理顺各种关系，处理各种冲突，达到冲突融合而和合来保证。[①]墨子提出"兼相爱""爱无差等"的思想。孟子指出"天时不如地利，地利不如人和"，并描绘了一幅"老吾老以及人之老，幼吾幼以及人之幼"的众爱亲和图。《中庸》说："和也者，天下之达道也。"《礼记·乐记》说："和，故万物皆化。"《淮南子·氾论训》说："天地之气，莫大于和。和者，阴阳调、日月分而生物。"在这种尚和文化的长期熏陶下，中国人逐渐形成了和以处众、和衷共济的处世原则，而政通人和、内和外顺则成为上至统治者，下至平民百姓的共同愿望。

二、构建社会主义和谐社会的理论渊源

如果说文明中国的尚和文化是构建社会主义和谐社会的文化与社会基础，那么空想社会主义者傅立叶、欧文等的空想社会主义思想和马克思主义的科学社会主义学说则是构建社会主义和谐的更为直接的理论渊源。1803 年，法国空想社会主义者傅立叶发表《全世界和谐》一文，提出"和谐社会"的概念。他认为，就像在自然体系内存在和谐的秩序一样，在社会体系内也应当有和谐的秩序。因此，必须彻底消除资本主义的残酷和不公，构建工业与农业、家务与教育、生产与消费的联合体，在社会利益与个人利益一致的基础上，建立起社会各阶级的融合。1824 年，英国空想社会主义者欧文在美国进行以"新和谐"命名的共产主义试验。1842 年，德国空想共产主义者魏特林在《和谐与自由的保证》一书中把社会主义称为"和谐与自由的社会"，并指出新社会的"和谐"是"全体和谐"。

空想社会主义者所提出的关于未来社会主义的建设方案，为科学社会主义提供了重要的思想来源。国际无产阶级领袖和革命导师马克思和恩格斯在批判地吸收前人优秀理论成果的基础上，克服了空想社会主义的种种缺陷，使社会主义从空想变成科学，创立了科学社会主义理论。作为马克思主义理论体系的核心，科学社会主义是一种指导无产阶级和全人类解放斗争的行动科学，其任务是研究无产阶级解放事业的历史条件以及这一事业本身的性质。马克思和恩格斯认为，社会主义必然代替资本主义是社会生产力发展的要求和合乎规律的结果，推翻资本主义并实现社会主义是无产阶级的历史使命。进行无产阶级革命，与资产阶级阶级进行坚决的斗争，是通往社会主义的必由之路。工人革命的第一步就是使无产阶级上升为统治阶级，争得民主。阶级斗争必然导致无产阶级专政，这个专政是达到消灭一切阶级和进入无阶级社会的过渡，无产阶级的共产主义社会按其成熟程度不同分为低级阶段和高级阶段：在低级阶段，各方面还存在旧社会的痕迹，实行的是等量劳动的交换；在高级阶段，随着个人的全面发展，生产力也增长起来，那时将实行各尽所能，按需分配。

---

① 黎昕．构建和谐社会理论依据与思想资源［J］．福建论坛，2005.8.

马克思批判地吸收了空想社会主义理论中的有益思想，设想了"自由人联合体"这一未来社会模式。在1848年2月发表的《共产党宣言》中，马克思和恩格斯明确指出："代替那存在着阶级和阶级对立的资产阶级旧社会的，将是一个联合体，在那里，每个人的自由发展是一切人的自由发展的条件。"这里所说的"自由人联合体"或者"人的全面自由发展的社会"，是指共产主义社会的高级阶段。这是一种人类迄今为止所设想的最为理想的和谐的美好社会。

三、中国共产党建设社会主义和谐社会的伟大实践

和谐是理想社会的重要内涵，建设和谐社会是实现理想社会的重要途径。我国正处在"社会主义初级阶段"，这是一个像《共产党宣言》所描述的"人的全面自由发展"的理想社会迈进的过渡时期。构建社会主义和谐社会是中国共产党人和全国人民的重大历史使命。为此，历代党的中央领导集体带领全国人民进行了不懈的努力和富有成效的探索与实践。

以毛泽东同志为核心的党的第一代中央领导集体对构建社会主义和谐社会进行了积极的探索和实践。他从政治角度提出了社会和谐的目标。他说："我们的目标，是想造成一个又有集中又有民主，又有纪律又有自由，又有统一意志、又有个人心情舒畅、生动活泼，那样一种政治局面，以利于社会主义革命和社会主义建设，较易于克服困难，较快地建设我国的现代工业和现代农业，党和国家较为巩固，较为能够经受风险。"[①] 通过实事求是、群众路线等方法，正确地处理人民内部的矛盾和敌我矛盾，既增进人民内部的团结，又巩固无产阶级政权。

以邓小平同志为核心的党的第二代中央领导集体，深刻总结新中国成立以来正反两方面的经验，开辟了建设中国特色社会主义的新道路。邓小平同志科学阐述了建设中国特色社会主义的一系列重大理论观点，也对社会主义社会建设作出了一系列重要论断。中共十一届三中全会以后，他坚持解放思想、实事求是，创立和发展了建设中国特色社会主义理论，科学地阐明社会主义的本质，第一次比较系统地回答了中国社会主义的发展道路、发展阶段、根本任务、发展动力、外部条件、政治保证、战略步骤、党的领导和依靠力量以及祖国统一等一系列基本问题，指导我们党制定了在社会主义初级阶段的基本路线，科学阐明了像中国这样一个经济文化落后的国家如何建设社会主义，如何巩固和发展社会主义等一系列基本问题。

以江泽民同志为核心的党的第三代中央领导集体，进一步丰富和发展了我们党关于社会主义社会建设的理论。十六大报告提出："对为祖国富强贡献力量的社会各阶层人们都要团结，对他们的创业精神都要鼓励，对他们的合法权益都要保护，对他们中的优秀分子都要表彰，努力形成全体人民各尽其能、各得其所而又和谐相处的局面。""我们要在本世

---

① 《毛泽东选集》第5卷［M］．北京：人民教育出版社，1991：456—457．

纪头二十年，集中力量，全面建设惠及十几亿人口的更高水平的小康社会，使经济更加发展、民主更加健全、科教更加进步、文化更加繁荣、社会更加和谐、人民生活更加殷实。这是实现现代化建设第三步战略目标必经的承上启下的发展阶段，也是完善社会主义市场经济体制和扩大对外开放的关键阶段。经过这个阶段的建设，再继续奋斗几十年，到本世纪中叶基本实现现代化，把我国建成富强民主文明的社会主义国家。"全面建设小康社会的重要目标之一是：不断增强可持续发展能力，改善生态环境，提高资源利用效率，促进人与自然的和谐，推动整个社会走上生产发展、生活富裕、生态良好的文明发展道路。"在坚持四项基本原则的前提下，继续积极稳妥地推进政治体制改革，扩大社会主义民主，健全社会主义法制，建设社会主义法治国家，巩固和发展民主团结、生动活泼、安定和谐的政治局面。""必须保持长期和谐稳定的社会环境。""我们愿与国际社会共同努力，积极促进世界多极化，推动多种力量和谐并存，保持国际社会的稳定。"这是我党首次明确提出构建和谐社会。

以胡锦涛同志为总书记的党的中央领导集体把完善社会主义市场经济体制，提高构建社会主义和谐社会的能力作为加强党的执政能力建设的重要内容，并在《中共中央关于加强党的执政能力建设的决定》（2004 年 9 月 19 日），《胡锦涛在省部级主要领导干部提高构建社会主义和谐社会能力专题研讨班上的讲话》（2005 年 2 月 19 日），《全面贯彻落实科学发展观，推动经济社会又快又好发展》（胡锦涛，2005 年 12 月 15 日），《中共中央关于构建社会主义和谐社会若干重大问题的决定》（2006 年 10 月 11 日），《胡锦涛在中共十六届六中全会第二次全体会议上的讲话》（2006 年 10 月 11 日），《不断深化对科学发展观的认识，努力开创科学发展的新局面》（胡锦涛，2006 年 12 月 5 日），《高举中国特色社会主义伟大旗帜　为夺取全面建设小康社会新胜利而奋斗——在中国共产党第十七次全国代表大会上的报告》（胡锦涛，2007 年 10 月 15 日），《坚定不移沿着中国特色社会主义道路前进　为全面建成小康社会而奋斗——在中国共产党第十八次全国代表大会上的报告》（胡锦涛，2012 年 11 月 8 日）等一系列重要文件中，对为什么要构建社会主义和谐社会、构建什么样的社会主义和谐社会、如何构建社会主义和谐社会等基本问题进行了系统的论述，形成了社会主义和谐社会理论。

《中共中央关于加强党的执政能力建设的决定》把"带领全国各族人民实现国家富强、民族振兴、社会和谐、人民幸福"作为加强党的执政能力建设的总体目标之一，把"构建社会主义和谐社会的能力"作为加强党的执政能力建设的主要任务之一。该决定要求坚持最广泛最充分地调动一切积极因素，不断提高构建社会主义和谐社会的能力。该决定明确指出，形成全体人民各尽其能、各得其所而又和谐相处的社会，是巩固党执政的社会基础、实现党执政的历史任务的必然要求。要适应我国社会的深刻变化，把和谐社会建设摆在重要位置，注重激发社会活力，促进社会公平和正义，增强全社会的法律意识和诚信意识，维护社会安定团结。在全社会大力提倡团结互助、扶贫济困的良好风尚，形成平等友爱、融洽和谐的人际环境。

《中共中央关于构建社会主义和谐社会若干重大问题的决定》指出，社会和谐是中国特色社会主义的本质属性，是国家富强、民族振兴、人民幸福的重要保证。构建社会主义和谐社会，是我们党以马克思列宁主义、毛泽东思想、邓小平理论和"三个代表"重要思想为指导，全面贯彻落实科学发展观，从中国特色社会主义事业总体布局和全面建设小康社会全局出发提出的重大战略任务。我们要构建的社会主义和谐社会，是在中国特色社会主义道路上，中国共产党领导全体人民共同建设、共同享有的和谐社会。构建社会主义和谐社会是一个不断化解社会矛盾的持续过程。必须坚持以马克思列宁主义、毛泽东思想、邓小平理论和"三个代表"重要思想为指导，坚持党的基本路线、基本纲领、基本经验，坚持以科学发展观统领经济社会发展全局，按照民主法治、公平正义、诚信友爱、充满活力、安定有序、人与自然和谐相处的总要求，以解决人民群众最关心、最直接、最现实的利益问题为重点，着力发展社会事业、促进社会公平正义、建设和谐文化、完善社会管理、增强社会创造活力，走共同富裕道路，推动社会建设与经济建设、政治建设、文化建设协调发展。构建社会主义和谐社会，要遵循以人为本、科学发展、改革开放、民主法治、正确处理改革发展稳定的关系以及在党的领导下全社会共同建设等六项原则。该决定指出，社会要和谐，首先要发展。社会和谐在很大程度上取决于社会生产力的发展水平，取决于发展的协调性。必须坚持用发展的办法解决前进中的问题，大力发展社会生产力，不断为社会和谐创造雄厚的物质基础。同时，更加注重解决发展不平衡问题，更加注重发展社会事业，推动经济社会协调发展。

党的十七大报告指出，深入贯彻落实科学发展观，要求积极构建社会主义和谐社会。社会和谐是中国特色社会主义的本质属性。科学发展与社会和谐是内在统一的。没有科学发展就没有社会和谐，没有社会和谐也难以实现科学发展。构建社会主义和谐社会是贯穿中国特色社会主义事业全过程的长期历史任务，是在发展的基础上正确处理各种社会矛盾的历史过程和社会结果。要通过发展增加社会物质财富、不断改善人民生活，又要通过发展保障社会公平正义、不断促进社会和谐。实现社会公平正义是中国共产党人的一贯主张，是发展中国特色社会主义的重大任务。要按照民主法治、公平正义、诚信友爱、充满活力、安定有序、人与自然和谐相处的总要求和共同建设、共同享有的原则，着力解决人民最关心、最直接、最现实的利益问题，努力形成全体人民各尽其能、各得其所而又和谐相处的局面，为发展提供良好社会环境。十七大报告要求，最大限度激发社会创造活力，最大限度增加和谐因素，最大限度减少不和谐因素。十七大报告指出，和谐社会要靠全社会共同建设，因而要紧紧依靠人民，调动一切积极因素，努力形成社会和谐人人有责、和谐社会人人共享的生动局面。

党的十八大报告把"必须坚持促进社会和谐"作为在新的历史条件下夺取中国特色社会主义新胜利必须牢牢把握的基本要求和全党全国各族人民的共同信念。十八大报告指出，"社会和谐是中国特色社会主义的本质属性。要把保障和改善民生放在更加突出的位置，加强和创新社会管理，正确处理改革发展稳定关系，团结一切可以团结的力量，最大限度增加和谐因素，增强社会创造活力，确保人民安居乐业、社会安定有序、国家长治久安"。在改善民生和创新管理中加强社会建设，是社会和谐稳定的重要保证。必须从维护最广大人民根本利益的高度，加快健全基本公共服务体系，加强和创新社会管理，推动社会主义和谐社会建设。

思考题

1. 请结合中国实际，分析在我国现阶段加强社会主义和谐社会建设的重要意义。

2. 请结合中国实际，简述中国共产党在探索与建设社会主义和谐社会的实践中所取得的成就。

本讲小结

1. 发展社会福利机构，为有需要的社会成员特别是处于相对弱势地位的社会成员提供福利服务，不仅是社会文明与进步的内在要求，也是社会文明与进步的客观体现。

2. 人类对理想社会的追求、人文精神与社会正义观念的形成和发展，以及和谐社会理论为发展社会福利机构提供理论上的论证。

推荐阅读

1. 中共中央关于加强党的执政能力建设的决定．

2. 中共中央关于构建社会主义和谐社会若干重大问题的决定．

3. 高举中国特色社会主义伟大旗帜　为夺取全面建设小康社会新胜利而奋斗——在中国共产党第十七次全国代表大会上的报告．

4. 坚定不移沿着中国特色社会主义道路前进　为全面建成小康社会而奋斗——在中国共产党第十八次全国代表大会上的报告．

5.〔美〕约翰·罗尔斯．正义论［M］．何怀宏，何包钢，廖申白，译．北京：中国社会科学出版社，1988.

6.〔美〕约翰·罗尔斯．作为公平的正义——正义新论［M］．姚大志，译．上海：上海三联书店，2002.

7.〔英〕戴维·米勒．社会正义原则［M］．应奇，译．南京：江苏人民出版社，2001.

第 ③ 讲

发展社会福利机构的实践论证

学习（培训）目标

通过本讲学习（培训）：

1. 掌握中国历史上发展社会福利机构的概况；

2. 理解社会发展水平与发展社会福利机构的关系；

3. 了解新中国社会福利机构发展的历程；

4. 理解中国人口老龄化与发展社会福利机构的关系；

5. 理解中国残疾人事业发展与发展社会福利机构的关系；

6. 理解现代社会发展社会福利机构的必要性；

7. 理解并掌握社会福利服务需要与社会福利机构发展之间的关系。

核心概念

社会福利机构　人口老龄化　老年人　残疾人　失依儿童

本讲概览

本讲的主要学习（培训）任务是了解中国历史上发展社会福利机构的基本状况，分析当代中国发展社会福利的现实需要，主要从人口老龄化、农民工外出、独生子女父母进入老年期、残疾人、失依儿童、失独老人、农村五保户等方面论证发展社会福利机构的必要性。本讲试图说明，发展社会福利机构不仅与第2讲所述的思想观念有关，更与社会的现实需要密切相关。人们的思想观念往往与社会现实需要相互影响。可以说，正是社会现实的客观需要，促发了社会福利机构的出现，推动了社会福利机构的发展。

具体内容包括：古代中国发展社会福利机构的实践、近代中国发展社会福利机构的实践、当代中国发展社会福利机构的实践、人口老龄化对发展社会福利机构的需要、农民工外出对发展社会福利机构的需要、独生子女父母的现实存在对发展社会福利机构的需要、残疾人的现实存在对发展社会福利机构的需要、其他社会弱势群体的现实存在对发展社会福利机构的需要。

　　通过对知识的学习，培养学生对社会客观现实需要的分析能力以及发展社会福利机构的创新能力，达到理性对待社会福利机构发展的目的。

导入案例

民政部回应机构养老"一床难求"："公办养老机构成了事业单位"倒逼改革

　　在北京市第一社会福利院得到一个养老床位要等上 166 年。刚刚过去的这个重阳节，媒体关于养老服务的报道再一次引起公众强烈关注，想进养老院为何这样难？

　　"我国目前社会养老床位总量确实不足。"民政部社会福利和慈善事业促进司司长詹成付对中国青年报记者表示，"目前我国社会养老床位每千名老年人拥有22.3 张，按照'十二五'规划，到 2015 年要达到每千名老年人拥有 30 张。"詹成付介绍说，目前全国有养老机构 44 000 多家，其中超过七成属于公办养老机构，在公办养老机构中，大部分是农村敬老院。"公办养老机构最大的缺点是效率低下，办一个养老机构就是个事业单位，要有事业编制、事业经费，结果惰性越来越强，没有活力，服务成本很高，时间一长难以为继。"所以，《国务院关于加快发展养老服务业的若干意见》中提出，开展公办养老机构改制试点，政府投资兴办的养老床位逐步通过公建民营等方式管理运营。

　　我国《老年人权益保障法》中规定，政府投资兴办的养老机构，应当优先保障经济困难的孤寡、失能、高龄等老年人的服务需求。国务院《关于加快发展养老服务业发展的若干意见》中提出，要办好公办保障性养老机构，各地公办养老机构要充分发挥托底作用，重点为"三无"老人、低收入老人、经济困难的失能半失能老人提供无偿或低收费的供养、护理服务。詹成付表示，今后要制定政策，要求公办养老机构在完成政府托底保障作用之外，如果还有闲置床位，应该向社会开放。詹成付同时表示，造成养老机构"一床难求"的另一重要原因是社会引导不力，居家养老应该是我国养老最主要的方式。如果把居家养老做好，真正打造好居家服务团队，大量老年人就可以实现在家里养老，并通过居家养老保持老人原有的社会关系网，增进老年人的身心健康。

2010年，基本养老服务体系建设规划跻身"十二五"专项规划，提出到"十二五"末，居家养老服务设施要覆盖我国所有城市社区和一半的农村社区。詹成付坦承，"这一目标完成得不好，时间过半，任务没有过半，城市覆盖率达到41%，农村只有17%"。在他看来，目前居家养老方面确实不太理想，第一是社区缺乏配套公共服务设施，在一些城市规划中没有将社区公共服务设施特别是居家养老的服务设施纳入规划，导致没有设施建设用地，第二是对合格的居家养老服务团队培植不力。此外，政府居家养老支持政策也有所缺失，导致老年人养老、护理等养老方面的资金补贴很低，这些都导致居家养老没有达到预期目标。

（资料来源：中国青年报［EB/OL］. http://www.cncaprc.gov.cn/cydwgz/37821.jhtml，2013-10-21，有删节）

讲题1 发展社会福利机构的历史实践

马克思和恩格斯在《共产党宣言》中断言"至今一切社会的历史都是阶级斗争的历史"。这话给我们一种很好的启示，如果从人类社会发展的角度看，可以毫不夸张地说，一部人类社会历史就是一部人类社会作为一个整体捍卫繁衍生息和追求幸福的历史。不管是以往的贫困社会还是当今的丰裕社会，弱势成员总在一定程度上存在着，而且人类社会也从来没有停止过保护社会弱势成员的努力，从早期的慈善救济到制度化的社会福利体系的建立，社会弱势群体一直都是社会政策关注的重点。可以说，即使人类社会发展到马克思和恩格斯所描述的社会财富极度丰裕，最终实现"各尽所能，按需分配"，社会发展成为自由人的联合体那样的共产主义高级阶段，我们依然很难设想所有的人——不管身体健全还是身体残障、不管年轻力壮还是年老体衰抑或年幼体弱——都能够脱离社会福利机构（或者以其他名义出现的为老年人、残疾人、孤儿和弃婴提供养护、康复、托管等服务的机构）而存在。事实上，在马克思主义思想重要来源的空想社会主义者与空想共产主义者的理想社会方案中，也包含着社会福利机构的雏形，如第2讲中所谈到的早期空想共产主义者意大利人康帕内拉在《太阳城》中所描述的公共育婴大厦。翻开中国历史，我们也能够发现历代发展社会福利、为社会弱势群体创办社会福利机构的实践依据。

一、古代中国发展社会福利机构的实践

虽然今天的我们很难找到古代中国人们对社会福利机构服务需要方面的统计数据，或许这样的统计原本就非常少，但我们依然可以从各种历史文献中发现一些古代中国社会福利机构发展方面的史料。这些史料告诉我们，即使是在生产力水平比较低下的历史时期，社会福利机构也在华夏大地得到了一定的发展。

在原始共产主义社会，为维护氏族的生存和利益，平等、忠诚、团结互助、尊敬老人就已经成为氏族成员共同遵守的行为准则。氏族成员把对氏族内部老、弱、病、残成员的供养视作每个人共同的责任与义务。[①] 这就以集体福利的形式保障了社会弱势群体的生存。这种原始朴素的社会福利实践与观念对后世社会福利机构的发展产生了积极而深远的影响。

在我国奴隶制社会发展的重要时期西周（前 1046—前 771），其中枢机构六官之中就设立有地官司徒一职，掌管土地和人民，在六官中位居第二，其职责范围包括："修六礼以节民性，明七教以兴民德，齐八政以防淫，一道德以同俗，养耆老以致孝，恤孤独以逮不足。"地官司徒还实施"保息六政"，即慈幼、养老、振穷、恤贫、宽疾、安富六项政策措施，以完成"佐王安忧邦国"的重任。[②] 其中"养耆老""恤孤独""慈幼""养老""振穷""恤贫"显然包含我们今天所说的社会福利的内容，这些政策成为后世特别是宋明以来慈幼局、养济院等社会福利机构发展的重要依据。

春秋（前 770—前 476）、战国（前 475—前 221）时期，连年不断的攻伐兼并战争使广大本来就不富裕的平民百姓的生活雪上加霜，各诸侯国国君为了争取黎民百姓的支持，以成就自己的霸业，纷纷采取了一些惠民政策，其中就包括养老慈幼等关注社会弱势群体的社会福利政策。例如，将 70 岁以上的老人分为"国老"和"庶老"，分别在不同的机构供养。据《礼记·王制》记载，"有虞氏养国老于上庠，养庶老于下庠；夏后氏养国老于东序，养庶老于西序；殷人养国老于右学，养庶老于左学；周人养国老于东郊，养庶老于虞庠，虞庠在国之西郊"。[③]"上庠""下庠""东序""西序""右学""左学""东郊""虞庠"，据汉唐注家所说，"皆学名也。"《孟子·滕文公上》："设为庠、序、学、校以教之。庠者，养也；校者，教也；序者，射也。夏曰校，殷曰序，周曰庠。学，则三代共之。皆所以明人伦也，人伦明于上，小民亲于下。"虞夏殷周四代之人养老于学，可谓一举两得，在使老年人得到赡养的同时，又有利于发挥"国老""庶老"的余热，以"明人伦"为核心内容去培养教育下一代。此外，春秋时期，还对残疾人进行收养，供以口粮，并根据各人的生理特征或技艺作适当安排。据《礼记·王制》记载，"瘖、聋、跛、躄、断者、侏

---

① 吕振羽．史前期中国社会研究［M］．三联书屋，1980：200-215.
② 选自《周礼·地官》《礼记·王制》。
③ 郑玄注："上庠，右学，大学也，在西郊。下庠，左学，小学也，在国中王宫之东。""庠"是一种半养老半教育性质的机构，是一种由老人负责咨询和教育的场所。

儒、百工，各以其器食之"。可见，当时诸侯国中已经出现了对特殊群体的福利性工作照顾。

南北朝时期，出现了专门的社会福利机构。据《梁书》记载，梁朝普通三年（522），梁都建康（今江苏南京）设立了孤独园。"凡民有单老孤稚不能自存，主者郡县咸加收养，赡给衣食，每令周足，以终其身。又于京师置孤独园，孤幼有归，华发不匮。若终年命，厚加料理。"① 此外，据《宋书·五行志》记载，南北朝时期全国各地重大疫情就发生了23起。因此，六疾在南北朝时受到了特殊重视。南齐文惠太子萧长懋、竞陵王萧子良于5世纪末6世纪初创设了六疾②馆，专门收容贫病者。

唐朝是我国封建社会的鼎盛时期。唐朝政府从法律和礼仪上制定了一些保护社会弱势成员的规定。《唐户令》中有如下记载："诸鳏寡、孤独、贫穷、老疾不能自存者，令近亲收养。若无近亲，付乡里安恤。"唐朝还出现了悲田养病坊。这是一种由佛教寺院创建的有固定场所的集赈恤、收养贫病者和废疾老年人于一体的新型社会福利机构，其工作起初由佛教寺院派专门的僧人负责主持。"会昌法难"③ 之后，悲田养病坊曾一度废弃。后经权臣李德裕上疏奏请，将带有浓厚佛教意味的"悲田"二字去掉，改名为养病坊，并允许其在官府的监控下继续存在，其经费来源也由原来的主要取自民间，逐渐变为完全依赖于政府。由此，这种纯粹民间性质的慈善福利机构逐渐演变成为官办性质的社会福利机构。

北宋初期，仿照唐代养病坊的旧制，在都城东京城郊设置福田院，收养乞丐、残疾人和孤寡老人。起初只设东、西两院，每院容纳24人。后来，又增设南、北福田院。同时还对东、西福田院进行扩建，经过扩建之后的福田院，每院各有50间客房，成为京师规模最大的福利机构。福田院的设立，使一些身处困境的穷苦黎民得到了政府的救助。1069年冬，东京大雪强降温，宋神宗下诏增加对福田院的拨款，使其能够收容更多的老幼贫病无依无靠者，供养至第二年开春。可见，宋代福田院这种社会福利机构除提供常规福利服务之外，还在饥寒严重的特殊时期承担着临时救助的功能。此外，在宋神宗时期，福田院还开始收容弃婴。这种由官方创办并负责经营管理的福田院，与唐代早期的悲田养病坊有着明显的不同，后者最初是由民间力量佛教寺院创办的。

除了设置福田院之外，北宋政府还大力推行居养令，要求各州府以绝人户的房屋和政府官屋为供养场所，以绝人户的遗产和常平仓的利息收入为资金来源，为不能自存者提供居养服务，特别是寒冬季节的居养服务。1056—1064年，宋仁宗曾下诏，要求各州府救济鳏、寡、孤独、癃老、疾废、贫乏不能自存者，安排其居养。1098年，宋哲宗下诏，要求对鳏寡孤独贫乏不能自存者提供居养服务。这些诏令大大推动了北宋末年居养院这种官办社会福利机构的发展。从1098年至1103年，明州府鄞县、奉化、慈溪、定海、昌国、象山等县都设立过居养院。后来，居养院从外州传入东京开封府。宋朝政府南迁之后

---

① 《梁书·武帝本纪》。
② 南北朝时，六疾泛指各种疾病。
③ 唐会昌五年（845），唐武宗废天下佛寺，没收寺院财产，并令众僧尼俱还俗，史称"会昌法难"。

（史称南宋），居养院继续存在，除都城临安之外，一些穷州陋邑都出现过居养安济之所。富庶之地如江南大都会苏州的居养院得到重建，并改名为居养安济院，为"癃老之无子妻，妇人无夫亲者"以及"幼失怙恃"者提供居养与医药服务。①

由于弃子溺婴现象在宋朝普遍存在，因而保护弃婴弃儿成为一个备受关注的社会问题。为此，北宋政府将弃婴孤儿纳入福田院与居养院养育，南宋政府还设立了专门收养弃婴弃儿的社会福利机构，将育婴机构从一般的社会福利机构中分离出来。南宋时期，各地所设的慈幼育婴机构主要有慈幼局、慈幼庄、婴儿局、举子仓等。其中比较重要的有福建举子仓、建康慈幼局、临安慈幼局、湖州婴儿局和宝庆慈幼局。这些机构或直接由政府明令设置，并以没官田产作为机构恒产；或由政府官员、民间绅衿创设，并得到官府的资助。这种官办或半官半民性质的育婴社会福利机构在一定程度上缓解了弃婴溺子的社会问题。②

元朝统治者虽然不像宋朝统治者那样关注社会福利事业的发展，但在客观上，因战乱而荒废的社会福利机构还是得到了一定的恢复与发展。究其原因，不能不考虑两点：一是战后社会秩序恢复的客观需要，二是元朝统治者特别是开国之君元世祖为宣示统治者的恩泽。元世祖曾下诏，要求各路③设立济众院，收留鳏寡孤独残疾者。还下令要求在都城大都南城广设屋舍，安置孤老。据《元史·刑法志》记载，元朝法律规定："诸鳏寡孤独、老弱残疾、穷而无告者，于养济院收养。"另据《元史·百官志》记载，元政府"命经略使问民疾苦""常令有司恤鳏寡孤独"。

明朝时期，明太祖朱元璋于 1368 年下诏赈恤中原贫民，传旨各州府，要求存恤"鳏寡孤独废疾不能自养者"。1373 年又"诏天下郡县立孤老院"，后易名为养济院，并明确规定："民之孤独残病不能生者，许入院。"《大明律·户律》还规定："凡鳏寡孤独及笃疾之人，贫穷无亲属依倚，不能自存，所在官司应收养而不收养者，杖六十。"养济院起初没有设名额限制，到明朝万历年间，养济院开始在收养孤老残疾的名额上作出一些具体规定。

清朝时期，在顺治、康熙、雍正、乾隆等皇帝的重视与中央政府的推动下，全国各地陆续重建和新建了许多养济院。养济院的设置还扩展到西部边陲地区。清朝养济院设于州县一级，由官府拨款经营，负责收养本籍鳏寡孤独者，并设有一定的名额限制。清朝还出现了由民间力量兴办的以鳏寡孤独贫病者为收养对象的普济堂，其收留范围突破户籍限制，不论本籍外籍，只要孤贫，一并收容。乾隆中后期，由于行政力量的介入，普济堂逐渐转变为官督民办、官民合办的慈善福利机构。

明清时期的育婴慈幼社会福利机构成为继两宋之后的又一个重要发展期。由于明清之际，溺女婴问题相当严重，这引起了统治者与有识乡绅的重视，育婴堂应运而生。至康

_____

① 周秋光，曾桂林．中国慈善简史［M］．北京：人民出版社，2006：97-101.
② 同上书，107-110.
③ 路为元朝的地方行政区划单位。按照元朝的地方行政区划制度，最高一级的行政区划单位为行省，省下有路、府、州、县，路归省管。

熙、雍正时期，江南各府州县治大都设有育婴堂。清代还专门设有栖流所（在直隶一省多称留养局），留养外来无依流民和街头病卧者。冬季留养，春季遣散。①

二、近代中国发展社会福利机构的实践

1840 年鸦片战争爆发，中国在西方列强坚船利炮的威慑之下，被迫打开国门，在帝国主义的欺凌与压迫之下步履蹒跚地走向近代。一方面，由于连年干戈，社会动荡不安，社会经济频遭巨创，百业凋敝，市面萧条，民不聊生，民间善源枯竭，民间社会福利机构无以为继。官办社会福利机构也因政府无暇顾及而日渐式微。原有的社会福利机构逐渐走向衰落。另一方面，受西方教会慈善活动和维新运动的影响，近代意义上的社会福利事业开始出现。近代中国社会福利机构依据创办主体的不同，大致可以分为两类：一是外国传教士或教会在通商口岸与内地创办的育婴堂、孤儿院等慈善福利机构；二是中国人自己创办的慈善福利机构。

（一）教会慈善福利机构

随着中国国门的打开，洋教逐渐传入中国。一些外国传教士在来华传教、创办教会的同时，也在通商口岸与内地创办育婴堂、孤儿院、盲童学校、聋哑学校等慈善福利机构。1843 年，法国天主教耶稣会在上海设立圣婴会。19 世纪 40 年代末，耶稣会传教士在横塘修道院内创办了一所孤儿院，1850 年迁往蔡家湾。至 1851 年，共收养男女孤儿 66 名。后来，该院将女孤全部送往浦东唐墓桥女孤院，专收男孤。至 1855 年，该院收养男孤 122 名。太平战事结束后，蔡家湾孤儿院搬迁至徐家汇土山湾，并改名为土山湾孤儿院。19 世纪五六十年代以后，随着基督教势力的扩张，教会举办的慈幼机构为数众多，几乎遍及大半个中国。据基督教中华续行委办会对清末民初（1901—1920 年）中国基督教（含天主教）各项事业的调查统计，西方各国天主教会在中国共创办了 150 多所孤儿院，收养孤儿累计超过 15 000 人。除育婴堂和孤儿院之外，外国传教士还在中国创办盲童学校和聋哑学校。据不完全统计，教会在华创办的盲校不下 30 所。传教士在华创办的比较有影响的聋哑学校有：北京交道口教堂聋哑学校、山东登州聋哑学校和武昌聋哑学校。这些慈幼机构大都采取"养、教、工"相结合的方式为受助婴幼儿提供帮助。②

（二）中国人自己创办的慈善福利机构

受维新运动期间有识之士所提出的传统社会福利机构改革主张以及西方教会慈善福利机构的影响，中国本土社会福利机构开始在社会福利热心人士的关注与努力下逐渐实现由重养轻教到养教并重的转型。清末民初，上海地方绅商和社会名流于 1906 年创办了上海孤儿院（1910 年迁至龙华，故又称龙华孤儿院），有房屋 40 余间，收养 6～18 岁的孤儿，内设小学堂和工艺所。1917 年该院收养孤儿达 305 人之多。上海贫儿院于 1910 年开始收

① 周秋光，曾桂林 . 中国慈善简史［M］. 北京：人民出版社，2006：156-164.
② 同上书，348-352.

养儿童，向贫儿传授多种技艺。1917 年在上海闵行镇开办的广慈苦儿院收养孤贫孩童不分区域，分班授课，毕业后分送各工厂学习工艺。

在江苏，中国近代政治家、实业家、教育家与慈善家张謇（1853—1926）通过各种途径了解教会在华东地区创办慈善福利机构的情况，还亲自到上海教会慈善福利机构参观。有感于上海徐家汇圣母院育婴堂的育婴事业，张謇决定将南通的旧育堂迁址新建，新建后的育婴堂屋宇轩豁，空气流通，并参照上海徐家汇圣母院育婴堂的成功做法，对新育婴堂进行整治，除弊兴利，取得了良好的效果。张謇还在南通创办狼山盲哑学校，设盲、哑两科，为残疾人士提供服务。

20 世纪 20 年代以后，类似的慈幼教育机构在全国各地十分普遍。在北京，中国近代政治家兼慈善家熊希龄于 1920 年创办香山慈幼院，收养受灾儿童。该院维持近 30 年，直到新中国成立前停办，共计教养贫苦无依的儿童达 6000 人。1950 年其财产由北京市人民政府接管，并改组为公立学校，其附属工厂也被改造调整。

1928 年，国民政府内政部颁布《各地方救济院规则》，将救济院分为养老、孤儿、残废、育婴、施医、贷款 6 所。养老所收养 60 岁以上的无力自养且无人赡养的老人，孤儿所收养 6～15 岁的贫苦无依儿童，残废所收养肢体残废、盲、哑三类特殊人群，育婴所收养被遗弃的 6 岁以下的婴幼儿。在国民政府的统一规范下，至 1930 年年底，全国有相当一部分省区都设立了救济院。

抗日战争时期，大批中国百姓或逃离家园故土，成为难民，或惨遭杀戮，成千上万的中国儿童或与父母离散，或失去双亲，成为难童孤儿。这种情况引起了社会各界的极大关注。1938 年 3 月，战时儿童保育会在汉口正式成立。据统计，该会在全国各省市共设有保育院 46 所。战时儿童保育会历时 8 年，至 1946 年 9 月解散，为战区及其毗连地带失依儿童养教作出了巨大的贡献。

三、当代中国发展社会福利机构的实践

（一）1949 年至 1978 年期间正反两方面的实践揭示发展社会福利机构的需要

经过长时间的战乱，1949 年新中国成立时，所面对的是一个千疮百孔、经济萧条、民生凋敝、百废待兴的社会。为增进民众福祉，体现社会主义制度的优越性，巩固新生的社会主义政权，党和政府在全力恢复经济秩序的同时，大力发展文化、教育和卫生事业，积极探索社会主义社会福利制度。政府从 1950 年 4 月开始对民国时期的各类慈善福利机构进行接收、改造与初步调整。1950 年 4 月 26 日，时任政务院副总理的董必武在中国人民救济代表会议上作了题为"新中国的救济福利事业"的报告。报告将救济福利事业视作政府和人民同心协力医治战争创伤并进行和平建设一系列工作中的一个组成部分。会后，全国各地开始正式接收与改造旧社会的各类慈善福利机构：取缔、解散或关闭国民政府官办的各类救济院，改组与接收民国时期由社会名流、政要和巨贾们所创办或主持的民间慈善福利机构，接收、调整和整顿外国教会在华创办的育婴堂和孤儿院等慈善福利机构。同

时，政府还拿出一部分资金新建社会福利机构，增置社会福利服务设施，用以安置鳏寡老人、孤儿、弃婴以及残疾人等社会弱势群体。据统计，1949—1954 年，全国新建或改建残老与儿童福利机构 666 个。新中国成立初期，全国各类福利机构共计收养孤儿、弃婴、残疾儿童和街头流浪儿童 20 多万名。[①] 政府还在北京、上海、广州、武汉等大城市建立福利工厂，吸收城市贫民、有劳动能力的残疾人和无业游民进厂，开展社会福利性生产，帮助他们开展生产自救。

"文革大革命"时期，受政治斗争中反福利主义的影响，主管救灾救济和社会福利等事务的内务部在 20 世纪 60 年代末被撤销，社会福利机构和福利工厂被合并或撤销，致使孤残儿童、老年人、残疾人等社会弱势群体的生活状况普遍恶化，许多人基本生活需要无法得到满足。这从反面说明了发展社会福利机构的需要。

（二）1978 年以来中国社会福利机构的发展实践

1978 年春，五届全国人大一次会议决定重新设置民政部，结束了全国社会救济、社会福利、优抚安置事务无主管部门的局面。1979 年，民政部召开全国城市救济福利工作会议，会议提出在做好"三无"老人收养工作的前提下，开展孤老职工的自费收养工作。1984 年，在福建省召开的全国城市社会福利事业单位改革整顿工作交流会为城市社会福利事业确定了社会化改革方向。从此，无论是官办社会福利机构还是民间社会慈善福利机构都得到了比较稳定的发展。从社会福利机构数量来看，截至 2011 年，老年人与残疾人服务机构发展到 40 868 个，儿童福利机构发展到 397 个，流浪儿童救助保护中心发展到 241 个。[②] 从社会服务机构所提供的床位数来看，每千人口社会服务床位数自 1991 年以来，每年以 0.1～0.3 张不等的速度持续增长（见表 3-1）。

表 3-1　中国社会服务机构床位一览表

年份	提供住宿的社会服务机构床位数/万张					每千人口社会服务床位数/张[③]
	老年及残疾人床位	智障和精神疾病床位	儿童床位	救助及其他社会服务床位	合计	
1991	78.3	3.8	0.7	—	82.8	—
1992	85.2	3.8	0.8	—	89.8	0.8
1993	87.4	4.0	0.9	0.4	92.7	0.8
1994	90.1	4.0	0.9	0.5	95.5	0.8
1995	91.9	4.0	1.1	0.6	97.6	0.8

①　苏振芳. 社会保障概论［M］. 北京：中国审计出版社、中国社会出版社，2001：107.

②　http：//data. stats. gov. cn/workspace/index? m＝hgnd.

③　指标说明：每千人口社会服务床位数指老年及残疾人床位数、智障和精神疾病床位数、儿童床位数、救助及其他社会服务床位数的总和除以当年期末人口数乘以 1000。其中，老年及残疾人床位数包括城市养老服务机构、农村养老服务机构、社会福利院、光荣院、荣誉军人康复医院、复员军人疗养院中的相关床位数；智障和精神疾病床位数包括复退军人精神病院和社会福利医院中的相关床位数；儿童床位数包括儿童福利院和流浪儿童救助保护中心中的相关床位数；救助及其他社会服务床位数包括社区养老服务中心、社区养老服务站、生活无着人员救助管理站、其他收养机构、军休所、军供站的相关床位数。

续表

年份	提供住宿的社会服务机构床位数/万张					每千人口社会服务床位数/张
	老年及残疾人床位	智障和精神疾病床位	儿童床位	救助及其他社会服务床位	合计	
1996	95.0	4.0	1.2	0.6	100.8	0.8
1997	97.2	4.0	1.3	0.6	103.1	0.8
1998	99.6	4.1	1.5	0.6	105.8	0.8
1999	102.4	4.1	1.6	0.8	108.9	0.9
2000	104.5	4.1	1.8	2.6	113.0	0.9
2001	114.6	4.2	2.3	19.6	140.7	1.1
2002	114.9	4.3	2.5	19.8	141.5	1.1
2003	120.6	4.5	2.7	15.1	142.9	1.1
2004	139.5	4.5	3.0	10.2	157.2	1.2
2005	158.1	4.4	3.2	15.0	180.7	1.4
2006	179.6	4.4	3.2	17.3	204.5	1.6
2007	242.9	4.7	3.4	18.6	269.6	2.0
2008	267.4	5.4	4.3	23.2	300.3	2.3
2009	293.5	5.9	4.8	22.3	326.5	2.5
2010	316.1	6.1	5.5	21.9	349.6	2.6
2011	369.2	6.5	6.8	13.9	396.4	2.9

资料来源：根据国家统计局网站（http：//data.stats.gov.cn/workspace/index？ m＝hgnd）所提供的数据制表。

在官办性质的社会福利机构持续发展的同时，民间性质的儿童福利机构也在不断发展。在中国政府的亲切关怀和国际 SOS 儿童村组织的热情帮助下，1985 年，中国第一个SOS 儿童村——天津 SOS 儿童村开始筹建。其后，烟台、齐齐哈尔、南昌、开封、成都、莆田、乌鲁木齐、拉萨、贵阳、北京等城市也都建立了 SOS 儿童村。这些儿童村与官办儿童福利院以及其他民间儿童慈善福利机构一起，共同为因各种原因而失去依靠的儿童撑起了一片成长的天空。

思考题

1. 结合中国历史，思考我国古代养老社会福利机构的发展状况。

2. 结合中国历史，思考我国古代婴幼儿社会福利机构的发展状况。

3. 结合中国历史，思考我国近代养老社会福利机构的发展状况。

4. 结合中国历史，思考我国近代婴幼儿社会福利机构的发展状况。

5. 结合中国历史，思考我国历史上对残疾人提供过哪些社会福利性服务或福利性照顾。

6. 新中国社会福利机构发展的曲折历程说明了什么问题？

讲题2　发展社会福利机构的现实需要

一、人口老龄化对发展社会福利机构的直接需要

随着我国社会经济的发展和人们生活、医疗卫生条件的改善，我国人口平均预期寿命不断延长，2010年男性平均预期寿命为72.38岁，女性平均预期寿命为77.37岁。65岁以上的老年人口在总人口中的比重逐年提高，从1982年第三次全国人口普查时的4.9%上升到2010年第六次全国人口普查时的8.9%，18年间上升了4个百分点。20世纪90年代末，中国人口在整体上进入老龄化阶段。2011年，65岁以上的老年人口超过1.2亿人，占全国总人口的9.12%（见表3-2）。

表3-2　1982—2012年中国老年人口规模

年份	65岁及以上老年人口/万人	65岁及以上老年人口比重/%
1982	4991	4.9
1987	5968	5.4
1990	6368	5.6
1995	7510	6.2
1996	7833	6.4
1997	8085	6.5
1998	8359	6.7
1999	8679	6.9
2000	8821	7.0
2001	9062	7.1
2002	9377	7.3
2003	9692	7.5
2004	9857	7.6
2005	10 055	7.7
2006	10 419	7.9
2007	10 636	8.1
2008	10 956	8.3
2009	11 309	8.5
2010	11 894	8.9
2011	12 288	9.1
2012	12 714	9.4

资料来源：国家统计局网站（http://data.stats.gov.cn/workspace/index? m＝hgnd），比例是根据"年末总人口"和"65岁及以上老年人口"两个指标计算得到。2012年数据来自《2012年社会服务发展统计公报》。

由人口年龄结构变化所带来的压力并非一时的挑战，整个21世纪这种压力都将伴随着每一个中国人，它将时时提醒我们探索与发展适合老年人生活的社会福利机构，为老年人提供多种形式的养老服务选择，增进老年人的福祉。根据全国老龄工作委员会办公室2007 年发布的《中国人口老龄化发展趋势预测研究报告》，2001—2020 年是我国人口快速老龄化阶段。这一阶段，中国将平均每年增加 596 万 60 岁以上的老年人口，年均增长速度达到 3.28%，大大超过总人口年均 0.66% 的增长速度，人口老龄化进程明显加快。到2020 年，60 岁以上的老年人口将达到 2.48 亿人，老龄化水平将达到 17.17%，其中，80岁及以上老年人口将达到 3067 万人，占老年人口的 12.37%。2021—2050 年是我国人口加速老龄化阶段。伴随着 20 世纪 60 年代到 70 年代中期的新中国成立后第二次生育高峰人群进入老年，中国老年人口数量开始加速增长，平均每年增加 620 万人。同时，由于总人口逐渐实现零增长并开始负增长，人口老龄化将进一步加速。到 2023 年，60岁以上的老年人口数量将增加到 2.7 亿人，与 0～14 岁少儿人口数量相等。到 2050 年，60 岁以上的老年人口总量将超过 4 亿人，老龄化水平推进到 30% 以上，其中，80 岁及以上老年人口将达到 9448 万人，占老年人口的 21.78%。2051—2100 年是稳定的重度老龄化阶段。2051 年，中国 60 岁以上的老年人口规模将达到峰值 4.37 亿人，约为少儿人口数量的 2 倍。这一阶段，老年人口规模将稳定在 3～4 亿人，老龄化水平基本稳定在 31% 左右，80 岁及以上高龄老人占老年总人口的比重将保持在 25%～30%，进入一个高度老龄化的平台期。[①]

在人口老龄化的同时，家庭规模在不断缩小，1964 年第二次全国人口普查时家庭户规模为户均 4.43 人，1982 年第三次全国人口普查时家庭户规模为户均 4.41 人，1990 年第四次全国人口普查时家庭户规模为户均 3.96 人，2000 年第五次全国人口普查时家庭户规模为户均 3.44 人，2010 年第六次全国人口普查时家庭户规模进一步降至户均 3.10 人。随着家庭的小型化，老年人能从其他家庭成员那里获得的生活照顾也随之减少。特别值得关注的是，近年来，一人户和二人户在全部家庭户中所占的比重呈明显的上升趋势，一人户的比重从 2002 年的 7.7% 上升到 2011 年的 14.0%，同期二人户的比重从 18.4% 上升到26.0%，而三人及以上户的比重则从 73.9% 下降到 60%（见表 3-3）。其中，一人户中不少是独居老人，二人户当中有相当一部分是空巢家庭。据央视电视台新闻频道《2012 年重阳节特别节目》报道，在我国老年人口中，空巢家庭越来越多，2012 年已接近 50%。这一部分老年人特别需要社会的关照。

———————

　　① 全国老龄工作委员会办公室. 中国人口老龄化发展趋势预测研究报告（2007）［EB/OL］. http：//www.cncaprc.gov.cn/yanjiu/33.jhtml.

表 3-3　2002—2011 年中国人口抽样调查家庭户构成*

家庭户构成/%	2011 年	2009 年	2008 年	2007 年	2006 年	2005 年	2004 年	2003 年	2002 年
一人户	14.0	10.0	8.9	8.9	9.1	10.7	7.8	7.6	7.7
二人户	26.0	25.0	24.6	24.4	24.2	24.5	19.6	19.1	18.4
三人户	27.7	29.4	30.4	30.4	30.7	29.8	31.4	31.7	31.7
四人户	16.9	19.6	21.0	20.9	20.0	19.2	21.8	22.8	23.1
五人户	9.4	10.6	10.0	10.1	10.8	10.2	12.4	11.5	11.8
六人户	4.1	3.8	3.7	3.7	3.6	3.8	4.4	4.7	4.8
七人户	1.1	1.0	1.0	1.0	1.0	1.1	1.5	1.6	1.5
八人户	0.5	0.4	0.3	0.3	0.4	0.4	0.6	0.6	0.6
九人户	0.2	0.1	0.1	0.1	0.1	0.2	0.2	0.2	0.2
十人及以上户	0.1	0.1	0.1	0.1	0.1	0.1	0.2	0.2	0.2
合　计	100.0	100.0	100.0	100.0	100.0	100.0	100.0	100.0	100.0

* 注：2005 年为 1% 人口抽样调查样本数据，其他年份为 1‰人口变动调查样本数据。

资料来源：根据国家统计局网站（http://data.stats.gov.cn/workspace/index? m＝hgnd）所提供的人口抽样调查家庭户户数的数据制表。

随着年龄的增长，部分老年人身体功能逐渐出现半失能甚至完全失能。如果没有社会福利机构的协助，家庭成员就需要持续照料自家的失能或半失能老人，这对任何一个家庭来说可能都是一种沉重的负担。如果说健康老人对社会福利机构的需求还是一种潜在需求的话，那么失能或半失能老人对社会福利机构的需求则是现实的。据央视电视台新闻频道《2012 年重阳节特别节目》报道，截至 2011 年年底，我国 80 岁以上的老年人口已超过 2000 万人，失能或者半失能老年人大约有 3300 万人。这部分老年人是最需要社会关注的，他们及其家人对社会福利机构的需求往往也是最迫切的。

二、农民工外出增加了农村社会对发展社会福利机构的需要

农村人口外出影响家庭内部福利服务供给，并对发展社会福利机构产生间接影响。由于外出人口的流动性和离家生活成本的提高，许多外出务工经商人员选择了把年老的家庭成员或者年老的和年幼的家庭成员一起留在老家。这就增加了外出人口输出地对发展社会福利机构的需要。根据国家统计局对农民工的统计监测调查报告，全国农民工总量从 2008 年的 22 542 万人，增加到 2012 年的 26 261 万人[①]，年均增长率为 3.90％，其中外出农民工从 2008 年的 14 041 万人，增加到 2012 年的 16 336 万人，年均增长率为 3.86％。在外出农民工中，住户中外出农民工从 2008 年的 11 182 万人，增加到 2012 年的 12 961 万人，年均增长率 3.77％；举家外出农民工从 2008 年的 2859 万人，增加到 2012 年的 3375 万人，年均增长率 4.25％。在本乡镇以内从业 6 个月以上的本地农民工从 2008 年的 8501 万人，增加到 2012 年的 9925 万人，年均增长率 3.99％（见表 3-4）。

---

　　①　年度农民工数量包括年内外出从业 6 个月以上的外出农民工和本地非农从业 6 个月以上的本地农民工两部分。年度农民工与年末（季末）外出务工劳动力口径不同，年末（季末）数据是指调查时点在外从业的农村劳动力人数，包括外出不满 6 个月的人。

表 3-4　农民工数量

单位：万人，%

年　份	农民工总量	比上年增长	住户中外出农民工	比上年增长	举家外出农民工	比上年增长	外出农民工合计	比上年增长	本地农民工	比上年增长
2008	22 542	—	11 182	—	2859	—	14 041	—	8501	—
2009	22 978	1.93	11 567	3.44	2966	3.74	14 533	3.50	8445	−0.66
2010	24 223	5.42	12 264	6.03	3071	3.54	15 335	5.52	8888	5.25
2011	25 278	4.36	12 584	2.61	3279	6.77	15 863	3.44	9415	5.93
2012	26 261	3.89	12 961	3.00	3375	2.93	16 336	2.98	9925	5.42
年均增长率	—	3.9	—	3.77	—	4.25	—	3.86	—	3.99

资料来源：根据国家统计局《2012 年全国农民工监测调查报告》所提供的数据制表。

　　与 20 世纪 80 年代相比，近 20 年来外出农民工不仅总体规模扩大了很多，而且年龄结构也在发生变化。在 20 世纪 80 年代，外出农民工以农村家庭中的青壮年劳动力为主，中老年劳动力外出的比例低。换言之，有更多的中老年劳动力留在农村，这对农村老年人的日常照顾是有利的。然而，近年来，这种状况已经出现明显变化。40 岁以下农民工所占比重逐年下降，由 2008 年的 70% 下降到 2012 年的 59.3%，农民工平均年龄也由 34 岁上升到 37.3 岁。40 岁以上农民工所占比重明显上升，由 2008 年的 30.0% 上升到 2012 年的 40.7%。其中，41—50 岁年龄段农民工所占比重从 2008 年的 18.6% 上升到 2012 年的 25.6%，50 岁以上农民工所占比重从 2008 年的 11.4% 上升到 2012 年的 15.1%（见表 3-5）。按年龄推算，40 岁以上的外出农民工应该家里大多都有老年人，中老年外出农民工的增多无疑意味着农村养老将面临着更多的挑战，也意味着发展农村养老福利服务机构的重要性。

表 3-5　各年龄段农民工比重

单位：%

年龄段	2008 年	2009 年	2010 年	2011 年	2012 年
16～20 岁	10.7	8.5	6.5	6.3	4.9
21～30 岁	35.3	35.8	35.9	32.7	31.9
31～40 岁	24.0	23.6	23.5	22.7	22.5
41～50 岁	18.6	19.9	21.2	24.0	25.6
50 岁以上	11.4	12.2	12.9	14.3	15.1

资料来源：国家统计局《2012 年全国农民工调查监测报告》。

　　农民工外出对农村社会福利机构发展的影响还体现在外出农民工性别结构的变化。在 20 世纪 80 年代中期，中国政府放松了对人口流动的限制，1984 年国家允许农民自理口粮进城务工经商，从此，中国逐渐出现了规模庞大的人口流动。但由于 80 年代外出务工经商的农村青壮年人口主要是男性，女性则多留在农村务农，并照顾家里的老年人和未成年孩子。然而，今天的情况已出现了比较大的变化。2009 年男性外出农民工占 65.1%，女性占 34.9%；2011 年男性外出农民工占 65.9%，女性占 34.1%；2012 年男性外出农民工占 66.4%，女性占 33.6%。随着女性加入外出农民工的行列，农村老年人的照料将变得更加困难。这就要求有更多的社会福利机构来弥补由于女性外出而引起的家庭照料缺失。

让外出农民工举家搬迁至务工经商地或许是解决农村空巢老人养老问题的一种不错的选择，然而，对大多数农民工来说，举家搬迁并非一件容易的事。有很多主客观方面的原因阻碍着外出农民工举家搬迁。首先，从外出农民工的收入来看，外出农民工的收入普遍偏低。2008—2012 年，全国外出农民工月平均收入分别为 1340 元、1417 元、1690 元、2049 元和 2290 元。从务工地区来看，2009 年，在东、中、西部地区务工的农民工月均收入分别为 1422 元、1350 元、1378 元。2011 年，在东、中、西部地区务工的农民工月均收入分别为 2053 元、2006 元、1990 元。2012 年，在东、中、西部地区务工的农民工月均收入分别为 2286 元、2257 元、2226 元（见表 3-6），在境外就业的农民工月均收入为 5550 元。收入较高的是交通运输仓储邮政业和建筑业的农民工，人月均收入分别为 2735 元和 2654 元；收入较低的分别是服务业、住宿餐饮业和制造业的农民工，月均收入分别为 2058 元、2100 元和 2130 元。从务工地点看，2009 年，在直辖市、省会城市、地级市、县级市和建制镇务工的农民工平均月收入分别为 1569 元、1425 元、1402 元、1359 元和 1348 元。2011 年，在直辖市、省会城市、地级市、县级市和建制镇务工的农民工月均收入分别为 2302 元、2041 元、2011 元、1982 元和 1961 元。2012 年，在直辖市、省会城市、地级市和县级市务工的农民工人均月收入水平分别为 2561 元、2277 元 2240 元和 2204 元。2008—2011 年，城镇居民家庭月人均可支配收入分别为 1315 元、1431 元、1592 元、1817 元，[①] 中国人口的总抚养比分别为 37.4、36.9、34.2、34.4。[②] 换言之，2008—2011 年，平均每名劳动年龄人口除自己之外，还要分别负担 0.374、0.369、0.342、0.344 个人的抚养费用，以此推算外出农民工月平均收入中能用自身的月均收入分别为 975.3 元、1035.1 元、1259.3 元、1524.6 元。这样的收入显然使他们难以在城镇安家。

---

① 根据国家统计局网站所提供的年度数据换算而来。2008 年至 2011 年，城镇居民家庭人均可支配收入分别为 15 780.8 元、17 174.7 元、19 109.4 元、21 809.8 元。指标说明：城乡居民收支数据来源于城镇住户抽样调查资料，城镇住户调查对象指居住在城镇区域范围内的常住户。http://data.stats.gov.cn/workspace/index；jsessionid = 7141233E23FC39555DB1A755D746A262？ m=hgnd。

② 总抚养比又称总负担系数，是指人口总体中非劳动年龄人口数与劳动年龄人口数之比，通常用百分比表示，说明每 100 名劳动年龄人口大致要负担多少名非劳动年龄人口。2008 年至 2011 年中国人口的总抚养比分别为 37.4、36.9、34.2、34.4。

表 3-6　不同地区农民工的月均收入水平

单位：元

地　区	2008 年	2009 年	2010 年	2011 年	2012 年
全　国	1340	1417	1690	2049	2290
东部地区	1352	1422	1696	2053	2286
中部地区	1275	1350	1632	2006	2257
西部地区	1273	1378	1643	1990	2226

注：农民工的就业地区除东部、中部和西部地区外，另有 0.3% 的外出农民工在港澳台地区及国外从业，境外就业的农民工月收入水平为 5550 元。
资料来源：国家统计局《2012 年全国农民工调查监测报告》。

其次，从外出农民工的居住条件来看，2008—2012 年，在工地或工棚居住者所占比例一直维持在 10.0% 左右，在生产经营场所居住者所占比例一直维持在 6% 左右。由雇主或单位提供宿舍者所占比例从 2008 年的 35.1% 逐年下降到 2012 年的 32.3%，独立租赁住房者所占比例从 2008 年的 18.8% 逐年下降到 2012 年的 13.5%，与他人合租住房者所占比例从 2008 年的 16.7% 逐年上升到 2012 年的 19.7%，在乡镇以外从业但每天回家居住者所占比例从 2008 年的 8.5% 逐年上升到 2012 年的 13.8%。2008—2012 年，在务工地自购房者所占比例分别为 0.9%、0.8%、0.9%、0.7%、0.6%。从近几年农民工居住情况的变化看，在单位宿舍和生产经营场所居住的比例呈下降趋势，而与他人合租住房、乡外从业回家居住的比例呈上升态势；在东部地区务工的农民工住单位宿舍的比例高于中、西部地区，在中、西部地区务工的农民工住工地工棚的比例高于东部地区；在东部地区务工的农民工与他人合租的比例高于中、西部地区，在西部地区务工的农民工独立租房与自购房的比例高于东、中部地区（见表 3-7、表 3-8）。[①] 且不说其他方面的困难与不便，单就居住条件这一点看，外出农民工就无法带着一家老小一起外出。

表 3-7　2008—2012 年外出农民工的住宿情况

单位：%

住宿情况	2008 年	2009 年	2010 年	2011 年	2012 年
单位宿舍	35.1	33.9	33.8	32.4	32.3
工地工棚	10.0	10.3	10.7	10.2	10.4
生产经营场所	6.8	7.6	7.5	5.9	6.1
与他人合租住房	16.7	17.5	18.0	19.3	19.7
独立租赁住房	18.8	17.1	16.0	14.3	13.5
务工地自购房	0.9	0.8	0.9	0.7	0.6
乡外从业回家居住	8.5	9.3	9.6	13.2	13.8
其　他	3.2	3.5	3.5	4.0	3.6

资料来源：国家统计局《2012 年全国农民工调查监测报告》。

---

① 国家统计局 . 2011 年我国农民工调查监测报告 [EB/OL] . http：//www.stats.gov.cn/tjfx/fxbg/t20120427_402801903.htm.

表 3-8　2011 年外出农民工在不同地区务工的住宿情况

单位：%

住宿情况	全　国	东部地区	中部地区	西部地区
单位宿舍	32.4	35.2	28.9	24.0
工地工棚	10.2	7.4	15.6	16.8
生产经营场所	5.9	5.2	7.3	7.5
与他人合租住房	19.3	20.9	14.5	16.8
独立租赁住房	14.3	14.2	12.4	16.3
务工地自购房	0.7	0.6	0.8	1.0
乡外从业回家居住	13.2	13.2	15.2	11.5
其　他	4.0	3.3	5.3	6.1

资料来源：国家统计局《2011 年我国农民工调查监测报告》。

事实上，在外出农民工中，举家外出农民工所占比重一直保持在较低水平：2008 年为 20.36%，2009 年为 20.41%，2010 年为 20.03%，2011 年为 20.67%，2012 年为 20.66%[①]，约占外出农民工的 1/5。大多数农民工家庭还没有条件举家外出，只好让家庭中的中青年外出，年老和年幼的家庭成员留守，或仅仅是年老的家庭成员留守。这就使留守老人的照顾成为一个令人担忧的问题，也使农村社会增加了对老年人社会福利机构的需要。

三、独生子女父母数量的增多对发展社会福利机构的需要

根据马克思主义关于物质资料生产与人类自身再生产应该相适应的原理，20 世纪 70 年代，中国政府结合当时的国情制定了计划生育政策，并从 70 年代初开始大力推行计划生育政策，1978 年以后计划生育成为中国的一项基本国策。1980 年 9 月，中共中央向全体共产党员和共青团员发出了关于控制中国人口增长问题的公开信，其主要内容就是"提倡一对夫妇只生育一个孩子"。从此，中国的人口政策从"晚婚、晚育，少生、优生"迅速转变为独生子女政策。中国的独生子女家庭逐渐增多。据中国人口信息研究中心提供的数据，在 1995 年，中国有 3.2 亿个家庭，其中 20.72% 的家庭为独生子女家庭，独生子女约为 6600 万人。原国家人口计生委的统计资料表明，2011 年之前，独生子女政策覆盖率大概占到全国内地总人口的 35.4%。2010 年第六次全国人口普查数据显示，我国 0～30 岁年龄段（该年龄段正好是 1980 年我国推行独生子女政策之后出生的人）的有 568 566 474 人[②]，按 35.4% 的比例推算，中国独生子女约为 2.01 亿人。《大国空巢》一书的作者、人口学专家易富贤根据人口普查数据推断：中国现有 2.18 亿独生子女。

首批独生子女的父母大约是 20 世纪 50—60 年代出生的，2010 年以后，他们陆续进入老年期，伴随他们的是我国人口的快速老龄化和社会养老负担的不断加重。独生子女父母

---

① 根据《2011 年我国农民工调查监测报告》中所提供的"外出农民工"与"举家外出农民工"两项统计数字计算而得。

② 国家统计局网站．中国 2010 年人口普查资料［EB/OL］．http://www.stats.gov.cn/tjsj/pcsj/rkpc/6rp/indexch.htm.

到了生命周期的晚期，其面临的挑战比非独生子女家庭更加严峻。2 亿独生子女意味着有 4 亿独生子女父母，他们的养老问题，特别是当他们进入高龄后，日常生活的照料如果没有社会福利机构的协助，无疑会给其唯一的子（女）带来很大的压力，更何况，还存在唯一的子（女）根本无法亲自照料自己的父母的可能性。

四、残疾人的现实存在对发展社会福利机构的需要

根据 2006 年第二次全国残疾人抽样调查，2006 年 4 月 1 日中国残疾人占全国总人口的比例为 6.34%。各类残疾人的人数及各占残疾人总人数的比重分别是：视力残疾 1233 万人，占 14.86%；听力残疾 2004 万人，占 24.16%；言语残疾 127 万人，占 1.53%；肢体残疾 2412 万人，占 29.07%；智力残疾 554 万人，占 6.68%；精神残疾 614 万人，占 7.40%；多重残疾 1352 万人，占 16.30%。全国有残疾人的家庭户共 7050 万户，占全国家庭户总户数的 17.80%；其中有 2 个以上残疾人的家庭户 876 万户，占残疾人家庭户的 12.43%。有残疾人的家庭户的总人口占全国总人口的 19.98%。有残疾人的家庭户户规模为 3.51 人。全国残疾人口中，残疾等级为一、二级的重度残疾人为 2457 万人，占 29.62%；残疾等级为三、四级的中度和轻度残疾人为 5839 万人，占 70.38%。[①]

与 1987 年第一次全国残疾人抽样调查相比，中国残疾人口的总量在增加。这种增加虽然有中国人口总量增加和残疾标准与残疾评定方法调整的原因，但更为重要的原因是：第一，中国人口的老龄化和老年人口规模的扩大。老年人由于生理机能衰退，脑血管疾病、骨关节病、痴呆等发病率和致残概率增高。2006 年第二次全国残疾人抽样调查 60 岁及以上的残疾人约为 4416 万人，比 1987 年第一次全国残疾人抽样调查时该年龄段残疾人数增加了 2365 万，占全国残疾人新增总数的 75.5%。第二，我国工业化和城镇化进程的加快，人口流动频繁，人们工作节奏加快，以及生产安全事故、交通事故和环境污染等因素，都不同程度地增加了残疾的风险。不难预计，随着我国人口老龄化程度的进一步加重，以及工业化和城镇化的进一步发展，残疾人口还有可能进一步增多。这无疑将增加残疾人群体对社会福利服务的需要。

根据 2012 年 3 月 5 日中国残疾人联合会公布的数字[②]，2010 年年末我国残疾人总人数为 8502 万人，其中视力残疾 1263 万人、听力残疾 2054 万人、言语残疾 130 万人、肢体残疾 2472 万人、智力残疾 568 万人、精神残疾 629 万人、多重残疾 1386 万人。各残疾等级人数分别为：重度残疾人 2518 万人、中度和轻度残疾人 5984 万人。

由于种种原因，残疾人对社会福利服务的需求与满足度之间还存在比较大的差距。根据 2006 年第二次全国残疾人抽样调查的数据，对医疗服务与救助、贫困救助与扶持、康复训练与服务、辅助器具等 4 项服务有需求的残疾人所占比例分别为 72.78%、67.78%、

---

① 第二次全国残疾人抽样调查主要数据公报。

② 这些数字是根据第六次全国人口普查我国总人口数和第二次全国残疾人抽样调查我国残疾人占全国总人口的比例以及各类残疾人占残疾人总人数的比例推算的。参见《关于使用 2010 年末全国残疾人总数及各类、不同残疾等级人数的通知》残联〔2012〕25 号。

27.69％、38.56％，而曾经接受过这四项服务扶助的残疾人所占比例分别为 35.61％、12.53％、8.45％、7.31％（见图 3-1）。

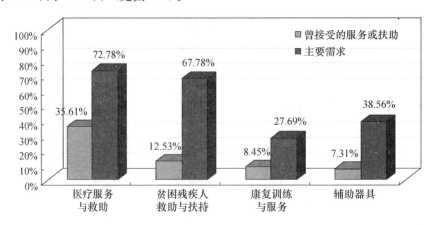

图 3-1　残疾人服务需求与满足度对比

资料来源：第二次全国残疾人抽样调查主要数据公报（第二号）相关图表。

http：//temp. cdpj. cn/doc/528gongbao. doc

残疾人及其家庭是特别需要社会关注的弱势群体，因为一个家庭如果出现一个残疾人，家庭或多或少需要为其支出一笔康复与照料费用，更为重要的是，残疾人往往存在就业困难甚至无法就业，这就使家庭消费人口增多，而生产人口减少，最终导致家庭收入不足。从第二次全国残疾人抽样调查的情况来看，城镇残疾人家庭的人均收入不及全国平均水平的一半，具体为 43.7％，农村残疾人家庭的人均收入稍高于全国平均水平的一半，具体为 51.0％（见图 3-2）。这样的收入状况决定了残疾人家庭会更多地依赖于社会福利机构所提供的服务，而不是从商业市场中购买相关服务。

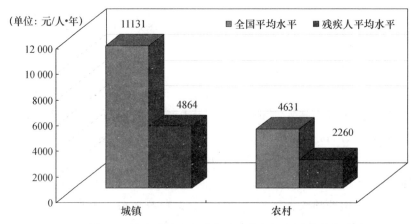

图 3-2　城乡残疾人家庭人均年收入与全国平均水平对比

资料来源：第二次全国残疾人抽样调查主要数据公报（第二号）相关图表。

http：//temp. cdpj. cn/doc/528gongbao. doc

---

①　据中华人民共和国国家统计局《2006 年中国统计年鉴》：2005 年城镇居民家庭人均全部年收入为 11 321 元，农村居民家庭人均年收入为 4631 元。

五、其他社会弱势群体的现实存在对发展社会福利机构的需要

其他社会弱势群体主要是指失依儿童、农村五保户和失独老人等社会弱者。失依儿童是指因各种原因而失去抚养人的儿童，主要包括弃婴、孤儿和弃儿等。2010年，全国孤儿人数为25.2万人。2011年，全国共有孤儿50.9万人，其中各类社会福利机构收养儿童10.8万人，社会散居孤儿40.1万人。截至2012年年底，全国共有孤儿57.0万人，其中，集中供养孤儿9.5万人，社会散居孤儿47.5万人；各类社会福利机构收养儿童10.4万人。虽然2012年孤儿人数比2011年增加了6万多人，但全国家庭儿童收养件数反而有所下降，延续了近年来连续下降的趋势。中国儿童被中国公民收养登记件数从2008年的37 009件下降到2012年的31 424件，被外国人收养登记件数从2008年的5541件下降到2012年的4121件。家庭收养儿童人数从2008年的44 115人下降到2012年的27 310人。2008—2012年，除了2009年家庭收养儿童数量稍有增加之外，其他年份均为下降（见表3-9）。在这种情况下，失依儿童将更多地依赖于各种福利机构的收养。

表 3-9　2008—2012 中国失依儿童人数与抚养情况

年　份	孤儿人数 /万人	福利机构抚养 的孤儿/万人	家庭收养儿童数			
			被中国公民收养 登记件数/件	被外国人收养 登记件数/件	家庭收养 儿童人数/人	年增长率 /%
2008	—	9.0	37 009	5541	44 115	−4.2
2009	—	11.5	39 801	4459	44 359	0.6
2010	25.2	10.0	29 618	4911	34 473	−22.3
2011	50.9	10.8	27 579	3845	31 329	−9.1
2012	57.0	10.4	23 157	4121	27 310	−12.8

资料来源：根据2008年、2009年《民政事业发展统计报告》，《2010年社会服务发展统计报告》，2011年、2012年《社会服务发展统计公报》所提供的数据制表。

农村五保户是指无法定抚养义务人，或者虽有法定抚养义务人，但是抚养人无抚养能力的；无劳动能力的；无生活来源的老年人、残疾人和未成年人。2007—2011年，中国农村集中与分散供养五保人数分别为531.3万人、548.6万人、553.4万人、556.3万人、551万人（见表3-10）。截至2012年年底，全国有农村五保供养对象529.2万户，545.6万人。其中，集中供养185.3万人，分散供养360.3万人。

表 3-10　全国农村五保人数

单位：万人

指　标	2007 年	2008 年	2009 年	2010 年	2011 年	2012 年
农村集中供养五保人数	138.0	155.6	171.8	177.4	184.5	185.3
农村分散供养五保人数	393.3	393.0	381.6	378.9	366.5	360.3
合　计	531.3	548.6	553.4	556.3	551	545.6

资料来源：国家统计局网站所提供的年度数据（http://data.stats.gov.cn/workspace/index; jsessionid=7141233E23FC39555DB1A755D746A262? m=hgnd）。2012年数据来自《2012年社会服务发展统计公报》。

失独老人是指家中唯一子女不幸离世的老人，他们当中的绝大部分都是"计划生育老人"。20世纪五六十年代出生的人，到生儿育女之时，正好碰到我国开始执行独生子女政策。这批积极响应国家独生子女政策的"光荣一代"①如果不幸遇到"独苗"夭折，又错过了生育年龄，到老年时就会成为失独老人。从2010年开始，首批政策性失独老人开始逐渐进入老年。北京市计划生育协会数据显示，截至2012年5月，北京失独父母人数为7746人，其中农村1269人，城市6477人。有专家根据中国15—30岁的独生子女总人数约为1.9亿人，这一年龄段的年死亡率为4/10000，算出中国每年约产生7.6万个失独家庭，并以此推算，中国失独家庭至少已超过100万。人口学家预计，我国失独家庭未来将达到一千万。②根据中国某镇的统计，有66%的失独家庭，子女在未婚前就遭遇了意外。其中，不少家庭的孩子要么即将走上工作岗位，要么即将迈进婚姻的殿堂，有34%的失独家庭有孙子（女）。③传统上，家庭养老一直是我国最主要的养老方式，对于失独老人来说，传统的家庭养老已不再可能，他们将更多地依赖国家养老和社会养老。这也将在一定程度上增加对社会福利机构的需要。

思考题

1. 以中国为例，分析人口老龄化对发展社会福利机构的影响。
2. 以中国为例，分析人口流动特别是农民工外出对发展社会福利机构的影响。
3. 以中国为例，分析致残风险对发展社会福利机构的影响。
4. 以中国为例，分析计划生育政策对发展社会福利机构的影响。

本讲小结

1. 中国社会福利机构的发展起源可追溯至原始共产主义社会以集体福利的形式保障社会弱势群体的生存这种原始朴素的社会福利实践。
2. 西周实施"保息六政"，春秋战国时期养老于教育机构，并给予残疾人这一特殊群体以福利性工作照顾。

---

① 中国的人口政策在1980年开始从"晚、稀、少"政策迅速转变为"一胎化"政策。标志是1980年9月发表的《中共中央关于控制中国人口增长问题致全体党员、共青团员的公开信》，其主要内容就是"提倡一对夫妇只生育一个孩子"。《公开信》是"提倡"一对夫妇只生育一个孩子，但后来事实上变成了政策性强制。

② 中国失独家庭将达千万民政部：失独老人政府养 [EB/OL]. http：//bj. people. com. cn/n/2013/0216/c233086-18158013. html.

③ 冷数据，热问题——浅析失独老人生存现状及扶助措施 [EB/OL]. http：//www. hark. gov. cn/ntrkpage. aspx？kid=29&id=20121201102528537.

3. 南北朝时期，开始出现专门的社会福利机构——孤独园。此后社会福利机构在不同朝代都有一定的发展。唐朝出现悲田养病坊，宋朝出现福田院和居养院以及专门收养弃婴弃儿的社会福利机构慈幼局、慈幼庄、婴儿局、举子仓等。元朝设立济众院，收留鳏寡孤独残疾者。明朝设立孤老院（养济院）。清朝在全国各地重建和新建养济院，在江南各府州县治设立育婴堂，出现了由民间力量兴办的以鳏寡孤独贫病者为收养对象的普济院。清朝还专门设有栖流所，留养外来无依流民和街头病卧者。

4. 近代中国社会福利机构既有中国人自己创办的慈善福利机构，也有外国传教士或教会在通商口岸与内地创办的育婴堂、孤儿院、盲童学校、聋哑学校等慈善福利机构。中国人自己创办的慈善福利机构又分为社会名流与慈善人士创办的慈善福利机构和国民政府创办的社会福利机构。前者比较有名的有上海龙华孤儿院、北京香山慈幼院、战时儿童保育会在全国各省市所设立的保育院等，后者是指在国民政府的统一规范下各省区所设立的救济院。

5. 新中国成立后，社会福利机构曾经一度受到意识形态等政治因素的影响而合并或撤销。1978 年以来，中国社会福利机构获得了持续良性发展。

6. 由于人口老龄化、农民工外出、独生子女父母陆续进入老年期、残疾人、失依儿童、失独老人、五保户等社会弱势群体的客观存在，当代中国依然有发展社会福利机构的现实需要。

推荐阅读

1. 民政部：《2008 年民政事业发展统计报告》《2009 年民政事业发展统计报告》。

2. 民政部：《2010 年社会服务发展统计报告》《2011 年社会服务发展统计报告》、《2012 年社会服务发展统计报告》。

3. 周秋光，曾桂林 . 中国慈善简史［M］. 北京：人民出版社，2006.

4. 第二次全国残疾人抽样调查主要数据公报 .

5. 中国失独家庭将达千万 民政部：失独老人政府养［EB/OL］. http：//bj. people. com. cn/n/2013/0216/c233086-18158013. html.

6. 冷数据，热问题——浅析失独老人生存现状及扶助措施［EB/OL］. http：//www. hark. gov. cn/ntrkpage. aspx？kid＝29＆id＝20121201102528537.

7. 国家统计局 . 2012 年全国农民工调查监测报告［EB/OL］. http：//www. agri. gov. cn/V20/ZX/nyyw/201305/t20130527 _3475033. htm.

第 ④ 讲

社会福利机构的申办与建设

学习（培训）目标

通过本讲学习（培训）：

1. 掌握社会福利机构申办和福利企业认定的条件，熟悉社会福利机构申办和福利企业认定的程序，学会根据相关规定申办社会福利机构、申请福利企业认定；

2. 了解社会福利机构建设面临的问题，明确社会福利机构建设的措施，形成推动社会福利机构建设的能力。

核心概念

社会福利机构　福利企业　申办　建设

本讲概览

社会福利机构的申办和福利企业的认定属于性质不同的两种类型。社会福利机构的申办是由申办人依法向主管机关申请成立社会福利机构，其性质属于行政许可；福利企业的认定是企业向主管机关申请认定福利企业资格，其性质属于行政确认。两种不同的方式在适用政策法规、条件和程序等方面都存在差别。

改革开放以来，我国社会福利机构建设有了长足的发展，取得了较大的成就，在不断满足社会成员需求、提高其生活水平的同时，也为进一步发展社会福利事业奠定了坚实的基础。但是，我国社会福利机构建设还处于初级阶段，其面临的问题还很多，形势不容乐观。无论是社会福利机构数量，还是其服务质量和水平，抑或是国家政策环境，我国都还处于较低的水平层面，距离人们的需求还有较大的差距，社会福利机构建设的社会价值并没有充分彰显出来，对经济的贡献也非常有限。因此，我们需要深入研究社会福利机构建设所面对的问题，找出症结，寻求解决这些问题的策略和措施。

中国老年人口增长现高峰　空巢、失独老人增多

中国老龄办 27 日在北京发布老龄蓝皮书称，中国老龄化形势严峻。

蓝皮书指出，2012 年和 2013 年是中国人口老龄化发展过程中具有重要意义的两个年头。一是新中国成立后新出生的人口，也就是 1952 年和 1953 年出生的人口进入老年期，形成第一个老年人口增长高峰。依据《国家应对人口老龄化战略研究》课题组预测，2012 年老年人口数量达到 1.94 亿人，老龄化水平达到 14.3％，2013 年老年人口数量突破 2 亿人大关，达到 2.02 亿人，老龄化水平达到 14.8％。二是劳动年龄人口进入负增长的历史拐点，从 2011 年的峰值 9.40 亿人下降到 2012 年的 9.39 亿人和 2013 年的 9.36 亿人，劳动力供给格局开始发生转变。三是底部和顶部老龄化相叠加，推动人口机会窗口逼近关闭。少儿人口抚养比从 2012 年的 23.96％提高到 2013 年的 24.36％，老年抚养比从 2012 的 20.66％上升到 2013 年的 21.58％，推动社会总抚养比从 2012 年的 44.62％上升到 2013 年的 45.94％。

与此同时，老年人口内部变动将进一步加剧人口老龄化的严峻性。首先是高龄老年人口继续增长，从 2012 年的 0.22 亿人上升到 2013 年的 0.23 亿人，年均增长 100 万人的态势将持续到 2025 年。其次是失能老年人口继续增加，从 2012 年的 3600 万人增长到 2013 年的 3750 万人。三是慢性病老年人持续增多，2012 年为 0.97 亿人，2013 年突破 1 亿人大关。四是空巢老年人口规模继续上升，2012 年为 0.99 亿人，2013 年突破 1 亿人大关。五是无子女老年人和失独老年人开始增多，由于执行计划生育政策的一代陆续开始进入老年期，加上子女风险事件的发生等因素，无子女老年人越来越多。2012 年，中国至少有 100 万个失独家庭，且每年以约 7.6 万个的数量持续增加。

蓝皮书认为，由于人口老龄化超前于现代化，"未富先老"和"未备先老"的特征日益凸显，老年人面临诸多问题和困难：贫困和低收入老年人数量仍然较多；城镇老年人口的宜居环境问题十分突出；农村老年人留守现象更加突出；涉老侵权案件、老年人受害受骗事件、老年人自杀现象时有发生；老年群体社会管理存在真空。（记者　张希敏）

（资料来源：http：news.xinhuanet.com/2013-02/27/c-114823279.htm，2013-02-27）

讲题 1　社会福利机构的申办和福利企业的认定

社会福利机构的申办和福利企业的认定属于性质不同的两种类型。社会福利机构的申办由申办人依法向主管机关申请成立社会福利机构，其性质属于行政许可；福利企业的认

定是企业向主管机关申请认定福利企业资格，其性质属于行政确认。两种不同的类型在适用政策法规、条件和程序等都存在差别。

一、社会福利机构的申办

1999年12月30日，民政部第19号令发布施行《社会福利机构管理暂行办法》（以下简称《办法》）。《办法》指出："社会福利机构是指国家、社会组织和个人举办的，为老年人、残疾人、孤儿和弃婴提供养护、康复、托管等服务的机构。"同时，《办法》还规定了申办社会福利机构的一般条件。申办社会福利机构，除应符合一般条件之外，还应当符合不同类别社会福利机构的具体条件以及相关规范和标准。

（一）社会福利机构申办的条件

1. 符合当地社会福利机构建设规划

社会福利机构的申办与当地经济社会发展有着密切的关系。《办法》规定，县级以上地方人民政府民政部门应当根据本行政区域内社会福利事业发展需要，制定社会福利机构设置规划。社会福利机构的设置应当符合社会福利机构的设置规划和社会福利机构设置的基本标准。

2. 申办人应符合相应的条件

《办法》规定，依法成立的组织或具有完全民事行为能力的个人可以作为社会福利机构的申办人。作为社会福利机构申办人的组织，既可以是国家机关和事业单位，也可以是企业、人民团体和其他社会组织，还可以是基层群众自治组织。作为社会福利机构申办人的个人，必须具有完全民事行为能力，即已满18周岁的精神正常的自然人。

中国香港、澳门、台湾地区的组织和个人，华侨以及国外的申办人可以采取独资或者合资、合作的形式举办社会福利机构。

3. 符合社会福利机构设置的基本条件

《办法》规定，申请领取《社会福利机构设置批准证书》的机构，除应当符合社会福利机构设置的基本条件（其中包括《老年人建筑设计规范》《方便残疾人使用的城市道路和建筑物设计规范》《老年人社会福利机构基本规范》《儿童社会福利机构基本规范》《残疾人社会福利机构基本规范》《养老机构安全管理》《养老护理员国家职业标准》等国家和行业标准）外，还应当同时具备以下条件：

（1）有固定的服务场所、必备的生活设施及室外活动场地。机构应设有宿舍、餐厅、医务室、康复室、文化娱乐室及室外活动场所，并配备有医疗、健身、康复器械设备。

（2）符合国家消防安全和卫生防疫标准。

（3）有与其服务内容和规模相适应的开办经费。验资报告由具有证明资格的会计事务所或银行出具。

（4）有完善的章程，机构的名称应符合登记机关的规定要求。

（5）有与开展服务相适应的管理和服务人员，医务人员应当符合卫生行政部门规定的资格条件，护理人员、工作人员应当符合有关部门规定的健康标准。

（二）社会福利机构的申办程序

我国社会福利机构的举办实行行政许可制度，即申办者首先要获得举办社会福利机构的行政许可，然后再到登记机关进行登记。整个申办程序大致分为筹办申请与审查、申领《社会福利机构设置批准证书》、成立登记三个环节。

1. 筹办申请与审查

具备相应条件的申办人，可以依照《办法》的规定，向拟设立的社会福利机构所在地的县级以上人民政府民政部门提出举办社会福利机构的筹办申请。申办人申请筹办社会福利机构时，需要提交下列材料：

（1）申请书、可行性研究报告。

（2）申办人的资格证明文件。

（3）拟办社会福利机构资金来源的证明文件。

（4）拟办社会福利机构固定场所的证明文件。自有房产的提交房产证明，租赁房产的提交房产租赁合同及房产所有者的房产证明，新建机构的提交土地管理机关出具的土地使用权证明或与土地使用权人签订的土地租赁协议。

（5）其他法律、法规或者相关政策所规定的材料。

港澳服务提供者在内地举办营利性养老机构和残疾人服务机构的，按照《商务部 民政部关于香港、澳门服务提供者在内地举办营利性养老机构和残疾人机构服务有关事项的通知》（商资函〔2013〕67号）的要求，申请设立营利性养老机构和残疾人服务机构，应具有良好的信誉及经营实力，至少有一个服务提供者具有在香港、澳门从事3年以上养老服务、残疾人服务经验证明。港澳服务提供者还应分别符合《内地与香港关于建立更紧密经贸关系的安排》及《内地与澳门关于建立更紧密经贸关系的安排》及其有关补充协议中关于"服务提供者"定义及相关规定的要求等材料。同时，港澳服务提供者申请设立营利性养老机构和残疾人服务机构，除报送设立外商投资企业所要求的文件外，还须提交香港社会福利署或澳门社会工作局向该服务提供者发出的相关有效牌照副本/豁免证明书，或向其提供年度社会福利资助的通知信等从业证明文件。如果其机构业务范围中包括医疗卫生服务，还应按有关政策规定履行报批手续。

申办人持以上材料，向社会福利机构所在地的县级以上人民政府民政部门提出申请，由受理申请的民政部门进行审批。其中，中国香港、澳门、台湾地区的组织和个人，华侨以及国外的申办人采取合资、合作的形式举办社会福利机构，应当向省级人民政府民政部门提出筹办申请，并报省级人民政府外经贸部门审核。根据2013年民政部公布实施的《养老机构设立许可办法》规定，外国的组织、个人独资或者与中国的组织、个人合资、合作设立养老机构的，中国香港、澳门、台湾地区的组织、个人以及华侨独资或者与内地（大陆）的组织、个人合资、合作设立养老机构的，由住所地省级人民政府民政部门或者其委托的设区的市级人民政府（行政公署）民政部门实施许可。

民政部门应当自受理申请之日起 30 日内，根据当地社会福利机构设置规划和社会福利机构设置的基本标准进行审查，作出同意筹办或者不予同意筹办的决定，并将审批结果以书面形式通知申办人。

2. 申领《社会福利机构设置批准证书》

按照《办法》的规定，经民政部门同意筹办的社会福利机构具备开业条件的，需要向民政部门申请领取《社会福利机构设置批准证书》。申请领取《社会福利机构设置批准证书》时，需要提交下列文件：

（1）申请《社会福利机构设置批准证书》的书面报告。

（2）民政部门发给的社会福利机构筹办批准书。

（3）服务场所的所有权证明或租用合同书。

（4）建设、消防、卫生防疫等有关部门的验收报告或者审查意见书。

（5）验资证明及资产评估报告。

（6）机构的章程和规章制度。

（7）管理人员、专业技术人员和护理人员的名单及有效证件的复印件以及工作人员的健康状况证明。

（8）要求提供的其他材料。

民政部门自受理申请之日起 30 日内，对所报文件进行审查，并根据社会福利机构设置的基本标准进行实地验收。审查结果合格的，发给《社会福利机构设置批准证书》；不合格的，将审查结果以书面形式通知申办人。

在适用《办法》时，如果有关法律法规有社会福利机构申办的规定，应当按照法律法规办理；如果民政部规章对社会福利机构申办有特别规定的，应当按照特别规定办理。例如，《养老机构设立许可办法》规定，"（养老机构）许可机关应当自受理设立申请之日起 20 个工作日内，对申请人提交的文件、材料进行书面审查并实地查验。符合条件的，颁发养老机构设立许可证；不符合条件的，应当书面通知申请人并说明理由"。也就是说，养老机构许可机关审查和实地查验的期限应当是自受理设立申请之日起 20 个工作日，而不是 30 日。对不符合条件不颁发养老机构设立许可证的，不仅要书面通知申请人，还要说明理由。

3. 成立登记

社会福利机构申办人取得《社会福利机构设置批准证书》后，需要到相应的登记机关办理登记手续。就我国社会福利机构的性质而言，其成立登记主要分为三类：第一类是国家为了发展社会福利事业的公益目的，由国家机关举办或者其他组织利用国有资产举办的社会福利机构，依照《事业单位登记管理暂行条例》和《事业单位登记管理暂行条例实施细则》的相关规定，登记为事业单位；第二类是申办者以营利为目的，由申办者出资举办的社会福利机构，依照相关法律法规进行工商登记，登记为服务企业；第三类是企业事业单位、社会团体和其他社会力量以及公民个人利用非国有资产举办的从事非营利性社会福利服务的社会福利机构，依照《民办非企业单位登记管理暂行条例》登记为民办非企业单位。

二、福利企业的认定

为规范福利企业的资格认定和集中安排残疾人就业的用工行为，保障残疾人职工的合法权益，民政部于 2007 年制定了《福利企业资格认定办法》（民发〔2007〕103 号）（以下简称《认定办法》），对福利企业资格认定的条件和程序作出明确的规定。该《认定办法》自 2007 年 7 月 1 日起施行。

（一）福利企业资格认定条件

1. 基本条件

福利企业资格认定的基本条件是指申请福利企业资格认定的企业必须具备的前提条件。根据《认定办法》的规定，福利企业是指依法在工商行政管理机关登记注册，安置残疾人职工占职工总人数 25％以上，残疾人职工人数不少于 10 人的企业。因此，申请福利企业资格认定的企业首先应具备以下两个基本条件：

（1）须是依法在工商部门登记注册的合法企业。即在申请福利企业资格认定之前，该企业已经登记，合法存在。但是，《认定办法》对申请福利企业资格认定企业的性质并未作要求，对资本来源也未作要求。因此，从组织形式上看，申请福利企业资格认定的企业既可以是公司，也可以是非公司企业法人，还可以是合伙企业、个人独资企业；从资本结构上看，申请福利企业资格认定的企业可以是国有独资企业，也可以是国有控股企业，还可以是民营企业，甚至外资企业。

（2）须安置残疾人职工。安置残疾人职工是认定福利企业资格的根本条件。按照《认定办法》规定，福利企业安置的残疾人职工应当是《中华人民共和国残疾人证》上注明属于视力、听力、言语、肢体、智力和精神残疾的人员，或者是持有《中华人民共和国残疾军人证（1 至 8 级）》的残疾人。并且，该企业安置残疾人职工必须同时达到两项标准，一是安置残疾人职工占职工总人数 25％以上，二是残疾人职工人数不少于 10 人。仅达到其中一项不能认定福利企业资格。

2. 助残条件

福利企业资格认定的助残条件是指申请福利企业资格认定的企业在帮助残疾人就业过程中应达到的要求，主要是企业涉及残疾人相关的基础设施建设和内部运作方面。按照

《认定办法》规定，申请福利企业资格认定的企业，应当同时具备下列条件：

（1）企业依法与安置就业的每位残疾人职工签订1年（含）以上的劳动合同或者服务协议，并且安置的每位残疾人职工在单位实际上岗从事全日制工作，且不存在重复就业情况。

（2）企业提出资格认定申请前一个月的月平均实际安置就业的残疾人职工占本单位在职职工总数的比例达到25％（含）以上，且残疾人职工不少于10人。

（3）企业在提出资格认定申请的前一个月，通过银行等金融机构向安置的每位残疾人职工实际支付了不低于所在区县（含县级市、旗）最低工资标准的工资。

（4）企业在提出资格认定申请前一个月，为安置的每位残疾人职工按月足额缴纳所在区县（含县级市、旗）人民政府根据国家政策规定缴纳的基本养老保险、基本医疗保险、失业保险、工伤保险和生育保险等社会保险。

（5）企业具有适合每位残疾人职工的工种、岗位。

（6）企业内部的道路和建筑物符合国家无障碍设计规范。

（二）福利企业资格认定程序

1. 认定机关

福利企业资格认定的认定机关是县级以上人民政府的民政部门。具体的认定机关、《认定办法》授权省、自治区、直辖市民政厅（局）和新疆生产建设兵团民政局确定，报民政部备案。

2. 认定申请

企业申请福利企业资格认定，应当向当地认定机关提出认定申请，即向企业所在地认定机关提出认定申请。企业所在地一般是指企业注册登记地。

企业申请福利企业资格认定时，需要向认定机关提交下列材料。

（1）福利企业资格认定申请书。

（2）企业营业执照、税务登记证副本。

（3）适合安置残疾人就业的可行性报告。

（4）企业与每位残疾人职工签订的劳动合同副本。

（5）企业在职职工总数的证明材料。

（6）残疾人职工持有的《中华人民共和国残疾人证》或《中华人民共和国残疾军人证（1至8级）》。

（7）企业通过银行等金融机构向每位残疾人职工支付工资的凭证。

（8）社保部门出具的企业为每位残疾人职工缴纳的社会保险费缴费记录。

（9）残疾人职工岗位说明书。

（10）企业内部道路和建筑物符合无障碍设计规范的证明。

3. 审查颁证

认定机关收到认定申请书及有关材料后，应当自次日起 20 个工作日内进行审查并提出书面意见。在审查过程中，认定机关可以提请发证机关对残疾人证件的真实性进行审核；需要进一步核实残疾人职工工作岗位和无障碍设施等情况的，应当指派 2 名以上工作人员进行实地核查。

认定机关经审查，对符合福利企业资格条件的，予以认定，颁发福利企业证书，并向申请人出具书面审核认定意见。福利企业证书式样由民政部统一制定，审核认定意见书的式样由省级人民政府民政部门制定。对于在已认定为福利企业就业的残疾人，认定机关要在其残疾人证件上加盖"已就业"印章。对不符合福利企业条件的，不予认定，并对申请人书面说明理由，也不在残疾人证件上加盖"已就业"印章。

对于已经认定的福利企业，如果企业实际安置就业的残疾人职工或在职职工人数发生变化，应当自发生变化之日起 15 日内，向认定机关申请认定。认定机关自收到认定申请次日起 7 个工作日内进行审核。对仍符合福利企业资格条件的，认定机关向申请人出具书面审核认定意见；对不符合福利企业资格条件的，认定机关注销其福利企业资格，收回福利企业证书，并书面通知主管税务机关。

国家对福利企业实行年检管理制度。认定机关会同主管税务机关对福利企业进行年检。主管税务机关、残疾人联合会提请认定机关核实单位安置的残疾人所持有的《中华人民共和国残疾军人证（1 至 8 级）》时，持证残疾人属于本省（自治区、直辖市）户籍的，认定机关应在 5 个工作日内确认并答复；属于外省（自治区、直辖市）户籍的，应在 10 个工作日内确认并答复。认定机关进行福利企业资格认定、核查、年检，不向企业收取任何费用。

4. 权利救济

福利企业资格认定属于行政确认行为，申请人对认定机关决定不服的，可以依照《中华人民共和国行政复议法》提出行政复议，或依照《中华人民共和国行政诉讼法》提起行政诉讼。

思考题

1. 结合你所在地的实际情况，在调研的基础上撰写一个设立养老机构的可行性研究报告。

2. 谈谈你对《福利企业资格认定办法》的理解。

讲题 2 社会福利机构的建设

一、社会福利机构建设的基本情况

经过几十年的不懈努力，我国社会福利机构的建设有了长足的发展，尤其是改革开放后，社会福利机构建设的步伐加快，取得了可喜的成就，在不断满足社会成员需求、提高其生活水平的同时，也为进一步发展社会福利事业奠定了坚实的基础。

据民政部 2012 年统计数据，截至 2012 年年底，全国各类提供住宿的社会服务机构 4.8 万个（其中登记注册为事业单位机构 1.1 万个）；床位 449.3 万张，每千人口平均拥有社会服务机构床位 3.3 张。其中：① 各类养老服务机构 44 304 个，拥有床位 416.5 万张，每千名老年人拥有养老床位 21.5 张，年末收养老年人 293.6 万人；其中社区留宿和日间照料床位 19.8 万张。② 民政部门管理的智障与精神疾病服务机构共有 257 个。其中，社会福利医院（精神病院）156 个，床位数 4.1 万张，年末收养各类人员 3.6 万人；复退军人精神病院 101 个，床位数 2.6 万张，年末收养各类人员 2.2 万人。③ 儿童收养救助服务机构 724 个，拥有床位 8.7 万张，年末收养各类人员 5.4 万人。其中，儿童福利机构 463 个，床位 7.7 万张；流浪儿童救助保护中心 261 个，床位 1.0 万张，全年救助生活无着流浪乞讨未成年人 15.2 万人次。④ 其他提供住宿的社会服务机构。全国共有救助管理站 1770 个，床位 9.0 万张，全年救助城市生活无着流浪乞讨人员 276.6 万人次；军供站 328 个，床位 3.8 万张；其他收养机构 695 个，床位 4.6 万张，年末收养各类人员 2.6 万人。优抚方面，截至 2012 年年底，全国有军休所 1851 个，年末职工 1.7 万人；军供站（含军转站）328 个，年末职工 0.6 万人；军队离退休人员管理中心 121 个，年末职工 0.2 万人；军队离退休人员活动中心 25 个，年末职工 0.1 万人。福利企业方面，截至 2012 年年底，全国共有福利企业 20 232 个，吸纳残疾职工 59.7 万人就业，年末固定资产 1815.1 亿元。

民政部 2013 年 3 季度社会服务统计季报显示，社会福利机构数量和床位数都较 2012 年有较大的增幅。全国社会服务床位数 467.6 万张，为老年人与残疾人提供服务床位数 433.8 万张。其中，收养单位中为老年人与残疾人提供收养服务的床位数 386.2 万张，社区留宿和日间照料服务床位数 30.2 万张，军休所户数 17.4 万户；为智障或精神病人提供收养服务床位数 6.8 万张；为儿童提供收养服务的床位数 7.9 万张；生活无着人员救助床位数 10.3 万张；其他收养服务床位数 4.9 万张；军供站床位数 3.9 万张。收养性社会服务机构数 43 941 个，收养人数 283.9 万人。每千人口社会服务床位数 3.5 张，每千老年人口养老床位数 22.4 张。社区日间照料床位数 200 337 张，社区留宿照料床位数 101 235 张。福利企业 19 043 个，福利企业中残疾人数 56.4 万人。

虽然我国社会福利机构建设取得了较大的成就，但面临的问题还很多，形势还很严峻。无论是福利机构数量，还是服务质量和水平，抑或是国家政策环境，包括支持的力度和落实情况等，我国还处于"较低"的水平层面，社会福利机构建设距离满足人们日益增长的需求还有较大的差距，其社会价值并没有充分彰显出来，对经济的贡献也非常有限。

二、社会福利机构建设面临的问题

（一）社会福利机构总量不足，规模偏小

随着经济社会的发展，我国城乡居民对社会福利机构的需求量不断增大，但我国社会福利机构总量不足，规模偏小，无法满足居民的需要，一些地方甚至出现"一床难求"现象。2012年，我国老年人口1.94亿人，各类养老服务机构44 304个，拥有床位416.5万张，每千名老年人拥有养老床位21.5张。这与《社会养老服务体系建设规划（2011—2015年）》提出的，到2015年，中国每千名老年人拥有养老床位数达到30张的目标，还有较大的差距。而且，目前国内的养老机构规模较小，运作成本高，一些县的养老机构床位最多的50余张、最少的10余张，平均30余张。从儿童福利机构的情况看，我国目前有800多万孤残儿童，每年有80万～120万名缺陷儿出生，有10万名婴幼儿被遗弃。2012年全国共有儿童收养救助服务机构724个，拥有床位8.7万张，即使加上1000余所特殊教育学校，也远远不足以涵盖所有的孤残儿童。

（二）人员不足，人才难留

由于工种受歧视、工作压力大、风险较高、工资水平偏低，我国社会福利机构总体上存在从业人员不足、素质普遍不高、人才流失严重等现象。这与我国老年人口增速加快、高龄老年人和失能老年人大幅增加、家庭"空巢化"和小型化趋势日益突出等特点形成强烈的反差。2012年我国失能老年人口达到3600万人，按照1∶3的失能老人养护比例，我国需要1200万名养老护理员，但目前全国养老机构的从业人员不足百万。有关儿童福利机构研究也表明，儿童福利机构收养的婴幼儿占总人数的70%以上，残疾儿童甚至占总人数的85%以上。按照民政部关于福利机构一线工作人员与服务对象比例的相关要求，一线工作人员与健全儿童的人数比例为1∶6，与婴儿、残疾儿童的比例为1∶1.5，大多数机构的一线工作人员不足要求的一半，而民政部要求在福利机构中配置的康复师、专业社工师、特教教师等更是奇缺。

（三）经费不足，运行困难

社会福利机构普遍存在经费不足问题，尤其是民办机构，有的甚至无法生存。一是公办的差额拨款事业单位的机构，事业经费严重不足。在不发达地区，效益较好的企事业单位少，很少有企事业单位主动支持社会福利事业，社会资助资源十分有限。二是投入资金严重不足。主要是县、乡镇（街道）两级财政性投入少，一些乡镇（街道）财政性投入甚至为零；民办福利机构的投入就更少。三是投资主体相对单一化。我国的社会福利事业主

要由政府来承担，民政部门直管直办的收养性福利单位一直是福利事业发展的支柱和经费投入的主体。社会资本举办社会福利机构不够，也是导致福利机构经费不足的一个重要原因。四是收费标准较低。在农村和经济不发达的地区，许多家庭经济条件较差，难以承担稍高的入院费用，造成福利机构的收入不足，经费紧张。由于收费低，高龄和失能老人多，护理工作人员增多，加之机构规模小，维持正常运转却仍需配备相应的基础设施，经费开支因此大大增加。

（四）设施简陋，管理不到位

虽然我国制定了福利机构的"三个规范"（《老年人社会福利机构基本规范》、《儿童社会福利机构基本规范》和《残疾人社会福利机构基本规范》），但在实施过程中还是大打折扣，尤其是部分民办机构只是租赁一个普通民房作为场地，其无障碍、消防、卫生、安全等要求均难以达标。在已经开办的养老机构中，一些规模较小，设施比较简陋，导致福利服务水平低；一些卫生条件较差，老人保暖程度欠好，伙食生活水平低；一些内部管理制度缺乏，管理不规范，服务人员少，服务不到位，对老人的服务和管理处在低层次水平上，不能应付不同特点老人的需求；甚至还有部分养老机构由于各种原因未到民政部门接受登记，造成监管不到位，存在严重的安全隐患。

（五）立法滞后，规范缺失

目前，我国对社会福利机构进行管理的主要依据是有关政策性文件，属于"头痛医头、脚痛医脚"的做法。虽然这些措施能够解决暂时性的问题，但执行起来缺乏规范性和预见性。从社会福利机构管理相关立法看，其滞后性主要体现在以下三个方面。第一，社会福利机构管理相关立法层次较低，主要是国务院各相关部委制定的部门规章，以及部分法律法规涉及社会福利机构管理个别规范，没有专门的法律和行政法规。第二，相关立法的适应性差。由于我国社会福利事业发展迅速，相关立法前瞻性不够，不能适应新的形势。例如，2001 年民政部发布实施的《老年人社会福利机构基本规范》，作为覆盖全国的行业标准，没有考虑到地区差距和城乡差距，用一个相对较高的最低标准覆盖不同地区、不同举办者、不同规模档次的所有机构，明显与行业发展的现状脱节，把它用在高端的机构上嫌低，用在低端的机构上嫌高，导致其难以全面贯彻落实。第三，管理机构混乱。多个部门多方管理，这在精神病院和特殊教育机构管理上体现最明显，民政部门、卫生部门、教育部门都在管，但都管不好。

（六）公办民办，差别待遇

公办和民办社会福利机构的差别待遇，是我国社会福利事业发展的体制性障碍。如前所述，老龄化形势日趋严峻，一些地方的社会养老机构"一床难求"。但并非所有的机构都是这样。调查显示，"一床难求"和养老公寓空置率较高现象，在一些城市同时存在。造成这种现象的原因在于：一方面，市内的公办公营养老机构"一床难求"，排队等床现象广泛存在；另一方面，一些相对高端的养老公寓入住率偏低，经营状况欠佳。所以，

"一床难求"的养老机构主要是一些条件好、收费低的公办养老机构。这些机构按照床位数量享受国家补贴，能够压低服务价格而不降低服务质量。这是目前民办养老机构无法比拟的优势，是一种不平等竞争。虽然政府提出了一些如"民办公助"、"公办民营"、税费减免等政策优惠原则和办法，但是各地对国家提出的优惠政策不落实、不兑现的现象十分普遍，土地划拨、"民办公助"、水电优惠等在大部分地方形同虚设。政府提出"公办民营"，实行政事分离，但政府包办包管体制造成的高耗低效、高投入低产出弊病已成痼疾，由此造成在市场上完全靠政府资源经办的公办养老机构与完全靠自身力量经办的民办养老机构无法在同一起跑线上公平竞争。公平竞争的市场法则在养老服务业的发展中被无情践踏，最终造成民办养老机构的发展更加艰难。

（七）福利企业及其所安置的残疾人逐年下降

据民政部统计，1995 年全国共有福利企业 6 万个，安置残疾职工 93.9 万人。之后，呈下降趋势。截至 2012 年年底，全国共有福利企业 20 232 个，吸纳残疾职工 59.7 万人就业。造成这种下降趋势的原因在于：一是增值税（或减征的营业税）退税额 3.5 万元封顶限额不科学，使福利企业实际退税额下降，企业已经无利可图；二是福利企业的管理成本逐年增高，福利企业在残疾人劳动保护设施上的高投入、最低工资不断增长、残疾人社会保险支出的增高等，使得相当一部分福利企业的退税款难以支付残疾职工的权益保障。因此，全国各地陆续有一批福利企业申请退出了福利企业队伍，造成残疾人失业。

三、社会福利机构建设的措施

解决上述问题，加快社会福利机构建设步伐，促进社会福利事业发展，是一个综合的社会命题，需要全社会共同努力。

（一）转变观念，创新思维

应对新的形势，改革创新是硬道理。创新的核心是"转变观念，创新思维"。对此，我们可以借用民政部社会福利和慈善事业促进司副司长徐建中在全国儿童福利机构功能建设和设备配置工作座谈和培训会议上的讲话来归纳，加强福利机构建设和管理，必须树立"三个理念"。一是融入发展的理念。融入发展，就是要把福利机构纳入福利服务体系，作为一个中枢环节，来进行整体设计和思考，认真研究和充分发挥机构在体系中的地位和作用。二是转型升级的理念。转型升级，就是要福利机构适应适度普惠型福利制度的建立，站在新的发展起点上，逐步由封闭型向开放型转变，由传统型向专业型转变，实行开门办院、专业办院。三是扩大服务的理念。扩大服务，就是要在做好当前福利机构工作的基础上，依托福利机构专业服务优势，向社会提供服务，向社区有需求的家庭提供服务。

（二）在发展社会福利事业中建设社会福利机构

社会福利机构的建设不能孤立进行，应纳入社会福利事业发展过程中，作为一个子系统，与社会福利事业发展共同推进。以养老服务机构为例，我国养老服务是依照政府引导、政策扶持、社会参与、市场推动的原则，进一步提升养老服务水平，加快推进养老服务的社会化、专业化、标准化建设，逐步建立健全与我国人口老龄化进程相适应、与经济社会发展相协调，以居家养老为基础、社区服务为依托、机构养老为骨干、覆盖城乡的养老服务网络，形成投资主体多元化、服务层次多样化、服务提供社会化、服务队伍专业化、运行机制良好、服务品质优良、监督管理到位、可持续发展的养老服务体系。在城市，以社会福利院、老年护理院等专业化的护理机构为骨干，构建社会化养老服务平台。机构层面应研究和制定机构服务标准、建立行业自律制度，发挥辐射社区、带动社会、示范民间的作用；制定低收入老人、高龄老人、重度残疾老人等入院评审制度，保证优先满足老年特殊困难群体的护理服务需求。社区层面应结合社区综合服务设施和卫生服务设施建设，增加养老托老设施网点，完善配套设施、生活照料、医疗护理和紧急呼叫等功能，不断增强社区和居家养老服务能力。农村应以乡镇敬老院为基础，实现向区域性社会养老服务中心转变，在确保五保户等福利对象供养的基础上，优先保障最低生活保障老人、生活困难老人、计划生育家庭独女户/双女户、高龄和重度残疾老人的服务需要，同时向社会开放，在有条件的地方，向农村"空巢"老人提供日间托养、配餐等社会化服务。

（三）加快福利机构从业人员队伍建设

首先，要强化政府责任。政府应做好规划，将加快发展福利机构人才队伍建设摆上政府议事日程。政府及相关部门出台政策，对各类福利机构的现有从业人员进行有计划的轮训，培养一批包含教育、医疗、康复、社工等专业带头人，促进养护人员队伍专业化发展，提升从业人员的业务素质和专业化服务能力。鼓励高等院校、中等职业学校和职业培训机构设置相关专业或者培训项目，培育社会福利服务专业人才。其次，加大财政投入和扶持力度。政府应根据社会福利机构发展规划和需要，在每年财政支出的公共服务项目预算中，划拨一定的经费用于机构人才队伍建设的固定投入，建立稳定的经费保障机制；出台优惠政策，提高社会福利机构从业人员的工资待遇和社会地位，引导人才流入社会福利机构，鼓励高校毕业生到社会福利机构就业。再次，建立健全管理制度和管理机制，确保社会福利机构人才队伍的稳定性与可持续发展。推行福利机构企业化管理，实行绩效考核制度。建立合理的薪酬制度、考核制度和晋升制度，完善奖励政策；建立健全工作人员日常管理机制，规范工作人员的日常行为，促使他们不断提高素质，增强技能，提升服务水平。

（四）支持社会力量举办福利机构

早在2005年，民政部就出台了《关于支持社会力量兴办社会福利机构的意见》（民发〔2005〕170号），力图进一步调动社会力量参与社会福利事业的积极性，支持社会办福利机构。2013年9月，国务院又出台了《关于加快发展养老服务业的若干意见》（国发〔2013〕35号）。国务院35号文件要求，要大力加强养老机构建设，支持社会力量举办养老机构。各地要根据城乡规划布局要求，统筹考虑建设各类养老机构。在资本金、场地、人员等方面，进一步降低社会力量举办养老机构的门槛，简化手续、规范程序、公开信息，行政许可和登记机关要核定其经营和活动范围，为社会力量举办养老机构提供便捷服务。地方政府应根据实际情况，制定具体的措施，鼓励境外资本投资养老服务业；鼓励个人举办家庭化、小型化的养老机构，运用社会力量举办规模化、连锁化的养老机构；鼓励民间资本对企业厂房、商业设施及其他可利用的社会资源进行整合和改造，用于养老服务。目前，广东等地已开始行动，希望破除体制障碍，充分挖掘和整合社会资源，通过推行政府购买服务，鼓励社会力量通过独资、参股、合作等方式参与发展民政公共服务，形成有序竞争、多元并存、共同发展的民政公共服务供给格局，缓解基层民政公共服务能力不足的矛盾。

（五）改变投入机制：变"按床位补贴"为"按服务补贴"

我国现行对福利机构的投入实行的是"按床位补贴"的办法，即按照机构的床位数进行补贴，没有考虑床位的利用率。这对服务质量好的、床位利用率高的机构是不公平的，也忽视了服务对象的选择权。因此，国家在养老公共服务的投入等方面有必要实现由"按床位补贴"到"按服务补贴"的转变，把选择服务的权利交给老年人等服务对象，把提供服务的机会交给社会，促进社会福利服务向社会化、市场化、产业化的方向发展。一些地方已经在尝试这种做法。例如，2012 年 12 月 30 日，北京市残联会、市民政局、市财政局联合下发《关于印发〈北京市残疾人入住社会福利机构补贴办法〉的通知》。该办法规定从 2013 年 1 月 1 日起，北京市户籍 16 至 59 周岁失业且无稳定性收入的残疾人入住社会福利机构均可享受相应的补贴政策。补贴包括两个方面：一是对残疾人入住社会福利机构的个人补贴，根据残疾人残疾程度给予每人每月 400 元或 200 元补贴，其中对低保家庭里的重度残疾人每人每月再增加 600 元补贴；二是对社会办（含公办民营）社会福利机构的补贴，根据入住机构残疾人残疾程度给予每人每月 300 元或 200 元运营补贴，对收住残疾人达到一定规模的社会福利机构购置康复器材的按照一定比例给予一次性补贴。这项政策极大地鼓励激发了社会力量兴办社会福利机构的热情与投入，也适时解决了有托养需求的残疾人"有地儿去，去得起"等涉及切身利益的实际问题。

（六）重视福利企业的发展

一是明确福利企业的定位和作用。福利企业是帮助残疾人实现劳动就业、依法保障残疾人合法权益和体现残疾人人生价值的重要阵地。福利企业集中安置残疾人就业，是具有社会福利性质的特殊企业。其重要作用是安置残疾人就业、关心他们生活以及稳定社会。解决残疾人的就业和福利问题，是政府公共财政支出的必要组成部分，应当加大政策扶持的力度。二是落实税收优惠政策。"3.5 万元封顶的限额"使得全国福利企业的利润逐年下降，挫伤了福利企业的积极性。应建立福利企业退税的自然增长机制，只需要按照本地区最低工资的 6 倍确定退税额就行，无须封顶。保持政策的连贯性和一致性。应停止对退税收入征收所得税，使财税〔2008〕151 号文件与财税〔2007〕92 号文件规定的"增值税退税免交所得税"保持一致。三是减轻企业负担。在税收优惠的同时，政府部门在其他方面也应给予福利企业政策优惠。例如，对福利企业在投资、产业结构调整、技术创新过程中遇到的困难和问题予以帮助和解决，对福利企业按规定缴纳房产税、城镇土地税、用水、用电以及相关税费实行一定的减免优惠，在同等条件下，政府优先采购福利企业生产和经营的产品等。

（七）完善社会福利机构相关立法

如前所述，长期以来，对社会福利机构进行管理的主要依据是有关政策性文件，针对性较强，规范性不足，更缺乏预见性，属于"头痛医头、脚痛医脚"的做法。因此，有必要推动社会福利机构立法进程，整合福利机构可用资源，加强社会福利机构的资格认可和事业监管，建立健全多元的福利机构治理机制。政府及有关部门应对目前社会福利机构相关政策法规进行梳理，对管理混乱的状况进行清理整顿，整合资源，理清层次，构建体系。社会福利机构管理不仅要能够解决暂时性的问题，更要突出预测性和预见性。一要提高社会福利机构管理相关立法层次。由于我国目前的社会福利政策及执行体制的松散性，资源使用的重复和浪费现象严重，降低了政策实施效果。因此，有必要制定一部综合性的《社会福利机构法》，界定社会福利机构的范围及其服务内容，明确社会福利机构及相关主体的权利义务和职权职责，政府向社会福利机构购买社会服务程序，经费来源与渠道，财政投入比例与执行标准，管理和监督体制等相关事宜。二要迅速扭转社会福利机构相关立法适应性差的现状。及时修改不合时宜的法规性文件，加强理论研究和调研工作，对我国社会福利事业发展现状及其方向要有准确的把握，使相关立法不仅能够调整目前的情况，而且具有前瞻性，能够适应新的形势。

（八）加强社会福利机构标准化建设

社会福利机构承担着孤儿和弃婴、老年人、残疾人的养护、康复、托管等服务，是政府和社会力量为弱势群体营造的"爱的家园"，其所面对的对象一般都需要予以特别的照顾。一方面，要根据孤残儿童身心发育、性格培育和全面发展的需要，按照民政部《老年人社会福利机构基本规范》《残疾人社会福利机构基本规范》《儿童社会福利机构基本规范》《养老机构安全管理》《"十二五"儿童福利机构建设蓝天计划暨儿童福利机构设备配置实施方案》等相关文件要求，加强社会福利机构建设，通过基础设施建设和完善，不断改善社会福利机构的生活环境。没有建立专业看护设施的，达不到专业看护要求的机构，不能接受失能、失智老人入住。另一方面，要根据现实情况，及时修改和完善相关标准，保障标准的合理性和可行性。

思考题

1. 你觉得社会福利机构建设的问题及其症结在哪里？试举例分析。

2. 结合所学知识，调查你所在地区社会福利机构的设置和建设情况，并写一篇调查报告。

本讲小结

　　1. 对于社会福利机构的申办，申办人必须熟悉相关的政策依据和条件，特别是社会福利机构相关的国际标准和行业标准，同时，更要了解当地的社会福利机构的分布及福利事业的发展态势、政策倾向和社会福利机构设置的规划。对于福利企业资格认定，申请人除了要符合基本条件之外，还要符合助残条件，特别要注意的是，企业向残疾人职工支付工资必须通过银行等金融机构进行。

　　2. 社会福利机构建设是一个综合性命题，要坚持社会福利社会化和社会福利机构社会办的方向，根据国家政策环境和当地的实际情况，调动社会资源，创新思维，扬长避短，做出特色；社会福利机构建设应当按照规范化、标准化的要求进行，以满足当地居民需要为导向，坚持社会价值、经济价值，向产业化方向发展。

推荐阅读

　　1. 徐建中. 加强儿童福利机构建设与管理——在全国儿童福利机构功能建设和设备配置工作座谈和培训会议上的讲话［EB/OL］. http://fss.mca.gov.cn/article/et-fl/ldjh/201310/20131000536091.shtml.

　　2. 北京市崇文区民政局课题调研组. 社会福利企业发展的政策研究［EB/OL］. http://zyzx.mca.gov.cn/article/yjcg/shfl/200808/20080800019219.shtml.

　　3. 社会福利机构管理暂行办法（1999年）.

　　4. 福利企业资格认定办法（2007年）.

　　5. 老年人社会福利机构基本规范（MZ008—2001）.

　　6. 残疾人社会福利机构基本规范（MZ009—2001）.

　　7. 儿童社会福利机构基本规范（MZ010—2001）.

第 5 讲

社会福利机构的外部管理

学习（培训）目标

通过本讲学习（培训）：

1. 掌握社会福利机构外部管理的定义；

2. 了解社会福利机构外部管理的主体与内容；

3. 了解社会福利机构外部管理的原则；

4. 掌握社会福利机构外部管理的方法；

5. 了解社会福利机构统一管理平台的构建。

核心概念

外部管理　管理主体　统一平台

本讲概览

本讲主要学习社会福利机构外部管理的相关知识。通过对社会福利机构外部管理知识内容的讲授，结合实地调研、案例分析、专家讲座、小组讨论等多种教学方法，使学生更加理解并更好掌握所学知识。通过对本讲知识的学习，目的是使学生掌握社会福利机构外部管理所涉及的管理科学知识，运用到实际对社会福利机构的管理中，推动社会福利机构管理水平的提升，促进社会福利事业的发展。

本讲主要内容包括：社会福利机构外部管理的内涵、特征，社会福利机构外部管理的主体和内容，社会福利机构外部管理的原则和方法，建立统一管理平台的分析及构建。

导入案例

　　上海市社会福利行业协会成立于 2003 年 7 月，为上海市社会福利服务行业、相关企事业单位自愿组成的跨部门、跨所有制、非营利性、公益性的社会团体法人。该协会积极发挥协会平台特殊的组织与管理优势，协助政府对上海市的福利机构进行各个方面的规范化建设，发挥了重要作用，是行业协会管理社会福利机构的典范。协会主要做了以下工作：一是协助民政部门制定各种规范。协会发挥对基层社会福利机构情况较为熟悉的优势，调查研究，协助各级政府单位制定社会福利机构的各种规范，推动了上海市社会福利机构的规范化建设。二是行业自律。协会制定了《上海市社会福利行业协会文明公约》和《上海市社会福利行业自律宣言》，并在全市养老机构开展了"市级文明单位"和"百佳文明示范单位"争创、评选活动。三是规范行业服务行为。上海市社会福利行业协会编制了全市统一的《上海市养老机构老年人入住协议书》、编撰了《养老机构服务管理实用手册》和《养老机构服务风险案例分析》，自办了《上海社会福利》内部刊物，使行业服务行为得到了规范。四是开展行检行评。协会依据标准、考核细则，制定了《养老机构行业检查评估表》，对全市 366 家养老机构、122 项评估指标进行了行检行评，进一步促进了养老机构规范经营，使服务质量全面提升。五是开展行业培训。协会成立以来，开展包括院长培训、中层管理人员、各类专业技术人员培训、养老护理员上岗和晋级考试培训以及居家养老需求评估员等培训，使养老机构从业人员素质显著提高。六是进行行业协调。协助调查机构投诉事件，化解矛盾纠纷；协调政府、机构和社会之间关系（上传下达）；与上海保险机构协商，在国内首开养老机构意外伤害事故保险，维护双方权益。七是开展养老需求评估。上海借鉴国外境外经验，研制养老需求评估系统，编写了《养老需求评估指导手册》在全市范围内开展养老需求评估工作。八是其他服务。例如，推广养老机构信息化管理系统软件、定期组织协会成员单位管理者外出考察学习等活动。

（资料来源：上海市社会福利行业协会）

讲题1 谁来管和管什么

一、社会福利机构外部管理概述

（一）社会福利机构外部管理的内涵

社会福利机构作为一种组织体系，处于一定的内部和外部环境之中，存在着对其内部和外部的管理。内外之分，是以社会福利机构本身作为分界线。社会福利机构内部各种确保该组织体系能够日常顺利运转，实现其目标而制定或实施的各种规章制度、协调安排、流程规范、资源配置等都是内部管理的范畴。在社会福利机构的外部，存在着许多与其相关的外部主体，与其发生着不同重要程度的各种联系，它们依据其职责权限，运用各种措施手段，对社会福利机构的各个方面进行管理，实现社会福利机构组织体系的职能，这是社会福利机构的外部管理。因此，社会福利机构的外部管理，是相对于内部管理而言，与社会福利机构具有关联关系的外部管理主体，依据它们的职权，以社会福利机构为管理对象，通过一系列的计划、组织、领导、控制、规范、指引等管理活动，进而实现社会福利机构有序良好发展的活动总和。

社会福利是一种类似于公共物品的产品，特别是对残疾人、精神病人、儿童的社会福利，更具有公共物品的特性。在大部分情况下，市场是配置资源最有效的手段，各个主体都能根据需求和供给自动调节产量和需求，达到市场均衡状态，满足各方需求。然而，具有公共物品特性的社会福利决定了其不能或不能完全靠市场提供，市场在此时是失灵的，因此，必须依靠政府的力量。在这里，政府扮演福利的提供者，同时也是社会福利事业的管理者，自然而然地产生了监督和管理的有效性问题。从根本上来说，政府扮演的就是"守夜人"的角色，做好服务和监督工作，画出一条红线，做好"裁判员"，另外则是对市场失灵的部分进行补充。但是，随着经济社会的发展，社会福利事业也可以由市场来提供，因此，在这种逐渐壮大的发展模式中，如何做好对"自己以外人"的监督管理工作则是新的课题和思考的方向。

（二）社会福利机构外部管理的特征

1. 主体的多样性

社会福利机构作为社会系统的一个组成部分，在其外部不可避免地存在与其发生多种联系的其他系统。根据系统论的观点，一个良好的系统大于组成它的各个部分。这是因为，通过系统各个部分之间紧密的配合，有机的组织管理，所发挥的作用大于各个部分的简单相加，这也就是系统管理论的观点。同样，在社会福利机构的外部，其管理主体多种多样，对社会福利机构的各个方面发生着各自系统内的作用，它们是系统的各个部分，如果这众多的外部管理主体之间配合不紧密，各自为政，那么整个社会福利机构管理系统作用的发挥将受到影响。社会福利机构外部管理主体的多样性，既是管理的需要，也是社会分工发展的必然，还是目前对社会福利机构管理的体制格局。在这种多主体的管理下，如果分工不明确，职责不清晰，必然出现多头管理、重复管理的问题，造成各种资源的浪费，也难以提高管理效率。因此，对社会福利机构的外部管理，如何进行职责与权限的划分，规定各种业务的归口管理单位，是一个值得重视并加以研究解决的问题。随着我国经济社会的发展，人口老龄化的严峻现实，社会福利社会化是福利事业发展的一个方向，那么相应的外部管理主体也必须考虑到这样一个未来的发展趋势，建立一个统一的社会福利机构管理平台也许是值得思考的一个方向。

2. 管理的强制性

强制性是指政府行政管理单位通过法律、法规和各种规章制度等强制性手段，来加以推行各种标准、规范。社会福利机构的外部管理主体大多数是政府行政管理单位，对社会福利机构的管理也多是制定各种规章制度，强制各个社会福利机构来实施。这种强制性的管理方式，在统筹动员资源、推行政策措施、广泛发动各社会福利机构的力量方面具有其正面意义。但是，强制性的管理体制也带来了一些弊端。在我国逐步完善社会主义市场经济体制的过程中，需要越来越多的市场的介入，通过市场机制来完成市场可以很好完成地工作，而单纯依靠自上而下的行政管理，已越来越不适应市场经济的发展。此外，这种单线条式的管理方式，一方面容易把一些没有经过基层实地调查研究而不符合现实情况的政策措施强制推行出去，损害基层利益；另一方面，强制代表着一种权利，有权利的地方如果监督再不到位，就容易发生权利寻租，滋生腐败现象，而且这种体制还容易导致基层的抵触情绪，也压制底层的创造性。社会福利是国家关心弱势群体、扶持困难群众的公益性事业，在此领域发生腐败贪污现象，会导致社会的不稳定和不和谐。因此，在我国社会福利事业改革的过程中，要在部分领域内适时改变这种强制性的行政管理手段，更多地依托可借助市场介入的领域，促进社会福利事业的发展与进步。

3. 内容的广泛性

社会福利机构的外部管理主体涉及民政、卫生、消防、工商、税务、国土、建设、环保、劳动等行政管理单位。各个单位根据自身的管理权限与职责范围开展对社会福利机构的各个方面的管理工作。民政部门是社会福利机构的行政主管部门，负责各类社会福利机构的审批、业务指导、监督、检查等各方面的工作；其他重要的管理部门如卫生部门负责有医疗卫生机构的社会福利机构的卫生安全的管理；消防部门负责社会福利机构消防安全管理方面的工作；税务部门负责落实国家和各级政府对社会福利机构的税收优惠政策……各个外部管理主体既是单独的某一业务的主要负责单位，同时也是整个管理系统中的一部分。只有各个部分之间相互配合与协调，各自认真地履行好自己的职责，不相互推诿责任，社会福利机构的管理才能有很大提高，进而促进我国社会福利事业的健康发展。

（三）社会福利机构内部管理与外部管理的区别

1. 管理的主体不同

社会福利机构的内部管理，是以一个单独的福利机构为管理单位，对人、财、物进行合理配置，使其高效运转，更好地服务于接受福利的人群。显而易见，在这里，管理的主体就是一个个社会福利机构，具体来说，则是每个社会福利机构的领导层，如院长或者管理委员会。而社会福利机构外部管理的主体则是围绕着社会福利机构并使其顺利运转的各个相关单位，如民政、卫生、消防安全、税务、水电等部门。目前，外部管理主体与内部管理主体之间的关系往往是指导与被指导、监督与被监督、制定与施行的"行政隶属""上下级"关系，但是这种单纯的以行政手法来管理社会福利机构的线性管理模式，已越来越不能适应市场经济的发展要求，阻碍了社会福利社会化的进程。在未来的改革发展过程中，社会福利机构的外部管理主体对内部管理主体而言，所要做的正如著名的英国经济学家亚当·斯密所提出的，遵循"看不见的手"的原理，充分发挥市场配置资源的基础性作用，依靠市场的力量来推进社会福利社会化，相关单位仅仅依据本职，做好"守夜人"的服务监督工作。

2. 管理对象的不同

对一个单独的社会福利机构来说，内部管理的对象主要是社会福利机构的人、财、物：人员包括护理人员、医护人员、炊事人员、清洁人员等；财务方面主要是管理社会福利机构所获得的资助或者所收取的费用，记录各种开支花销；物质方面主要是管理社会福利机构所拥有的土地、房屋、设施等财产。对于社会福利机构内的收养人员，也总是处于社会福利机构的管理下，但是，对于这些需要予以特殊照顾的人群，社会福利机构主要给他们提供养护、康复、教育等方面的服务，管理在这里则是次要的。因此，社会福利机构内部管理的对象主要是为能使机构顺利运转的内部人员、资金、设备等，通过对这些对象的良好管理，目标是实现为收养人员提供优质的服务。比较起来，外部管理所着眼的对象则不同。外部管理的对象是一个个的社会福利机构，而不是一个单独福利机构内部的人、财、物，虽然外部管理也要管理众多福利机构的人、财、物，但外部管理是从宏观层面进行管理，不像一个单独社会福利机构所进行的具体的管理。外部管理的对象既然是各类福利机构，就需要根据各类福利机构（老年人社会福利机构、儿童社会福利机构、残疾人社会福利机构）的特点以及处于不断发展变化之中的经济社会环境，及时进行政策措施的制定和调整，确保社会福利机构的良好发展。

3. 管理的范围不同

外部管理各个主体都是根据自己本身的职责范围，对各个单独的社会福利机构的某一个方面进行管理；而内部管理则是以一个单独的社会福利机构为主体，对这个社会福利机构的各个方面进行管理。外部管理的范围较一个单独的社会福利机构而言，范围更大，更广，更复杂，它管理的内容涉及更多，管理的社会福利机构类型多样，需要出台多种规章制度以及推行各种管理措施。社会福利机构的内外部管理的范围不同，本质是由于内外部管理的主体不同，导致其管理的着眼点、着力点也不同。

虽然社会福利机构的外部管理与内部管理存在显著的区别，但不能把外部管理与内部管理完全分离开来。外部管理侧重的是制度性、宏观性的管理，内部管理偏重微观的、具体的福利机构事务的管理，两者的作用客体有着规模的区别。如果没有每一个单个的福利机构的配合和支持，贯彻执行国家的制度、政策、措施，则社会福利事业不能朝着良好的方向发展；如果没有国家运用强大的政府机器调配资源、设立机构，投入人、财、物，主导福利事业发展，则单独的一个个福利机构的发展也必将难以为继。正是这种微观的基础和宏观的掌控，以及互相配合，才使得我国的福利事业发展良好。这就要求，外部管理主体（特别是政府相关单位）在制定政策、拨付资金、出台措施的时候，要充分考虑基层福利机构的现实情况和它们的需求，做到具有针对性，确保这些政策措施能达到应有的效果。

二、社会福利机构外部管理的主体与内容

（一）社会福利机构外部管理的内容

1. 制定社会福利法律，拟定基本法规

这些法律、法规主要是对社会福利的实施范围与对象、享受福利的基本条件、资金来源、待遇支付标准与方式、管理办法，社会福利中有关方面（国家、单位、个人）的责任、权利、义务等方面作出规定。通常，社会福利的法律、法规是由国家和政府制定的，即行政管理。其中，基本法律是由国家和政府直接颁布的，具体法规则由政府主管部门颁布。在立法过程中，一般的做法是由国家统一立法。但由于各地社会经济发展的不平衡，国家的立法权逐渐集中于一些基本法律、法规的制定，具体法规细则、办法则趋向于由地方政府制定。

2. 社会福利基金的管理

社会福利基金管理包括三方面。第一，社会福利基金筹集管理。基金来源一般为国家、单位、个人按一定比例缴纳、私人和社会团体捐助、工薪税等。第二，社会福利支付管理。即对享受者支付养老保险金、医疗补助、工伤保险金、失业期间社会保险补助、各种救济金、困难补助金等。第三，社会福利基金运营。即妥善地保管社会福利基金，对其进行安全可靠的运营，使其增值保值。社会福利基金一般由专门的社会福利管理机构进行管理。社会福利基金管理机构应由国家、单位、服务对象的代表组成。

3. 社会福利对象的管理

社会福利对象管理是指为社会福利的享受对象提供一系列必要的服务。在职的社会福利对象，一般由所在单位提供必要的服务，因此，他们的管理多由各单位进行。对特殊的社会福利对象，则需要进行特别管理。这些特殊对象包括退休、退职的老年人、鳏寡孤独的老年人、丧失劳动能力者、失业者、残疾人等。这些特殊对象具有一些特殊要求，需要组织他们开展一系列物质文化活动，使他们能安度晚年。对于这些特殊对象的经济要求，

需要分别按照不同情况采取不同的办法，包括组织参加福利企业、事业工作；组织贫困户发展生产脱贫致富；对失业人员进行职业培训，组织他们积极进行生产自救；组织身体好、业务强的退休、退职职工参加社会急需的生产活动等。对于这些特殊对象的日常生活要求，如对丧失劳动能力又无亲属者衣食住行的帮助，对老年人难以料理的生活问题，都需要细致地进行安排。

社会福利对象的管理工作，从总体上说，属于群众性的服务工作。由于它涉及各个方面，所以需要由政府协调和制定政策；另外，由于它所涉及的工作烦琐复杂，具体问题需要发动社会力量解决，故应特别注意发挥工会、社会组织的作用，使专业人员和群众结合。对社会福利对象的服务不仅要设立专门的机构和配备专职人员，还需要更多身体健康、热心社会福利工作、有一定工作能力的人来做这些工作。除了设立专职机构，也应当聘用少量专职工作人员，多数工作人员则应根据前述条件从社会福利对象中聘请，让他们自己管理自己，自己服务自己，自己教育自己。

社会福利管理的内容三个方面是紧密联系，不可分割的。行政指挥系统履行立法职能，并对业务管理机构实施监督；事业管理机构形成社会福利管理的执行系统；对社会福利对象的管理，则是社会福利管理不可分割的服务系统。

（二）社会福利机构外部管理的主体

社会福利机构的外部管理主体是一个庞大的系统，涉及众多的管理部门。一般来说，主要包括民政、卫生、消防、工商、税务、国土、建设、环保、劳动和其他部门（见图5-1）。这些部门依据自身职责范围对社会福利机构进行某一方面的管理，各个部门之间是一种相互配合的关系，一个部门对另一个部门没有相应的管理与指挥权限，没有隶属关系。随着我国经济水平的逐步提高，人口老龄化以及家庭结构小型化的趋势，社会福利机构外部管理的主体之间这种"各自为政"的管理体制，已经难以适应"大福利"[①] 的格局，建立适度集权的统一管理平台是未来发展和改革的方向。

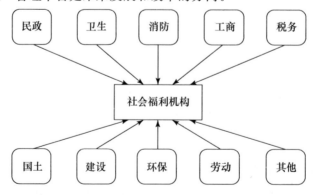

图5-1　社会福利机构外部管理的主体

---

① "大福利"是指相对于"小福利"（仅为部分困难群体提供的福利或者仅由民政部门提供的福利）而言的涵盖了养老、健康、教育、就业、住房、低保和特殊人群等各个方面的福利。

1. 民政部门

各级民政部门是社会福利机构的主管部门，宏观统筹各个行政区域内的社会福利机构的管理。主要管理内容包括：社会福利机构的筹建、审批、验收、注册登记和发证；社会福利机构日常经营指导、监督与管理；国办社会福利机构的机构设置、院长任命与领导班子考核；国办社会福利机构财政预算、专项建设资金审核与运行监督；社会福利机构的建设方针、发展目标、发展规划的审批；社会福利机构的年审、考核、评级和总结表彰；社会福利机构的纠纷调节、意外事故调查与处理。

2. 卫生部门

卫生部门对社会福利机构的管理主要集中在医疗卫生安全方面，主要管理内容包括：养老机构内设置医疗服务部门（医务室、附设医院）的审批、年审；医务人员执业资格认证、注册、职称晋升和继续教育；医疗服务过程中医德医风、服务质量的监督；卫生防疫和食品卫生监督；医疗事故纠纷的调节、仲裁等。

3. 消防部门

消防部门主要针对养老机构存在或潜在的消防安全问题进行技术指导和监督管理。

4. 税务部门

税务部门主要负责财务监管与税务监督，营利性机构税务登记、征缴和非营利性机构的税收减免等工作。

5. 劳动部门

劳动部门主要对社会福利机构劳动用工进行监督管理。

6. 其他部门

社会福利机构在运行过程中，如果涉及污染排放、治理问题则由环保部门负责；如果涉及社会治安、刑事犯罪问题则由公安部门负责；如果涉及文体活动开展问题则由体育和文化部门负责；如果涉及福利机构人员的职业技术等级鉴定则要由人力资源和社会保障部门负责；等等。

思考题

1. 简述社会福利机构外部管理。

2. 试举例某一外部管理主体对社会福利机构的管理。

3. 结合实际，谈谈社会福利机构内部管理和外部管理的区别。

讲题2　社会福利机构外部管理的原则与方法

一、社会福利机构外部管理的原则

（一）依法管理

法制化、制度化管理既是社会福利机构外部管理应坚持的首要原则，也是社会福利事业发展与改革的方向。一直以来，国家就很重视社会福利机构的立法、执法工作，出台了许多法律、规章、办法、条例、制度等。1999年，为了加强对社会福利机构的管理，促进社会福利事业的健康发展，民政部发布了《社会福利机构管理暂行办法》，从审批、管理、法律责任各方面规范社会福利机构的管理，对我国社会福利机构的健康发展起到了很好的作用。2001年，为了加强老年人、残疾人、儿童社会福利机构的规范化管理，维护他们的权益，促进社会福利事业健康发展，民政部批准实施了《老年人社会福利机构基本规范（MZ008—2001）》《残疾人社会福利机构基本规范（MZ009—2001）》《儿童社会福利机构基本规范（MZ010—2001）》三个强制性行业标准，要求各福利机构以此规范为最低标准进行社会福利机构的改、建造。各级政府也根据国家民政部出台的规章制度，结合本地区的实际情况，制定了更加具有针对性和更加具体的实施细则。众多的法律规章制度，保证了福利机构的规范化发展，促进了我国社会福利事业的进步。依法管理之所以是对社会福利机构外部管理所要坚持的原则，是因为各项法律规章制度具有权威性，以国家强制力作为后盾，各个福利机构都必须遵守，具有很强的辐射性，能从根本上解决福利机构存在的违法违规情况。当然，依法管理原则，除了要根据不断变化的社会福利事业发展的新动态制定各项规章制度，出台相关指导意见外，更加重要的是重视规章制度的执行，而不是一纸文书，要力求避免"一纸空文"的情况出现。

（二）社会化

我国已经进入老龄化社会[①]，老年人口基数大，增长快，特别是随着家庭小型化的发展，社会化养老的需求迅速增长。同时，残疾人和孤儿的养护、康复条件也亟待改善。但是长期以来，我国社会福利由国家和集体包办，存在资金不足、福利机构少、服务水平较低等问题，难以满足人民群众对福利服务需求日益增长的需要。社会福利事业的改革与发展，已经引起党和政府及全社会的广泛关注。为此，必须从长远和全局出发，广泛动员和依靠社会力量，大力推进社会福利社会化，加快社会福利事业的发展，这对于进一步建立健全社会保障制度，促进社会稳定和社会文明进步具有重要意义。同时，推进社会福利社

---

①　根据《中国民政统计年鉴（2012）》的数据，2011年我国60岁和65岁以上人口数量分别为18 499万人和12 288万人，占总人口的比重分别为13.7%和9.1%，比2010年的占比分别增加0.44和0.23个百分点。按照联合国的传统标准：一个地区60岁以上老人达到总人口的10%，新标准：65岁老人占总人口的7%，则该地区视为进入老龄化社会。

会化，对于扩大内需，拉动经济增长，增加就业，也有积极的现实意义。推进社会福利社会化不仅是必要的，也是切实可行的。全社会对社会福利需求的急剧增长，使社会福利社会化具有广阔的发展前景；我国综合国力的增强，人民群众生活水平和道德水准的提高，为推进社会福利社会化奠定了良好的基础；企业"办社会"职能分离后的资源与社会上闲置资源的综合开发利用和置换，国内外一些社会团体、慈善组织和个人的积极参与（捐助或投资），社区服务中养老、托幼和助残等系列化服务的蓬勃发展，为实现社会福利社会化创造了有利条件。推进社会福利社会化要按照以下几个方面的总体要求：投资主体多元化、服务对象公众化、服务方式多样化、服务队伍专业化，制定优惠政策，引导社会力量积极参与社会福利事业，统筹规划，规范管理，逐步实现社会福利事业的社会化。

（三）分类管理

社会福利机构按服务对象的类别划分，一般可以分为老年人、残疾人（含精神病人）、孤儿和弃婴几个大类的福利机构。不同服务对象在生理、心理、需求等方面具有很大的差异性，因此不能不加区分就按照同样的标准、手段、制度、评价方法等去管理不同类别的社会福利机构。一般来说，对以老年人为主要服务对象的社会福利机构，应以养护为主，兼负医疗护理；而对残疾人的社会福利机构则要以医护为主，养医结合；对儿童和弃婴的福利机构，除了对他们进行养护外，还要实施文化素质的教育以及生活技能的培训。另外，不同类别的社会福利机构其建造标准、内部设施设备、营养膳食等方面也有很大不同。例如，老年人社会福利机构应设置扶手、防滑、警报等系统；残疾人社会福利机构要设立专门的康复训练场所，配备专业康复设备；儿童福利机构应设置利于成长教育的读物场所；等等。因此，社会福利机构的外部管理主体应该根据各个社会福利机构所服务对象具有的特点，分门别类地进行管理，区别地对待，使管理更具科学性和实用性。

（四）公益性

社会福利是指政府与社会通过专业化的福利机构为解决社会上的特殊群体以及一般社会成员的实际困难，提高国民生活质量而有针对性地提供社会服务和设施的一种社会保障制度。社会福利既然作为一种国家对特殊群体的保障制度，坚持公益性则是题中应有之义。社会主义的本质，是解放生产力，发展生产力，消灭剥削，消除两极分化，最终达到共同富裕。对于那些具有特殊困难的人群（老、弱、病、残、幼），依靠他们自身的力量生存与发展具有很大的困难，甚至不可能，此时，国家作为福利提供者，既是国家对特殊国民的职责，也是社会主义国家的本质体现。因此，对社会福利机构的管理必须坚持公益性的原则，各级国办或公办民营的社会福利机构，首先要接受具有需要的困难群众，在有余力的情况下，才可以收养社会上具有需求的人群。目前，随着我国社会福利事业社会化的进程，已有越来越多的社会资本进入福利事业之中。资本在本质上是具有逐利性的，社会福利事业在某种程度上是一种公共品，靠完全的市场手段难以解决公共品供给的市场失灵问题。对社会资本进入福利事业，坚持公益性的原则，就是不能依靠投资福利事业赚取巨额利益，当然也不能完全不营利。对社会办福利，坚持和落实各种优惠政策，鼓励吸引更多的社会资本进入，既是福利事业的发展方向，也是缓解政府财力压力的有力措施。

（五）市场化

由于我国特殊的国情和社会福利事业发展的历史沿革，目前大多数社会福利机构为公办（少量为公办民营），由国家和各级地方政府出资兴建各种社会福利机构，在财政预算中列支福利事业经费①。在过去我国实行计划经济的时期，这种国家包办社会福利机构的做法，符合当时的现实国情，也对我国当时的社会福利事业的发展作出了贡献。但是，随着我国社会主义市场经济体制的建立与完善，以及人口、经济、社会各方面的发展变化，完全由国家进行社会福利事业的建设的体制机制已越来越不能适应当前阶段的国情与世情。在现阶段，社会福利事业社会化是根据社会福利事业发展现状并结合具体情况而提出的一项具有战略指导意义的方针政策，逐步依靠市场的手段来发展社会福利事业，已是其改革与发展的必经之路。前国务委员司马义·艾买提在全国社会福利社会化工作会议上指出，加快社会福利事业发展，推进社会福利社会化，要立足于社会主义初级阶段的基本国情，以邓小平理论和党的十五大精神为指导，以满足社会日益增长的福利服务需求为出发点，以社区为依托，不断深化国有福利企事业单位改革，广泛动员社会力量参与社会福利事业，积极引进市场机制，探索并走出一条健康、有序、快速发展社会福利事业的新路子。坚持市场化的原则就是要在管理社会福利事业中引入竞争机制、市场定价机制，运用市场的手段对社会福利事业进行调节。

（六）民主管理

民主管理是相对于绝对服从绝对权威的管理而言的，即管理者在"民主、公平、公开"的原则下，科学地将管理思想进行传播，协调各组织的各种行为达到管理目的的一种管理方法。民主管理既符合人们的心理要求和"以人为本"的管理思想，也能唤醒人的主体意识，弘扬人的主体精神，发挥人的主体能力，是一种群众参与下的多数人管理多数人的管理方法。在社会福利机构的外部管理中，由于历史及体制等原因，民主管理还很欠缺，这一方面不符合社会主义的特征，另一方面对福利机构的健康良好发展也产生许多不利影响。如何在社会福利机构的外部管理中贯彻民主管理的原则？首先，各级政府要在思想上重视民主管理，认识到它的必要性和重要性。认识到民主管理是对福利机构的发展有很大贡献的管理体制，避免认为民主管理仅是形式上的而不加以重视，在实际工作中敷衍应付，匆匆了事。其次，要在各种体制机制上保障民主管理的顺利实施。在领导决策层，要组成各个机构、层面的代表共同进行决策，广泛听取各方的意见和建议，考虑不同利益代表的诉求，给予各方相同的表决权利，对一项议案由各方进行投票表决并予以执行。最

---

① 近年来，随着我国综合经济实力的提升以及国家对社会福利事业的重视，社会福利事业的发展得到了大力支持。据民政部《中国民政统计年鉴（2012）》数据显示，2011 年民政事业费总支出中社会福利一项为 232.2 亿元，比上年增加 111.3 个百分点；中央财政转移支付的民政经费中社会福利一项 251 879 万元，比上年增加 0.5 个百分点。

后，对社会福利机构的信息要积极借助于各种信息发布平台进行广泛的披露，接受社会公众的监督。在社会福利机构的管理中，涉及财务、招标、采购、建造、维修等比较重要的工作时，要积极主动地把信息予以公开，及时公布收支明细账目，让群众了解、监督社会福利机构资产和财务收支情况。同时，要根据福利事业改革发展的新形势、新情况，及时丰富和拓展公开内容。

（七）以服务为中心

以服务为中心的管理原则是针对现阶段我国社会福利机构众多的外部管理主体偏向以行政管理为中心的管理方式提出的。政府职能的定位应该是以服务为中心，而不是以管理为中心，它们所要扮演的角色就是法律规章制度的制定者与"裁判员"。外部管理主体要考虑适当地放权，把下级单位能够做好事务的权限予以下放，减少各种事务的审批层次，减少政府的行政成本。以服务为中心的管理原则，首先要让各级外部管理主体的行政人员树立一种服务的意识与观念。目前，在某些地方政府行政管理单位，还有一些人员抱着高高在上的态度，对被管理者的各种办事请求予以推诿，态度上傲慢，敷衍行事。社会福利机构是以收养照顾弱势群体的福利事业，理应受到全社会的支持。其次，应把行政管理单位的服务质量作为考核的一项重要内容。制定详细的对政府单位服务质量的考核规则，加强对人员的教育培训，提高服务意识与服务能力，把服务考核质量结果与单位的各种奖励惩罚相联系，奖优罚劣，以激励和调动服务人员的工作积极性与服务意识。最后，建立监督体系。对各个行政单位的服务质量进行监督检查，发现有违反服务细则的人员要及时予以批评和教育，严重违反的还应给予行政处罚，直至调离工作岗位。对表现良好的人员要及时予以表扬与奖励，树立典型，形成示范带动作用。

二、社会福利机构外部管理的方法

（一）行政管理的方法

行政管理方法是指在行政管理领域中，行政组织及其行政人员，为开展行政工作和实现行政目标所采取的各种管理措施、手段、办法、技巧等的总和。行政管理方法具有实施性、针对性、系统性、技术性等特点，优点是能够使国家的法律、法规、政策和上级的意图快速地向下贯彻，有利于行政管理系统的集中统一。如果没有集中统一的意志、统一的指挥和统一的行动，一盘散沙，各自为政，就根本不能完成国家任务，实现行政目标。另外，上级可以针对下级的工作情况，及时、灵活地发出各种指令，使行政管理中出现的新情况、新问题得到迅速处理，尤其是对一些突发事件的处理，更显示出这种方法的灵活快捷的优点。但是，这种管理方式也有一些缺点。行政管理以强制性的指令、命令支配下级的行为，下级处在被动服从的状态，有时会压抑下级的积极性和主动性，造成下级对上级的过分依赖。同时，行政指令是以垂直方向传达的，在指示、命令的下行传达过程中容易忽略横向的协调，有可能造成条块之间的矛盾，反过来制约行政系统的高度统一。在社会福利机构的外部管理中，既要坚持自上而下的行政管理方法，完善组织结构，明确各级单位的职责权限，加强政策的执行与贯彻，注重执行效果的监督与反馈；也要综合协调所涉及的多个单位，增强横向沟通，最大限度地发挥行政管理方法的优点，避免其缺点，达到运用行政管理方法管理社会福利机构的最优化。

（二）制度管理的方法

制度即规程，是指在一个社会组织或团体中要求其成员共同遵守并按一定程序办事的程序。"无规矩不成方圆"，制度在一个组织体系中的作用十分重要，良好的制度可以最大限度地规范组织各个方面的行为，激发组织成员潜力，调动他们的工作积极性，达到组织体系的最高效率。从上而下，由于管理的范围和着眼点不同，各层级的制度作用的范围也不一样。国家层面的规章制度是对全社会社会福利机构的一种约束，往往是基本的、总体的、原则性的，对底层规章制度的制定起到指导性的作用；地方层面的规章制度则是根据国家的规章制度再结合本地区的实际情况而制定的，其针对性集中在本地区；组织机构层面的规章制度又比较具体细致，一般是可以直接参照并加以执行操作的（见图5-2）。一方面，要制定切合实际、具有可行性的各种规章制度。规章制度的制定不是凭空而来，更不能闭门造车，一项良好的规章制度的出台要经过充分的调研论证，深入了解基层现实情况，探究出现存难点、重点问题，再出台具有针对性的规章制度。要广泛听取各方面的意见，认真考虑他们对规章制度的不同看法，并加以仔细研究，对规章制度不断修改和完善。另一方面，要严格执行各项规章制度。有了良好的规章制度而不能执行或者执行不力，就如一纸空文，毫无效力。各项规章制度的执行既要靠行政手段强制推行贯彻，也要加强动员和宣传，提高各级单位的意识，把贯彻执行各项规章制度内化为自身的自觉行动。加强对政策执行的监督检查，对执行不力的单位与人员坚决予以惩处。社会福利机构的外部管理主体众多，涉及各项规章制度，各个单位要密切配合，充分协调，加强沟通，避免出现不同部门出台的制度互相矛盾。要随时根据社会福利事业出现的新情况、新问题以及当地经济社会发展的现状等条件，因地因时地制定各项社会福利机构的管理制度。

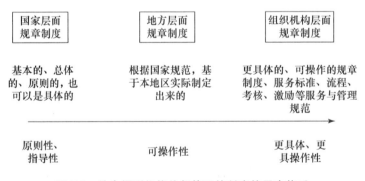

图5-2　社会福利机构外部管理的制度的层次体系

（三）等级管理的方法

为了加强对全国福利院的宏观管理，促进福利院的正规化建设，1993年4月，民政部印发了《国家级福利院评定标准》，分为国家一级福利院和国家二级福利院，制定了不同的评选标准。各省市利用此次契机积极进行一些社会福利机构的改建、完善、提升，起到了良好的带动与示范作用。评定标准从规模、医护专业人员配备、管理、质量、效益等各个方面进行了标准设定，通过此次评选活动，提升了一些福利院的软硬件水平。在社会福利机构的外部管理中，这种等级管理的方法是值得肯定并加以推广的。各地区可以根据本地区的实际情况，适当降低标准，制定省级福利机构的评定标准，加大宣传力度，在区域内进行福利机构的定级工作，积极借助评级的机会，提高福利机构的管理水平、设施水平，积极争取上级的政策资金支持，通过评比带动社会福利机构的建设和发展。同时，建立动态的定级评价体系，组织相关领域的专家学者、各方代表共同组成评级委员会，制定级别标准评定细则，认真评选，力争所定级的社会福利机构是达到标准并具有示范与带动作用的机构。建立动态跟踪评价体系，对社会福利机构的级别定时跟踪，一旦社会福利机构不满足相应级别的评级标准，就要坚决予以除名，形成"有进有出"的评级体制，激励社会福利机构持续不懈地加强自我管理。

（四）行业协会管理的方法

社会福利行业协会一般是指由福利行业相关的福利机构、企事业单位、志愿团体等组成的公益性、自我管理的社会团体法人。这些团体组织在协助政府管理社会福利机构，推动福利机构行业自律方面发挥了重要作用。社会福利行业协会以改善民生、推进社会福利事业发展为宗旨，配合相关部门做好政策推进、宣传教育、国际合作交流和行业建设，积极引导社会力量，提供社会福利服务，促进社会福利社会化，维护社会公平，促进社会和谐进步。但是，目前我国社会福利行业协会发展缓慢，力量薄弱，效果甚微，政府与社会福利机构之间的桥梁连接作用发挥较小。随着我国社会福利事业的发展，社会福利行业协会也将逐步壮大。首先，政府应重视社会福利行业协会的培育与组建。现阶段社会福利行业协会还处于发展初期阶段，具有很大的脆弱性与不确定性，仅仅依靠行业的自我发展来组建福利行业协会还是有许多困难，政府应该积极组织协调，发挥在组织、联系、沟通方面的优势，一旦条件成熟，即可组建行业协会。其次，要从制度上、机制上保证福利行业协会职能的发挥。政府应当制定社会福利行业协会的管理规定，指导福利行业协会开展自律管理，指导其制定在其职责范围内的管理规定，与协会紧密配合，发挥各自优势，共同管理社会福利机构。

思考题

1. 简述社会福利机构外部管理坚持的原则。

2. 谈谈你对社会福利机构外部管理方法的认识。

3. 你认为在社会福利机构外部管理的方法中哪一个是最重要的？为什么？

讲题3 建立统一的管理平台

一、社会福利机构管理体系的类型

由于世界各国的政治经济体制不同，其社会福利管理体系也不同。概括地讲，主要有以下三种类型。

（一）政府直接管理的社会福利管理体系

在这种体制下，政府首先要负责制定社会福利的政策和法令，对社会福利实施的范围与对象、享受保障的基本条件、基金来源、待遇支付标准与支付方式、管理办法、社会福利等有关方面（主要是国家、用人单位和个人）的责任、义务、权利等作出规定。还要负责检查和监督这些政策和法令的正确实施，受理有关社会福利的申诉，调解和裁决发生的纠纷，等等。政府除了承担立法、监督责任之外，还要负责社会福利的业务管理，包括：受保人的登记和审查；福利基金的征集、计算和支付；福利基金的使用、调剂和运营；在工伤保险中，组织对劳动者丧失劳动能力程度的鉴定，组织协调对福利保障对象进行一系列必要的服务等。

在这种政府直接管理的体制下，又有两种具体形式。第一，集中统一的形式。即中央政府授权一个部或一个委员会，下面层层设置机构，实行统一政策、统一制度、统一标准、统一表格，经费统收统支。在具备现代化技术手段的条件下，这种高度统一的管理形式可以通过全国计算机联网实现。英国是实行这种管理体制的典型代表。第二，分权管理的形式。分权管理又可分为两种。一是上下分权，即中央政府制定基本法律和法规，地方政府可根据自己的具体情况制定具体的法规细则，有较大的立法权。例如，美国就采用这种体制，各地方州政府有较大的权限。二是左右分权（或称横向分权），即实行分部门管理，如劳工（劳动）部门管劳工保险，卫生部门管医疗保险，农业部门管"农保"（农业工人或农民的保险）等。在政府直接统一管理社会福利的国家里，一般从中央到地方都设立专门机构，包括行政管理机构和业务管理机构，管理人员一律为国家的公职人员。

（二）政府和公法机构共同管理的社会福利管理体系

政府负责社会福利立法和监督，公法组织负责社会福利的业务管理，即立法监督与具体业务分开管理。以当时的联邦德国为例，联邦议会制定和颁布有关社会福利的法律，联邦政府的社会事务部进行日常行政管理，进行政策研究，监督公法组织执行法律，审批年度计划，但不干预日常工作。公法机构是区别于政府机构和私人企业的具有自治性的公共团体，一般由劳资双方代表组成各种社会保障委员会或基金会，有时政府也派代表参加。公法机构下设办事机构，在国家法律规定范围内，开展多项业务活动。政府主管部门虽无权干涉其正常业务，但是有权对它进行检查和监督。例如，法国等欧洲国家就实行这种体制。

（三）工会管理的社会福利管理体系

工会管理的社会福利管理体系，一般是在各级工会下面设立保险管理委员会，吸收工人代表参加，在国家立法范围内，制定各种规章制度，开展多项社会福利活动，并对社会福利基金进行具体管理。包括：制定社会保险费预算，提交政府审批，由工会具体实施；制定保险标准；调剂保险费的使用等。在前苏联，工会有更大的权力。全苏工会中央理事会和政府共同制定社会保障政策和立法。我国在改革开放以前也采取这种体制。

除上述三种主要类型外，有的国家还把一些社会保险项目的业务管理委托给商业性保险公司或私营银行办理。例如，美国就把医疗保险业务交由商业性保险公司办理，这些机构在政府制定的范围内开展日常业务。一个国家并不一定只采用一种社会管理办法，有时大部分福利项目交由非政府机构管理，而把其中某些项目的管理集中统一在中央政府手中，如美国，老年保险和老人医疗保障就是由联邦政府统一管理的。不论是哪种类型的体制，在社会福利管理领域中，国家都发挥着强大的作用。

二、建立统一管理平台的可行性分析

对社会福利机构的外部管理是随着经济社会的发展而不断变化的。在计划经济时期，由于我国特殊的福利制度安排体系，对社会福利机构的外部管理几乎由民政部门全部负责，是大统一和自上而下的行政管理模式，这与当时的经济体制是相适应的，也发挥了积极的作用。但是，随着市场经济体制的不断完善，我国政治体制改革也不断深化，政府的职能定位不断转为以为公众提供公共服务为主。社会福利机构的外部管理面对这些新情况、新问题，应不断变革自身的管理方式，顺势而为，改变过去的管理模式和方式，提高管理效率和水平，满足人民日益增长的福利需求，促进我国福利事业又好又快发展。

（一）政府职能定位的不断转变

改革开放 30 多年来，我国坚持以经济建设为中心的社会主义初级阶段基本路线，不断深化社会主义市场经济体制改革，经济发展取得很大进步。然而，随着改革的深入，一个重要的问题引起了重视，那就是经济体制改革要与政治体制改革相适应。早在 20 世纪 80 年代中期，邓小平就提出经济改革和政治改革的关系，并强调两者必须相适应，他说："只搞经济改革，不搞政治改革，经济改革也搞不通，我们所有的改革最终能不能成功，还是取决于政治体制改革。"然而，目前，我国的政治体制改革滞后于经济体制改革，政府职能界定不清，存在越位与缺位现象。因此，适应社会主义市场经济体制进一步完善的要求，加快包括转变政府职能在内的政治体制改革，就成为我国改革向纵深发展的关键环节。30 多年以来，市场经济体制逐步建立健全，市场主体层出不穷，矛盾利益关系变得愈加错综复杂，对过去计划经济时期形成的政府管理体制提出了挑战。人们逐渐认识到，政府的主要职能是规则的制定者和"裁判者"，做好"守夜人"，不断理清理顺政府与市场、政府与企业的关系，坚持"有所为，有所不为"，激发市场活力，促进经济社会快速发展。基于此，现代政府的职能应该被定位为公共服务型政府。公共服务型政府是与管制型政府相对应的政府模式，是适应现代社会发展趋势的科学的管理方式，该理念的提出与实施是市场经济发展的必然要求，也是我国建设社会主义政治文明的必然要求。随着我国经济社会的发展，人民生活水平的逐渐提高，国家综合实力的显著提升，社会福利事业的发展前景广阔。现代政府职能定位的不断转变，客观上要求对社会福利机构的管理要转变过去那种管制型管理模式；另外，随着市场力量在社会福利事业领域逐渐深入，政府包办社会福利的格局将不复存在，也客观要求对社会福利机构的外部管理要加以变革。不断发展的福利事业以及不断多元的投资主体，都在社会福利机构的外部管理方面提出了新的要求，即变单纯的行政管理为集服务、管理、指导于一体的新的管理体制，因此建立统一的管理平台是经济社会发展和社会福利事业发展到一定阶段的必然要求，是顺应历史潮流的必然做法。

（二）社会管理方式的不断创新

目前，我国既处在发展的重要战略机遇期，又处在社会矛盾凸显期，社会问题和矛盾增多，各种新情况、新问题对社会管理工作提出了新的要求，面对日益复杂的社会现状，不断改变原有社会管理方式，加强社会管理方式的创新是解决社会问题、提升社会管理水平、构建和谐社会的重要途径。社会管理创新，是指在现有社会管理条件下，运用现有的资源和经验，依据政治、经济和社会的发展态势，尤其是依据社会自身运行规律乃至社会管理的相关理念和规范，研究并运用新的社会管理理念、知识、技术、方法和机制等，对传统管理模式及相应的管理方式和方法进行改造、改进和改革，建构新的社会管理机制和制度，以实现社会管理新目标的活动或者这些活动的过程。社会管理创新既是活动，也是活动的过程，是以社会管理存在为前提的，其目的在于使社会能够形成更为良好的秩序，产生更为理想的政治、经济和社会效益。2004 年 6 月党的十六届四中全会提出要"加强社会建设和管理，推进社会管理体制创新"，2007 年党的十七大报告提出要"建立健全党委领导、政府负责、社会协同、公众参与的社会管理格局"。在此背景下，统一管理平台的构建具有现实可行性。统一管理平台就是对现有社会福利机构外部管理资源的整合，顺应了社会福利事业发展的规律，把握了社会福利事业发展的趋势，是对传统管理模式的改进。随着全社会不断重视社会管理方式的转变，构建和谐社会，统一管理平台的构建具有良好的基础，公众越来越多地参与到对社会福利机构的外部管理中，而统一管理平台正好提供了这一多方参与、联合互动的平台。

（三）社会福利社会化的发展趋势

社会福利社会化是我国社会福利制度改革所确定的政策取向，是在综合研判我国经济社会发展的现实国情基础上提出的一项社会福利制度。这一制度的产生主要是基于几个方面的考虑。一是日益增长的社会福利服务需求。一方面传统的社会福利制度由于受到市场经济体制的冲击，开始丧失其原有的保障功能，使得对社会福利需求的增加；另一方面就是我国老龄人口的增加，而且伴随着这种趋势，家庭的养老能力却变得日益不足。二是我国现有的社会福利有效供给严重不足。长期以来，在国家包办或政府包揽的体制下，社会福利事业投入不足，设施短缺落后，再加上管理水平低下，服务效益不佳，社会福利事业的自身发展缺乏生机和活力。三是随着我国的改革开放和养老服务需求的增长，社会力量兴办养老机构的积极性不断增高。四是社会主义市场经济体制的建立要求社会福利社会化。与市场经济体制相适应，政府进行机构改革，"小政府，大社会"的格局正在加速形成。对社会福利事业的管理，政府必须按照社会主义市场经济的要求，转变职能，实行政企、政事、政社（社会团体）分开，逐步建立起适应市场经济体制要求的社会福利事业的新体制。

社会福利社会化，是经济社会发展到一定阶段的产物，同时也是未来我国社会福利事业发展的方向。按照社会福利社会化的要求，实现"投资主体多元化、服务对象公众化、运行机制市场化、服务方式多样化、服务队伍专业化"，则未来一段时间，将有越来越多的社会力量举办社会福利机构，而社会资本进入社会福利领域，既要追求经济效益，同时还应兼顾社会责任。对这些新兴主体投资兴建的社会福利机构的管理，也要求具有一个统一高效的管理平台，约束不同投资主体的行为，确保社会福利事业的健康发展。

（四）社会环境的不断改变

改革开放 30 多年来，我国社会发生了一系列变化，其中某些方面的变化对我国福利事业的发展产生了很大的影响，这些变化对于构建统一的管理平台也是必须认真考虑的。

首先，是人口老龄化的现实压力。2005 年年底全国 1% 人口抽样显示，我国总人口数达到 130 756 万人，其中 65 岁以上人口达到 10 055 万人，占总人口数的 7.7%。从数据可以看出，我国已经真正成为人口老龄化国家。目前，我国是世界上老年人口最多的国家，截至 2008 年年底，全国 60 周岁及以上老年人口已达 1.60 亿人，占总人口约 12.0%，相当于整个欧洲 60 周岁及以上人口的总和，相当于美国总人口的 1/2。今后一个时期我国人口老龄化趋势将进一步加剧。全国老龄工作委员会办公室发表的《中国人口老龄化发展趋势预测研究报告》指出，21 世纪中国人口老龄化趋势分成三个阶段：第一阶段（2001 年到 2020 年）是中国社会快速老龄化阶段，期间平均每年增加 596 万老年人口，年均增长率为 3.28%，超过总人口年均 0.66% 的增长速度；第二阶段（2021 年到 2050 年）是加速老龄化阶段，平均每年增加 620 万老年人口，2050 年老龄人口将超过 4 亿；第三阶段（2051 年到 2100 年）是稳定的重度老龄化阶段，2051 年中国老龄人口达到巅峰的 4.37 亿，约为少儿人口的 2 倍，老龄人口将持续稳定在占总人口的 31% 左右。而且，我国老龄化还具有独特的一些特征。一是老年人口基数大。当前我国 60 岁以上老年人口是世界老年人口总量的 1/5，是亚洲老年人口的 1/2。二是老年人口增长速度快。统计显示，2009 年是我国进入老龄型社会的 10 周年，10 年间老龄人口平均以每年 311 万的速度不断增长。

预计 21 世纪前半叶，我国的老年人口总量将持续增长，目前我国人口的老龄化水平为 12.0%，2015 年将升至 14.4%，随后将进入人口老龄化的高速发展阶段，2025 年老龄化水平约为 20%，2048 年将高达 30% 以上，进入重度老龄化的平台期。三是高龄化趋势明显。近年来，我国 80 岁以上高龄老人以年均约 4.7% 的速度增长，明显快于 60 岁以上老年人口的增长速度。2005 年我国 80 周岁及以上的高龄老年人共有 1640 万人，占全部 60 周岁及以上老年人总数的 11.16%，预计到 2015 年，我国高龄老年人口将增长到 2640 万人，占老年人总数的 12.28%。预计到 21 世纪中叶我国的高龄老年人数将接近 1 亿人，将占全部老年人总数的 21.77%。四是区域老龄化程度差异较大。一方面，我国的人口老龄化指标在不同省份、不同城市存在巨大的差异。例如，上海的人口年龄结构早在 1979 年就进入了老年型，而青海、宁夏等西部省、自治区预计要到 2010 年左右才进入，相差约 30 年。另一方面，我国的人口老龄化还存在城市与农村的差异。受外出流动人口影响，当前我国的农村人口中出现老年人口比重超出城市的现象。我国存在约 1.5 亿从农村到城市的流动人口，这些流动人口的转移，降低了城镇的老龄化水平的同时，反向地提高了农村的老龄化水平。预计到 2020 年农村老龄化水平将提前突破 20%，比城镇高 5 个百分点；2030 年农村和城镇老龄化程度分别达到 29% 和 22%，农村将率先进入重度人口老龄化时期，成为受人口老龄化大潮冲击最严重的地区。五是人口老龄化与社会经济发展水平不相适应。欧美一些发达国家在进入老年型社会时，人均国内生产总值一般在 5000～10000 美元，而我国目前的水平与之相差较远，是典型的"未富先老"国家。我国人口老龄化超前于现代化，经济实力还不雄厚，老年社会保障制度体系还不健全，社会发展的总体水平还比较低，应对老龄社会各种挑战的经济、制度和社会基础还比较薄弱，"未富先老"将是未来发展的基本趋势。总体而言，我国人口老龄化进程与经济发展不同步的矛盾还将持续相当长的时间，并给我国经济社会发展造成十分不利的影响。由于当前我国社会保障体系还不够完善，覆盖面较为狭窄，老年人"空巢家庭"问题日益凸显，社会养老服务体系不能满足现实发展的需求，故应对和解决老龄问题的任务和挑战十分艰巨。因此，未来很长一段时间，面对如此巨大的老龄人口，我国未来的养老社会福利事业任务艰巨，责任重大。原有的社会福利机构的管理体制，在这种巨大的老龄化背景下，应该做出改变，以期适应这一严峻的现实。

其次，是人民生活水平的大幅提高。随着我国经济的迅猛发展，城乡居民的收入水平有了很大提高。城镇居民人均可支配收入由 1990 年的 1510 元增加到 2011 年的 21 810 元，年均增长 27.48%；农村居民人均纯收入由 1990 年的 686 元增加到 2011 年的 6977 元，年均增长 23.47%。无论是总量增幅还是年均增速，城乡居民的收入水平都有了较大提高。伴随着收入水平的提高，消费支出也进一步提高。1990 年城镇居民人均消费支出和农村居民人均生活消费支出分别为 1279 元和 585 元，2011 年分别为 15 161 元和 5221 元，年均增幅分别达到 25.2% 和 22.0%。消费结构也由以衣食等生存资料为主，向住、用、娱乐、文化、教育、医疗、旅游等享受和发展方面的消费转变。城镇居民家庭恩格尔系数从

1990 年的 54.2 下降到 2011 年的 36.3，农村居民家庭恩格尔系数由 1990 年的 58.8 下降到 2011 年的 40.4。收入水平的提高，一方面改善了城乡居民的生活水平和医疗水平，提高了人口寿命。根据第六次全国人口普查资料，2010 年我国人口平均预期寿命达到 74.83 岁，比 10 年前提高了 3.43 岁。2010 年我国男性人口平均预期寿命为 72.38 岁，比 2000 年提高 2.75 岁；女性为 77.37 岁，提高 4.04 岁。数据显示，2010 年世界人口的平均预期寿命为 69.6 岁，其中高收入国家及地区为 79.8 岁，中等收入国家及地区为 69.1 岁。另一方面，也使得居民有能力进行养老支出。随着经济社会的发展，养老不再是单纯的家庭责任，国家和社区、家庭共同担负着养老大任，但毋庸置疑，这需要一定的财力基础。如果完全依靠国家担负全社会的养老责任，以我国目前的经济实力还不能达到，因此，适合的做法是国家、社会、家庭、个人各分担一定的比例，进行养老费用的支付，统筹各方的资源，形成养老资金池，满足养老需求。可见，随着我国居民收入水平的提高，养老福利的事业发展前景广阔，服务需求多样，服务水平要求也将提高。作为福利机构的外部管理主体，面对日益增长并且日益增值的社会福利需求，其管理体制也应做出相应改变，适应这种较高收入水平下的多样化的养老需求。

另外，家庭结构逐渐微型化，养老观念逐渐开放。20 世纪 70 年代开始实行的计划生育政策以及我国工业化、城镇化的发展，对我国的家庭结构产生了很大的影响，家庭结构从过去的大家庭结构转变为核心化的小家庭结构，相应地也带来了很多变化。根据 2000 年全国人口普查 0.95‰ 的抽样数据，无论是在城镇还是在乡村，核心家庭的比重都占 55% 以上，三代直系家庭户占比为 16.97%，两者加起来的比重达到近 72%。随着小家庭结构的大规模出现，原先由大家庭所承担的养老职能也逐渐萎缩，现在越来越多的独生子女夫妇所要承担的是最多达 4 个老人的养老责任，一般也要承担 1~2 个老人的养老责任，相比于以前众多子女共同负担老人的养老责任，现代小家庭结构的养老责任显得更加的艰巨而困难，经济压力也十分巨大。一方面，是越来越重的养老压力，促使子女选择将老人送入养老院进行养老，另一方面，社会养老观念的改变也促进了这一行为。传统的思想观念里认为，养儿防老，养老是子女的义务与责任，子女需要陪伴在老人左右，照顾老人的衣食起居，料理老人生活，认为把老人送入养老院是"不孝"的表现，这在中国这样一个十分重视尊敬老人、孝敬老人而形成的孝道文化里的影响十分巨大。但是，随着经济的发展，人们逐渐认识到，在养老福利机构进行养老，接受专业化的养老服务，不是"不孝"的表现，越来越多的老人和子女认可这种非家庭的养老方式，社会对这种行为的批评也逐渐减少，已基本持包容的态度。在这些因素的作用下，未来我国的养老福利事业的发展将是符合社会发展规律的，是得到社会认同的，因此，在这种有利的发展前景下，对其管理既要考虑传统观念的要求，又需结合现代化的需求，统一而高质量地进行社会福利机构的管理。

三、统一管理平台的构建

（一）建立统一管理平台的原则

1. 政府力量为主，社会力量为辅

由于我国特殊的国情，一直以来，就社会福利机构的外部管理而言，政府都是管理的主要（有些时期甚至是完全）力量，承担着社会福利机构的审批、设置、运作、指导等方面的管理事宜，除政府以外的管理力量十分匮乏。随着我国社会福利事业的发展，越来越多的民营或者公办民营的社会福利机构的出现以及政府对社会福利机构管理的理念的提升，一些力量（如福利机构协会）开始介入社会福利机构的管理中，然而这一力量正处在成长阶段。在这种情况下，完全放开社会福利机构的管理，是不符合实际情况的。因此，在目前的现实情况下，建立统一的管理平台，主要参与者仍需是与福利机构相联系的各个政府单位，它们仍要发挥主要的作用，起到牵头、协调、规范、制约方面的作用，而各种逐渐兴起的社会力量，如福利机构协会、弱势群体维权组织、志愿者协会以及以后可能出现的各种新型的与社会福利机构有关的社会力量，都可以考虑进而吸纳在统一的管理平台中，利用它们对基层情况较为熟悉的优势，认真听取它们的意见和建议，使得社会福利机构统一管理平台具有各方声音，代表各方利益，建设一个民主、公开、公正的统一管理平台。

2. 社会效益第一，兼顾经济效益

在社会福利社会化的趋势下，会有越来越多的社会资本投入社会福利机构。社会资本具有逐利性，而社会福利却必须坚持公益性，注重社会效益。社会效益与经济效益是社会福利机构的两大目标，但是存在一定的矛盾，只追求社会效益容易导致私人资本的社会福利机构丧失动力和积极性，只追求经济效益则会使社会福利机构丧失本义和本能，只有既坚持社会效益又兼顾经济效益才能保证社会福利机构的发展。在我国建立统一的社会福利机构管理平台，理应坚持公益性、社会性的第一地位，这是我国福利制度的发展历史和我国的现实国情所决定的，但是，引入社会资本，就不能不考虑给予这部分资本一定的利润。在统一的管理平台的建设中，积极探索政府与社会的界限和职责，合理地分配任务，既要注重和保持福利机构的公益性，又要激发市场力量的积极性。

3. 集中统一管理，适当分工协作

建立集中统一的管理平台，是基于现行的碎片化管理现状的弊端提出的。碎片化管理体制的产生有一定的历史原因，产生过积极作用，但是随着社会管理态势的不断变化，其弊端逐渐显现，如分工过细导致流程破碎、组织僵化、部门林立、本位主义严重、效率低下、资源浪费等。解决碎片化管理体制及其弊端的一个方法就是建立一个适度集权、适当联合的整体型政府。具体来说，一是应从组织上进行改革。整体型政府打破了传统型政府管理模式分散化、功能分割、各自为政的管理和服务方式，变金字塔的组织结构为以流程为中心的由多个工作团队组合而成的扁平化网状结构，应加强政府各个单位之间业务的协作力度，建立协作的工作机制。二是在信息资源上加强共享，形成高效的信息运行机制。在"碎片化"政府管理模式下，政府信息资源的产生、加工、存储、利用与传播均由不同部门实施，存在着信息的重复性劳动以及"信息孤岛"弊端，集中统一管理平台一个重要的特征就是资源的整合和共享，以社会和公众的需求为导向，采用科学的管理方法，使整个政府信息服务过程系统化、规范化。三是应优化业务流程，造就以高度协同为特征的行政流程。"碎片化"政府管理模式固守以职能为中心的观念，按照不同的职能把业务流程划分为若干小段，使原本完整和连贯的流程消失在具有不同职能的部门和人员之中，从而导致多头指挥、协调困难，影响整体作业效率。行政流程再造要求以流程为中心彻底打破部门界限，以全局最优为目标来设计和优化流程中的各项活动。也就是说，政府业务流程按照工作完成的自然顺序而非人为的硬性直线顺序来安排，依据共时性和网络化的协作关系和结构来运作，最终达到政府各部门之间业务的虚拟整合和网络化协同办公。

（二）统一管理平台的构建设想

1. 参与者

（1）政府相关单位。统一管理平台的主要力量是与社会福利机构发生联系的各个政府职能部门，其中最主要的是各级民政机构。构建统一管理平台，主要目的就是联合各个单位，发挥各自职能，密切协作，发挥更大的效用。在这一过程中，政府相关单位的作用理应受到重视和加强。但也应注意到，政府是权力的掌握者，很容易滋生权力腐败以及滥用权力的现象，所以，应该有健全的法律制度并设立第三方监督机构予以监管。

（2）社会福利机构。社会福利机构作为被管理对象，它们是现实情况最直接的接触者，是各种对社会福利机构管理的政策措施落实实施的最具体执行者，对社会福利机构存在的问题有最直接的感触和思考，因此在某些问题上社会福利机构最应该具有发言权。统一管理平台理应把它们纳入到其中，这样对社会福利机构的管理就更加具有针对性和现实性，减少各种政策、措施的盲目性与实施阻力。

（3）社会力量。随着我国社会福利社会化的发展，福利机构的数量、性质、规模等方面必将发生变化，各种与社会福利机构有关的社会力量如社会福利机构的协会、老年人权益协会、各种公益组织、监护人家属的代表、志愿者组织、NGO组织等是社会福利机构管理中不可忽视的力量，它们代表着各自的利益集体，越来越影响着社会福利机构的管理。因此，在构建统一管理平台中，应积极把这部分力量纳入进来，给它们反映问题、提出诉求的渠道。

2. 组织结构

社会福利机构统一管理平台的组织结构如图 5-3 所示。

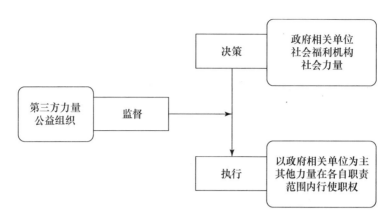

图 5-3　社会福利机构统一管理平台的组织结构

（1）决策层。基于目前我国对社会福利机构的管理现状，应该在统一管理平台设置一个决策层，类似于企业股东大会的性质。由政府相关单位、社会福利机构、社会力量、第三方组织等社会力量参与进来，形成"社会福利机构管理委员会"性质的机构，实行民主集中制，对关乎社会福利机构发展重大的法律规章、规划、实施措施都应该在该委员会中进行讨论，广泛听取各方意见，不断修改完善，形成议案，投票表决。决策层的主要职责是决定社会福利机构管理的法规、制度、措施、发展规划、专项整治等，人员应由专业知识扎实、理论功底深厚、实际业务经验多的人员担任，应形成委员的进出机制，完善委员选举及委员会运作制度。

（2）监督层。为了确保权力决策机构的各种方针政策能够公平、公正地执行，也为了执行的效果以及权力层权力的合法行使，应该设立独立于决策层的一个监督层，行使独立的监督检查权。该层人员可以由第三方公益组织、热爱福利事业人士等组成，赋予他们对管理单位、福利机构的现场检查监督、非现场检查的权力，确保他们的监督检查权。对于他们行使监督检查权时发现的问题，要严肃认真对待，保证他们的独立执法地位，给予明确的主体定位。监督层的建设最重要的是保持独立性，要在制度、人员、资金、业务、权力等各个方面与决策层和执行层相独立。

（3）执行层。决策层制定各种规章制度、政策措施，接下来就需要一个强有力的执行层。统一管理平台最大优势就是在于它能联合各个方面的力量，统筹协调安排各种管理事务，宏观配置各方资源，使得对社会福利机构的管理最有效率。因此，在决策层应建立统筹协调的领导小组，负责日常协调、组织、分配各方力量对社会福利机构的管理。对于执行层，最重要的是对上级交代事务的消化、吸收以及贯彻落实，应加强监督检查和完善奖惩体系，明确权责，在统一协调的基础上充分发挥各个职能单位的积极主动性。

（三）统一管理平台运作的保障体系

1. 规章制度

统一管理平台的构建是针对现行"碎片化"管理格局的改革，目的是提高社会福利机构外部管理的效率。目前，统一管理平台的管理体制还处在探索阶段，还有许多值得深入研究的地方。首先应从法律规章制度上保证统一管理平台的合法合规性，应由具有立法权限的政府部门出台相关法律制度赋予统一管理平台相应的权力，规定相应的职责。其次，在确保统一管理平台自身的合法合规性之后，统一管理平台的建设也要遵循依法管理的原则。要确保各个单位的权力都置于法律的监管之下，真正做到"有法可依，执法必严，违法必究"，把法律规章的建设作为统一管理平台的重要内容，形成依法管理的良好氛围。

2. 组织机制

组织机制体系是实现统一管理平台的载体，良好的组织机制是确保统一管理平台发挥效力的关键。首先，组织机制应该具有合理的层次，各级根据自己的权限承担责任，开展工作；层次不应过于复杂和简单，太过复杂易产生信息传递的失真，使得政策的落实大打折扣；太过简单则职责繁重，效率低下。其次，组织机制应该是高效的。一是要从制度上保证组织体系的高效率运转，明确各个部门的职责；二是要加强宣传教育，提高人员的思想认识，充分调动他们工作的积极主动性；三是要完善各种工作的具体机制，任务分解落实到具体的单位、部门、科室、人员；四是组织机制应该团结协作，统一管理平台的组织体系涉及众多方面的力量，需要各方齐心协力，共同协作。

3. 人员与资金

任何一项事业的发展都离不开人力与财力的支持，统一管理平台同样需要专业人员以及一定的资金保障才能稳健运转。统一管理平台所需人员，应该具有热爱社会福利事业管理的热情，具有一定的管理工作经验以及相关的专业知识，既可以从各个单位中选取表现良好的人员加以培训，提高他们的管理、专业水平，又可以积极招纳相关专业的高学历人才，不断提高统一管理平台的知识学历水平；应建立健全人才引进及待遇晋升等机制，激发人员的活力和创造力。积极争取上级资金的支持，积极与公益基金合作，同时也应积极探索如何通过市场机制的作用来筹措资金，引导社会资本进入社会福利领域，当社会福利机构发展到一定阶段后还可以借助金融市场、证券市场等市场化手段来解决资金问题。

思考题

1. 结合实际情况，谈谈你对建立统一管理平台的认识。
2. 简述社会福利机构统一管理平台的体系。
3. 有哪些原因促使了统一平台的形成？

本讲小结

本讲主要讨论"社会福利机构的外部管理",主要的学习(培训)目标是掌握各个外部管理主体的职能定位、管理原则和方法,最后对能否建立统一平台进行分析和设想构建。总结如下。

(1)社会福利机构的外部管理的好坏直接影响社会福利机构的发展,进而影响福利事业的进步。如何保障管理达到效果,首先应明确外部管理的主体及其肩负的任务,其次应坚持一些管理的原则和运用一些管理的方法,提升管理的科学性。

(2)通过对本讲知识的掌握,对社会福利机构的外部管理应一方面使各个外部管理主体依据权限范围各司其职,另一方面也适度地联合互动、统筹协调,集散结合地对社会福利机构进行外部管理。

推荐阅读

1. 卢炳瑞. 社会福利事业管理 [M]. 北京:中国言实出版社,2004.

2. 周福林. 社会福利机构管理学 [M]. 北京:中国社会出版社,2005.

3. 黄波,吴乐珍,古小华. 非营利组织管理 [M]. 北京:中国经济出版社,2008.

第 ⑥ 讲

社会福利机构的内部管理

学习（培训）目标

通过本讲学习（培训）：

1. 掌握社会福利机构的管理目标；

2. 了解社会福利机构的运营模式；

3. 掌握社会福利机构内部管理的主要内容；

4. 了解社会福利机构管理中存在的主要问题和完善内部管理的方法；

5. 掌握社会福利机构财务管理和成本控制的主要内容；

6. 了解社会福利机构规范化管理。

核心概念

社会福利机构　财务管理　规范化管理　标准化体系 ISO 9001 质量管理认证

本讲概览

本讲主要学习（培训）任务是学习社会福利机构的内部管理。通过对社会福利机构的管理目标和社会福利机构运营模式的了解与认知，运用案例分析、知识讲授、分组讨论、读书指导等教学方法，让学生了解我国当前公办和民办两大类社会福利机构的发展现状、分析这些社会福利机构在管理中存在的问题和改进的思路，掌握社会福利机构的财务管理和成本控制，了解社会福利机构规范化管理的主要方法。

具体内容包括：社会福利机构的管理目标，社会福利机构的运营模式，社会福利机构的主要管理内容，社会福利机构管理中存在的主要问题，社会福利机构完善内部管理的手段，社会福利机构的财务管理与成本控制，社会福利机构的规范化管理等。

通过对知识的学习，增进学生对社会福利机构管理的了解，提升学生经营和管理社会福利机构的实践能力，以及对社会福利机构发展方向的整体把握的能力。

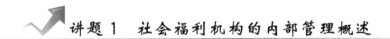

导入案例

    北京市第一社会福利院（也称北京市老年病医院）是一所集颐养、护理、医疗、康复、教学和科研于一体的国办大型综合性养老福利服务机构，于1988年5月正式开院，隶属北京市民政局。该院坚持以人为本、与时俱进的核心理念，不断探索"人性化管理、个性化服务、专业化介入和社会化互动"的服务模式，较好地规范了养老管理与服务质量体系。2001年该院通过英国SGS公司严格审核，获得养老服务福利机构ISO 9001：2000国际质量管理体系认证，成为全国首家通过ISO 9001质量管理体系认证的养老福利机构。此后，该院又于2008年开始了标准体系建设。在ISO 9001相关文件的基础上，北京市第一社会福利院结合国家和各级主管机关的制度标准，对全院岗位、管理事项、服务内容进行调查、统计，同时收集相关的法律、法规、制度、标准及其他资料，编制了标准体系表，成立了院"标准体系建设领导小组"，制定了《标准体系建设实施方案》，并从2008年5月起组织部分中层干部和骨干人员参加了北京市标准化协会举办的标准化培训，与北京市标准化协会签订了《北京市标准体系建立咨询及确认技术服务协议书》。在标准化建设过程中，北京市第一社会福利院根据该院管理与服务工作中范围广、项目多、专业性强和各区特色服务内容不同的特点作深入分析研究，对原有的各项标准重新进行拆分、整理和归类，最后修订完成了标准体系技术标准10类39项、管理标准13类54项、工作标准7类109个岗位，并于同年7月17日通过北京市质量技术监督局和北京市标准化协会的评审，8月取得《服务标准体系确认合格证书》，并获得由北京市质量技术监督局和北京市民政局联合颁发的"服务标准化示范单位"荣誉。

    （资料来源：民政部民政科技与标准化信息平台新闻，2011年6月5日）

讲题1 社会福利机构的内部管理概述

一、社会福利机构的管理目标

1. 服务社会公益，增进民生福利

社会福利机构是专门为老、弱、病、残等社会弱势群体提供庇护和专业福利服务的非营

利机构，因此，从宏观上讲，社会福利机构的首要目标应当是服务于社会公益。公益即公共利益。从总体上讲，我国的社会福利机构都是直接或间接地为社会提供公益服务，满足社会群体尤其是身处困境中的失能或失依的弱势群体对日常生活照料、康复保健以及精神文化等方面的需求。提供这些社会福利服务的机构不能以营利为主要目的，而应当以增进民生福利、满足社会弱势群体对社会福利服务的基本需求为主要目标。为保障社会福利机构的公益性，政府应当对承担提供普惠型社会福利服务的机构提供财政支持，或在政策上给予扶持。

2. 规范管理，服务专业，提高服务满意度

提高服务对象的满意度，是社会福利机构管理的首要目标，也是社会福利机构最根本的服务理念。根据民政部的有关规定，社会福利机构服务的综合满意度，应当按入住对象满意率达到 95％以上来衡量与要求。为此，管理者需要全方位地研究服务对象的需求情况，以更好地满足其需求。根据美国著名的心理学家马斯洛关于人类 5 个需要层次的理论，服务对象的满意度应当是建立在 5 个循序递进的需要满足的基础上，包括生理需要、安全需要、社交需要、被尊重需要、自我价值实现的需要等。为充分满足服务对象这 5 个层次的需求，社会福利机构需要不断提高服务质量，加强自身的软硬件建设。首先，根据服务对象的不同，依据中华人民共和国《老年人社会福利机构基本规范》（MZ008—2001），中华人民共和国《儿童社会福利机构基本规范》（MZ010—2001），中华人民共和国《残疾人社会福利机构基本规范》（MZ009—2001）等国家规定和强制性行业标准，来设计和配置相应的服务设施、设备，满足服务对象在生活、康复护理、治疗、教育等方面的需求。这些是确保社会福利机构不断提高服务质量的硬件设施，是规范化管理的基础和前提。另外，应具备一套标准化、系统化、专业化、规范化、现代化的完善的管理和服务规范，以及拥有一支职业道德高尚、敬业爱岗、业务技术熟练、充满爱心真情、精干高效、互动配合到位的优秀服务团队等，这些是提高社会福利服务质量的软件，实现服务标准化、专业化的重要条件，也是社会福利机构服务满意度的根本之所在。

3. 以人为本，提高服务对象的生存和生活质量

不论何种类型的社会福利机构在日常管理和服务中都应当坚持以人为本的核心理念。为实现这一目标，管理者在日常管理和服务中，应当注重对人性的理解，要尊重人、关心人和爱护人。既要不断改善服务对象的物质生活条件，如饮食起居、医疗保健、康复护理、全方位的照料服务以及生活环境的卫生、安全等，又要满足服务对象的精神需求，如开展丰富多彩的文化教育活动与休闲娱乐活动，以及聘请专业社工人员，为服务对象提供针对性的心理疏导，帮助服务对象走出心理障碍以及克服这类群体易出现的恐惧感、自卑感、压抑感、孤独感、寂寞感、失落感等心理问题，增强服务对象对生活的信心。同时，针对服务对象的个性化需求，社会福利机构也需要不断提高自身的服务水平和服务能力，积极探索更为个性化的管理和服务方式。此外，以人为本的理念，还应当体现在对社会福利机构的员工管理上。管理者要充分考虑并照顾到社会福利机构员工尤其是一线员工的利

益，要体会其工作的艰辛和不易，要关心年轻社会福利工作者的成长，鼓励和支持员工参加各种提升专业技能的职业培训，努力营造良好的职业氛围。

4. 保障安全，有效预防意外事故

保障服务对象的人身安全是社会福利机构日常管理最基本的要求。作为以提供日常生活照护为主要内容的社会福利机构，如果连服务对象最基本的人身安全都难以保障，那么其他服务再好都毫无意义。保障服务对象的安全，首先应该考虑服务对象的生理和疾病等因素，在居住条件和基本生活设施等方面，在建筑设计、结构布局、设施设备功能配置以及安全防范等方面，严格执行国家有关标准。例如，对机构中所有的通道、地面进行防滑处理，在走廊、厕所等处安装设置护栏等。其次，还要考虑服务对象的精神和心理因素，随时关注其情绪变化，对有过激行为倾向甚至试图轻生的服务对象及时进行心理疏导和干预。此外，社会福利机构自身还要加强内部管理，如加强对工作人员、服务人员的职业道德教育，提高其安全防范意识，以及加强食品安全和卫生防疫，防止因食品安全问题或疾病传染危及服务对象的人身安全。

5. 经济效益与社会效益并重

社会福利机构的公益性定位决定了社会福利机构不能以营利为主要目的，而应当以增进民生福利、满足社会弱势群体对社会福利服务的基本需求为主要目标。在改革开放之初，我国的社会福利机构全部由政府和集体兴办，服务对象是三无老人、五保老人、孤残儿童等特殊困难的弱势群体，运营经费全部由政府财政或集体自筹资金来解决。这种管理体制虽然有效保证了社会福利机构的公益性和福利性定位，但也导致了社会福利机构面临运营效率低下、资金渠道单一、服务对象狭窄、管理方式落后、服务水平不高、人员素质偏低等问题。有鉴于此，民政部在 20 世纪 80 年代中期，就明确提出了"社会福利社会办"的社会福利事业改革思路，因受限于当时的政治、经济和社会条件未能有效开展起来。随着我国市场经济的全面铺开，以及老龄化矛盾的日益突出，片面强调社会效益的社会福利模式已难以为继。为此，国务院办公厅于 2000 年转发了民政部等 11 部委《关于对老年服务机构有关税收政策问题的通知》，其中提出了推进社会福利社会化的目标和要求。民政部也于当年召开了全国社会福利社会化工作会议，会议提出"社会福利社会化"，就是政府在倡导、组织、支持和必要的资助下，动员社会力量建设社会福利设施，开展社会福利服务，满足社会对社会福利服务的需求。以此为转折点，社会福利机构的管理目标不再单一限定为追求社会效益的最大化，而是强调经济效益与社会效益并重。在保障社会福利机构公益定位的前提下适当地考虑经济效益，以经济效益带动社会福利机构自身的发展，从而为更多的社会公众提供更高质量的社会福利服务，也收获更有实质性的社会效益。

二、社会福利机构的运营模式

根据《社会福利机构管理暂行办法》第 2 条的规定，所谓社会福利机构，是指国家、社会组织和个人举办的，为老年人、残疾人、孤儿和弃婴提供养护、康复、托管等服务的机构。由此，依据举办主体、建设和运营资金来源的不同，我国的社会福利机构运营模式主要分为以下几种。

1. 公办模式

公办模式是指主要由政府投资，在公用划拨土地上建成的社会福利机构，其所需的运营经费绝大部分由政府财政拨款，正式的工作人员和管理人员纳入事业编制的社会福利机构。在社会福利社会化前，我国大部分社会福利机构都是公办社会福利机构，它们承担了我国主要的社会福利服务工作，为我国社会福利事业的发展作出了重要贡献。

2. 公办民营模式

所谓公办民营，就是将社会福利机构的所有权与经营权分离，并将经营权以承包、租赁、出让、委托经营、参股等方式转交给企业、社会组织或个人以及外资等市场主体，由市场主体自主经营、自负盈亏、自我发展、自我约束。具体来讲，公办民营主要有以下几种运营形式。

（1）承包经营。即在不改变社会福利机构产权性质的前提下，将福利机构承包给企业、社会组织或个人等市场主体经营。

（2）租赁经营。即将社会福利机构的使用权租赁给市场主体经营。经营者凭借自己的经营才能获取经济效益，并利用经营的收益支付福利机构的租赁费用。

（3）部分产权转让。即将福利机构的房屋使用权租赁，将内部设备设施和一些易耗品等资产的产权，通过招标拍卖的方式有偿转让给各类市场主体。

（4）委托经营。即将福利机构委托给各类市场主体全权经营管理。

（5）股份制改造。对社会福利机构进行股份制改造，国办福利机构参与管理、分享股权，形成产权多元化、利益共享、风险共担的格局，并按照现代企业制度的模式实现对社会福利机构的经营管理。

3. 民办公助型模式

民办公助型，顾名思义就是由民间出资兴办的社会福利机构，在运营中可获得政府给予的政策扶持或资金帮助。民办公助型社会福利机构是在民办福利机构的基础上产生的。所谓民办社会福利机构，是指企事业单位、社会团体及其他社会组织（国家机关除外）和公民利用非国家财政性经费所举办的以老年人、残疾人、孤儿（含弃婴）为主要服务对象的社会福利机构。在社会福利社会化全面铺开之后，民办社会福利机构开始逐步成为提供社会福利服务的主力军。它们的出现，对我国曾经长期安于现状的公办社会福利机构而言，无异于"鲶鱼效应"，对推动社会福利社会化，提高社会福利机构的经济收益、运营效率、管理水平和服务质量均有重要的促进作用。长期以来，由于民办社会福利机构广泛面临投资高、经济回报低等问题而发展缓慢，随着政府对民办社会福利机构的扶持力度不断加大，各种优惠政策和政府补助开始逐步向符合条件的民办社会福利机构敞开大门，民办公助社会福利机构开始成为民办类社会福利机构的主流。民办公助的具体运营模式，由于政府的补助方式的不同，又可再分为若干类别，如床位补贴、服务补贴、水电补贴等。通过补助制度来降低社会福利机构的运营成本，进而降低弱势群体的经济负担。

4. 专项服务项目外包模式

专项服务项目外包模式是指政府将规定的社会福利服务项目以特许经营或购买服务的方式委托给民间机构或者个人运营管理。一般称该模式为特许经营或者项目购买。这种运营模式，是最早盛行于美国的一种政府购买服务的形式，即美国政府将公共服务通过订立合同的方式委托给民间营利或非营利机构，由它们来提供服务。服务外包所采取的合同形式一般有以下几种形式：为特殊群体购买服务的合同；任务性合同；长期服务合同；业绩/表现合同 (Gilbelman, M. & Demone, H. ，1998)。政府可以根据不同的服象对象所面临的具体问题而采取不同的服务承包合同形式。比方说，针对老年人生活自理能力的欠缺，政府可以订立长期服务合同，要求承包服务的社会福利服务机构长期地、经常地向这类老年人提供医疗、康复、护理、洗涤、购物、餐饮、心理咨询等全方位的服务。[①] 相比传统的社会福利机构运营模式，专项服务项目外包模式弹性大，成本低，对环境、硬件设备的要求较少，而对服务人员的技能、专业素质要求较高，特别适合我国人口众多、社会福利机构服务能力有限的国情，比较适合推广到社区养老服务中去，因而在未来有较大的发展前景。

三、社会福利服务机构内部管理的主要内容

（一）社会福利服务机构的资源管理

社会福利服务机构资源是指福利机构在提供服务的过程中所需要的全部要素，主要包括社会福利服务机构的人力、经费、设施、装备等。社会福利服务机构资源管理就是综合运用行政的、法律的、经济的和规划的管理方法与手段，对社会福利服务机构资源进行的合理配置。对福利服务机构资源实施科学化、规范化管理，将会使整个福利机构服务的工作处于最佳状态，有效地提供福利服务，发挥福利服务机构资源的最佳效率，获得最大的社会效益和经济效益。社会福利服务机构资源管理包括：福利服务机构人力资源管理、财力资源管理与物力资源管理。

人力资源管理是国家和各种组织对本国或本组织人力资源现状和未来进行统计、规划、投资、成本收益核算、培训、使用、保障、研究和发展等一系列组织决策的活动。社会福利服务机构人力资源管理的内容包括：人员的招聘、配备和使用；人员的培训；人员的考核和奖惩等。社会福利服务机构内的卫生技术人员、特殊教育教师、社会工作者等专业技术工种工作人员应具有国家职业资格证书，其他专业技术人员应具有专业技术等级证

---

① 参见民政部政策研究中心网站发布的理论研究文章《社会福利社会化：迎接老年人社会福利需求变化的挑战》，2008 年 1 月 9 日。http://www.mca.gov.cn/article/mxht/llyj/200801/20080100009639.shtml.

书或者接受过专业技术培训。社会福利服务机构中不具备上岗资格的护理人员、特教人员应当接受岗前培训，经考核合格后持证上岗。在实际管理工作中管理制度根据各项工作要求明确管理目标、任务、内容、方法、工作程序与流程等内容；技术操作规程与标准多参照国家、行业和地方制定的技术标准、操作规程、服务与管理规范的格式与内容进行制定和描述；考核评价标准与办法可以自行制定，也可以参照行业主管部门，或行业协会的考核评价体系进行制定与描述；奖惩制度多根据机构的实际情况进行制定与描述。

社会福利服务机构的财力管理也称为财务管理或经费管理。福利服务机构财力管理的内容包括：预算管理、收入与支出管理、财务分析与财务监督等。它是对社会福利服务机构有关资金的筹集、分配、使用等财务活动所进行的计划、组织、指挥、控制、协调和考核等工作的总称。它是社会福利服务机构资源管理的重要组成部分。社会福利服务机构应当加强财务管理，其收益应当按照国家的有关政策规定分配使用。现阶段，在政府投入不足、优惠政策难以落到实处以及资金筹措困难的情况下，为了发挥有效的资金效益，必须加强财务和资金的管理，以有限的资金投入获取最佳的社会与经济效益。

社会福利服务机构物力管理是指对机构内所有资源的开发、利用和物资资料分配、流通等进行计划、组织、指挥、控制的过程，主要包括对社会福利服务机构固定资产、低值易耗品、药品、卫生材料等物力资源的管理。福利服务机构物力管理的目的在于：按照自然规律和经济规律的要求，以福利服务发展目标为出发点，从动态和静态的结合上，研究社会福利服务机构资源的合理配置，盘算资源存量，减少积压，加快物资使用周转率，增加资金使用率，降低社会福利服务成本，提高服务质量，满足人们的需求。

（二）社会福利服务机构的信息管理

当今社会是一个信息化社会，开展福利机构服务同样也离不开信息。社会福利服务机构信息管理是对福利机构可用的数据、信息和知识资源进行有效的开发，就是把福利服务管理过程作为管理信息的收集、加工、处理、应用和反馈的过程。通过信息为管理服务，将管理决策建立在信息充分利用的基础上。由此可见，社会福利服务机构信息管理有双重含义，可分别理解为"福利服务信息的收集、加工、处理、存储、传输和反馈等"和"福利服务的一种管理方式或模式"。社会福利服务机构信息管理的内容主要有两个方面：一是福利服务信息的来源、收集和处理；二是福利服务信息的利用。由此可见，开展社会福利服务机构的信息管理过程，实际上也就是一个向管理信息化靠拢的过程。

（三）社会福利服务机构的入住管理

社会福利机构应当与服务对象或者其家属（监护人）签订服务协议书，明确双方的责任、权利和义务。社会组织和个人兴办以孤儿、弃婴为服务对象的社会福利机构，必须与当地县级以上人民政府民政部门共同举办；社会福利机构收养孤儿或者弃婴时，应当经民政业务主管部门逐一审核批准，并签订代养协议书。老年人进出养老服务机构的基本原则是，坚持自愿的原则。自费老人住院时间可长可短，不受年月限制。入住人入院时须持有护送人、养老人的身份证或者户口簿。孤老者应持单位介绍信，有单位或亲友护送，入住人与院方签订入院协议书，明确双方的权利与义务。入住程序分为两种情况：一是社会"三无"老人的入住，二是自费老人的入住。社会"三无"老人的入住程序是：老人本人书面申请；社区或街道办事处推荐；老人居住所在地的区（县）民政局审批；带齐入院审批表中所列的老人生活必需品及有效证件到养老服务机构进行体检办理住院手续。如果需入住区（县）以上民政部门或其他部门主办的养老机构，需经同级民政部门批准。

自费老人的入住程序是：携带老人户口本、一寸照片一张、亲属或者经办人的身份证复印件到接待处办理入院登记；携带接待处填写的门诊病志到养老服务院所属的康复医院交费进行入院体检；由医生确定老人的护理程序为自理、半自理、完全不能自理，根据体检结果选择入住楼舍，如有特殊疾病（传染病、狂躁性精神病）不得入院；携带体检结果到接待处按照所选楼舍交纳住院费用（一般一次交纳一个季度的住院费用）；由亲属或者经办人签订入院合同；向楼内服务员出示接待处所开具的入院通知、收款收据及住院病志，由服务员安排老人入住。社会福利机构应当建立健全各项规章制度和服务标准。各项规章制度和服务标准应当张榜公布，并报民政部门备案。

（四）社会福利服务机构的质量管理

社会福利服务机构管理的核心内容之一就是质量管理。所谓质量管理，就是根据福利服务本身特点，遵照现代质量管理思想，对社会福利服务机构进行的有效管理，其目标是获得更高更好的社会福利服务质量，因为服务质量就是社会福利机构的生命线。作为提供社会福利服务的社会组织，社会福利机构如果没有良好的服务质量，将难以继续存在并发展。因此，无论社会福利机构规模的大小，所有制性质，人员与设施的多少，其共同点和基本点都在于，要千方百计利用好资源，更好地为服务对象服务，使顾客或服务对象满意。为了达到这一基本要求，社会福利机构可以采用多种途径，如改革内部管理体制，引入现代企业管理机制以及建立标准化的服务质量监控流程等。近几年来，全国许多地方的社会福利机构通过引入 ISO 9001：2000 国际质量管理体系认证的方式，来完善自身的管理体制，提高服务质量，规范服务流程，通过制定科学严谨的服务标准，建立严格的检查考评制度，打造完整的覆盖全部服务对象需求的住宿、日常护理、医疗康复、膳食结构、服务运作等方面的质量监管体系，有效地增强了顾客的满意度，提升了服务质量。实践表明，引入 ISO 质量管理体系认证将有助于社会福利机构提升整体管理水平，让其工作流程更加规范，监督检查更加完善，责任更加明确，目标更加合理化，管理更加规范化，程序更加标准化和服务更为人性化。

思考题

1. 简述社会福利机构的管理目标。

2. 试述民办公助型社会福利机构的运营模式。

3. 联系实际谈谈社会福利机构以人为本的管理目标的体现。

讲题2　社会福利机构内部管理的改革与完善

一、社会福利机构管理存在的问题

（一）公办社会福利机构当前面临的问题

根据投资主体的不同，我国社会福利机构可以分为公办和民办两大类。其中，公办社会福利机构是由财政投资、民政部门承办的福利事业单位，其创建的目的是解决无收入来源、无居住场所、无法定赡养人的"三无"老人及孤寡老人的生活照护，收养孤残儿童与弃婴，收容残疾、精神病人，以及承担其他社会福利与社会救助任务，其提供的服务具有很强的公益性和政策性。与民办社会福利机构相比，公办社会福利机构由于兴办时间较长，政策支持度较高，往往拥有较高的社会公信力，在资金方面既有财政拨款和福彩公益金的支持，又能接受来自社会各界或慈善团体的捐助，资金来源相对充足，相关软硬件设施配套较齐全。尽管如此，在实践中，公办社会福利机构的管理也面临诸多问题。

1. 自主运营能力较差

目前，绝大多数公办社会福利机构仍属于事业单位，行政化色彩较为浓厚，对政府的依赖性较强，缺乏充足的活力与高效的运营机制。许多社会福利机构的内部管理仍然沿袭计划经济的模式，或参照民政机关的传统管理方式和管理经验，而不是针对本机构自身的特点开发出有针对性的管理模式。机构臃肿、吃大锅饭、管理成本居高不下和效率低下等现象仍然普遍存在。在人事管理方面，作为事业单位的社会福利机构本身没有自主确定岗位需求和员工人数的权力，机构需要聘用正式的工作人员必须逐级申请，程序烦琐。在资金管理方面，绝大多数社会福利机构属于全额拨款的事业单位，所有收入必须上缴国家财政，相应地，所需资金也全部来源于国家拨款，机构的自主运营能力较差。

2. 公益性定位渐趋模糊

社会福利机构服务对象的特殊性决定了其服务的公益性。但在市场经济的冲击下，一些社会福利机构的公益性目标渐趋模糊，而转为以经济利益至上为导向。为牟取利益，一些儿童社会福利机构以合法收养为掩护，通过违规办理涉外收养，甚至贩卖婴儿来为机构创收。这些行为严重损害了社会福利机构的公信力。而在社会福利社会化和老龄化日趋严峻的双重影响下，部分提供养老服务的社会福利机构在面向社会收住服务对象时不再特别考虑申请者的身体状况和自理能力，也不会鉴别申请者是否确实急需机构长期照料和护理服务，只要有相应的支付能力，都可以通过入住申请并获得相应的服务。而一些急需长期照料和护理服务的老年人，却因为支付能力不够而被公办养老机构拒之门外。这既与公办社会福利机构的公益性定位相悖行，也与国家投入巨额资金发展和扶持社会福利事业的初衷相违背。在社会福利社会化的后期，如果无法处理好社会福利的公益性定位与商业化运营的矛盾，将会使我国社会福利事业偏离其改革目标，使社会福利社会化沦为社会福利市场化。

3. 服务标准不健全

社会福利机构说到底是服务行业，但在这个庞大的领域中目前仍缺乏统一而权威的行业服务标准。因为，对于服务行业来说，服务标准是行业发展规范化、服务流程标准化的"标尺"。目前，社会福利事业领域的标准主要还是针对建筑设计、设施配备等方面的，对于服务和管理还缺乏一套系统完备的，包含社会福利机构服务等级划分评定标准、工作人员岗位考核标准、服务质量管理规范等全方面内容的强制性国家标准。而作为公办的社会福利机构理应成为未来社会福利服务标准的输出者和样板间。正如民政部社会福利和慈善事业促进司老年人和残疾人福利处副处长张晓峰所指出的："规范，对民营养老机构来说是评星评优、获得扶持的依据，对公立机构来说是示范养老产业'工作质量目标化、工作方法规范化、工作过程程序化'的标尺。"①

4. 从业人员素质有待提高

人才缺乏是当前社会福利行业普遍面临的一个现实问题。在公办社会福利机构中，由于人员进口渠道的多样化，致使从业人员素质良莠不齐。既有从部队复员转业的军人，以及从工人身份转变而来的以工代干人员，又有面向社会公招的高校毕业生和从民政系统交流调动或下派而来的机关干部。管理队伍整体文化素质较低，年龄偏大，专业性不强。事实上，当前的社会福利工作对于从业人员的素质要求早已不限于不惧辛苦、勇于付出等基本的职业道德要求了，基于服务对象的转变和管理难度的增加，对文化素质和专业素养都有了更高的要求。例如，目前大多数社会福利机构最急需专业人才，一类是专业的医护人员，另一类是社会工作或心理咨询类人员。由于社会福利机构的福利性和公益性定位，公办社会福利机构的医护人员待遇与专业的医疗机构相差甚远，也无法为这些专业人才提供与医疗机构相同的学习进修等职业发展机会，从而导致这类人才的流失率较高。而社会工作和心理咨询类的专业人才，由于职业建设起步晚，考证通过率低，国家财政支持力度不够，致使从业人员数量极低。人才的严重缺乏导致社会福利机构大量实务性的工作需依靠事业编制外的临聘人员。而临聘人员，尤其是护理人员无论在文化素质和职业素养方面都难以与专业人才相提并论。

（二）民办社会福利机构主要面临的问题

与公办社会福利机构相比，民办社会福利机构在运作上的灵活性和适应性都相对较

---

① 潘丰. 国办养老机构运营现状及发展对策研究——以成都市第二社会福利院为例 [D]. 西南交通大学学位论文，2013.3.

强。由于其运营经费主要来自于其服务性的收费，而非政府财政拨款，因此能最大限度地保证其管理上的自主性，包括其财务权、人事聘任权、决策权等，可以真正实现机构内部管理的自主性。同时，作为一个市场主体，民办社会福利机构要生存和发展，必须像其他市场主体一样，讲求效率，因此在成本控制和回应市场需求方面，也比公办社会福利机构做得更好。然而由于目标定位、管理不规范等原因，在公办社会福利机构中存在的诸如服务标准不健全、公益性定位不明确等问题在民办社会福利机构中也同样存在，除此之外，民办社会福利机构还普遍面临资金不足、配套不完善、专业人才缺乏以及经营管理方式单一等问题，具体表现如下。

1. 资金不足

民办社会福利机构的产生始于社会福利社会化之后，从性质上讲属于新兴的公益性服务行业。民办社会福利机构运营资金通常来源于三个方面：首先是服务性收费，即社会福利机构通过提供服务或产品而向服务对象收取的费用；其次是政府资助或补助，即政府财政根据民办社会福利机构的服务效果而对其提供的建设或运营补贴；最后就是民间捐赠，包括来自社会、个人或慈善组织的捐赠。对于民办社会福利机构而言，其资金来源越多，稳定性就越强，运转就越顺畅。因为资金来源多的机构比资金来源少的机构更具有弹性，失去某一资金来源不会直接危害到组织的生存能力。在社会福利社会化初期，由于民办社会福利机构具有投资高、收益率低、回报慢等特点，很长一段时间这一领域都难以吸收到足够多的社会资本投资，加上政府配套的优惠政策和相关支持措施出台缓慢或难以落实到位，致使很多民办社会福利机构在创办初期都面临资金严重不足的发展困境。另外，在现行的监管体制下，相关法规只对民办社会福利机构的义务和责任作了比较明确而具体的规定，却很少论及其应享有的权利。资源提供者既不能从组织活动中受益，也不能在解体时分得财产，一旦机构出现了某种问题，还需承担无限连带民事责任，这也在很大程度上抑制了民间资本进入社会福利服务行业的热情。

2. 配套不完善

配套不完善是民办社会福利机构面临的又一大难题。其中，经营场地问题是绝大多数民办社会福利机构创建时所面临的最大障碍。社会福利服务既是服务性行业也是微利行业，新建民办社会福利机构既不能像公办社会福利机构一样从政府那里以土地划拨的方式获得建设用地，也无法负担飞涨的土地出让价格，因此，很多民办社会福利机构只能通过租地自建和租房改建的方式来解决经营场地的问题。但这又产生了新的问题，因为合适的场地很难租到，既要交通相对便利，又要场地大小适宜，还要建筑内部结构合理便于改造，以及具备一定的户外活动场地等，这样的场地在寸土寸金的城市已经日益难觅。即便找到这样的场地，要么租金高昂，民办社会福利机构无法负担，要么租期较短，一旦租约到期或房东临时要收回，机构将难以为继。

3. 专业人才缺乏

在21世纪，人才就意味着竞争力，对于从事服务行业的民办社会福利机构而言更是如此。与公办社会福利机构相比，民办社会福利机构由于无法提供有竞争力的薪水，以及无法像公办社会福利机构水平提供相对稳定工作环境，因而其面临的人才困境更为严重。受到运营成本的影响，民办社会福利机构的利润空间相对较小，部分中小型的民办社会福利机构甚至是在微利和亏损的状态下勉强维持运营。在这种情况下，它显然不能提供有竞争力的薪酬待遇来吸引高素质的专业人才。因此，民办社会福利机构招聘从业人员时，一度只能面向下岗人员和进城务工的中年妇女。薪水低、工作累、职业发展预期低、工作环境差，让民办社会福利机构不得不面对员工流动性大、素质不高、专业性不强等问题。而缺乏有竞争力的专业人才必然会阻碍机构的发展，因此专业人才的缺乏正日益成为制约民办社会福利机构发展的重要因素。

4. 经营管理方式单一

由于起步较晚、行业发展不规范，大多数民办社会福利机构在运营过程中直接套用其他行业的服务模式，如简单套用宾馆或其他提供食宿类的服务行业的服务流程，或直接模仿医院的护理流程，从而导致服务方案结构雷同，替代性强，服务项目重复，缺乏特色经营的优势。经营管理方式单一极大地制约了机构发展的潜力，容易使民办社会福利机构陷入恶性竞争的泥潭。此外，目前的民办社会福利机构主要以小规模分散经营的方式存在。分散经营带来一些问题：一是机构之间资源不能共享，运营成本无法分摊，难以抵御入住率不高或资金不到位带来的风险；二是知名度不高，社会影响力和号召力有限，无法同公办社会福利机构展开竞争；三是消极守成，只注重当前，缺乏长远规划，不善于也无余力实现创新。

二、完善社会福利机构内部管理的思路

（一）不断创新社会福利机构的运营机制

创新是社会福利机构发展的动力。无论是公办还是民办的社会福利机构都应当加快建立与市场经济相适应的运营机制，逐步建立以服务对象需求为导向，能根据市场需求及时调整的高效运营模式。为提高社会福利机构的运营效率，有效控制管理和运营成本，对部分运营不良的公办社会福利机构，可以考虑通过整体承包、部分承包、委托经营、合资合作、一院两制等运营方式推动实现公建民营，吸引专业的社会服务机构以输出管理团队、开展服务指导等方式参与社会福利服务，增强社会福利机构发展的内在动力和外在活力。这样既可以节省国家编制、经费，也可以培育社会福利服务市场，提升管理的专业化水平，形成政府、社会和市场共同推动社会福利服务的良性格局。

对于具备一定资质、运营状况良好的民办社会福利机构，有关部门应当鼓励其做大做强，符合相应条件的民办机构也可以接收政府供养的"三无"对象或代为抚养孤残儿童，由政府出资购买相应的服务。资金充裕的民办社会福利机构，还可以组建跨区域、连锁式大中型社会福利服务机构，探索养、护、医三位一体，或"候鸟"式养老等新型社会福利

服务，或者以专业输出服务的方式参与政府购买的社区养老服务项目招标等。

（二）规范和完善服务标准，加快服务延伸

社会福利机构的发展和良好运营可以对社区社会福利服务起到示范和培训的作用。一些大型的公办社会福利机构专业化、规范化、职业化程度都比较高，在设施、人员和技术方面具有非常独特的优势，因此可以通过培训、示范、合作等方式，带动所在区域内的社会福利服务工作整体水平的提升。社会福利机构除了要做好机构内的管理和服务工作外，还应当积极参与社区社会福利服务。目前，社区社会福利服务仍是一片亟待开垦的处女地，社会福利机构在这个领域有很大的发展空间。社会福利机构应当建立开放的社会化综合服务模式。在服务对象上，要逐步将范围扩大。要充分发挥自身资源优势，合理有效地整合社会福利机构资源、家庭资源、社区资源、民间资源，构建四位一体的社会服务体系，充分利用其在设施、专业人才等方面的资源优势，全面参与社区社会福利服务，为居家养老、社区托老及其他个性化社区社会福利需求提供专业化的服务。

（三）坚持以人为本，加快管理方式转型

社会福利机构要加快推进标准化建设和规范内部服务管理。主管社会福利机构的民政部门应进一步明确社会福利机构的发展规划、设置资质、行业准入、服务规范、监管服务和安全责任等内容，为其发展环境提供法制保障。社会福利机构自身要根据社会福利服务ISO 9001质量管理体系和社会福利机构基本规范等一批民政标准，按照便捷、高效、优质、利民的原则，实行人员配备、分类管理和服务质量、流程、收费、基本术语、场所安全等社会福利服务所必需的民政标准，促进社会福利机构规范管理。同时，强化家庭化服务理念，营造温馨和谐的氛围，根据服务对象的年龄、生活特点，提供适宜的膳食、住宿、无障碍服务，尊重服务对象的生活习惯。有条件的社会福利机构应当为服务对象提供热线电话、健康档案、服务手册、呼叫系统、有线电视监控等形式的信息服务，构建社会福利服务信息网络平台，逐步扩大信息化服务覆盖范围，为服务对象提供更加安全便利的服务。

（四）加强人才培训，打造专业的多元化的服务队伍

社会福利机构要不断提升管理和服务的专业化，就必须解决专业人才缺乏的问题。目前，原隶属民政部的几所高校都开办有社会工作、社会福利事业管理、社区康复等与社会福利服务密切相关的专业。依托这类专业的学历教育和师资力量，社会福利机构在有针对性地引进上述对口专业毕业生的同时，也应进一步加大对现有人员的培训力度，重点加强对一线工作人员有关社会福利机构经营管理、康复治疗、养老护理、婴幼儿护理、营养调配、心理咨询等相关专业知识和技能的培训。同时，完善岗位结构，提高基层社会福利服务人员待遇，大力推行社会福利机构管理人员培训资质和护理员持证上岗制度，对参加相关培训且取得职业技能证书的社会福利机构工作人员，给予培训补贴。民政主管部门对积极引进社会工作、养老护理、社会福利事业管理等相关专业优秀毕业生的公办和民办社会

福利机构，应当考虑给予特殊人才引进补贴。

此外，社会福利机构还要建立更加多元化的人才队伍。例如，开发公益性岗位，引进康复师、咨询师、保健医生等专业人才，为社会福利机构提供兼职或志愿服务。与地方的社工服务组织合作，引入和聘用专业社会工作者，同时吸纳和培养社会福利服务的志愿者，形成一支稳定的志愿者服务队伍。与开设有相关专业的大学合作，建立专业实习基地，利用高校的人才支援，共同改进和完善机构的管理与服务水平，缓解机构内人才短缺、专业化程度低的问题。

思考题

1. 简述公办社会福利机构内部管理存在的主要问题。
2. 简述民办社会福利机构内部管理主要面临的问题。
3. 联系实际谈谈如何完善社会福利机构的运营机制。
4. 试分析社会福利机构应如何走出人才缺乏的困境。

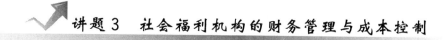

讲题3　社会福利机构的财务管理与成本控制

一、社会福利机构的财务管理

（一）社会福利机构财务管理概述

社会福利机构财务管理是指对社会福利机构的财务活动所进行的预算、控制、分析、监督考核等的总称。社会福利机构财务管理是其提高社会福利机构运营效率的核心，是社会福利事业计划及任务全面完成的有力保证。

1. 社会福利机构财务管理的基本原则

定位的公益性和服务对象的特殊性决定了社会福利机构除了遵守一般企事业单位的财务管理规章和制度外，还需要遵循一些基本原则。这些原则包括以下几个方面。

第一，保障收养对象的合法权益。对承担收养"三无""五保"或孤残儿童抚育任务的福利机构，应严格按照政府的相关规定，专款专用，杜绝浪费和贪污腐败，确保收养对象的正常生活和合法权益，努力改善服务条件，提高服务质量。

第二，积极承担社会责任，为党和政府分忧解难。无论是公办还是民办社会福利机构都应当充分高效地利用现有的服务设施和服务能力，在财力范围内尽其所能积极参与公益性社会福利服务，为部分困难群体提供免费或低偿的社会福利服务，缓解社会福利服务目前所面临的供需严重失衡的矛盾。

第三，正确处理社会效益与经济效益的关系。社会福利机构需要引入市场化的运营机制，提高运营效率和经济效益，减轻国家负担。但在合理追求经济效益的过程中，社会福利机构不可忽略自身的公益性定位，应正确处理商业化运营与公益性定位的矛盾。

第四，树立服务对象利益至上的观点。社会福利机构是公益性服务机构，因此在提供社会福利服务过程中，始终要把服务对象的切身利益放在首位。社会福利机构的全部运营都应当围绕服务对象而展开，以满足服务对象的需求为中心。因此，机构所收取的各项费用都应当用在改善服务对象生活条件和生存质量方面。

2. 社会福利机构财务管理的主要任务

（1）合理编制单位预算，如实反映单位财务状况。社会福利机构的预算是以财政年度为单位来进行编制的。在编制预算时，必须以国家政策以及各项法律法规为依据，以本地区国民经济和社会发展计划为基础，同时遵守收支平衡、略有节余的准则。预算范围应当包括单位的全部财务收支，避免遗漏，且预算的收支项目的数字必须依据充分确定的资料，按批准部门认可的计算依据和计算方法计算得来，不允许估算。除此之外，社会福利机构的预算必须按照统一的预算科目和规定的收支标准、程序进行计算编制，同时还应对社会福利机构的公益性和肩负的社会责任有所体现。

（2）依法组织收入，努力节约支出。社会福利机构的各项收入应全部纳入单位预算，统一核算，统一管理。要保证收入来源的合法，公办社会福利机构不得利用手中掌握的行政权力，在实施行政审批、审核时出现强制性服务收费、只收费不服务或代其他部门收取各种费用，损害政府形象。在支出方面，社会福利机构应当遵循国家有关财务规章制度规定的开支范围及开支标准，既要保证开展业务活动的需要，又要遵循财政制度规定，减少开支，尽量压缩各项不必要支出，力图花最少的钱办更多的事，帮助政府减轻财政压力。

（3）建立健全财务制度，加强经济核算，提高资金使用效益。社会福利机构要建立健全本单位的财务制度，加强经济核算，合理安排资金使用，有计划地进行预算分配。在运营过程中，应始终贯彻勤俭节约的方针和坚持"少花钱多办事"的原则，提高资金的使用效益。同时，正确处理维持经费（指经常性的管理开支）与发展经费之间的关系，在保证现有事业的维持费用充裕的基础上，根据机构发展需要和财力的可能，适当安排社会福利机构的发展经费。要尽力压缩行政性支出，合理安排主营业务和配套业务活动，保证主营业务的专业性和主要运营目标的实现。

（4）加强国有资产管理，防止国有资产流失。根据国有资产管理的需要，财政部印发了《社会福利机构资产核实暂行办法》，这对加强社会福利机构核实国有资产管理，规范社会福利机构资产核实工作提出了新的要求。作为投资方的国家，不仅要求国有资产不流失，还要求实现保值增值。因此，公办社会福利机构应每年定期做好财产清查，保证国有资产的完整和不被非法侵占。民办社会福利机构的财务管理必须真实、完整、准确及时地反映各项财产物资的增减变动和结存情况，如实地记录财产物资的使用情况，确保其安全性和完整性。无论是公办还是民营，作为提供福利服务的机构，都要杜绝浪费、毁损、贪污公共财产的行为，通过定期的内外部审计，及时发现违规或违法行为，并报请有关部门严肃处理。

（5）对单位经济活动进行财务控制和监督。社会福利机构会计应当反映并监督社会福利机构财务收支情况及其结果，促进社会福利机构提高资金使用效果，反映并监督社会福利机构各项财产物资的保管和使用情况，保护财政物资的安全完整，以有效地反映和监督社会福利机构执行国家财经法律、法规的情况，保证各项资金使用的合法性。社会福利机构也应当按照一定的程序和方法，通过构建完善的社会福利机构财务规则，控制和调节社会福利机构的预算收支，确保其内部机构和人员全面落实财务预算运作，遵守财经纪律，强化财务管理。在此基础上，还要定期和不定期地分析检查各项预算收支是否合理、合法，有无违反财经纪律的情况。如果发生违反财经纪律的行为，必须及时揭露、坚决制止，以保障国家和社会的整体利益。

（二）社会福利机构财务管理的特点

1. 资金来源多样化

社会福利机构的资金来源多元化，其中公办社会福利机构的资金来源包括财政补助收入、上级补助收入、事业收入、经营收入、附属单位上缴收入、其他收入等。民办社会福利机构的收入主要来源于服务性收费、政府补助、社会捐赠、合法的投资收益等。

2. 服务性

社会福利机构是面向老年人、残疾人和儿童等特殊弱势群体提供日常生活照护、康复治疗、精神慰藉、特殊教育等服务的机构，属于保障国家稳定与社会和谐的社会服务支持系统。因此，社会福利机构各项财务收支都应当直接或间接地与满足服务对象生活和发展需求相关，机构的年度盈余也应当优先用于改善服务条件和提高服务质量等领域。

3. 公益性

社会福利机构应当优先考虑社会效益和公共利益。为保障这种公益性，社会福利机构不能像一般的商业机构那样以追求利润最大化为目标。因此，其服务定价应当在维持机构的正常运营的基础上，充分考虑服务对象的承受能力和社会经济发展水平。公办社会福利机构的定价和服务范围应重点向社会弱势群体倾斜。民办社会福利机构在坚持公益性的基础上，可以依据其服务资质（级别）、机构规模和设施条件制定市场化的收费标准。同时，各类福利机构在确定基准服务定价的基础上，应当根据服务对象的个性化需求和服务等级适当拉开收费差距。

二、公办社会福利机构的预算管理

（一）公办社会福利机构预算管理的含义

公办社会福利机构预算是指社会福利机构根据事业发展目标和计划而编制的年度财务收支计划。社会福利机构预算由收入预算和支出预算组成。目前，我国对公办社会福利机构实行的是核定收支、定额或者定项补助、超支不补、结余留用的预算管理办法。其中，定额或者定项补助是由社会福利机构根据国家有关政策和财力可能，结合机构特点、机构发展目标和计划、机构收支及资产状况等来确定。如果社会福利机构达不到国家规定的标准或考核要求，定额或者定项补助可以为零。国家对非财政补助收入远大于支出的社会福利机构，可以实行收入上缴的办法。具体办法由财政部门会同有关主管部门制定。

（二）公办社会福利机构预算管理的编制

公办社会福利机构应当参考过往年度预算执行情况，根据预算年度的收入增减因素和措施，以及过往年度结转和结余情况，测算编制收入预算；根据事业发展需要与财力可能，测算编制支出预算。公办社会福利机构预算应当自求收支平衡，避免预算赤字。

公办社会福利机构预算编报和审批程序一般应采用"二上、二下"的方法确定，即社会福利机构根据年度事业发展目标和计划以及预算编制的规定，提出预算建议，经主管部门审核汇总报财政部门（一级预算单位直接报财政部门）。社会福利机构根据财政部门下达的预算控制数编制预算，由主管部门审核汇总报财政部门，经法定程序审核批复后执行。

预算一经批准，必须严格执行。在预算执行中，国家对财政补助收入和财政专户管理资金的预算一般不予调整。上级下达的事业计划有较大调整，或者根据国家有关政策增加或者减少支出，对预算执行影响较大时，社会福利机构应当报主管部门审核后再报财政部门调整预算；财政补助收入和财政专户管理资金以外部分的预算需要调增或者调减的，由单位自行调整并报主管部门和财政部门备案。收入预算调整后，相应调增或者调减支出预算。

（三）公办社会福利机构的决算管理

公办社会福利机构决算是指公办社会福利机构根据预算执行结果编制的年度报告。

公办社会福利机构决算收入反映年度内预算收入的总规模、收入来源和收入构成，体现单位集中资金的程度和单位资金积累水平；公办社会福利机构决算支出反映年度单位预算支出的总规模、支出方向，支出构成，以及各种重要的比例关系，体现单位事业发展的规模和速度。决算中的有关基本数字，体现各项事业发展的速度和取得的成果。

公办社会福利机构应当按照规定编制年度决算，由主管部门审核汇总后报财政部门审批。社会福利机构应当加强决算审核和分析，保证决算数据的真实、准确，不断规范决算管理工作。

三、社会福利机构的成本控制

成本控制是现代企业财务管理的主要内容。在社会福利社会化，尤其是民办社会福利机构开始大量出现之后，社会福利机构之间市场化的竞争关系正逐步形成，如何做好成本控制将成为机构能否生存和进一步发展的关键因素。

（一）社会福利机构成本控制存在的主要问题①

成本控制是指在企业生产经营过程中，按照既定的成本目标，对构成产品成本费用的一切耗费进行严格的计算、调节和监督，及时揭示偏差，并采取有效措施纠正不利差异，发展有利差异，使产品实际成本限制在预定的目标范围之内。由于公办社会福利机构大都属于事业单位，行政色彩浓厚，故对于成本控制主要存在以下一些问题。

1. 思想落后，成本控制不完善

原来的成本控制是以是否节约为参照，仅仅强调成本的降低，节省费用开支。在市场经济条件下，这种以"成本节省"为主导的成本控制一方面会挫伤社会福利机构为未来绩效而支出某些短期看来是高昂的费用的积极性，从而影响机构服务质量的提高；另一方面还会因顾及局部要求而损害机构的整体目标，同时还只注重节约成本过程的控制却忽视服务过程的控制。

2. 成本控制缺乏驱动因素分析

对成本的认识不足，概念狭隘，而且未市场化运作前的成本管理将固定成本简单地作短期的期间化处理，淹没了大量的长期性和战略性的重要信息，使社会福利机构多项活动的绩效难以真正体现。

3. 成本控制方法和手段落后

由于成本管理处于落后状态，没有真正形成科学的成本管理体系，不利于市场化运作后机构成本的宏观调控。现有成本会计系统未能采用灵活多样的成本控制方法，使得成本控制转变为单纯为了降低成本，不能提供作出正确决策的有效信息，不能深入反映市场运作过程，不能提供各个环节成本信息，从而误导社会福利机构经营战略的制定。

（二）加强社会福利机构成本控制的策略

1. 树立成本控制的效益思想

与市场接轨的社会福利机构现代化运营机制，应当将服务对象需求作为机构管理的导向，努力使自己的服务水平精益求精，经得起市场考验，同时还要力求让社会福利机构更好地生存和发展。在保证服务质量的前提下，应尽可能以最小的成本，获得发展的机会。例如，为吸引更多的老年消费者进入社会福利机构，社会福利机构应当在硬件建设上投入

---

① 潘小芬. 浅析市场化运作模式下养老机构的成本控制 [J]. 经济生活文摘，2012（10）.

一定量资金，建立精细化的管理系统，实行无障碍化设计，减少护工人员的重复使用，降低人力成本。同时通过增加护理培训等投入，扩大现有护理人员的护理水平。虽然护理培训投入会使成本增加，但护理人员的素质和技能的提升有助于更好地满足服务对象的需求，最终将有利于整体效益的提升。因此，这些支出是必要的，不可缺少的。这种花钱是为了最大限度地省钱，是一种成本效益观的集中体现。

2. 建立全方位的成本核算体系

成本核算就是对某项事情或者工作的运行成本进行计算。收养对象入住社会福利机构，就涉及生活、医疗、娱乐、健身等若干问题。政府的财政拨款总是有限的，为了解决运营资金的压力，就必须加强成本核算。中型或大型的社会福利机构应当建立成本核算制度或体系，在医药器械、服装被褥、后勤服务等物资购进、入库保管、出库使用、报废回收等环节上，建立起完善的物资运行流程和成本核算制度。

3. 严格投资论证，注重投资效益

投资效益就是投入产出的结果，在经营行业就是投资回报率。社会福利机构虽然不是纯粹的经营行业，但也应该高度重视投资效益。在选择投资项目时，要严格控制投资风险，不影响福利机构的正常营运。

4. 健全科学的规章制度

社会福利机构应严格遵守《中华人民共和国会计法》《事业单位会计制度》《会计基础工作规范》《现金管理暂行条例》及实施细则等一系列的财经法律和规章制度，合理建账和进行会计核算。

5. 盘活资产，提高使用效益

盘活资产是经营行业的一个术语。对于资源拥有较少的社会福利机构而言，盘活有效资产非常必要。例如，对于货币资金，在福利机构能维持正常运转所需资金又没有更好的投资方向情况下，可以做定期存款或安全性较高且收益率略高于银行存款利率的理财产品；对于固定资产，必须根据正常经营需要配备必要的各类固定资产。同时也可以根据经营状况，选用更为科学的折旧法提取折旧，确保固定资产维修、更新等资金的来源。

6. 推进财务管理的信息化建设

财务管理信息化是指利用现代信息技术，以会计信息系统作为基础，通过现代网络环境实现的财务信息化预算、分析、核算以及决策、监控的职能。社会福利机构可以通过整合机构的管理流程，改进财务的管理方式，最终形成一套科学的财务决策和财务控制系统，帮助其实现效益的最大化目标。

思考题

1. 简述社会福利机构财务管理的基本原则。
2. 简述社会福利机构在成本控制方面存在的主要问题。
3. 分析社会福利机构加强成本控制的策略。

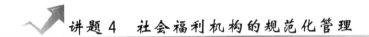

讲题4 社会福利机构的规范化管理

一、社会福利机构规范化管理概述

要了解社会福利机构的规范化管理，首先应理解何谓规范。"规"本义指画图形的工具，"范"指模子，现代汉语词典对"规范"的解释是"约定俗成或明文规定的标准"。通俗的理解，规范就是指规矩、标准或行为准则。俗话说"没有规矩不成方圆"，只有按照规矩办事，才能把事情办好。规范化管理，就是指用规范来进行管理。具体到管理实践中，是指通过对重复性的事物和行为制定、发布和实施一定的标准、规程或制度以达到统一，从而获得最佳秩序和社会效益。规范化管理的过程建立在管理规范的制定、执行、考核、完善和实施的基础之上。对社会福利机构而言，这些管理规范包括国家和民政管理部门制定出台的各项社会福利政策、法律、法规、标准以及其他管理性文件等。

社会福利机构本质上属于社会公共事业的范畴，其管理具有较强的政策性、法规性、技术性，要受到政府和社会的多方面监督。如果社会福利机构管理和服务不规范或出现重大疏漏，将可能造成服务对象的人身损害，还会受到监管部门的批评、处罚以及社会舆论的谴责。因此，规范化管理对社会福利机构十分必要。对民办社会福利机构而言，这类机构的经营具有投入大、回报周期长、风险高以及微利性等特征，规范化管理是降低机构运营风险、保证其运营效益和健康发展的唯一办法。因此，社会福利机构的发展离不开规范化管理。这种规范化管理主要体现在环境管理规范、员工管理规范、服务管理规范以及经营管理规范等方面。其中，服务管理规范和经营管理规范重点是要遵守国家民政部于2001年2月6日发布的三部规范，即《老年人社会福利机构基本规范》、《残疾人社会福利机构基本规范》和《儿童社会福利机构基本规范》。这三部规范对社会福利机构为服务对象提供的服务项目、服务内容、护理流程以及配套设施以及辅助器具都作了明确的规定。而环境管理规范是指社会福利机构的建筑选址要合理，布局、设计、装修要符合国家规定，室内设施、物品布置摆放等都要符合相应规范，并遵守环境维护和机构标志的相应规范。所谓机构标志，包括机构的门牌、路牌、指示牌、告示栏和员工服装等机构名称的标志和特征标志。员工管理规范是指机构应当遵守的劳动用工规范，包括与员工签订正式劳动合同，开展入职体检和入职培训，持证上岗，建立员工档案，以及完善岗位设置与岗位责任制度，健全员工行为规范、奖惩制度等。

二、以标准化体系建设推动社会福利机构管理规范化

（一）标准化及标准体系的概念

标准化是与规范化相近的概念，它是指在一定范围内获得最佳秩序，对现实问题或潜在问题制定共同使用和重复使用条款的活动，包括制定、发布及实施标准的过程。标准化可以减少产品误差，提高服务质量，既是管理规范化的具体表现，也是企事业单位获取更大经济和社会效益的保障。标准体系就是一定范围内的各项标准按其内在联系形成的有机整体，或者说是一种由标准组成的系统。为保障产品和服务的质量，提高效率，当前各行各业都在搭建自己的标准化体系，力图在标准的指导下实现生产、管理或服务的标准化。标准化体系涵盖面非常广，目前适用较广的标准体系有：ISO 9001（国际质量管理体系）、ISO 18000（职业健康安全管理体系）和 ISO 14000（环境质量管理体系）。此外，国家质量监督部门针对各行各业也出台了一系列国家级行业标准。

建设标准化体系是管理现代化的重要标志。与生产行业或其他服务行业相比，社会福利行业的标准化体系建设较为繁杂。其标准的实施既要讲究科学程序和专业方法，又要注重效果评估，且评估过程不完全是自上而下的行政化的检查和汇报，而是吸收专业方法，吸收服务对象参与评估，重点关注标准的实际效果。在社会福利社会化初期，社会福利服务机构的许多领域都存在标准不健全甚至缺少标准的问题，如有的机构管理制度和护理流程不健全，有的机构设施建设或配置不完善，甚至没有残疾人专用的通道，等等。由于缺少标准化建设，在许多社会福利机构中普遍存在资源浪费和福利资源流失的现象，标准化的严重缺失正日益成为制约整个社会福利服务行业发展的重要因素。作为社会公共服务领域的社会福利机构，开展标准化建设工作，一方面有利于规范本行业的市场秩序、提高服务质量，另一方面也有助于机构自身增强核心竞争力，为构建和谐社会提供有力的技术支撑。

（二）社会福利机构标准体系建设的要点①

1. 标准的制定要具体、细致，有针对性

社会福利机构的标准化体系建设，范围涵盖了环境保护、能源控制、职业健康、危机安全等各方面的标准，内容宽泛，覆盖面广。为实现标准体系中各项指标的适宜性、可操作性、有效性与管理服务中各项工作有机结合的目标，社会福利机构在标准的编写过程中应严格遵守具体、细致、有针对性的原则，每一项工作都配有操作说明、管理措施、考核

---

① 赵丽君. 以标准化模式打造现代一流养老服务机构——记北京市第一社会福利院标准体系建设工作［J］. 社会福利，2009（05）.

要求和评价奖惩的相关规定，真正坚持将技术操作细化到每一个步骤，将管理事项固化为每一条制度，将工作内容落实到每一个岗位，并通过有效的考核评价方式追溯奖惩到每一个部门、每一个人，最大限度地避免工作中的无据可依、无标准可循现象，预防工作中的差错和漏洞，有效保证服务质量的持续提升。例如，在管理标准中，将重要管理工作制度化：定期进行全机构的综合、医疗或护理考核；定期召开各个部门的质量会议；每月定期召开院长接待日；定期召开入住对象（顾客）代表大会等，使社会福利机构的管理工作走上一个新台阶。

2. 标准的制定要有现代意识，有国际眼光

在经济社会快速发展的今天，现代化的社会福利机构，需要以开放的姿态不断加强对外学习，学习国内外社会福利机构先进的管理理念，借鉴其好的经验和做法，为己所用，加快自身的建设发展，争取在发展的过程少走弯路。例如，2008年北京市第一社会福利院与香港圣公会达成了社会工作人才队伍建设的合作协议。在合作过程中，该院充分借鉴香港社工服务的先进理念和宝贵经验，编印了社工部门工作手册，制定了社工服务的质量管理目标，规范了社工岗位职责和工作内容，逐步实现了社工服务的标准化和专业化。近年来，全国许多大中城市的社会福利机构都开展了形式多样的员工业务培训和国际交流合作，通过培训和交流，既提升了员工的整体素质，拓展了专业交流平台，也为建立高水平的标准体系奠定了基础。

3. 标准的规划设计要具有整体系统性

由于标准体系是一定范围内的标准按其内在联系形成的科学的有机整体，是一个系统，因此，在这个范围内，应充分研究需要协调统一的各种事物和概念，力求应有的标准全部覆盖，彼此相连，协调配套。以北京市第一社会福利院为例。该院首先在标准体系编写中注意到技术标准、管理标准和工作标准的相互联系和补充，使之成为一个有机整体，同时在编制文件体系表时，还根据院内老人功能居住区划分情况，区分各功能区不同的服务职责和内容，使之相互区别、彼此联系，有效适应了入住对象的健康和心理发展的需求。此外，在标准的各项规定上，该院也坚持各部门和岗位间协调统一、相互配合、有效衔接的原则。例如，针对全院休养员的不同情况（经济因素、家庭因素、老人个体因素），成立由业务科、专职社工、医生护士组成的评估小组，共同对将入住的老人进行评估，掌握全面详尽的第一手资料，做到重点老人重点关注，继而加强该院的风险评估以及个案处置能力。

4. 标准的实施要具有动态性，保持标准与实际的同步更新

标准体系建设工作具有长期性和持续性，因此各社会福利机构应当根据自身发展情况，结合行业发展动态，及时对现有的标准进行补充和更新，使标准与现实相适应。同时，在标准化实施过程中，相关管理人员尤其是执行和落实相关标准的负责人要重点抓好各项标准的执行和落实工作，定期检查、全程监督和考核，使标准化建设落到实处，树立标准的权威性。要避免标准体系建设和行政管理成为两张皮，使标准成为机构内管理与服务工作的最高准则，确保机构通过标准体系建设能自觉保持良性运行的状态和持续改进发展的局面。

三、ISO 9001 质量管理认证在社会福利机构中的应用

（一）运用 ISO 9001 质量管理体系的可行性和必要性[①]

1. ISO 9001 质量管理标准概述

ISO 9001 是国际标准化组织质量管理和质量保证技术委员会（ISO）最早于 1994 年提出的概念，目前已成为世界上普遍认同的国际质量管理体系标准。该标准适用于任何组织和企业，主要用于证实组织具有提供满足顾客要求和适用法规要求的产品的能力，目的在于通过过程化的控制管理从而提高企业的管理水平，增进顾客满意度。由于 ISO 9001 非常强调过程控制和重视顾客满意度，并能根据顾客的反馈持续改进管理体系，因而其管理理念和方法都非常适合用来加强社会福利服务过程的控制和管理。ISO 9001 族标准共有 8 项质量管理原则，分别是：以顾客为关注焦点，领导作用，全员参与，过程方法，管理的系统方法，持续改进，基于事实的决策方法，互利的供方关系。ISO 9001 族标准体现了西方国家的质量管理思想和方法，它重视服务对象要求的输入，关注服务对象满意度的信息反馈，并持续改进该体系，强调"事事有人做，事事有人管，事事有记录"，同时通过采用"过程方法"，实现质量管理体系中管理职责、资源管理、产品实现和测量、分析与改进四大过程的循环。

2. 社会福利机构运用 ISO 9001 质量管理体系的可行性

ISO 9001 质量管理体系标准为社会福利服务和管理提供了理论依据，它给管理者提供了运用制度来进行质量控制和管理的新思路和方法。其特点是通过建立一套完整的、科学的质量管理体系，确立一种完善的质量文化来规范质量行为。它以服务对象为中心强调预防为主、过程控制和持续的质量改进。质量改进是一种不间断的活动过程，没有终点，管理者通过识别质量特性—准备—调查原因—调查因果关系—采取预防和纠正措施—改进确认—保持成果—持续质量改进，以达到顾客（服务对象）的满足。ISO 9001 质量管理体系的管理思想和方法非常适合对社会福利服务过程的控制和管理。社会福利机构要提高服务质量和管理效率，就应当建立起完善的制度化的质量管理体系，以服务对象为中心，建立服务流程，提高质量管理水平和工作效率，杜绝不合格的服务，规避质量风险。同时，随着社会化养老服务需求的增多，养老类社会福利机构通过建立质量管理体系，可以有效满足顾客（老人及家属）对服务的期望，增强满意度，扩展顾客网络，对不符合要求的有关规定及服务流程，能及时发现并采取自我纠正和预防措施，消除不合格和潜在不合格隐

---

① 彭红燕. ISO 9001 质量管理体系在养老机构中的应用［J］. 中华现代护理杂志，2012，18（7）.

患，减小风险，保持服务质量的稳定性，并能够持续改善，从而树立机构良好的社会形象，提高公信力和美誉度，提升机构在业界的影响力和竞争力。

3. 社会福利机构运用 ISO 9001 质量管理体系的必要性

社会福利服务是高风险、低利润的行业，要实现社会福利机构的正常运营和长远发展，就必须引导全体员工建立以服务对象为中心的服务理念，规范和控制所有与服务对象有关的过程，实现对各项服务流程的细节管理。而强调过程控制正是 ISO 9001 质量管理的最大特色。ISO 9001 质量管理体系的引入，将使得社会福利机构所有的服务和管理过程都有详细记录可循，这种严格的细节控制有助于消除不规范行为，减少运营风险。一旦出现意外，这些记录还将成为最有力的原始材料，使社会福利机构在必要时（如被诉出庭）能够提供有效的和有说服力的证据，降低自身的责任风险。社会福利机构如果通过了 ISO 9001 质量认证，就表明该机构在各项管理系统整合上已达到国际标准，能持续稳定地向服务对象提供预期和满意的服务，从而更容易获得服务对象、内部员工及管理层的满意。认证或执行 ISO 9001 质量管理体系标准的要求，对实现社会福利机构管理规范化，对推动社会福利服务事业整体的发展，促进和谐社会的建设，以及提高入住对象的幸福指数都具有重要意义。

（二）运用 ISO 9001 质量管理体系的重要环节

1. 明确质量目标和质量方针

质量目标是评价质量管理体系绩效的基本依据，是质量管理体系的重要组成部分和根本基础。社会福利机构运用 ISO 9001 质量管理体系的出发点和最终目的均为实现其质量目标，即提高服务质量和管理效率。质量方针是社会福利机构建立质量目标的框架和基础，质量目标是根据质量方针确定的在一定时期内所要达到的质量水平，是质量方针的具体化，两者均由机构决策和管理层统一制定发布。社会福利机构的质量目标应当是可检查、可量化和可实现的，并与质量方针相一致。质量方针和质量目标应当切实可行，切忌使用"全国一流""世界领先"等空洞无物的口号，防止流于形式。

2. 甄别服务对象及其要求

根据机构自身情况，确定具体的服务范围和接受什么样的服务对象是社会福利机构（承担政府收养任务的福利院除外）的自主权利，也是把好"入口关"的重要一环。社会福利机构对服务对象及家属的要求要进行识别与评审，要详细了解服务对象的需求及其身体状况，特别应注意餐饮与医疗是否有特殊需求，以确定可否接受入住。能否为服务对象提供所需的服务，首先是由本机构已确定的服务模式决定的，其次是由服务对象及其家属的个别要求所决定。因此，社会福利机构应当认真甄别服务对象，当本机构提供的服务不能满足顾客及家属的要求时，或机构发现自身能力与服务需求之间的差距时，就要采取纠正改进措施，或与服务对象终止协议。

3. 严把评估与评审关

评估与评审是社会福利机构能否持续提供合格服务和确保服务质量的关键环节，社会福利机构需要关注以下几个评估和评审的环节。

（1）合同评审。正式接收服务对象入住后，应当签订协议，详细规定双方权利和义务。当约定事由出现时，社会福利机构可依法及时终止协议。对合同履行情况应当定期进行评审，确保合同的有效性。

（2）健康评估。对入住对象的健康评估一般以一年为周期（也可根据实际情况随时进行），通过健康评估，甄别服务对象的健康状况，确定护理等级并确定是否适合继续入住和是否需要调整服务或护理方式。

（3）供方评估。对各种产品采购过程实行严格的全程控制，对采购产品的生产厂家、产品质量、价格、供货时间甚至生产过程进行溯源，做好市场调查和比对，评定合格的供货方，建立并保存合格供货方的质量记录和供货记录。

（4）管理评审。由机构管理者代表定期组织管理层评价质量管理体系的持续符合性、充分性和有效性以及持续改进、预防纠正措施的落实情况。

4. 与顾客的良好沟通

以多种方式与服务对象及家属保持充分的沟通，了解顾客的需求和建议，不断满足顾客当前和未来的需求和期望，妥善处理服务对象及其家属反馈的问题以及抱怨与投诉，并向其通报处理结果。沟通的形式可以多样化，包括召集座谈会与进行满意度测评，但必须是有效的，能够充分收集到足够多的信息，充分了解顾客不断变化的需求，从而使服务得以持续改进。沟通还可以加强与顾客的情感联系，增强顾客的被尊重感，从而建立对本机构的信心。

5. 抓好人力资源与基础设施建设

社会福利机构在岗位设置和人员配置上，应充分考虑适岗适才，而在基础设施和硬件建设上则以顾客需求为导向。服务对象的满意度，首先是建立在合格的硬件条件基础上，因此社会福利机构应当尽可能改善基础设施环境。ISO 9001 质量管理体系并没有对人力资源和基础设施作出强制性的要求，只是强调要符合和满足顾客需求。社会福利机构属于服务行业，因此管理人员和服务人员的素质常常具有决定性作用，无论是质量目标的建立还是质量措施的落实，都建立在工作人员的素质之上。因此，对不能胜任岗位要求的员工，社会福利机构要进行在岗培训，仍不能满足要求的，应调离岗位。同时，做好服务质量的测量、分析与改进，对各项服务过程作好详细记录，建立有效的纠错和风险预防机制，规定详细的操作指南或服务流程指导等，以保证质量管理的有效运行。

思考题

1. 简述社会福利机构管理规范化的表现。

2. 分析社会福利机构标准体系建设的要点。

3. 什么是 ISO 9001 质量管理标准？

4. 试分析社会福利机构运用 ISO 9001 质量管理体系的可行性和必要性。

本讲小结

对社会福利机构内部管理的掌握可以从以下 4 个方面进行。

(1) 了解社会福利机构的管理目标和社会福利机构的运营模式，掌握社会福利机构内部管理的主要内容。

(2) 在学习了社会福利机构的管理目标和主要运营模式、主要管理内容之后，进一步分析社会福利机构内部管理存在的主要问题，以及完善社会福利机构内部管理的思路。

(3) 社会福利机构是具有一定公益性的社会服务组织，这种特殊性决定了其财务管理的特殊性，尤其是公办的社会福利机构应当抓好预算管理和决算管理。而无论是公办社会福利机构还是民办社会福利机构都应重视成本控制，树立成本控制的效益思想，建立全方位的成本核算体系，以及盘活资产、提高使用效益等。

(4) 现代化的社会福利机构应当是管理规范化的服务机构。开展标准化体系建设是实现社会福利机构的规范化管理的重要途径，因此在了解什么是标准化体系的基础上，还要掌握社会福利机构标准化体系建设的要点以及 ISO 9001 质量管理认证在社会福利机构中的应用。

推荐阅读

1. 最新社会福利机构建设基本规范与岗位职责规章制度及管理服务标准全书 [M]. 北京：中国社会科学出版社，2009.

2.《老年人社会福利机构基本规范》(MZ008—2001)、《残疾人社会福利机构基本规范》(MZ009—2001) 和《儿童社会福利机构基本规范》(MZ010—2001)，中华人民共和国民政部，2001 年 2 月 6 日发布。

3.《社会福利机构管理暂行办法》，1999 年 12 月 30 日民政部令第 19 号发布。

第 7 讲

社会福利机构服务规范

学习（培训）目标

通过本讲学习（培训）：

1. 了解社会福利机构服务内容；

2. 了解老年人、儿童、精神病人的基础护理知识；

3. 掌握流程的定义、构成要素和特征；

4. 了解社会福利机构服务流程制定的意义；

5. 掌握社会福利机构服务流程的分析方法和优化方法；

6. 掌握社会福利机构过程控制的内容和程序；

7. 了解我国社会福利机构效果评估的现状及问题；

8. 掌握社会福利机构服务效果评估的方法和程序。

核心概念

服务规范　服务流程　过程控制　效果评估

本讲概览

本讲主要学习社会福利机构服务规范的知识，具体内容包括服务内容的界定、服务流程的制定、服务过程的控制、服务效果的评估等。通过对国内外社会福利机构服务规范中理论知识和实务经验的学习，同时将其他学科和行业的科学的方法、手段应用到社会福利机构服务规范的分析中，结合实际情况启发思考、自由讨论、扩展阅读，让学生学以致用。

通过本章的学习，目的在于：一是培养学生对社会福利机构服务规范理论和实务的掌握力；二是培养学生运用其他学科知识分析自身业务，解决本专业实际问题的能力；三是提高学生对社会福利机构服务规范建设重要性的认识和掌控处理能力。

在中国香港，老年福利服务被称为"安老服务"，它由老年社区支援服务、安老院舍服务和长者医疗与健康服务三大体系构成。老年社区支援服务体系，由长者中心服务、长者社区照顾服务及其他支援服务组成。其中，长者中心服务包括安老服务联系及支援、社区教育、个案管理、长者支援服务队、健康教育、教育及发展性活动、发布社区资讯及转介服务、义工发展、护老者支援服务、社交及康乐活动、饭堂膳食及洗衣服务、偶到服务等内容。依据服务辐射范围的不同，长者中心服务分别由长者地区中心、长者支援服务队、长者邻舍中心、长者活动中心四大服务子系统组成。长者社区照顾服务包括个人照顾、护理、复康训练、健康教育、护老者支援、辅导及转介服务、社交及康乐活动、膳食、往返中心的接载服务等。依据服务对象的不同，长者社区照顾服务分别由长者日间护理中心/单位、改善家居及社区照顾服务、综合家居照顾服务、家务助理服务4个子系统组成。除上述社区支援服务外，香港还推出了长者卡计划、老有所为活动计划、长者度假中心、护老者支援服务等4项其他支援服务项目。安老院舍服务体系，香港安老院舍服务旨在为由于个人、社会、健康或其他原因而未能在家中居住的长者，提供住宿照顾服务及设施。依据长者护理需要程度的不同，香港安老院舍照顾服务系统可以分为长者宿舍、安老院、护理安老院和护养院四大子系统。此外，香港还为一些有特殊需要的长者提供长者住宿暂托服务、紧急住宿服务及疗养院护理服务。长者医疗与健康服务体系，除住院服务外，卫生署及医院管理局还针对长者的特殊需要推出了基层医疗服务、长者健康服务和社区康复服务等系列服务。其中，基层医疗服务包括非住院式的基层医疗、预防、保健和康复等；长者健康服务包括身体检查、健康评估、辅导以及健康教育服务等；社区康复服务包括香港医院管理局推出的社区康复专职医疗服务、社区康复护理服务、社区老人评估小组服务、社区老人精神科小组服务和老人日间医院服务等5项社区康复服务计划。

　　（资料来源：田北海. 香港与武汉：老年福利服务模式比较［J］. 学习与实践，2007（12））

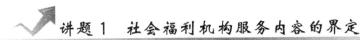

讲题 1　社会福利机构服务内容的界定

一、社会福利机构服务内容的提供方式

（一）雇员自供

雇员自供的提供方式是指由社会福利机构招聘相关专业人员（医生、护工、清洁、厨

师等），与其签订劳动合同，形成雇佣关系，支付其薪酬，对其进行管理，由他们提供服务的一种方式。这种方式是目前绝大多数社会福利机构所采用的方式，雇工的薪酬支付来源于国家财政拨付或者服务对象的费用缴纳。其优点是雇员一般能在较长时间内稳定工作，而且他们经验丰富，专业技能扎实，能给服务对象提供科学全面娴熟的服务；其缺点是如果福利机构所需的所有服务内容均通过雇员来提供，这对于很多社会福利机构而言，用工成本较大，支付压力较重，而且随着劳力成本的逐渐上升，这一压力愈加显现。

（二）社会购买

社会购买的提供方式与雇员自供正好相反，是指通过在社会上购买第三方提供的服务来满足社会福利机构所需的全部或部分服务需求的一种方式，即通常所说的"服务外包"。通过这种方式，可以由专业的第三方提供更专业的服务，但是从目前来看，通过社会购买的服务内容还十分有限，一般仅限于餐饮、清洁、消毒等。这种方式可以减少社会福利机构的管理内容，使其从一些不太重要的需求管理中解放出来，使得管理者能更集中精力进行福利机构的重要方面的管理。但是也应注意，由于福利机构不是第三方的直接领导和管理者，有时候也易产生对社会福利机构的管理意见不能顺利贯彻实施的问题。

（三）其他方式

除了雇员自供和社会购买这两种主要的服务提供方式外，还有一些如志愿者服务、第三方捐赠、义工无偿工作、服务对象互助协作等服务方式，这些服务方式是上述两种主要服务提供方式的有效补充；虽然其他方式在提供服务的内容上具有一定局限性，但是这些灵活的服务提供方式却适应不太发达的偏远地区的福利机构。例如，一些农村养老服务机构，就是采取老人之间的互助服务模式。而对于具有很好条件的福利机构，适当开展志愿者、义工的志愿服务，还能起到美德教育作用，具有很好的社会效应。

随着我国市场经济体制的不断完善，越来越多的民办社会福利机构不断涌现。对这些社会福利机构的服务提供方式应考虑市场机制，依靠市场的力量解决部分服务的提供，这样既可以减轻民办社会福利机构的资金困难，又能激发一些新的服务行业，解决部分就业问题，最终促使福利机构的科学发展。

二、社会福利机构服务主要内容简介

（一）膳食服务

膳食服务是社会福利机构日常服务中一项重要的内容，社会福利机构应提供质量安全、营养均衡、搭配合理的食品，满足不同服务对象的需要。社会福利机构应具备主管部门颁发了卫生许可证的食堂，配备无传染疾病的厨师和炊事员，持证上岗；食品采购要保证质量，不购买过期变质食品，注意食品保存，严格执行食品卫生法规，严防食物中毒；要根据服务对象的不同，合理安排适宜服务对象食用的餐食，如一些身患某些疾病的对象，要制作软食、流食以供食用；为一些不能自理、年龄幼小、身有残疾的服务对象送饭到居室，协助进餐；及时清理清洗餐具，按时消毒杀菌，保证餐具卫生安全；加强管理，定期召开膳食管理委员会会议，听取老人、家属的意见；尊重少数民族饮食习惯。

（二）护理服务

护理服务主要是每天清扫房间；提供干净、得体的服装并定期换洗；保持室内空气新鲜，无异味；协助老人整理床铺；每周换洗一次被罩、床单、枕巾（必要时随时换洗）；为老人洗澡、理发、修剪指甲；毛巾、洗脸盆应经常清洗，便器要每周消毒；搀扶老人、残疾人上厕所排便等。对于儿童福利机构，护理服务应根据不同年龄段的儿童提供不同的护理服务，如对新生儿及婴儿应加强新生儿脐部护理；勤换尿布、内衣，防止尿布湿疹和褥疮发生；翻晒被褥，根据天气变化，及时添减衣被；离开婴儿前，应采取防止其坠床的措施。对于幼儿及学龄儿童，应逐步培养他们自我动手和生活技能的培训。

（三）康复服务

卫生保健人员定期查房巡诊，为老人定期检查身体；医护人员定期、定时护理；开展两种以上康复活动；定期或不定期地做好休养区和院内公共场所的消毒灭菌工作；制订年度康复计划。对于残疾人，康复服务的内容是极其重要的，主要有：提供、装配合格的各种假肢与矫形器、轮椅车、助行架、拐杖、内脏托带及其他康复和功能补偿的辅助器具，进行康复治疗和康复训练；为肢残人提供熟练的护理服务，对残肢肿胀、皮肤感染、溃疡等常见残肢病提供规范化的医疗服务，对残肢状况不良的残疾人及时进行康复治疗、康复训练和康复评定。对装肢前需要进行残肢训练的截肢者，应由康复训练人员一对一、有计划地进行增大残肢肌力和活动范围的功能训练；装肢后，应由专职人员对残疾人进行矫正行走姿势的步态训练，并作好评估记录。对于智力残疾人，利用传统疗法（如针灸）、物理疗法（各种理疗设备）对智残人进行康复治疗；通过日常生活能力训练、手工作业训练，对智残人进行智力训练，利用运动疗法、作业疗法，对智残者进行肢体训练。对于盲聋哑人，利用语言治疗和矫正训练设备进行听力训练、语言训练。对于精神病人，按照康复计划和个人康复方案实施康复治疗和康复训练，并及时进行康复评估。康复参训率达到90%以上，康复有效率达到85%以上；有针对性地举办各种形式的技能训练，为安置康复期精神病人就业及参加生产劳动创造条件；定岗康复项目不得少于8个，每个项目必须由专职人员指导精神病人康复。

（四）心理服务

对老年人和残疾人，应为有劳动能力的老人和残疾人自愿参加公益活动提供中介服务或给予劳动的机会。组织健康老年人每季度参加1次公益活动；每周根据老人和残疾人身体健康情况、兴趣爱好、文化程度，开展1次有益于身心健康的文娱、体育活动，丰富他们的文化生活；每天交谈10～15分钟以上，并作好谈话周记。及时掌握每个人的情绪变化，对普遍性问题和极端的个人问题集体研究解决，保持老人的自信状态；经常组织进行必要的情感交流和社会交往；不定期开展为老人送温暖、送欢乐活动，消除老人的心理障碍；帮助建立新的社会联系，努力营造和睦的大家庭氛围，基本满足情感交流和社会交往的需要；根据老年人和残疾人的特长、身体健康状况、社会参与意愿，不定时地组织他们参与社会活动，为社会发展发挥余热。儿童社会福利机构的心理服务则应根据不同年龄的儿童提供差别化服务，对婴幼儿要经常开展情感交流和爱抚，进行感官、动作、语言训练，促进心理发育，营造和谐温暖的生活环境；对学龄前儿童应开展儿童心理健康教育，及时化解心理困惑，纠正不良行为。辅导儿童做游戏，培养独立能力；对 7～14 周岁儿童及青少年，做好入学前、后的适应性衔接，开展素质教育，培养身心健康发展的学生。分析心理活动，进行心理健康教育和咨询、辅导。进行青春期教育，对有不良行为者，耐心说服教育，防止发展为品行障碍和人格障碍，帮助其融入主流社会；对残疾儿童要针对不同残疾和过去经历所造成的心理问题，进行心理健康教育和咨询、辅导，促进身心健康发展；同时应运用社会活动培养儿童及青少年的社会适应性，对个别问题突出的儿童和青少年，要制订专门方案。

（五）教育服务

教育服务主要是针对儿童福利机构，提供的教育服务内容有：根据儿童特点，利用多种形式开展寓教于乐的教育；学龄前儿童按《幼儿教育大纲》制订教学计划；适龄健全儿童入学率达到 100％，实行九年制义务教育；对各类残疾儿童，因人施教，制订相应的集体和个案特殊教育方案，对盲、聋儿童，要送入专门学校或在福利机构设置特殊教育班学习；对残疾青少年，要开展职业培训；注重社会实践教育，提高儿童的综合素质，促进儿童全面发展；专门为孤残儿童提供教育和特殊教育的社会福利机构，需全面贯彻国家教育方针，执行国家教育法律法规和有关部门颁布的课程计划和教学大纲，对学生实施素质教育，使其成为德、智、体、美、劳全面发展的社会主义的建设者和接班人。

三、社会福利机构服务对象的基础护理服务内容

前述介绍了社会福利机构所提供的主要服务内容，使大家对福利机构提供哪些服务内容有了一个大概的了解，为了加深大家对社会福利机构服务内容的认识，下面分别简要介绍老年人、儿童、精神病人的基础护理内容，使大家能更加深入和细致地了解社会福利机构的服务内容。

（一）老年人的基础护理服务内容

老年人日常生活的护理包括对老年生活环境的照料、老年人的起居、身体卫生的照料和老年人安全的照护，如口腔清洁、皮肤清洁、头发护理、压疮预防、床单位的整理，以及老年人睡眠、饮食、排泄和安全等方面的照料。

1. 老年人清洁卫生的照护

（1）老年人生活环境的调节。老年人的居室是老年人休息和活动的主要场所，为老年人创造一个安全、舒适、安静、整洁、温暖的环境，是满足老年人生理、心理、社会方面的需要，也是养老护理员的重要职责。老年人的房间位置，最好选择朝向南或东南，阳光能够照射到，房间应有窗帘或门叶窗的设备；房间的设备应简单、实用，家具应靠墙摆放，物品不要放在老人经常经过的地方，牵拉电线不要在老人经常活动的区域，以免老人被绊倒；房间应设有卫生间，有坐便桶和扶手，门应向外开，以便发生意外能及时进入进行急救；浴室要有防滑设备；要设置老年人呼叫器或按铃；床要牢固、稳定，床的高矮要合适，床垫的软硬要适宜，老年人的被褥要柔软、透气性好，以棉织品为佳；老年人的枕头要舒适，高低要合适，软硬要适度，并经常晒洗。

（2）老年人居室的采光。随着年龄的增长，老年人的视力逐渐减退，眼花，辨别颜色的能力减弱，因此，老年人房间的光线要求是：采用自然光源，房间的窗户要明亮，使阳光能照入室内，可使老人感到温暖、明亮，但阳光不要直射老人的眼睛；老人午睡时应用窗帘遮挡光线。使用人工光源，注意房间内采用的灯光要明亮、柔和。夜间老年人睡眠时，可根据老人的生活习惯，采用地灯或关闭灯光，以利于睡眠。老年人经常走动的地方，如室内、走廊、卫生间、楼梯、阳台等处，均要有照明设备，并应适当提高照明的亮度。晚间电灯开关处应设灯光照明，使老人容易找到开关。老年人床头应设床头灯或台灯，以方便老人夜间使用。

（3）老年人室内的整洁。老年人室内应经常保持清洁、整洁。物品摆放整齐，便于取用，定期清扫。床铺应保持清洁、干燥、平整、柔软、舒适。养老护理员每天要协助老人整理床铺，定期更换被单，对有尿便失禁的老人应随时更换被污的被单，被褥应经常晾晒。应经常通风。

（4）老年人室内温、湿度。要注意室内温、湿度的调节，一般老年人房间的温度冬季以 18～22℃为宜，夏季以 28～30℃为宜，相对湿度以 50%～60%为宜。

（5）老年人环境的美化。室内、走廊和院内应尽可能地种植一些花草、树木。房间床单位的装饰、摆设要以老年人的喜好安排。物品要进行整理，摆放整齐、美观，并便于老人使用，养老护理员应尽可能为老年人创造一个舒适的生活环境。

2. 老年人起居与清洁卫生的照料

对老年人晨晚间的照料包括：更衣、刷牙、漱口（不能自理者做口腔清洁）、洗脸洗手、梳头、洗脚、会阴清洁、整理床单位。照料时根据老年人自理程度给予适当的帮助。

（1）协助老年人起床、就寝。能自理的老年人可自己起床、穿衣或就寝，必要时养老护理员给予帮助。对能部分自理的老年人，养老护理员给予必要的帮助。对完全不能自理的老年人，养老护理员需为老人在床上洗脸、手和进行口腔清洁，为老人翻身，按摩肢体肌肉，并检查易受压的部位，观察局部有无压疮发生，以便采取相应的措施，预防压疮的发生。

（2）协助老年人更衣。老年人衣服宜选择柔软、透气性好、宽松的棉制品服装，能自理的老年人服装款式、色彩的选择应尊重老年人的意愿，其原则是保暖、舒适、穿脱活动方便。老年人的袜子，宜选择棉质的松口袜子，要勤洗换，保持足部的清洁干爽。如果老人足部有鸡眼、茧子不可自己切割，应请医生诊治。老年人的鞋，大小要合适，而且透气性要好，柔软、舒适，一般以软底皮鞋或布鞋为宜，夏天老年人不宜穿塑料或人造革的凉鞋，另外前后均镂空的凉鞋老年人穿着容易打滑不安全，也不宜穿。

（3）协助老年人清洁口腔。老年人机体抵抗力低下，进食少，消化液分泌减少，对口腔内细菌的清除能力下降，使细菌很容易在口腔内生长繁殖，导致老年人口腔发生感染或其他的并发症，因此协助老年人做好口腔清洁是非常重要的。养老护理员可根据老年人的自理程度帮助老人进行口腔清洁。自己能刷牙的老年人，协助老年人准备用品：牙刷、牙膏、漱口水、毛巾、吸管、塑料巾或围巾、水盆等。不能刷牙的老年人，使用棉签擦拭法或棉球擦拭法帮助老人清洁口腔。许多老年人使用义齿，义齿应每天清洁，以防对口腔的感染。

（4）老年人头发的清洁与梳理。为老年人梳头时要在肩上围上毛巾，动作应轻柔。洗发时，可根据老年人自理程度的不同，采取坐位洗头发、床上洗头发等方法。应注意水温要适宜，室温要合适，必要时可以使用洗发器来洗发。

（5）老年人身体的清洁。老年人由于皮肤的逐渐老化，皮下脂肪减少，真皮层变薄，弹性纤维减少，皮脂腺分泌减少，使得老年人皮肤弹性变差，皱纹增多，易存污垢，从而使得老年人的皮肤较为干燥，容易发生瘙痒；皮肤对冷热的刺激等感觉减弱；随着年龄的增长，皮肤抵抗力下降，使得老年人容易发生皮肤疾病。维护老年人皮肤健康的照护应做到：老年人外出回来要注意洗脸、洗手；夏季出汗多时，要及时洗浴，保持皮肤的清爽；当紫外线照射强烈时，外出应戴遮阳帽或涂擦防晒用品；建立健康的生活方式。

3. 老年人压疮的预防

压疮是由于局部组织长期受压，血液循环障碍，发生局部持续缺血、缺氧、营养不良而导致组织溃烂坏死。老年人长时间不改变体位，经常受潮湿、摩擦等物理性刺激，各种固定的治疗措施，营养不良都有可能导致压疮的发生。压疮多发生在受压和缺乏脂肪组织保护、无肌肉包裹或肌肉较轻薄的骨骼隆突处。预防压疮的发生，要做到勤翻身、勤擦洗、勤检查、勤整理、勤更换。为避免长时间的受压，对长时期卧床的老年人经常协助其翻身，更换体位；避免潮湿、摩擦剂排泄物的刺激，经常保持床单、皮肤的干燥、清洁；认真观察受压部位皮肤的情况；增加营养的摄入。

4. 老年人睡眠的照料

老年人睡眠觉醒的生理节奏常常与年轻人不同，一般都有一个自己多年养成的生活习惯，形成相对规律的生理节奏，如果这些规律被某些因素破坏，将会导致老年人的睡眠障碍，甚至影响老年人的健康。养老护理员要仔细观察和周到照料，及时发现影响老年人睡眠的因素。对老年人睡眠环境的照料，应从以下几个方面加以注意：环境要安静，空气清新，环境安全，光线暗淡，温度、湿度要适宜，被褥和枕头要柔软保暖，等等。对于服用安眠药的老年人，要注意观察药物反应，发现异常及时报告医生和护士，以防发生意外。

5. 老年人饮食的照护

老年人由于消化吸收能力减弱，进食量少，使得营养物质供给不足，抗病能力减弱，影响老年人的身体健康。因此，养老护理人员要做好老年人的饮食照护。老年人基本饮食可分为：普通饮食、软质饮食、半流质饮食、流质饮食。在制作老年人饮食时应注意以下几点：第一，食材应荤素搭配，营养齐全；第二，食物应易于咀嚼和消化吸收；第三，增加色香味，增进老人食欲；第四，要富含膳食纤维。对老年人饮食的观察应从饮食量、饮食速度、饮食习惯、消化异常情况等方面加以注意。进餐前应协助老年人排空大便，洗净双手，准备餐具，再根据老年人的自理程度来协助老年人进食。对于瘫痪的老年人，要特别制作一些餐具，以方便这些老年人使用；对于视力障碍的老年人，要说明食物的位置，热的食物提醒老年人注意；对于吞咽困难的老年人，应尽量采取坐位或半卧位，进餐前喝适量水，食物要尽量去骨、刺、切细、煮软，必要时打碎。对老年人每天的饮水量要时刻注意观察，积极督促老年人饮水，对不能自理的老年人协助进水，特别注意肠道疾病老年人的脱水。

6. 老年人排泄的照护

对于老年人排泄的照护，主要从以下几个方面进行：第一，安排规律的排便时间，最适宜的时间是在每天早餐后；第二，安置合适的排便环境，特别要照顾自理困难的老人，排便后要及时清理；第三，采取舒适的排便姿势，一般有蹲位排便、坐位排便、卧位排便，应根据老人的身体状况安排合适的姿势。对于尿失禁的老人，要细心、关心，保持皮肤的干燥和清洁，使用短裤和纸尿裤，平时要加强排尿自理功能的康复训练，使用合适的接尿器。对于排便异常如便秘、腹泻、失禁的老人，应一方面改善饮食结构，加强锻炼，提升营养；另一方面，采取一些常用方法、服用一些药物来解除。

7. 老年人安全的照护

老年人安全的照护是养老护理的重要内容。影响老年人安全的因素，既有老年人自身如感官系统老化、反应能力减弱、神经系统老化、肌肉骨骼系统老化等因素，又有福利机构内部如灯光、浴室、扶手、障碍物等外部环境因素。因此，一方面要加强对老年人的看护和观察，另一方面也要完善福利机构环境。福利机构内部各种老年人安全保护器具如床挡、约束物品、支被架、防护垫、安全标识、安全扶手、紧急呼叫系统应配置齐备，保质保量。

（二）儿童的基础护理服务内容

1. 小儿年龄分期及各期特点

小儿处于不断生长发育的动态变化过程中，在各系统、组织、器官的形态与功能逐渐完善的同时，心理和社会行为方面也得到一定的发展。根据小儿生长发育不同阶段的特点及心理发育的特征，可将小儿年龄划分为以下 7 个时期。

（1）胎儿期。从受孕到胎儿娩出为止为胎儿期。

（2）新生儿期。从胎儿脐带结扎至出生后 28 天为新生儿期。此期小儿脱离母体，开始独立生活，但各系统生理调节和适应能力均较差，易出现产伤、窒息、出血、溶血、感染等疾病。

（3）婴儿期。从出生至 1 周岁前为婴儿期，又称乳儿期。此期小儿生长发育迅速，对能量和营养素特别是蛋白质的需求量特别大，如果不能满足，易发生营养不良。但此时消化吸收功能尚不够完善，若喂养不当，超过小儿的消化负担，易出现消化与营养紊乱；免疫力尚未成熟，特别是婴儿期的后半年，因从胎盘获得的被动免疫逐渐消失，易患感染性疾病。

（4）幼儿期。从 1 周岁至 3 周岁前为幼儿期。此期小儿的生长发育减慢。活动范围渐广，与成人、外界环境接触增多，智力发育较前期突出，语言、思维和社会适应能力增强，但与外界接触时危险意识不足。由于与外界接触增多，机体免疫功能仍较差，故感染性疾病的发病率较高。

（5）学龄前期。从 3 周岁后到入小学前（6～7 岁）为学龄前期。此期小儿体格发育较慢而智力发育迅速，中枢神经系统发育逐步趋向完善，语言和思维能力进一步发展，求知欲强，知识范围不断扩大，有好奇、好问、喜欢模仿的特点。小儿个性开始形成，但此时形成的这些个性具有高度可塑性的特点。防病能力有所增强，感染性疾病发病率降低，而免疫性疾病如风湿热、急性肾炎等开始增加。危险意识仍不足。

（6）学龄期。从进入小学（6～7 岁）到青春期之前（11～12 岁）称为学龄期。此期小儿体格生长发育速度相对缓慢，除生殖系统外，其他器官的发育到本期末即已接近于成人水平；脑的形态已基本与成人相同，智力发育较前期更成熟，控制、理解、分析、综合等能力增强，是开始接受文化教育、进行学习的重要时期，也是儿童心理发展上的一个重大转折时期。感染性疾病的发病率较前期降低，但近视眼、龋齿的发病率增高。由于学校生活日程有较大改变，小儿需有逐渐适应的过程，在此期间易出现精神紧张、不安及一些行为问题。

（7）青春期。女孩从 11～12 岁开始到 17～18 岁，男孩从 13～14 岁开始到 18～20 岁为青春期（相当于小学学龄期）。此期体格发育在性激素的作用下明显增快，体重、身高增长幅度加大，生殖系统迅速发育，第二性特征逐渐明显，男性肩宽、肌肉发达、声音变粗、长出胡须、发生遗精；女性骨盆变宽、脂肪丰满、出现月经，女孩较男孩的体格及性器官发育约早 2 年，且个体差异较大。此阶段是从儿童向成人过渡的时期，一方面由于神经内分泌的调节功能还不稳定，另一方面因外界的影响越来越大，常引起心理、行为、精神方面的不稳定，不能自觉控制自己的情感和支配自己的行动，有时显示出幼稚、不成熟的一面。此期所患疾病类型趋向成人化，女孩可出现月经不规则、痛经等。

严格的分期是不可能的，而每一时期的发育也会因人而异，我们应以整体、发展的观点来考虑小儿的健康问题并采取相应的护理措施。

2. 不同年龄期的儿童护理

（1）新生儿护理。新生儿出生后应母婴同室，强调母乳喂养。注意新生儿的保暖，预防感染，接种卡介苗及乙肝疫苗，并进行某些遗传代谢疾病及内分泌疾病筛查。出院后要做好家庭访视，注意皮肤颜色，脐部有无感染，体温、体重、吃奶及排便等情况有无异常，发现问题及时治疗。

（2）婴儿期护理。儿童出生后第一年生长发育非常迅速，所需营养物质及热量相对较多，但消化系统功能发育尚不完善，易出现营养消化功能紊乱。此期小儿从母体获得的免疫力逐渐消失，而后天的免疫力尚未产生，发病率和病死率仍高。护理重点为：提倡母乳喂养，合理添加辅食，指导断奶。定期做健康检查和体格测量；预防疾病，防止意外，促进生长发育；完成基础计划免疫。

6个月以内婴儿宜采用母乳喂养。指导护理员及时添加辅食，介绍辅食添加的顺序和原则，食物的选择和制作方法等，并根据具体情况指导断奶。同时，注意断奶时婴儿可能出现焦躁不安、易怒、失眠或大声啼哭等表现，应给予关切和照顾。

① 清洁卫生。每日早晚应给小儿擦洗，条件适宜者每日淋浴，夏季应酌情增加沐浴次数。小儿头部前囟处易形成鳞状污垢或痂皮，可涂油 24 小时后用肥皂和热水洗净。给婴儿沐浴不仅是为了清洁，还提供了嬉戏和运动的机会，护理员也可利用这一时间观察小儿的健康状况，更多地抚摸婴儿，并与之交谈、沟通。

② 衣着。婴儿衣着应简单、宽松，以利于穿脱和四肢活动。衣服上不应有纽扣，而宜用带子代替，以免造成误食或误吸。衣服和尿布需用柔软、吸水性强的棉布，易引起过敏的合成制品或羊毛类织物尽量不用。塑料布或橡皮布透气性差，不应长时间垫于小儿臀下，以防发生尿布性皮炎。兜尿布时要使大腿和髋关节能自由活动不受限制，以防髋关节脱臼。注意按季节增减衣服和被褥，以婴儿两足暖和为宜。

③ 睡眠。婴儿睡眠方式个体差异较大。随年龄增长睡眠时间逐渐减少，且两次睡眠的间隔延长。2 个月的婴儿每日平均睡 16～18 小时，4 个月 15～16 小时，9 个月 14～15 小时，12 个月 13～14 小时。平均夜间可睡 10～12 小时。小儿的睡眠环境不需要过分安静，光线可稍暗。婴儿睡前应避免过分兴奋，保持身体清洁、干爽和舒适。通常侧卧是最安全和最舒适的睡眠方式。但要注意两侧经常更换，以免面部或头部变形。

④ 牙齿。4～10 个月婴儿乳牙萌出时，会有一些不舒服的表现，如吸手指、咬东西，严重的会表现为烦躁不安、无法入睡和拒食等。可指导护理员用软布帮助小儿清洁牙齿和牙龈。由于婴儿会将所有能拿到的东西放入口中，护理员应注意检查婴儿周围的物品是否能吃或安全。

⑤ 活动。护理员应每日带婴儿进行户外活动，呼吸新鲜空气和晒太阳，以增强体质和预防佝偻病的发生。开始每天 3～5 分钟，以后逐渐延长。在炎热的夏季，户外活动时间以上午 10 点以前和下午 3 点以后为佳，以防婴儿被阳光灼伤。护理员还应为婴儿提供活动的空间和机会，如让婴儿洗澡时练习踢腿，俯卧时抬头，鼓励爬行和行走，做被动体

操等。通过游戏为婴儿提供视觉、触觉、听觉等方面的刺激。

⑥ 大小便训练。指导护理员对婴儿进行大小便训练。3 个月以后婴儿可以进行大小便训练，会坐后可以练习大小便坐盆，每次 3～5 分钟。小儿坐盆时不要分散其注意力。1 岁时训练白天不兜尿布，逐渐训练晚上也不兜尿布。小儿应穿易脱的裤子，以利于培养排便习惯。

⑦ 防止意外。婴儿最常见的死因之一是意外事故，包括异物吸入、窒息、中毒、烧伤和烫伤等。故应向护理员特别强调意外的预防。婴儿可能吸入的异物包括玩具上的小部件、纽扣和坚果等。可能造成婴儿窒息的原因包括包被过严、各种绳子或带子绕颈、溺水等。因此，绝不可将婴儿单独留在澡盆中。注意防止灼伤和烫伤，让婴儿远离火源、热源和电源。应把婴儿放在安全的地方，防止跌倒或坠床。妥善放置药品或有毒物品，防止婴儿中毒。

⑧ 预防疾病和促进健康。指导护理员按时完成计划免疫，预防急性传染病的发生。增强儿童体质，避免交叉感染；降低感染性疾病的发病率。定期为婴儿做健康检查和体格测量，进行生长发育监测，以便及早发现问题。预防佝偻病、营养不良、肥胖症和营养性缺铁性贫血等疾病的发生，并及时加以矫正。婴儿期常见的健康问题还包括婴儿腹泻、腹痛、营养物（如牛奶）过敏、湿疹、尿布疹和脂溢性皮炎等，保健人员应根据具体情况给予健康指导。

（3）幼儿期护理。幼儿期儿童行走和语言能力增强，与外界环境接触机会增多，自主性和独立性不断发展，但是免疫功能仍不健全，感染性和传染性疾病发病率仍较高。乳牙逐渐出齐，喂养逐步变为普通食物，如果喂养不当仍易患营养消化紊乱等疾病。对危险事物的识别力差，易发生意外伤害。在发育过程中还会出现一些心理社会问题。护理重点为：保证均衡的营养；合理安排小儿生活和培养良好生活习惯；预防疾病和意外；进行生长发育系统监测；完成计划免疫。

① 营养与喂养。幼儿生长发育仍相当快，应注意供给足够的能量和优质蛋白。但由于幼儿期生长速度较婴儿期减缓，需要量随之下降，同时幼儿对周围环境有极大兴趣，引起食欲减低。18 个月左右可能出现生理性喂食，幼儿明显表现出对食物缺乏兴趣和偏食。保健人员应帮助护理员了解儿童进食的特点，指导护理员掌握合理的喂养方法和技巧。例如，幼儿自主性增强，喜欢自己进食，如果护理员坚持喂孩子会引起拒食。因此，应鼓励孩子自己进食的行为，并为其提供小块的可以用手拿的食物。就餐前 15 分钟，让幼儿做好心理和生理上的就餐准备，以免由于幼儿兴奋或疲劳影响食欲。进食应是愉快和享受的过程，护理员不要把食物作为奖惩的手段。成人要注意不挑食、不偏食，为儿童树立好榜样。食物的种类和制作方法需经常变换，以增进食欲，在孩子碗中不要一次放入大量的食物，有效的办法是先放少量食物，吃完后再添加，使孩子吃完后有成就感，而不感到受护理员的强迫。幼儿喜欢将各种食物分开吃，先吃完一种再吃另一种。就餐时还比较注重仪式，如喜欢用固定的碗、杯和汤匙等，并喜欢按固定时间进食。

②衣着。由于幼儿的自理能力不断增强，护理员在日常照顾中应注意既要促进孩子的独立性也要保证其安全和卫生。幼儿衣着应宽松、保暖、轻便以利于小儿活动，颜色应鲜艳，因为儿童喜欢明亮的颜色，而且可使小儿易被司机看到，以预防交通事故的发生。幼儿末期，大多数孩子已能自己穿脱衣服，所以衣着应简便易于穿脱。鞋子要舒适，鞋底应为平软的厚底，以便保护双脚。

③睡眠。幼儿的睡眠时间随年龄的增长而减少。早期幼儿每晚可睡12小时，白天小睡2次；幼儿末期每晚可睡10~11小时，白天小睡1次。睡眠习惯养成后尽量不要任意变动。幼儿睡前常需有人陪伴，或带一个喜欢的玩具上床，这可使他们有安全感。就寝前不要给孩子阅读令他们紧张的故事书或做剧烈的游戏。

④口腔保健。幼儿期应开始口腔的保健。早期可用软布轻轻地清洁幼儿牙齿表面，逐渐改用软毛牙刷。3岁后应能在父母的监督下自己刷牙。为保护牙齿应少吃易致龋齿的食物，如糖果等。有些幼儿习惯于含着奶瓶，喝着牛奶或果汁入睡，这会对牙齿造成极大危害，应去除这一习惯，或改用杯子喂纯水。保健人员还应指导护理员定期带幼儿做口腔检查。

⑤大小便训练。这是幼儿期的主要保健工作之一。18~24个月时，幼儿开始能够自主控制肛门和尿道括约肌，而且认知的发展使他们能够理解应在什么时间和什么地方排泄。此时幼儿也愿意学习控制大小便以取悦大人，这些为大小便训练做好了生理和心理的准备。大便训练常较小便训练先完成，因为它较有规律性，而且小儿对排大便的感觉更强烈。夜间的排尿训练则到4~5岁才能完成。在大小便训练过程中，护理员应注意多采用赞赏和鼓励的方法，训练失败时不要表示失望或加以责备。已经形成良好排泄习惯的幼儿在环境突然变化时会出现退化反应行为，当小儿情绪安定后，排泄习惯即可恢复。

⑥预防疾病和意外。继续加强预防接种和防病工作。定期为幼儿做健康检查，进行生长发育系统监测。具体措施包括：幼儿在户外玩耍时应加以监督，过马路时要有成人带领；当孩子接近水源时要密切看护；远离热源和电源；所有可能引起中毒的物品都应锁在柜中；所有门窗、阳台、床都应牢固，有栏杆，并选择安全的游戏场所，防止跌落。

⑦教养。指导护理员适时培养幼儿良好的卫生和生活习惯。鼓励和帮助小儿自己进食、洗手，3岁左右学习穿脱衣服、系鞋带、整理自己的用物等。同时，注意品德教育，如学习与他人分享，互助友爱，尊敬长辈，使用礼貌用语等。对小儿的努力和成功应及时奖励，对尝试性行为和失败要有耐心，多给予鼓励，避免要求过高。由于小儿模仿力极强，成人要给儿童树立好榜样。护理员对小儿教育的态度和要求应一致，要平等对待每个孩子。当小儿破坏了护理员再三强调的某些规则，如安全注意事项时，需给予适当的惩罚，但在惩罚时应维护小儿的自尊。

（4）学龄前期护理。学龄前期小儿活动范围扩大，智力发展快，自理能力增强，机体抵抗力逐渐增强，但仍易患传染病。护理重点为：继续生长发育监测；加强早期教育，培养其独立生活能力和良好的道德品质；加强体格锻炼，增强体质；防治传染病，防止意外发生。

① 营养。学龄前期儿童饮食接近成人，每日 3 餐，可有 2～3 次加餐。小儿食欲受到活动和情绪的影响较大。增进食欲的方法包括进食前让小儿休息几分钟，进餐时保持愉快、宽松的气氛，使用小儿喜欢的餐具和舒适的桌椅等。成人应为儿童树立健康饮食习惯和良好进餐礼仪的榜样。学龄前期儿童喜欢参与食物的制作和餐桌的布置，护理员可利用此机会对他们进行营养知识、食品卫生和防止烫伤等健康教育。

② 自理行为。学龄前期儿童已有自我照顾的能力，他们在学习自己进食、洗脸、刷牙等自理行为时，虽然动作缓慢、不协调，常需他人帮助，这样可能会花费成人更多的时间和精力，但应给予小儿鼓励，使他们能更独立。

③ 睡眠。学龄前期儿童每日睡 11～12 小时。此期小儿想象力极其丰富，因此夜间常有怕黑和做噩梦的现象。护理员需安抚小儿，可在室内开一盏小灯。入睡前可与小儿做一些轻松、愉快的活动以减轻紧张情绪。

④ 活动。学龄前期儿童十分活跃，他们从日常游戏和活动中可以得到较多锻炼。保健人员还应指导护理员在小儿体格锻炼时充分利用空气、日光和水开展三浴锻炼。

⑤ 预防疾病和意外。每年对小儿进行 1～2 次健康检查和体格测量，继续生长发育监测，预防接种可在此期加强 1 次。学龄前期儿童发生意外常由于活动范围扩大及其喜欢模仿成人的活动所造成。此期小儿喜欢在街上追逐打闹、骑车、玩球等，因此车祸发生率增加。他们可能学成人吃药而引起中毒，学做饭而切伤手指或烫伤。护理员应从学龄前儿童开始用适当的语言向小儿解释如何防止意外伤害，保证安全。

⑥ 教养。学龄前期儿童独立意识很强，日常生活中他们对吃什么食物，去哪里做什么，或穿什么样的衣服都有自己的选择或见解，这往往引起父母与孩子之间的争执。护理员对孩子的指导不应采取简单、粗暴的惩罚方式，而应在较缓和的气氛下让孩子改善行为。例如，在指出孩子的缺点后让其自己反思几分钟，会取得较好效果。儿童教育应结合愉快的游戏，让他们的智力和体能得到发展，并且养成遵守纪律、互助友爱、团结协作、热爱劳动等好品质。为儿童安排学习手工制作、绘画、弹奏乐器、唱歌和跳舞，参观动物园、植物园和博物馆等活动，培养他们多方面的兴趣，陶冶情操。

（5）学龄期护理。学龄期儿童的认知和心理社会发展非常迅速，同伴、学校和社会环境对其影响较大。机体抵抗力已增强，急性传染病发病率逐渐减少。护理重点为：加强体格锻炼；培养良好的生活习惯和卫生习惯；培养良好的品格；加强学校卫生指导，促进德、智、体全面发展。

① 营养。为满足儿童体格生长、心理和智力发展、紧张学习和体力活动等需求，学龄期膳食要营养充分且均衡。由于此期儿童独立性更强，护理员在安排饮食时，可让儿童参与制定菜谱和准备食物等工作，以增加食欲，并促进勤奋品质和责任感的发展。学龄期儿童的饮食习惯和方式受大众传媒、同伴和家人的影响较大。进餐时应保持良好的气氛，

护理员不要过分强调进餐礼仪，以免影响合理营养量的摄入。保健人员应对父母和儿童进行营养指导，而且学校有必要开设营养教育课程。

②日常活动。学龄期儿童基本已能生活自理，但剪指甲、清洁耳朵和整理内务等方面仍需帮助。睡眠需求个体差异较大，6～7岁儿童平均每日睡眠时间为10～12小时，7岁以上为9～10小时。睡前是孩子与护理员相互沟通的好时间，护理员应利用此机会更多地了解和帮助孩子，增加亲子情感。学龄期儿童每天需要有户外活动、体格锻炼的机会，如做体操、参加团体游戏或比赛等，还可进行空气浴、日光浴、温水浴或游泳等活动。

③预防疾病和意外。继续按时进行预防接种和健康检查，预防传染性疾病。为学龄期儿童提供良好的学习环境，包括适当的光线、合适的桌椅等。培养儿童正确的坐、立、行走和读书、写字的姿势，预防脊柱异常弯曲等畸形的发生。开展做眼保健操的活动，预防近视眼。监督儿童正确清洁牙齿，限制吃含糖量高的零食，定期为儿童做口腔检查，预防龋齿。养成良好的卫生习惯，饭前便后洗手，生吃蔬菜瓜果要洗净，预防肠道寄生虫病。学龄期常发生的意外伤害包括车祸、溺水，以及在活动时发生擦伤、割伤、挫伤、扭伤或骨折等。保健人员应对儿童、护理员和教师进行预防疾病和意外伤害的健康教育。

④教养。加强品德教育，培养良好的性情和品格，陶冶高尚情操。

（6）青春期护理。青春期是儿童过渡到成年的时期。此期体格生长迅速，认知、心理和行为发展日趋成熟。但由于神经内分泌调节尚不稳定，以及要面对更多的社会压力，他们会遇到许多新问题。保健重点是：保证充足的营养；形成健康的生活方式；加强青春期生理和心理卫生教育；培养良好的品德。

①营养。青春期生长发育较快，需要增加热量、蛋白质、维生素及矿物质等营养物质的摄入。青少年的食欲通常十分旺盛，但由于缺乏营养知识，以及受大众传媒的鼓动和同伴间的相互影响，他们喜欢吃一些营养成分不均衡的流行快餐食品。另一个不良的饮食习惯是不吃早餐，以致造成营养不足。当少女开始关心自己的外貌和身材时，她们会对正常范围内的体重增加和脂肪增长担心，形成偏食的习惯，危及健康。护理员、学校和保健人员均有责任指导青少年选择营养均衡的食物和保持良好的饮食习惯。

②日常活动。良好的个人卫生，充足的睡眠，以及体格锻炼对青少年的健康成长十分重要。

③预防疾病和意外。继续防治儿童期的急性传染病及沙眼、龋齿、近视眼、寄生虫病和脊柱弯曲等疾病。由于青春期神经内分泌调节不稳定，痤疮、结核病、甲状腺肿、原发性高血压、月经异常等成为此期特殊的健康问题，需要积极预防。意外创伤和事故是青少年，特别是男性青少年的重要问题。他们体力充沛，反应灵敏，但好冒险、易冲动，常过高估计自己的能力，因此易发生意外，包括运动创伤、车祸、溺水，以及打架斗殴造成的意外伤害。此期应继续进行安全教育工作。

④性教育。护理员、学校和保健人员都有责任对青少年进行性教育。由于明显的生理、心理变化，青少年经常对性和异性关系感到困惑和矛盾。他们所获得的性知识往往不

完全，甚至不正确。性教育内容应包括介绍生殖器官的结构与功能、第二性征、月经和遗精等知识。对于青春期的自慰行为如手淫等应给予正确引导，避免夸大其对健康的危害，减少恐惧、苦恼和追悔的心理冲突和压力。青少年还应获得有关正确与异性交往、避免妊娠以及性传播疾病的知识。防止少女妊娠、性传播疾病蔓延等社会问题的增加。进行性教育的方式包括宣传手册、展览、视听教学影片、分组讨论等。在解答青少年提出的问题时，注意用直接的、科学的语言。

（三）精神病人的基础护理服务内容

精神病人受症状支配，不知爱惜自己，并危及他人的生命安全。在长期的疾病过程中容易出现睡眠及饮食障碍，病人生活不能自理，不知洁净，机体抵抗力降低，容易并发各种躯体疾患。因此，卫生、饮食、安全与睡眠为精神病临床的基础护理。

1. 卫生护理

（1）口腔护理。口腔不洁，容易发生口腔溃疡或出现病灶感染。口臭、口垢常可影响食欲。因此，病人在睡前及晨起均要刷牙，饭后要漱口。护理人员要督促一般病人做好晨、晚间护理，对重点病人应协助其料理生活，如对卧床及昏迷病，每日应做口腔护理3～4次。

（2）皮肤卫生。精神病人经常有皮肤外伤，容易造成皮肤感染；精神药物治疗的副反应，可导致皮炎；部分精神病人皮脂腺分泌亢进，容易发生疖肿或感染；大、小便失禁，出汗过多或床单不平等刺激，可引起皮肤破溃；年老、体弱的病人及营养不良、消瘦和水肿等卧床病人，抵抗力较差，周围循环不好，容易发生褥疮。因此，要特别注意对皮肤卫生的护理。要经常保持病人床铺的平整、清洁、干燥。对大、小便失禁者，应随时更换衣物，并用温开水洗净局部。对卧床病人，要定时翻身，并对骨骼突出部位定时做皮肤按摩，以防皮肤受刺激、压迫而发生褥疮。对一般病人，每周要洗澡及更衣、理发或修面。洗澡前，护理人员应做好病人的组织和准备工作。准备好清洁的衣服和用物，保持浴室温度适宜，调节好水温，以防病人烫伤。洗澡时要有专人负责，可根据浴室条件，组织病人分批进行。生活能自理者先洗，年老、体弱、行动不便及其他重点病人，应由护理人员重点负责照顾，防止摔伤或骨折。沐浴完毕，协助重点病人更衣并护送回病室，由专人负责为病人剪短指甲。

（3）经期卫生。女病人在月经期常有病情波动，要协助病人搞好经期卫生。应督促病人定时更换卫生纸。对月经初潮的病人及生活不能自理者要重点照顾。病人床铺应垫以棉垫或橡皮布，病人衣裤要保持清洁，污染后随时更换。每晚要清洗会阴一次，预防尿路感染。月经带用毕应及时清洗，并交工作人员代为保管，以防用作自伤工具。

（4）排泄。精神病人服大量精神病药物，容易出现便秘和尿潴留。此类药物副反应又易引起病人烦躁，加重兴奋，影响食欲。对生活不能自理或无主诉的病人，尤应注意排泄情况，如排泄的时间、次数、性质与数量等。如果发现排泄异常，要及时给予处理。三日无大便者应给予清洁灌肠，并鼓励病人多饮水、多活动、多吃蔬菜水果，预防便秘；也可酌情给予适量缓泻剂。病人尿潴留时，应在明确排除躯体疾患后给予诱导排尿。例如，令病人听流水声，用温水冲洗会阴，下腹部放热水袋，给予膀胱按摩或针刺治疗等，同时配合言语鼓励和暗示，必要时可按医嘱实施导尿。对生活不能自理的病人，要注意摸索排便规律，定时给盆便或督促病人去厕所，以免便于裤内。病人有腹泻或者尿频时，应及时报告医生，恰当处理。

2. 饮食护理

合理的饮食入量，可供给各种必要的营养成分和热量，以维持身体的新陈代谢，增强抵抗力和预防疾病。精神病人的饮食障碍多种多样，直接关系着病人的健康与安全。例如，病人受症状支配，常有拒食或少食，入量不够，影响治疗的开展；精神药物的副反应可引起吞咽困难或噎食，导致意外；食欲亢进的病人，暴饮暴食，影响消化吸收或出现噎食；处于极度兴奋状态的病人，体力消耗较大，若饮食护理不当，容易导致衰竭。因此，要加强饮食护理。凡生活能自理、一般情况好的病人，均可采用集体进餐的方式，用普通膳食。饭前要将病人饭菜按份备好，督促病人用流动水洗手。开饭时要巡视病房，应使所有病人全部就餐，防止遗漏。要维持好餐厅秩序，病人就餐应有固定座位，按顺序入座就餐。要注意观察病人进餐情况，若发现病人饭没吃完而中途离位，应查明原因，对症处理，要保证病人吃饱吃好。饭菜温度要适宜，防止菜、汤过热造成烫伤。应选用搪瓷或铝制品等不易破裂的餐具，以防意外。餐具用毕后应清洗消毒。发现传染病应立即消毒、隔离，预防交叉感染。

对特殊重点病人，开饭时要有专人照顾，严格执行饮食医嘱，要按时、按量、按病情需要给病人以适宜饮食。对生活自理较差者应协助进食，劝说无效者应给鼻饲或输液。保证病人营养和水分的摄入，保证水与电解质平衡，病人每日摄水量不得少于 3000ml。对吞咽困难的病人，应缓慢进食，不可催促，以防噎食。对进食速度过快的病人，应劝其放慢速度。对食欲亢进、不知饥饱、抢食或暴饮暴食的病人，要适当限制入量，在改善饮食、调换花样时尤应注意。必要时可让病人单独在房间里进餐，在护理下控制其进餐速度及数量，并适当进行饮食卫生教育。

3. 安全护理

精神病人在症状支配下，常有冲动、伤人、自伤、逃跑等特殊行为。医疗护理工作稍不细致，就可出现意外，甚至危及病人生命安全。因此，要加强对病人的安全管理，并在几个重要环节上精心护理。

（1）掌握病情，胸中有数。护理人员必须熟悉病人的病情、诊断，对有特殊行为的病人要胸中有数，重点护理，并随时掌握病情变化。要善于识别精神症状或躯体疾患，既不可将病人疑病的精神症状，如病人主诉某部位有"病变"或"疼痛"误认为躯体症状而轻易处理，也不可将病人的躯体不适误认为精神症状而予以忽视。尤其是对生活不能自理或极度兴奋躁动的病人，更要细致地观察各种并发症的出现，以免贻误病情。对病人中的各种反映，要给予足够重视，切勿看成"病态胡言"不予理睬。对有特殊行为的病人，应尽量避免单独活动。发现病人有意外先兆，要及时与医生联系，采取有效措施，防患于未然。部分有自杀和逃跑企图的病人意识清晰，他们往往用心摸索工作人员的规律，寻隙自杀或逃跑，并可从失败的行动中总结经验教训，从而态度更坚决，计划更周密。因此，对发生意外事件的病人，要进行精神安慰，不得责备，并要加强护理，严密观察，预防其再次出现意外。

（2）加强巡视。巡视的目的在于了解病情，发现问题，堵塞漏洞，预防意外。凡是病人活动的场所，必须有工作人员陪伴，对一般病房要每隔 15～30 分钟巡视一次。一切影响病人安全的活动应予以制止，病人不得攀登高处或过速奔跑、打闹等。若发现病人攀登高处，不要责备或追逐，可诱导病人从原路安全返回。发现病人搜寻什物或有破坏行为时，要及时采取措施，加强巡视护理，预防意外事件的发生。

（3）加强安全管理。凡属危险物品，均不得带入病房或存留病人身边。病人服药，要认真检查口腔，避免病人积存药物一次吞服，造成意外。物品丢失要及时查找。要定期进行安全检查，如病人单位有无收藏的危险物品及消极内容的书信、字迹等。若发现门窗、门锁、床、玻璃等物品损坏时，要及时维修。各种辅助用室用毕应及时锁门。病人出入病房要认真清点。病人外出活动须经医生或主班护士同意，有严重特殊行为的病人或病情不稳定者，尽量不让其外出活动。

4. 睡眠护理

睡眠是大脑皮质保护性抑制过程。睡眠和醒觉是生命活动所必需的两个相互转化的生理过程。机体在醒觉状态下进行各种活动。当工作量超过皮质细胞耐受力时，人们则感到疲倦而出现抑制过程睡眠。通过睡眠，脑皮质细胞获得完全的休息，恢复了工作能力。人们醒觉时会觉得精力充沛，处于良好的精神状态。对精神病人来讲，睡眠的好坏常预示病情的好转、波动或恶化，良好的睡眠可促使病情恢复，严重的失眠可使病人焦虑、苦恼、烦躁，很多意外由此而生。由此可见，睡眠对精神病人尤为重要。睡眠的观察与护理方法如下：观察睡眠，首先要了解睡眠障碍的原因及其表现，然后才能给予恰当的护理。精神病人睡眠障碍的原因很多，如病人兴奋、躁动、紧张、恐惧、情绪焦虑、心情不快以及各种思想顾虑、躯体不适、对环境不习惯等，均可影响睡眠。睡眠障碍的表现有：入睡困难、睡眠不实、早醒、难以入睡又易早醒，以及睡眠规律倒置。护理人员要为病人入睡创造条件。病室空气要新鲜，温度要适宜，周围环境要安静。病人入睡后，工作人员不要大声喧哗，动作要轻。病室开暗灯，挂窗帘，避免强光刺激。对于因环境陌生而情绪紧张的病人，护士在其床旁静坐并给予安慰，可稳定病人情绪，促进睡眠。对心因因素引起失眠的病人，应详细了解情况，加强精神治疗，诱导病人入睡。要注意及时发现并发症，对有躯体不适的病人，要及时查明原因，给予对症处理。一般躯体不适（如便秘、尿潴留、腹痛、皮肤瘙痒等）解除后，病人可很快入睡。此外，病人应有规律的作息制度，白天尽量组织病人参加各种活动，减少病人卧床。晚间入睡前可用温水洗脚。在入睡前不要同病人进行带有刺激性的谈话，也不要安排引起情绪激动的活动。兴奋病人在集体入睡之前，应给予恰当处理，以防干扰他人。对严重失眠、诱导无效的病人，可给药物辅助入睡，并密切观察给药后的效果与反应。对病人睡眠的观察要深入细致，注意摸索病人的睡眠规律，掌握睡眠障碍的表现。巡视护理要有重点，若病人卧床辗转反侧、唉声叹气，或多次起床活动，往往提示有睡眠障碍，应查明原因，恰当处理。要特别注意病人不得蒙头睡觉，要善于发现伪装入睡的病人，及时与医生联系，采取有效措施，以防意外。

思考题

1. 社会福利机构服务内容提供的方式有哪些？

2. 简述社会福利机构服务内容。

3. 作为福利机构的护理人员，你认为除了具备良好的专业知识外，还需要哪些素质？

4. 结合实际，你认为社会福利机构服务内容还可以有哪些拓展？

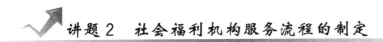

讲题2 社会福利机构服务流程的制定

一、社会福利机构服务流程概述

（一）社会福利机构服务流程的定义

在日常生活中，我们经常接触或者实践着"流程"，许多事情的完成都是按照一个流程来办理，如入学报到、医院看病、费用报销等等。做一件事情的时候，我们也总是在脑海中计划着每一个步骤。那么流程的定义到底是什么呢？不同的学者和专家从不同的角度对比进行了阐述。《新华字典》里，"流程"是指工艺程序，从原料到制成品的各项工序安排的程序；《牛津词典》里，"流程"是指一个或一系列连续有规律的行动，这些行动以确定的方式发生或执行，导致特定结果的实现；而国际标准化组织在 ISO 9001：2000 质量管理体系标准中给出的定义是："流程是指一组将输入转化为输出的相互关联或相互作用的活动。"可见，从不同的学科角度以及侧重点不同，"流程"的定义也不完全相同。但是，无论在哪个领域之内的"流程"定义，都包含着一些共同的要素。

综合上述不同学科对流程的定义，社会福利机构服务流程则可以这样理解：它是社会福利机构以服务对象为出发点，为了提高其服务水平，而对其各种服务所做的程序安排。在这一过程中，投入了一定的人财物的资源，耗费了一定的成本，目的是使社会福利机构的服务更加科学和完善，最终赢得服务对象的满意。

（二）社会福利机构服务流程的构成要素

社会福利机构服务流程如图 7-1 所示。

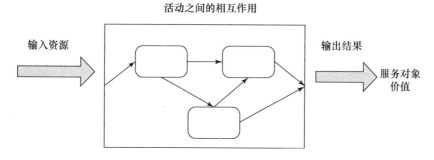

图 7-1　社会福利机构服务流程

1. 服务对象

社会福利机构的服务对象一般是老年人、残疾人、儿童、精神病人等，与一般服务型机构的服务对象有很大差别，因此在服务流程的制定和管理中也具有很大的差别。

2. 价值

价值是服务流程运作为服务对象带来的好处，在很多情况下不是用货币来衡量的，它可以表现为提高了效率、降低了成本等。社会福利机构服务流程的直接价值是提高了服务水平，使服务对象满意；间接价值则是实现了社会效益。

3. 输入

输入是运作服务流程所必需的资源，不仅包括传统的人、财、物，而且包括信息、关系、计划等。

4. 活动

活动是服务流程运作的环节。

5. 活动之间的相互作用

活动之间的相互作用是环节之间的关系，把服务流程从头到尾串联起来。

6. 输出

输出是服务流程运作的结果，它应该承载流程的价值。

（三）社会福利机构服务流程的特征

1. 目标性

有明确的输出（目标或任务）。一般是指提供服务对象一次满意的服务，对现有服务流程的优化，服务流程的规范化建设等。

2. 内在性

包含于任何事物或行为中。所有事物与行为都可以用这样的句式来描述，输入的是什么资源，输出了什么结果，中间的一系列活动是怎样的，流程为谁创造了价值。

3. 整体性

至少由两个活动组成。流程，顾名思义，有一个"流转"的意思隐含在里面。至少有两个活动，才能建立结构或者关系，进行流转。

4. 动态性

从一个活动到另一个活动。服务流程不是一个静态的概念，它按照一定的时序关系徐徐展开。例如，申请入院的服务流程，先有对申请入住的服务对象的体检活动，接着才有到入院协议的签订等后续一系列活动。

5. 层次性

组成服务流程的活动本身也可以是一个流程。服务流程是一个嵌套的概念，服务流程中的若干活动也可以看作是"子服务流程"，可以继续分解若干活动。这是从不同的视角来看服务流程的结果，适度地划分一个流程既可以节省资源，也可以提高服务效率和水平。

6. 结构性

服务流程的结构可以有多种表现形式，如串联、并联、反馈等。这些表现形式的不同，往往会给服务流程的输出效果带来很大的影响。

二、社会福利机构服务流程制定的意义

（一）提高社会福利机构资源利用率

制定服务流程的过程，就是对社会福利机构的各种资源进行重新分配、组合、调整的过程，避免资源的浪费，达到资源的最佳利用状态，实现"帕累托最优"。社会福利机构的人力、物力、财力等各种资源，都具有一定的获取成本，如果这些资源分配不当，管理不善，造成效率低下或者根本不发挥作用，那么对社会福利机构的正常运转将产生很大不利影响。通过服务流程的制定，明确了各种资源的使用范围、使用程序及其它们之间的相互配合，使得各种资源都能恰到好处地发挥效果，而不是混乱无章的再利用，避免造成资源的重复、过度投入或者资源投入的盲点等不合理的资源利用问题的出现。

（二）提升社会福利机构服务水平

服务流程的制定是基于社会福利机构的服务活动，以流程管理的科学思想进行分析，进而制定出优化高效的服务流程的科学活动。虽然流程管理多集中在追求经济利益的企业中使用，但是在以客户为导向的理念上，社会福利机构与它们有共同之处。无论是追求经济效益的企业，还是以社会公益性为主的社会福利机构，两者都是具有"客户"的，都是以"客户"为导向，良好的服务水平才能使其持续发展。服务流程制定的目的即是为"客户"提供良好的服务水平，使客户满意。社会福利机构通过流程的制定，优化服务活动，整合服务资源，进而提升其服务水平。

（三）提高社会福利机构服务效率

通过流程的制定，合理分配资源，理顺服务程序，减少不必要的人财物的投入，优化现有投入，最终促使社会福利机构服务效率的提升。流程能指导服务人员的工作，无论是新员工还是老员工，都可以借鉴流程进行学习，能快速适应工作状态，提高服务效率。服务流程的制定过程中，要仔细认真地加以分析，着重思考如何优化现有的流程，减少或者增加流程中的资源投入，使现有流程的效率得到提升，这是流程管理和流程制定中很重要的一个方面。

三、社会福利机构服务流程的管理

社会福利机构通过提供服务满足服务对象的需要，其追求的最终目标是提供的服务使得服务对象满意。因此，如何提高服务的水平显得至关重要。对服务流程的管理，即借鉴并运用现代企业管理中流程管理的先进方法，制定高效的服务流程，优化服务流程，最终提升社会福利机构的服务水平。基于此，对社会福利机构服务流程的管理则是福利机构服务规范建设中的一项重要内容，意义重大。

（一）社会福利机构服务流程管理的认知

企业管理学认为，流程管理是对业务流程、组织机构和 IT 系统应用的持续调整，其核心是有效整合各管理要素，提高企业的整体效率和质量，提升执行力。流程管理具有面向顾客、规范化、持续性和系统化的特点，其目的是通过记录流程的运行状况，评估流程运行质量，建立流程管理制度，实现业务的不断优化，促使卓越的流程管理水平。除了企业性质的差异，社会福利机构的流程管理与企业管理中的流程管理的定义具有很多相同之处，前者也着眼于通过服务流程、机构设置、人员配置的不断调整优化，提高社会福利机构服务所需的资源配置效率，最终达到提高服务水平，提高服务对象的满意度的目的。服务流程管理是为了满足服务对象的需求而设计的，因而服务流程会随着环境的变化而不断变化进而得到优化。具体而言，服务流程管理通常关心以下几个问题：如何建立以服务对象为中心的流程型社会福利机构？服务流程管理如何打破部门壁垒？服务流程管理如何减少岗位、部门之间相互推诿扯皮？服务流程管理如何落到实处和最大限度地贯彻执行？如何实现服务流程优化？各种组织角色如何协调，资源如何优化使用？服务流程管理有哪些层次？如何持续优化服务流程？服务流程管理有哪些功能？服务流程需要什么样的工具？如何管理服务流程的变化和例外事件？服务流程管理有哪些风险需要规避？等等。

社会福利机构服务流程管理的本质是构造卓越的服务流程，使社会福利机构处于高效率、高效益的状态，确保服务流程在遵循性、有效性和绩效等方面达到预定的要求。服务流程的施行遵循着一定的顺序和规律，期间要投入各种资源以及需要各个部门和人员的配合。如果服务流程环节之间的协调不畅就会导致服务流程的低效，进而致使社会福利机构低效。实施服务流程管理，即是对服务流程监控、再设计和规范。服务流程质量管理是一个动态的过程，持续不断地帮助社会福利机构评价和优化运营。一般对服务流程质量可以从三个方面考虑：服务流程的效率、效果和适应性。服务流程的效率指在尽可能小的投入下实现服务流程的效果，或在达到目标或预定指标的过程中所耗费的人力、物力、财力和时间等资源最少；服务流程的效果的好坏要看流程输出能否满足服务对象需要以及目标或指标的完成情况；而服务流程的适应性是指流程面对环境和服务对象需求不断变化时保持效果和效率的能力。社会福利机构服务流程质量管理包括4个步骤：第一，启动。包括选择关键流程、组建团队。第二，规划。主要包括定义当前流程，关注服务对象需求，梳理现有服务流程，建立服务流程质量度量指标以及根据需要确定新的服务流程。第三，部署实施。建立服务流程优化管理体系，实现整体服务的不断改进提升。第四，监控并评估新的服务流程。有效的监控、评估是改进流程的很好手段，在流程管理中很重要，必要的是确立评估标准、方法、程序。

（二）社会福利机构服务流程分析方法

服务流程分析和建模工具用于建立和分析服务流程模型，有助于理解、设计流程。企业管理中较多运用流程分析和建模工具，在社会福利机构服务流程的分析和构建中，同样可以加以借鉴，从而构建良好高效的服务流程。下面对几种常用的流程分析方法进行简要介绍。

1. 头脑风暴法

头脑风暴法通过规范的讨论程序、规则或借助一些软件工具，保证讨论的有效性。与会者可以针对议题随意地提出意见和建议。头脑风暴法的使用有助于及时发现福利机构服务流程中存在的问题，提出启发性的改造设想。在与会讨论时，应营造良好的讨论氛围，调动大家的思维，畅所欲言，自由讨论，同时应力保与会人员是对社会福利机构服务业务、管理等有相关工作经验的人员。

2. 约束理论法

约束理论法是通过逐个识别和消除社会福利机构在目标实现过程中所遇到的制约因素，即约束，帮助社会福利机构确定改进方向和改进策略，从而更有效地实现提高服务水平的目标。该理论认为任何系统都存在一个或多个约束，系统中产出率最低的环节决定着整个系统的产出水平，即"木桶原理"。根据约束理论法，在服务流程中，其效率取决于效率最差的环节，要提高流程质量、实现服务流程优化必须首先改善这些环节。例如，一些社会福利机构由于经费有限、人员制约是最大的现实问题，因此，要提高服务水平，就要解决这一根本制约。

3. 鱼骨图法

鱼骨图是因果分析的工具，在新流程设计、流程变革中经常使用，福利机构管理者需要对现有流程存在的问题及其原因进行分析，运用鱼骨图可以找出每个服务流程问题产生的根本原因。社会福利机构要实施业务流程优化，其关键服务流程往往存在多种问题，可以通过鱼骨图的形式将原因描述出来，准确分析关键服务流程中存在的根本问题，为流程优化提供依据。

（三）社会福利机构服务流程优化方法

1. 系统化改造法

系统化改造法是以服务队形的需求为改造出发点，以实现服务对象满意为目标，在服务流程价值评估的基准上，对服务流程进行清除、简化、整合和自动化。清除是要找出并删除不必要的服务流程，如重复的活动、活动间的等待；简化就是对现有服务流程进行精简处理，提高服务流程效率，如精简审批程序、减少跨部门的协商等；整合即是通过清除和简化之后对现存服务流程进行优化组合，使得整个服务流程流畅、连贯，如工作交接的安排；自动化则是在上述服务流程已经整合优化的基础上，在社会福利机构中引入自动化技术和信息技术，减少人力劳动，如数据采集的自动化、部分劳动的机械化等。

2. 全新设计法

全新设计法从服务流程目标出发，逐步倒推，抛开现有服务流程所隐含的全部假设，重新思考社会福利机构的流程供给方式，设计能够达到要求的服务流程，社会福利机构往往在发展的转折点采取全新设计法优化服务流程。其主要缺点是实现起来非常困难。该方法风险高，组织影响力大，对社会福利机构的正常运作干扰大。全新设计法最终需要解决以下几个问题：需要满足的服务对象的需求是什么？为什么要满足这些需求？在何处提供满足服务对象需求的服务？在何时满足这些需求？如何实现上述各项工作？需要什么服务流程？分别由谁和哪些部门来负责？

3. 系统仿真技术优化法

系统仿真技术优化法对服务流程优化的支持主要体现在以下几个方面：了解服务流程系统，测试环境对系统的影响，识别关键服务流程，新服务流程的测定与评价以及服务流程运行绩效评价。所涉及的指标分析方法包括定量指标和定性指标。其中，定性指标包括组织结构、福利机构单元、员工地位、员工的工作任务、衡量业绩的标准、员工的工作态度和管理者的作用。

流程优化可以规范和提升社会福利机构的服务水平，社会福利机构目标的实现都需要具体的服务流程来实现。服务流程优化的大致思路如下：归纳社会福利机构的功能体系；描述各个功能，生成服务流程现状图；指出现有核心服务流程中存在的问题，明确可以改变的内容；分析服务流程中存在的问题的解决方案，提出服务流程优化思路；经过充分讨论和论证，制订优化后的服务流程方案。

思考题

1. 简述流程的定义、构成要素和特征。
2. 结合实际，谈谈社会福利机构流程制定的意义。
3. 简述有哪些社会福利机构服务流程的分析方法？

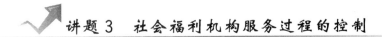

讲题3　社会福利机构服务过程的控制

一、社会福利机构服务过程控制简述

社会福利机构的主要业务内容即是向服务对象提供包括膳食、护理、康复、心理等方面的服务。它既不同于生产性企业中少量的客户服务，也不同于面向普通大众的纯服务行业，如酒店、商场等，这是由其服务对象与服务内容的特殊性决定的。无论是社会福利机构，还是企业、服务行业，其服务对象（顾客）对服务质量的感知都包括两个部分：服务结果质量，即服务对象得到了什么；服务过程质量，即服务对象是如何得到的。具体而言，服务结果质量是由服务过程质量产生的，是服务对象在服务过程结束后的所得。通常，服务对象对服务结果质量衡量是比较客观的。但这只是服务质量的一部分，除了服务结果外，服务结果传递给服务对象的方式，在顾客对服务质量的感知中也起到很重要的作用，这就是服务的过程。过程，可以简单理解为活动进行的先后顺序及步骤，以及对所动用资源的安排。人们为了减少活动进行的盲目性，也为了提高效率，解决资源，往往提前对过程进行计划，根据组织目的以及所处环境和可以调用的资源，预先制订各种活动计划。但是，这种事前计划也就决定了它不可避免地会与实际情况出现偏差。正如我们平常所说："计划赶不上变化。"一旦实际情况发生变化，计划则应作出相应调整，以期达到最终的目的。这种循环往复从计划制订—执行计划—绩效评估—出现偏差最后到调整计划的过程，即是对过程的控制。美国管理学教授罗宾斯在他的《管理学》中对过程控制作了如下描述："所谓过程控制，是指监视各项活动，以保证它们按计划进行并纠正各项重要偏差的过程。"

服务过程控制的重点是对发生的偏差进行纠正，这就涉及何时采取纠正，也就是纠正的时机问题。一般而言，管理中采取的控制可以在行动开始之前、进行之中或结束之后进行，由此产生了三种控制模型：第一种称为前馈控制或预先控制；第二种称为同期控制或过程控制；第三种称为反馈控制或事后控制。前馈控制是期望防止问题的发生而不是出现问题以后再补救。它发生在实际工作开始之前，即在实际问题发生之前就采取管理行动，因而能避免预期出现的问题，所以，它是以未来导向的，是最理想的控制类型。但由于这种控制需要及时、准确的信息，这在实际工作中常常很难做到。同期控制是发生在活动进行之中的控制。在活动进行之中予以控制，管理者可以在发生重大损失之前及时纠正问题。最常见的同期控制方式是直接视察。当管理者直接视察下属的行动时，他可以在其发生问题时马上进行纠正。反馈控制是指控制活动发生在行动之后，它的主要缺点在于管理者获得信息时损失已经形成，但在许多情况下它又是唯一可用的控制手段。它不仅为管理者提供了关于计划的效果究竟如何的真实信息，并且，这种信息可以评价活动的绩效，增强员工的积极性，因而是最常用的控制类型。

一般来说，社会福利机构的服务过程控制不是简单地只采取某一种控制模型，而是综合采取多种模式。社会福利机构是以服务为主的机构，开展服务过程控制的重要性不言而喻。首先，实施服务过程控制是实现社会福利机构目标的有效手段。社会福利机构的目标即是为特殊困难群体提供特殊服务，服务是其核心内容，而且其服务对象和内容具有很大特殊性。在社会福利机构实施服务过程控制时，对服务的流程进行优化、规范，最终提供给服务对象优质、专业的服务，确保社会福利机构目标的实现。其次，实施服务过程控制是提高社会福利机构服务效率的有力措施。目前，很多社会福利机构的服务过程没有进行科学的管理，服务的质量和效果都不高，服务过程控制是企业管理中十分重要的管理手段，引进社会福利机构的服务管理中，同样具有重要的价值。通过服务过程的前期、事中、事后不同阶段的控制，梳理并纠正各种低效率和浪费人财物资源的服务活动，能起到提高效率、解决资源的效果。最后，实施服务过程控制是实现福利机构现代化发展的重要保障。随着人们生活水平的提高，对各种服务的质量和水平的要求也越来越高，这是一种趋势。作为密集服务活动的社会福利机构，其服务水平的高低直接影响着其生存发展，现代化的社会福利机构强调的就是专业、安全、高质的综合性服务，以质量取悦客户，实施服务过程控制就是为了更好地达到这些服务的目标，进而实现社会福利机构现代化的发展。

二、社会福利机构服务过程控制的内容

（一）服务人员

由于社会福利机构服务对象的特殊性，对服务人员的控制则显得尤为重要。首先，服务人员应该具备相应的服务技能，包括营养搭配、简单护理、医疗常识、康复训练等各个方面的专业技能。福利机构的服务人员的专业技能的具备和熟练掌握与应用是服务人员控制的最重要内容，专业知识的缺乏往往会造成严重的不良后果。但是，目前在我国很多的福利机构的服务人员，具备专业技能的人员很匮乏，往往都是由毫无经验的人员充任。随着我国福利事业的发展，这方面要不断地加强，提高服务人员的服务技能，建立资格准入以及职业等级制度。其次，对服务人员的控制是服务举止方面的，包括服务人员的仪表仪

容、行为举止、服务用语、服务纪律等方面。这些内容也构成了服务人员控制的重要部分，对形成良好的服务水平也起到了很大的作用，故应加强服务人员的教育培训，建章立制，奖优罚劣，积极调动服务人员的积极性。

（二）服务设施

福利机构的服务设施是基于服务对象特殊的生理心理的需要，安装、设置的一些特殊设备，其目的是方便服务对象使用，保证服务对象及时安全地接受服务。对服务设施的控制，一方面是根据服务对象的不同提供服务设施，依据其生理特点，遵循方便安全的原则。例如，对于老年人的洗浴间，应特别设置防滑的淋浴垫子，一旦这些设施安装不到位，产生的后果就会很严重，因此，对于福利机构的服务设施，一定要依据服务对象的特点，全面地考虑，设置周全。另一方面，是日常的维护。在设施的使用过程中，肯定会发生一些故障或者损毁，应及时地进行检修以保证设施的正常使用。对服务设施的控制，应建立严格的日常巡检制度、维修制度，责任到人，树立安全意识，防患于未然，保证福利机构的安全。在条件许可的情况下，可以积极引进先进的服务设施，提高服务的先进性。

（三）服务环境

对服务环境的评价，往往是人们接触福利机构时第一时间做出的，因此，服务环境的控制也是服务过程控制中很重要的一个内容。服务环境不仅包括良好的服务设施，还包括很多无形的因素。服务环境是一个整体的概念，通过建筑物、内部布局、装修风格、设施设备以及服务人员的态度、专业水平等各个方面传递出来，共同构成服务环境。但是，对于社会福利机构来说，最重要的是无形的服务环境，应该为服务对象提供卫生、舒适、安静、美化、净化、和谐的服务环境。服务环境的控制主要集中在保持以上标准的一个服务环境的营造上，加强管理，努力打造一个适宜服务对象的良好的服务环境。

三、社会福利机构服务过程控制的程序

（一）确定标准

确定标准是服务过程控制的第一步，是统领整个服务过程控制的基础。标准的制定为服务所要达到什么样的水准设置了一个门槛值，是所有福利机构人员工作努力的导向，起着引导和规范的作用。标准的制定，要基于现实情况，既不能定得过高，也不能定得过低，应结合本机构的实际情况，具有可行性和可操作性。另外，标准的制定要尽量具有可衡量性。标准要避免使用定性的语句，而使用定量的语句，这样不容易产生歧义，而且在后续的绩效评估中，也方便操作。服务标准的制定要尽可能地全面，从时间、数量、质量、成本等方面予以制定，以便从各个维度进行服务过程的控制。

（二）衡量绩效

衡量绩效是检验标准的过程，是服务过程控制中一个十分重要的环节。通过实际绩效的表现与标准的比较，确定它们之间的偏差以及偏差的大小，为下一步纠正偏差的实施提供素材。在这一环节中，最重要的是找出出现偏差的原因，分析是什么样的因素导致标准与实际执行情况不一样。另外，衡量绩效的过程也是对标准的再一次审验，因为第一次制定的标准不一定是合理的，在实际执行中，种种原因可能使得标准未能达到原先水平，但是这也有可能是标准的制定不现实所造成的。因此，在这一步应根据出现偏差的原因进行分析，重新考虑是否要改变标准，当然，切不能因为迁就而降低标准。

（三）纠正偏差

纠正偏差即是针对出现偏差的原因，制定纠正偏差的具体举措，减少损失和不利影响。纠偏最重要的是识别产生偏差的最本质的原因，针对原因提出切实可行的具有很强针对性的解决措施。

服务过程控制的这几个程序，在实际情况中没有严格的先后顺序，要根据实际情况，针对出现的问题及时地进行分析，提出解决措施，把损失降低到最低。同时，这几个程序构成了一个循环，只有在服务过程的管理中不断地依据这几个程序，加强管理，才能控制服务过程，最终提高服务质量。

思考题

1. 简述社会福利机构服务过程控制。

2. 结合实际情况，谈谈社会福利服务过程控制的内容有哪些？

3. 思考社会福利机构服务过程控制程序纠正偏差这一步的难点在哪里？

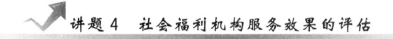

讲题 4　社会福利机构服务效果的评估

一、社会福利机构服务效果评估简述

评估是一个仁者见仁、智者见智的概念。一般认为，评估是一种对评估客体的价值的评价和判断活动。《项目评估——方法与技术》一书的作者罗西等人认为："评估的广义定义包括所有探讨事件、事物、过程或人的价值的努力。"《社会研究方法》一书的作者巴比认为："评估研究是一种应用性研究，它研究的是社会干预的效果。评估是指一项研究，其设计及实施是协助阅读评估报告者评价任意对象的优点与价值。"总的来说，评估是指对评估客体的价值进行判断和评价，或是对社会干预的效果进行考察和研究。

社会福利机构服务效果的评估是指社会福利机构相关主体通过一定的评估理论、手段、方式和方法对福利机构服务效果水平的好坏、高低、是否达到服务对象的期待水平、设定标准等进行的主观评价活动，以期能为相关部门和人员提供参考的活动过程体系。效果评估对社会福利机构的管理和发展具有重要意义。第一，能加强竞争意识，实现优胜劣汰；第二，帮助社会福利机构准确定位并进行决策；第三，健全机构制度，完善组织结构；第四，有助于增强福利机构获取社会资源的能力；第五，能使相关管理部门根据实际情况做出政策的调整或出台。社会福利机构服务效果的评估包括以下4个方面的要素。

（一）评估主体

评估主体是指实施评估活动的部门或人员，目前一般是指社会福利机构的管理部门或者是社会福利机构自身。管理部门基于考核、评估以及调整或制定相关管理规范等方面的需要，对社会福利机构的效果进行评估；而社会福利机构自身的评估是为了更好地加强管理，提升服务水平。前者偏向宏观，后者偏向微观。另外，管理部门的评估往往面对的是区域内所有的福利机构，而福利机构本身的评估却是基于自身的单一机构评估，两者所使用的方法有一定区别。

（二）评估方法

评估方法是实现评估目的的工具，借助于一定的评估方法，才能对社会福利机构的服务效果的水平有具体而准确的认识和评价，再作出政策和管理方面的调整。评估方法的选择直接关系到服务效果评估的科学性和准确性，既要考虑使用较多的定量指标，也要适当采取定性评估描述，综合运用。

（三）评估客体

评估客体是指各类社会福利机构，具体而言包括福利机构的管理水平、软硬件设施水平、人员、资金等方面，这些方面共同影响着福利机构的服务效果。对评估客体评估之前要界定评估日期，只有在该日期之前的客体状态才能进入评估活动过程中。

（四）评估目的

评估目的因主体不同，目的也不同，所采用的方法和评估的范围也不同，所以效果评估首要的就是要确定评估的目的。一般来说，评估的目的有两个方面：一是准确把握福利机构服务的水平；二是基于此作出各方面政策、措施的改进与调整。

二、我国社会福利机构服务效果评估的现状及问题

我国社会福利机构发展历史较短，其效果评估一开始就没有得到足够的重视。但是，随着经济社会的进一步发展，社会福利机构崛起的进一步加快，我国对社会福利机构的效果评估也越来越重视，社会福利机构也开始尝试引入效果管理和效果评估，使得社会福利机构的效果评估在实践上取得了长足的发展。虽然我国社会福利机构效果评估近年来已经逐步展开，其评估实践也取得了一些成绩，而且在一些资助机构的要求下，以及学者和一些社会福利机构的推动下，我国的社会福利机构还在尝试推广多种效果评估的方式，但是，我国社会福利机构的效果评估总体上仍然还存在一些缺陷，主要表现在：真正进行效果评估的社会福利机构比较少，缺乏"评估文化"和评估的制度化；现有的效果评估缺乏规范性，效果评估真正的功能难以发挥；效果评估行为的动机和目的不端正，有的社会福利机构效果评估仅仅为了争取更多的资助，而不是提高自身的管理水平，是为了评估而评估；在效果评估结束以后，效果评估的结果没有及时扩散和反馈，很难保证效果评估的结果被有效地运用，浪费了评估资源。当前我国社会福利机构效果评估中存在的主要问题一方面是由社会福利机构发展所面临的问题带来的，另一方面则是社会福利机构效果评估本身存在的困难。因此，要研究我国社会福利机构效果评估的问题，就必须把社会福利机构自身的发展所面临的困境与挑战与社会福利机构效果评估自身环节出现的问题有机地结合起来考察。从福利机构发展面临的困境来看，主要有以下三个方面：第一，社会福利机构法律地位的低微导致其效果评估受到干扰；第二，社会福利机构独立人事权的缺乏削弱效果评估的应用功能；第三，社会福利机构财政的困难造成效果评估缺乏坚定的物质基础。由于外部的困难基本都是由宏观大环境造成的，分析起来简单但要解决就不是易事了。

（一）评估理论发展缓慢

对评估内涵与外延存在着许多争议，内容也界定不清，其理论很难得到全面系统的发展，无法建立起一整套完善的社会福利机构效果评估的指标体系与方法。不同的社会福利机构会采用不同的评估形式和规范，而从各自的角度审视、评估社会福利机构效果，实际上降低了效果评估的地位和作用。

（二）评估方法有待改进

目前，我国社会福利机构所采用的评估手段、方法基本上没有超出经济学的范围，成本效益分析是最广泛采用的评估方法，但它关心的只是社会福利机构的直接投入和产出；对比分析也常用来评估社会福利机构的效果，但很少深入到社会效果与影响进行因果推定；至于逻辑框架分析、成功度等综合评估方法或是太复杂，或是实践机会太少而难以在我国得到推广应用，对于伦理道德、价值理性、个人偏好等因素则更是无能为力。

（三）评估指标存在主观片面性

社会福利机构效果评估是在一定的标准中进行的价值判断的活动，评估指标的选择是效果评估的基本前提和有效评估的保证。由于社会福利机构产生的效果与影响既有长期的，又有短期的，既有有形的，也有无形的，甚至有些可能是互相矛盾和冲突的，这就很难找到一种社会全体成员都认同的准确的计算方法。选择和采用何种方法衡量评估指标，将不可避免地受评估者主观判断的影响，特别是受那些明确以价值为取向的社会发展指标和政治性指标的影响。

三、社会福利机构服务效果评估程序与方法

（一）评估程序

从各社会福利机构评估的实践看，评估的程序基本大同小异。通常，社会福利机构的评估程序包括以下几个步骤。

第一步，由社会福利机构根据评估指标体系与评价指标进行自我评估。通常，社会福利机构应成立一个评估委员会，然后根据评估指标与标准，逐项进行打分。有的指标，特别是定性方面的指标，社会福利机构需要举证，即给出足够的证明材料，并将证据作为附件附在评估材料中。

第二步，评估机构收到社会福利机构自我评估材料后，由工作人员进行形式上的审核，检查自我评估的材料是否齐全，举证是否充分。如果有不完整或不清楚的地方，由工作人员与被评估机构进行沟通、补充。最后，条件许可的话，可以将社会福利机构自我评估报告中的部分内容挂在评估机构的网站上，接受公众监督。

第三步，由相关利益群体和专家组成一个综合评估小组。

第四步，由综合评估小组对重要的、大型的社会福利机构或有不良记录的社会福利机构、有公众举报的社会福利机构进行现场检查，也可以进行随机抽查。

第五步，将评估结果告知被评估机构，并有专门渠道接受社会福利机构的申诉。

第六步，发布评估结果。

从国外社会福利机构评估的程序看，各国社会福利机构评估的程序大同小异，因此，在评估程序方面似乎没有太多值得争议与商榷的地方。我国完全可以直接学习和借鉴国外的经验。

我国可以由社会福利机构进行自我评估，通过社会福利机构的自我评估达到促进社会福利机构学习改进的目的。社会福利机构如果能够将自我评估的过程作为组织自我诊断、设计与组织能力提升的过程，那么，开展社会福利机构评估，通过评估引导社会福利机构发展的目的就更容易实现，否则将事倍功半。

（二）评估方法

1. 逻辑框架法

逻辑框架法（Logical Framework Approach，LFA）是评估中常采用的方法。一些国际组织和国际金融机构在援助项目中要求必须采用逻辑框架法进行评估。所谓逻辑框架法，即根据事物的因果逻辑关系，用一张简单的框图（4×4 矩阵）来清晰地分析一个复杂项目的内涵和关系（见表 7-1）。逻辑框架法的作用在于使一个复杂的问题变得简单化、条理化。

表 7-1　逻辑框架法

项目结构	指　标	检验的方法	假　设
宏观目标	目标指标	统计调查	实现目标的条件
微观目标	目的指标	统计调查	实现目的的条件
产　出	产出指标	监测报表、调查	实现产出的条件
投　入	投入指标	监测报表、调查	实现投入的条件

逻辑框架法把目标的因果关系划分为 4 个层次，4 个层次之间又形成自上而下的垂直逻辑关系和各层次内部的水平逻辑关系。逻辑框架的 4 个层次即投入、产出、微观目标和宏观目标。

　　投入指标是指服务的实施过程中所投入的经费、人力、时间和设备等资源。例如，某一社会福利机构的经费投入是 100 万元，工作人员 20 名，床位 50 张，以及一些康复医疗设施等。

　　产出指标是指服务投入的直接产出物。例如，一个社会福利机构的产出是接纳了多少服务对象，赢得了多少服务对象的满意。对于社会福利机构产出的理解不能等同于一般的项目、企业、工厂的产出，因为社会福利机构的最大特征是它的公益性，它的实际产出的经济价值可能很低，但是它的社会意义却是很高的。而对服务效果的评估，产出主要理解为是否达到了预先设定的服务所要达到的效果水平，是否符合国家相关管理规范的标准。

　　目的指标是指社会福利机构提供服务所要达到的直接效果。例如，在儿童社会福利机构不但要提供一般的养护照顾服务，还要提供教育服务的内容，目的是培养福利儿童的知识素养，使他们全面发展。在这里，教育服务的目的即是知识的传输及素质的提高。

　　目标指标是指服务实施后在最高层次的结果。宏观目标一般超越了服务的范畴，是指国家、地区、部门的整体性目标。例如，社会福利机构的目标在宏观上是体现国家本质，实现社会稳定，促进社会和谐发展。

　　自上而下的垂直逻辑关系即指社会福利机构一项服务的资金、人力、物力等资源投入在什么条件下将有产出；有了这一产出，在什么条件下可以达到服务的微观目的；达到服务的微观目的后在什么条件下可以达到宏观目标。垂直逻辑关系表明了各层次之间的关系，而每个层次的目标水平方向是由验证指标、验证方法和重要的假定条件所构成，从而形成了水平逻辑关系。

　　各层次目标应尽可能有客观的可度量的验证指标。验证方法主要指数据的来源（它可以是监测数据，也可以是调查数据）和检验方法。重要的假定条件主要指可能对服务的进展或成果产生影响，而管理者又无法控制的外部条件，即风险。在建立逻辑框架之后，就可以较为清楚地进行评估工作。例如，在评估服务效果时，可以根据逻辑框架建立的检验方法和目的指标，计算服务实施后的目的指标值，并与预期的指标值比较。如果预期指标值基本达到，甚至超过预期的指标值，则可以评价服务的效果较好或很好，否则可以评价服务的效果较差或很差。与此同时，还可以通过逻辑框架建立的假设条件分析服务效果好坏的原因。

　　2. 对比法

　　对比法是评估活动中最常用的方法之一。如果说逻辑框架法是评估中定性分析的方法，那么对比法则是评估中定量分析的方法。通常，当我们通过监测报告、问卷调查等方式得到投入、产出、目的、目标指标的数据后，往往还不能判断这一指标值的高低、好坏，还需要有一个参照对象，通过比较各类数值才能作出判断，得出评估结论。对比法就是通过比较发现差异与成效的方法。对比法有很多类型，其中主要有：前后对比法、有无对比法和综合对比法等。

（1）前后对比法：是指将服务实施前的情况与服务完成后的情况进行对比，以评估服务效果的方法。其公式为

$$P = I_2 - I_1$$

式中：P 为服务效果；I_2 为服务完成后的情况（服务后测值）；I_1 为服务实施前的情况（服务前测值）。前后对比法看上去非常简单，但在实际操作时，需要注意几个问题。一是容易缺乏前测值。我国社会福利机构由于各种原因的限制，往往没有进行服务效果的前测，而在服务完成后，为了评估服务的效果才进行后测。此时由于缺乏对比的基线，无法进行判断，从而给评估工作带来了困难和麻烦。这也是社会福利机构效果评估中经常遇到的一个问题。二是前后对比法本身存在的局限。由于影响服务效果的因素往往较为复杂，除服务实施本身会影响结果外，常常还有许多服务实施以外的因素也会影响服务效果。也就是说，后测值与前测值之差可能并不完全代表服务效果。

（2）有无对比法：是选定一个与服务组近似的但没有实施服务的对照组（控制组），通过服务组实施的结果与没有实施的控制组结果进行对比，以评估服务效果的方法。其公式为

$$P = I_2 - C_2$$

式中：P 为服务效果；I_2 为服务完成后的情况（服务组后测值）；C_2 为控制组同期的情况（控制组后测值）。

（3）综合对比法：是通过比较项目组前后测值之差与控制组前后测值之差以评估服务效果的方法。其公式为

$$P = (I_2 - I_1) - (C_2 - C_1)$$

式中：P 为服务效果；I_2 为服务组后测值；I_1 为服务组前测值；C_2 为控制组后测值；C_1 为控制组前测值。

3. 快速农村评估法

出于传统的评估方法对数据质量的要求较高，通常需要进行严格的抽样调查，因此评估的成本较高，特别是评估时采用综合对比法收集数据更是如此。这导致了许多对传统评估方法的批评。从 20 世纪 70 年代末开始，快速农村评估法这种新型的评估方法逐渐替代了部分正规的社会调查评估方式。这种方法建立在人类学、社会学非量化资料的技术基础之上，可以说是一种快速而不断学习的评估方法。它的主要做法如下。

（1）组成多方团体。对服务效果的评估，邀请专家、福利机构服务人员、管理者、服务对象、政府机构相关单位等组成最广泛的团体，确保评估的科学性和准确性。

（2）三角信息。是指利用不同的方法，正式的、非正式的、不同专业的方法来收集同一种信息，如利用观察、直接参与、小组访谈等不同形式讨论同一主题，而不是通过正规的问卷或访谈调查等单一方式收集信息，进行评估。三角信息的好处在于可以确保信息的真实性。

（3）避免主观偏见。快速农村评估法在调查中仔细倾听、深入调查，不仓促下结论。用认真、慎重的态度纠正主观偏见，以获得真正反映实际状况的信息，并通过调查不断学习。

（4）直接面向服务对象。评估者通过直接观察、小组访谈等一系列方法，直接与服务对象接触，获取信息，了解目标群体的看法，并通过与服务对象的直接接触不断学习。而在传统的评估调查中，评估者有时并不直接参与调查，而是委托调查员进行问卷调查或访谈，因此评估者并不与服务对象直接接触，从而难以获得感性认识和客观的结论。

快速农村评估与正规评估调查相比，具有见效快、费用低、提供的资源更丰富等优势。它特别适用于评估时间紧迫、预算的评估费用较少的情况。

4．参与式评估法

参与式评估法就是在快速农村评估法基础上产生的另一个重要的分支。这种方法的评估调查更多地依靠受益者或者目标群体自身，依靠他们自己对项目反馈的信息进行评估。另外，评估者可以通过这一方法更好地了解目标群体的需求、目标群体优先考虑的问题等。参与式评估法采用目标群众参与的方式进一步发展快速农村评估法，通过受益者的参与增强了目标群体的能力建设。参与式评估法是当前国际上最为流行的评估方法之一，也是社会福利机构通常采用的评估方法。

（1）参与式评估的概念与特征。参与式评估是指管理人员与服务对象共同组成评估小组，通过对服务效果管理的系统评估，调整、重新制订服务实施的目标或方案，重新进行组织机构安排或调配资源的一种方式。参与式评估要求服务对象参与评估的全过程，包括评估的领域、评估指标的选择、设计数据收集系统、收集和整理数据、分析结果、将评估的信息用于目标的实现等全过程。它和传统的评估不同，不是简单地由专家或管理人员得出评估结论。需要说明的是，参与式评估绝不是为了简单地增加评估的人员，而是通过服务对象的直接参与提高评估质量。参与式评估的最大特色是打破了传统的思想认识和评估方式，即自上而下、迷信上级和专家权威的评估，而是鼓励服务对象对评估过程、管理过程的参与，充分调动服务对象的积极性。一般而言，参与式评估不是一种自发的行为。因此，为了进行参与式评估，必须运用积极的、操作性强的方法保证服务对象的参与，并从服务对象感兴趣的活动开始。如果可能，还需要对服务对象进行参与式评估的培训。

（2）参与式评估法与快速农村评估法的比较。快速农村评估法主要是通过决策者来收集信息，或为决策者收集信息，它的缺点在于这种形式的评估很难促使服务对象或目标群体采用主动的行为。与快速农村评估法相比，参与式评估法更强调参与过程本身，通过参与评估过程促使不同的利益群体进行评估并采取行动，而不是仅由社会福利机构单独采取行动。也就是说，参与式评估通过服务对象的参与进行评估，并通过评估中的学习和信息反馈影响服务效果未来或后续的水平。一般而言，参与式评估能够较好地避免为评估而评估的做法，从而取得预期的评估效果。

（3）参与式评估的原则。参与式评估是一个灵活的学习过程。即应该把参与式评估看作是一个学习的过程，而不仅仅是考核、监督的过程，这也是评估活动的特点之一。通过参与式评估不断总结经验与教训，探索提高组织能力与服务效果的方法。这就要求社会福利机构的评估者将来自各利益群体的批评当作建设性意见或学习的机会。参与式评估是一个分享的过程。参与式评估法认为，信息不仅是一个从当地人流向外来评估者的过程，而且也是一个从外来者流向当地人的过程，即双向过程。参与式评估要达到其目标，不仅要发挥外来者的作用，发挥当地人的作用，而且也应该注重外来评估者和当地人之间信息的交流与分享。参与式评估是寻求多样化、尊重差异的评估。参与式评估着重寻求不同人的经验（性别、年龄、贫富、伤残等不同群体的经验），而不是寻求一大群人的一般性经验。因此，参与式评估有义务考虑少数人，特别是弱势群体的知识、经验和观点。参与式评估是一个协助的过程。参与式评估不仅是寻求多种观点，而且应协助、鼓励服务对象表达他们自己的真实情况，而不应被外来评估者的观点所左右。参与式评估具有较强的实用性。参与式评估没有必要了解某人的生活细节，而只需了解与行动有关的信息。参与式评估通过讨论能促使目标群体采取行动来改善他们自己的生活。早期应用参与式评估法可以在服务对象参与的情况下，真正按照他们自己的需求、本地的资源条件、受益者可接受的或本地行之有效的服务方式，研究选择服务方式，以避免选择的服务不能真正满足服务对象的需求。

思考题

1. 简述社会福利机构服务效果评估。
2. 结合实际，谈谈我国社会福利机构服务效果评估的现状。
3. 社会福利机构服务效果评估的方法有哪些？

本讲小结

本讲对社会福利机构服务规范相关内容进行了讲授，要求学生理解并掌握。该讲的核心内容有以下两个方面。

（1）了解社会福利机构服务内容、服务流程、服务过程、服务效果等的基本内容，结合我国社会福利机构服务规范发展的现状，学习国内外先进经验，借鉴其能适合我国社会福利机构发展现状的可取之处，运用到实际，提高我国社会福利机构服务规范的水平。

（2）社会福利机构服务规范的重点在于通过科学的方法，结合社会福利机构实际发展情况，制定一系列规范化的制度、流程、评估等体系，使得福利机构的发展更具规范性和科学性。

推荐阅读

1. 中华人民共和国民政部．社会福利机构管理暂行办法［Z］．1999-12-30.

2. 赵卫东．流程管理［M］．北京：知识产权出版社，2007.

3. 秦志华．企业管理［M］．大连：东北财经大学出版社，2011.

4. 赵晶磊．社会福利社会化中我国养老机构的发展研究［D］．大连：大连理工大学，2008.

第 ⑧ 讲

社会福利机构政策法规

学习（培训）目标

通过本讲学习（培训）：

1. 了解政策、法规及其基本特征；

2. 掌握社会福利机构政策法规的基本含义及其渊源，理解各类社会福利机构政策法规的效力关系；

3. 理解具体的社会福利机构政策法规的主要内容，学会运用具体的社会福利机构政策法规分析和解决实际工作中的问题和困难。

核心概念

社会福利机构　政策法规　权益保障　管理服务　规范

本讲概览

社会福利机构政策法规是指在发展社会福利事业过程中，涉及调整和规范社会福利机构的设置、运作、管理和监督等内容的政策和法规。

随着国家社会福利事业的发展，社会福利机构不断规范管理和扩大服务领域，社会福利机构政策法规所涉领域也不断扩张。从对象上看，我国社会福利机构政策法规主要包括老年人福利机构政策法规、儿童福利机构政策法规、残疾人福利机构政策法规、优抚福利机构政策法规以及其他福利机构政策法规等几类。从内容上看，社会福利机构政策法规包括服务对象权益保护性政策法规、社会福利机构设置与管理法规以及社会福利机构建设法规等。社会福利机构政策法规是由不同渊源的法律、法规、规章和政策文件等效力和约束力程度不一样的规范共同构成的体系。

全国人大代表黄炳章建议推动儿童福利立法

近年来，有关弃婴被遗弃、非法收养、不当收养所带来的一系列社会问题和悲剧引起了全国人大代表黄炳章的关注。正在北京参加十二届全国人大一次会议的黄炳章就此向大会提交建议，呼吁切实保障儿童福利，完善孤儿残童救助体系。

黄炳章告诉记者，我国目前在儿童福利方面的公共财政投入、专门人才培养乃至机制保障，都有不小的"欠账"，这在农村表现尤为突出。以投入而言，权威数据显示，到 2010 年，我国才基本实现百万人口以上地级城市有独立的儿童福利机构，且接纳能力远远不够，地级市以下县区情况更不容乐观。从机制上讲，从中央到地方均缺乏儿童福利的专责机构。国家民政部主管儿童福利的只有设在社会福利和慈善事业促进司下的一个儿童福利处，3 名工作人员，主要的工作对象就是福利院的儿童和孤残儿童，相比于发达国家，可谓势单力薄。据民政部 2008 年的统计，我国的各类福利机构仅能满足 0.7% 孤残儿童的抚养需要。民政部 2013 年 3 月 1 日公布，我国目前有专门收养孤儿弃婴的机构 800 多家，收养人数 9394 人，而这仅仅是有登记的，相信仍然有为数不少的孤儿弃婴得不到照顾依然流落街头或生活在极恶劣的环境中。

黄炳章认为，儿童福利首先应该体现为政府责任，众多民间爱心人士的救助努力，只能是对政府责任出现缺位时的一种补充。他建议，首先应推动儿童福利的立法，建立强大的国家福利体系。其次，政府应该增加对孤儿收养经费的投入，建议每个县区以上的地方政府都必须建设有公办的儿童福利院或儿童救助中心。同时，建立收养人评估制度，形成"政府主管，社会、民间团体为辅、个人领养为补充"的良性机制，使社会上的弃婴残童问题得到妥善的解决，促进社会和谐。

（资料来源：大华网，2013 年 3 月 8 日）

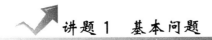

讲题 1　基本问题

一、定义

（一）政策

政策是指国家或政党等为实现一定历史时期的政治目标而制定的行动准则，即国家政权机关、政党组织和其他社会政治集团为了实现自己所代表的阶级、阶层的利益与意志，以权威形式标准化地规定在一定的历史时期内，应该达到的奋斗目标、遵循的行动原则、完成的明确任务、实行的工作方式、采取的一般步骤和具体措施的总和。在狭义上，政策是指在政府行政层面上的行动准则，并且重点是指还没有被纳入法规体系中的行动规则和规划。人们平时经常说的"按政策办事""严格执行政策"，一般是指这种狭义的政策含义。在我国各级政府及其部门中，"政策"的含义常常也是取其狭义。在广义上，政策除了包含规则体系的含义之外，还包含政府或政党在某一行动领域的基本方针和具体行动。在文献中经常用到的"公共政策""经济政策""社会政策"等都包含了国家、政府或政党在这些领域中的规则体系和具体行动的体系。

政策具有政治性和策略性两大特征。政策的政治性是指政策体现一定的政治倾向。政治是指在一定的经济基础上，人们围绕着特定的利益，借助于社会公共权利来规定和实现特定权利的一种社会关系。没有政治，就没有政策，政策与政治相伴而生。任何政策都有政治性，从国家政策、社会政策到企业政策、家庭政策，都表现为对人们的利益进行分配及调节的政治措施和复杂过程。政策的策略性是指政策的制定者在确定目标时，必然会考虑实现目标的途径、措施和手段等，以确保既定目标价值的实现。政策是一种行为措施，并且是一种具有策略性的行为措施。就政策的结构而言，一项完整的政策，既包含政策的目标，同时也包括实现该目标的计划、方法或手段，这种方法、手段等就体现了政策的策略性。

（二）法规

法规是指国家立法机构和行政机关等为规范社会秩序和实施有效的社会管理而制定的各种规范性文件的总称。法规有广义和狭义之分。从广义上看，法规包含国家及地方立法机构制定的规范体系和政府及其部门制定的规范性文件。从狭义上看，法规仅指国务院颁布的行政法规、省级人民代表大会或者较大的市的人民代表大会依照法定职权和程序制定的地方性法规。本书所指的法规概念一般取其广义。

法规具有以下特征：

（1）规范性。法规不针对具体的人和事，可以反复适用。它在指引人们的行为、调整社会关系时，无须经过其他程序，直接发生作用，具有普遍适用性。

（2）由国家制定或认可。法规由国家专门机关依照法定的权限和程序制定或者认可，也包括有权机关依照法定的权限和程序，根据一定的标准和原则对法规所作的具有法律效力的解释。

（3）以权利义务为内容。法规调整社会关系的内在机制是对社会总权利义务进行分配，对人们行为的调整主要是通过权利义务的设定和运行来实现的，法规的内容主要表现为权利义务。

（4）由国家强制力保证实施。法规制定后，社会成员应当遵守，如果违反法规规定，社会正常秩序就会被破坏，国家将使用强制力予以矫正。

（三）社会福利机构政策法规

社会福利机构政策法规是指在发展社会福利事业过程中，涉及调整和规范社会福利机构的设置、运作、管理和监督等内容的政策和法规。在性质上，社会福利机构政策法规属于社会政策范畴，具有社会政策的特点。社会福利机构政策法规具有社会性的目标，体现全社会共有的社会价值，坚持福利性原则等特征，寓社会管理于社会服务之中，在实现社会目标的同时也促进经济发展。政府通过社会福利机构政策法规规范和促进社会福利机构的建设，满足社会成员的基本需要，解决社会问题，维护社会稳定和提高社会生活质量，促进人的全面发展和社会进步；通过实施社会福利机构政策法规，向社会成员，特别是困难群体提供社会福利服务，维护社会公平，调节收入分配，关照弱势群体，使全体人民共享经济与社会发展的成果。

社会福利机构政策法规由涉及社会福利机构建设、运行的所有的法规和政策组成。随着国家社会福利事业的发展，社会福利机构不断扩大服务领域和规范管理，社会福利机构政策法规所调整的领域也随之扩张。从调整对象看，我国社会福利机构政策法规主要包括老年人福利机构政策法规、儿童福利机构政策法规、残疾人福利机构政策法规、优抚福利机构政策法规以及其他福利机构政策法规等。从内容上看，社会福利机构政策法规包括服务对象权益保护性政策法规、社会福利机构设置与管理法规以及社会福利机构建设法规等。

二、社会福利机构政策法规渊源

社会福利机构政策法规渊源是指与社会福利机构相关的政策法规的出处，即这个文件由哪一个机关颁布实施。不同的机关，由于其级别的不同和所辖地域的差别，其所颁布实施文件的效力也不一样。在我国，社会福利机构政策法规是一个包括法规、政策和国际公约及其他规范性文件的体系。

（一）法规体系

1. 宪法

宪法由全国人民代表大会修改与解释。我国《宪法》第 45 条规定："中华人民共和国公民在年老、疾病或者丧失劳动能力的情况下，有从国家和社会获得物质帮助的权利。国家发展为公民享受这些权利所需要的社会保险、社会救济和医疗卫生事业。国家和社会保障残废军人的生活，抚恤烈士家属，优待军人家属。国家和社会帮助安排盲、聋、哑和其他有残疾的公民的劳动、生活和教育。"这是社会福利机构政策法规的宪法依据。

2. 法律

这里所讲的法律是指由全国人民代表大会及其常委会制定的规范性文件。法律不得与宪法相冲突，如《中华人民共和国老年人权益保障法》《中华人民共和国未成年人保护法》《中华人民共和国残疾人保障法》等。全国人大常委会对法律所作的解释同法律具有同等效力。

3. 行政法规

行政法规是指国务院根据宪法和法律制定的规范性文件。按照国务院《行政法规制定程序条例》的规定，行政法规的名称一般称"条例"，也可以称"规定""办法"等，如《城市生活无着的流浪乞讨人员管理办法》等。

4. 地方性法规、自治条例和单行条例

省、自治区、直辖市和较大的市的人民代表大会及其常委会可以制定地方性法规。地方性法规可以称"条例"，如《重庆市残疾人保障条例》。民族自治地方的人民代表大会可以按照当地民族的政治、经济和文化的特点，制定自治条例和单行条例，对法律和行政法规的规定作出变通规定，但不得违反法律和行政法规的基本原则。

5. 规章

规章包括部门规章和地方性规章。国务院各部、委员会、中国人民银行、审计署和具有行政管理职能的直属机构（如国家工商局等）可以根据法律和国务院的行政法规、决定、命令，在本部门的权限范围内，制定部门规章，其效力低于法律和行政法规。省、自治区、直辖市和较大的市的人民政府可以根据法律、行政法规和地方性法规制定地方性规章，其效力低于法律、行政法规和地方性法规。规章的名称一般称"规定""办法"等，部门规章如民政部《〈城市生活无着的流浪乞讨人员救助管理办法〉实施细则》，地方性规章如《深圳市扶助残疾人办法》《北京市基本养老保险规定》等。

（二）政策文件

除以上法规以外，执政党和政府还有其他一些规范性和指导性的政策文件。所谓政策文件，是指各级党政部门向其下属单位和社会发布有关政策的文件。政策文件的内容非常广泛，但一般都包含在某类政策方面，或特定的公共管理事务方面，在一定时期中的目标、方向、原则、任务、工作方式，以及具体的步骤和措施等内容。有些政策文件着眼于大的目标、方向和原则，其内容主要是对政府政策的宏观阐释和对公共事务的宏观指导；而另一些则着眼于具体的政策规范和行动。党和政府的政策文件形式也比较多样化，但大致可以分为两大类。一类是党和政府及其职能部门以政策文件的形式向其下级组织下达政策指令，要求下级组织按照上级政府或其职能部门的要求办理某类公共事务，或者为下级政府及其职能部门的工作提供指导原则。此类文件常常以"通知""意见"等文件方式下发，有时候也以对下级上报请示文件的"批复"等信函的方式下发。另一类则更侧重向社会宣布政府的政策方向、原则及内容，其形式常常是以"白皮书"等方式发布。还有一类政策文件既针对其下属组织及部门，又面向社会，这类文件常常是以"决定""公告"等方式发布。

按照发布文件的机关，政策文件可以分为不同的层级和类别，包括各级党的领导机关发布的政策文件，国务院文件、中共中央与国务院联合发布的政策文件、国务院各个部门的政策文件、国务院有关部门联合发布的文件、国务院有关部门与具有公共管理职能的群众团体（如全国妇联、全国总工会、共青团中央、中国残联等）联合发布的政策文件，以

及地方各级政府及其职能部门发布的地方性政策文件等。

（三）国际条约

国际条约是指我国同外国或者国际组织缔结的双边和多边条约、协定和其他具有条约、协定性质的文件。我国政府签订的国际条约属于我国的政策法规渊源，如我国是《儿童权利公约》的成员国，该条约在我国具有法律效力，我国政府、有关组织机构和公民应当遵守。

（四）效力关系

法律、法规、规章和政策文件之间的效力和约束力程度是不一样的。在效力方面，根据立法法规定，首先，宪法具有最高的法律效力，一切法律、行政法规、地方性法规、自治条例和单行条例、规章都不得同宪法相抵触。其次，法律的效力高于行政法规、地方性法规、规章。再次，行政法规的效力高于地方性法规、规章，地方性法规的效力高于本级和下级地方政府规章；省、自治区人民政府制定的规章的效力高于本行政区域内的较大的市的人民政府制定的规章。最后，部门规章之间、部门规章与地方政府规章之间具有同等效力，在各自的权限范围内施行。

在约束力程度方面，法律、法规、规章都具有完整的约束力，必须严格执行。国务院及其行政部门和地方政府制定和发布的各种"决定""通知""规定""办法"等文件也具有约束力，在其规定的范围内应该按此办理。各级政府及其行政部门发布的各种"意见"的约束力相对较弱，而指导性的意义较强。各级政府及其行政部门发布的各种"批复""答复"等文件，在其直接针对的地区和部门及单位具有约束性效力，但对其他地区、部门和单位则具有参照性效力。

思考题

1. 结合所学知识，谈谈你对我国社会福利机构管理的法制化的理解。

2. 根据你所了解的情况，结合所学内容，讨论我国社会福利机构立法上的不足和解决措施。

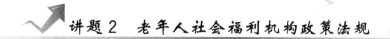

讲题 2　老年人社会福利机构政策法规

一、老年人权益保障法

《中华人民共和国老年人权益保障法》（以下简称《老年人权益保障法》）是发展老年

人社会福利事业的基本依据，也是老年人社会福利机构政策法规中最重要的部分。我国现行《老年人权益保障法》于 2012 年 12 月 28 日第十一届全国人民代表大会常务委员会第三十次会议修订，自 2013 年 7 月 1 日起施行。

（一）老龄事业体制

（1）国家保障老年人依法享有的权益。老年人有从国家和社会获得物质帮助的权利，有享受社会服务和社会优待的权利，有参与社会发展和共享发展成果的权利。禁止歧视、侮辱、虐待或者遗弃老年人。

（2）积极应对人口老龄化是国家的一项长期战略任务。国家和社会应当采取措施，健全保障老年人权益的各项制度，逐步改善保障老年人生活、健康、安全以及参与社会发展的条件，实现老有所养、老有所医、老有所为、老有所学、老有所乐。

（3）国家建立多层次的社会保障体系，逐步提高对老年人的保障水平。国家建立和完善以居家为基础、社区为依托、机构为支撑的社会养老服务体系，倡导全社会优待老年人。

（4）各级人民政府应当将老龄事业纳入国民经济和社会发展规划，将老龄事业经费列入财政预算，建立稳定的经费保障机制，并鼓励社会各方面投入，使老龄事业与经济、社会协调发展。

（5）保障老年人合法权益是全社会的共同责任。国家机关、社会团体、企事业单位和其他组织应当按照各自职责，做好老年人权益保障工作。基层群众性自治组织和依法设立的老年人组织应当反映老年人的要求，维护老年人合法权益，为老年人服务。提倡、鼓励义务为老年人服务。

（二）家庭赡养与扶养

我国老年人养老以居家为基础，家庭成员应尊重、关心和照料老年人，禁止对老年人实施家庭暴力。赡养人负有对老年人经济上供养、生活上照料和精神上慰藉的义务，应照顾老年人的特殊需要。赡养人的配偶要协助赡养人履行赡养义务。老年人与配偶有相互扶养的义务。由兄、姐抚养的弟、妹成年后，有负担能力的，对年老无赡养人的兄、姐有抚养的义务。

赡养人应当使患病的老年人及时得到治疗和护理；对经济困难的老年人，应当提供医疗费用。对生活不能自理的老年人，赡养人应当承担照料责任；不能亲自照料的，可以按照老年人的意愿委托他人或者养老机构等照料。赡养人应当妥善安排老年人的住房，不得强迫老年人居住或者迁居条件低劣的房屋。老年人自有的或者承租的住房，子女或者其他亲属不得侵占，不得擅自改变产权关系或者租赁关系。老年人自有的住房，赡养人有维修的义务。赡养人有义务耕种或者委托他人耕种老年人承包的田地，照管或者委托他人照管老年人的林木和牲畜等，收益归老年人所有。家庭成员应关心老年人的精神需求，不得忽视、冷落老年人。与老年人分开居住的家庭成员，应当经常看望或者问候老年人。

老年人的婚姻自由受法律保护。子女或者其他亲属不得干涉老年人离婚、再婚及婚后的生活。赡养人的赡养义务不因老年人的婚姻关系变化而消除。赡养人也不得以放弃继承权或者其他理由，拒绝履行赡养义务。赡养人不履行赡养义务，老年人有要求赡养人付给赡养费等权利。

（三）社会保障

国家通过基本养老保险制度，保障老年人的基本生活，鼓励慈善组织以及其他组织和个人为老年人提供物质帮助。老年人可以与集体经济组织、基层群众性自治组织、养老机构等组织或者个人签订遗赠扶养协议或者其他扶助协议。负有扶养义务的组织或者个人按照遗赠扶养协议，承担该老年人生养死葬的义务，享有受遗赠的权利。

国家通过基本医疗保险制度，保障老年人的基本医疗需要。享受最低生活保障的老年人和符合条件的低收入家庭中的老年人参加新型农村合作医疗和城镇居民基本医疗保险所需个人缴费部分，由政府给予补贴。国家逐步开展长期护理保障工作，保障老年人的护理需求。对生活长期不能自理、经济困难的老年人，由地方各级人民政府根据其失能程度等情况给予护理补贴。

国家对经济困难的老年人给予基本生活、医疗、居住或者其他救助。老年人无劳动能力、无生活来源、无赡养人和扶养人，或者其赡养人和扶养人确无赡养能力或者扶养能力的，由地方各级人民政府依照有关规定给予供养或者救助。对流浪乞讨、遭受遗弃等生活无着的老年人，由地方各级人民政府依照有关规定给予救助。地方各级人民政府在实施廉租住房、公共租赁住房等住房保障制度或者进行危旧房屋改造时，应当优先照顾符合条件的老年人。

国家建立和完善老年人福利制度，根据经济社会发展水平和老年人的实际需要，增加老年人的社会福利。国家鼓励地方建立 80 周岁以上低收入老年人高龄津贴制度。国家建立和完善计划生育家庭老年人扶助制度。农村可以将未承包的集体所有的部分土地、山林、水面、滩涂等作为养老基地，收益供老年人养老。老年人依法享有的养老金、医疗待遇和其他待遇应当得到保障，有关机构必须按时足额支付，不得克扣、拖欠或者挪用。国家根据经济发展以及职工平均工资增长、物价上涨等情况，适时提高养老保障水平。

（四）社会服务

地方各级人民政府和有关部门应当采取措施，发展城乡社区养老服务，鼓励、扶持专业服务机构及其他组织和个人，为居家的老年人提供生活照料、紧急救援、医疗护理、精神慰藉、心理咨询等形式的服务。对经济困难的老年人，地方各级人民政府应当逐步给予养老服务补贴。地方各级人民政府和有关部门、基层群众性自治组织，应当将养老服务设施纳入城乡社区配套设施建设规划，建立适应老年人需要的生活服务、文化体育活动、日间照料、疾病护理与康复等服务设施和网点，就近为老年人提供服务。发扬邻里互助的传统，提倡邻里间关心、帮助有困难的老年人。鼓励慈善组织、志愿者为老年人服务。倡导老年人互助服务。

各级人民政府应当根据经济发展水平和老年人服务需求，逐步增加对养老服务的投入。各级人民政府和有关部门在财政、税费、土地、融资等方面采取措施，鼓励、扶持企业事业单位、社会组织或者个人兴办、运营养老、老年人日间照料、老年文化体育活动等设施。地方各级人民政府和有关部门应当按照老年人口比例及分布情况，将养老服务设施建设纳入城乡规划和土地利用总体规划，统筹安排养老服务设施建设用地及所需物资。非营利性养老服务设施用地，可以依法使用国有划拨土地或者农民集体所有的土地。养老服务设施用地，非经法定程序不得改变用途。政府投资兴办的养老机构，应当优先保障经济困难的孤寡、失能、高龄等老年人的服务需求。

国家建立健全养老服务人才培养、使用、评价和激励制度，依法规范用工，促进从业人员劳动报酬合理增长，发展专职、兼职和志愿者相结合的养老服务队伍；鼓励高等学校、中等职业学校和职业培训机构设置相关专业或者培训项目，培养养老服务专业人才。

养老机构应当与接受服务的老年人或者其代理人签订服务协议，明确双方的权利和义务。养老机构及其工作人员不得以任何方式侵害老年人的权益。国家鼓励养老机构投保责任保险，鼓励保险公司承保责任保险。

各级人民政府和有关部门应当将老年医疗卫生服务纳入城乡医疗卫生服务规划，将老年人健康管理和常见病预防等纳入国家基本公共卫生服务项目。鼓励为老年人提供保健、护理、临终关怀等服务。国家鼓励医疗机构开设针对老年病的专科或者门诊。医疗卫生机构应当开展老年人的健康服务和疾病防治工作。

各级人民政府和有关部门应当为老年人及时、便利地领取养老金、结算医疗费和享受其他物质帮助提供条件。各级人民政府和有关部门办理房屋权属关系变更、户口迁移等涉及老年人权益的重大事项时，应当就办理事项是否为老年人的真实意思表示进行询问，并依法优先办理。医疗机构应当为老年人就医提供方便，对老年人就医予以优先。提倡为老年人义诊，提倡与老年人日常生活密切相关的服务行业为老年人提供优先、优惠服务。城市公共交通、公路、铁路、水路和航空客运，应当为老年人提供优待和照顾；博物馆、美术馆、科技馆、纪念馆、公共图书馆、文化馆、影剧院、体育场馆、公园、旅游景点等场所，对老年人免费或者优惠开放。

国家采取措施，推进宜居环境建设，为老年人提供安全、便利和舒适的环境。国家制定无障碍设施工程建设标准。新建、改建和扩建道路、公共交通设施、建筑物、居住区等，应当符合国家无障碍设施工程建设标准。各级人民政府和有关部门应当按照国家无障碍设施工程建设标准，优先推进与老年人日常生活密切相关的公共服务设施的改造。无障碍设施的所有人和管理人应当保障无障碍设施正常使用。国家推动老年宜居社区建设，引导、支持老年宜居住宅的开发，推动和扶持老年人家庭无障碍设施的改造，为老年人创造无障碍居住环境。

老年人享有参与社会发展的权利。国家和社会重视、珍惜老年人的知识、技能、经验和优良品德，发挥老年人的专长和作用，保障老年人参与经济、政治、文化和社会生活，为老年人参与社会发展创造条件。根据社会需要和可能，鼓励老年人在自愿和量力的情况下，从事下列活动：对青少年和儿童进行社会主义、爱国主义、集体主义和艰苦奋斗等优良传统教育；传授文化和科技知识；提供咨询服务；依法参与科技开发和应用；依法从事经营和生产活动；参加志愿服务、兴办社会公益事业；参与维护社会治安、协助调解民间纠纷；参加其他社会活动。

二、养老机构的"两个办法"

（一）养老机构设立许可办法

养老机构是指为老年人提供集中居住和照料服务的机构。为了规范养老机构设立许可，促进养老机构健康发展，民政部于 2013 年 6 月 27 日颁布了《养老机构设立许可办法》（以下简称《办法》），《办法》自 2013 年 7 月 1 日起施行。《办法》规定，养老机构设立许可工作由县级以上人民政府民政部门负责，遵循公开、公平、公正原则。

1. 条件和程序

《办法》规定，设立养老机构，应当符合下列条件：有名称、住所、机构章程和管理制度；有符合养老机构相关规范和技术标准，符合国家环境保护、消防安全、卫生防疫等要求的基本生活用房、设施设备和活动场地；有与开展服务相适应的管理人员、专业技术人员和服务人员；有与服务内容和规模相适应的资金；床位数在 10 张以上；法律、法规规定的其他条件。

依法成立的组织或者具有完全民事行为能力的自然人可以向养老机构住所地县级以上人民政府民政部门申请设立养老机构。县、不设区的市、直辖市的区人民政府民政部门实施本行政区域内养老机构的设立许可。设区的市人民政府民政部门实施住所在市辖区的养老机构的设立许可，也可以委托市辖区人民政府民政部门实施许可。省级以上人民政府投资兴办的发挥实训、示范功能的养老机构，可以到同级人民政府民政部门申请设立许可，各许可事项，可以委托下一级人民政府民政部门实施许可。外国的组织、个人独资或者与中国的组织、个人合资、合作设立养老机构的，中国香港、澳门、台湾地区的组织、个人以及华侨独资或者与内地（大陆）的组织、个人合资、合作设立养老机构的，由住所地省级人民政府民政部门或者其委托的设区的市级人民政府（行政公署）民政部门实施许可。法律、法规对投资者另有规定的，按其规定办理。

许可机关根据申请人筹建养老机构的需要和条件，在设立条件、提交材料等方面提供指导和支持。

申请设立养老机构，应当向许可机关提交下列文件、资料：设立申请书；申请人、拟任法定代表人或者主要负责人的资格证明文件；符合登记规定的机构名称、章程和管理制度；建设单位的竣工验收合格证明，卫生防疫、环境保护部门的验收报告或者审查意见，以及公安消防部门出具的建设工程消防设计审核、消防验收合格意见，或者消防备案凭证；服务场所的自有产权证明或者房屋租赁合同；管理人员、专业技术人员、服务人员的名单、身份证明文件和健康状况证明；资金来源证明文件、验资证明和资产评估报告；依照法律、法规、规章规定，需要提供的其他材料。

许可机关应当自受理设立申请之日起20个工作日内，对申请人提交的文件、材料进行书面审查并实地查验。符合条件的，颁发养老机构设立许可证（以下简称设立许可证）；不符合条件的，应当书面通知申请人并说明理由。养老机构应当取得许可并依法登记。未获得许可和依法登记前，养老机构不得以任何名义收取费用、收住老年人。

2. 许可管理

《办法》规定，设立许可证应当载明机构名称、住所、法定代表人或者主要负责人、服务范围、有效期限等事项。设立许可证分为正本和副本，正本和副本具有同等法律效力。设立许可证的式样由国务院民政部门统一规定。

设立许可证有效期5年。设立许可证有效期届满30日前，养老机构应当持设立许可证、登记证书副本、养老服务提供情况报告到原许可机关申请换发许可证。许可机关应当在有效期限届满前按照设立条件作出是否准予延续的决定，逾期未作决定的，视为准予延续。

养老机构设立分支机构，应当依照《办法》的相关规定，到分支机构住所地的县级以上人民政府民政部门办理申请设立许可手续。相关法律、行政法规对分支机构另有规定的，依照其规定办理。养老机构变更名称、法定代表人或者主要负责人、服务范围的，应当到原许可机关办理变更手续。养老机构变更住所的，应当重新办理申请设立许可手续。

养老机构自行解散，或者无法继续提供服务的，应当终止，并将设立许可证交回原许可机关，办理注销手续。终止服务的养老机构应当按照有关规定进行清算。养老机构因分立、合并、改建、扩建等原因暂停服务的，或者因解散等原因终止服务的，应当向原许可机关提出申请，并提交老年人安置方案，经批准后实施。未经批准，不得擅自暂停或者终止服务。

许可机关应当建立健全养老机构设立许可信息管理制度，及时公布养老机构设立许可相关信息。

3. 监督检查

《办法》规定，许可机关依法对养老机构的名称、住所、法定代表人或者主要负责人、服务范围等设立许可证载明事项的变化情况进行监督检查，养老机构应当接受和配合监督检查。许可机关实施养老机构设立许可和对有关事项进行监督检查，不得收取任何费用。

有下列情形之一的，许可机关或者其上级机关，根据利害关系人的请求或者依据职权，可以撤销许可：许可机关工作人员滥用职权、玩忽职守作出准予许可决定的；超越法定职权作出准予许可决定的；违反法定程序作出准予许可决定的；对不符合法定条件的养老机构准予许可的；依法可以撤销许可的其他情形。许可机关发现养老机构以欺骗、贿赂等不正当手段取得许可的，应当予以撤销。许可机关依法撤销许可后，应当告知相关登记管理机关。

养老机构有下列情形之一的，许可机关应当注销许可，并予以公告：设立许可证有效期届满未延续的；养老机构依法终止的；许可被依法撤销、撤回的；被登记管理机关依法吊销登记证书的；因不可抗力导致许可事项无法实施的；法律、法规规定的应当注销许可的其他情形。许可机关依法注销许可后，应当告知相关登记管理机关。

（二）养老机构管理办法

为了加强对养老机构的管理，2013 年 6 月 27 日，民政部颁布《养老机构管理办法》（以下简称《办法》），该办法自 2013 年 7 月 1 日起施行。

1. 养老机构管理体制

国务院民政部门负责全国养老机构的指导、监督和管理，县级以上地方人民政府民政部门负责本行政区域内养老机构的指导、监督和管理。其他有关部门依照职责分工对养老机构实施监督。县级以上地方人民政府民政部门根据本级人民政府经济社会发展规划和相关规划，会同有关部门编制养老机构建设规划，并组织实施。

政府投资兴办的养老机构，应当优先保障孤老优抚对象和经济困难的孤寡、失能、高龄等老年人的服务需求。民政部门应当会同有关部门采取措施，鼓励、支持企事业单位、社会组织或者个人兴办、运营养老机构。鼓励公民、法人或者其他组织为养老机构提供捐赠和志愿服务。

在运作过程中，养老机构应当依法保障收住老年人的合法权益；入住养老机构的老年人应当遵守养老机构的规章制度。

2. 服务内容

养老机构按照服务协议为收住的老年人提供生活照料、康复护理、精神慰藉、文化娱乐等服务。养老机构提供的服务应当符合养老机构基本规范等有关国家标准或者行业标准和规范。

《办法》规定，养老机构为老年人提供服务，应当与接受服务的老年人或者其代理人签订服务协议。服务协议示范文本由民政部制定。服务协议应当载明下列事项：养老机构的名称、住所、法定代表人或者主要负责人、联系方式；老年人及其代理人和老年人指定的经常联系人的姓名、住址、身份证明、联系方式；服务内容和服务方式；收费标准以及费用支付方式；服务期限和地点；当事人的权利和义务；协议变更、解除与终止的条件；违约责任；意外伤害责任认定和争议解决方式；当事人协商一致的其他内容。

《办法》规定，养老机构应当提供以下服务：满足老年人日常生活需求的吃饭、穿衣、如厕、洗澡、室内外活动等服务；符合老年人居住条件的住房，并配备适合老年人安全保护要求的设施、设备及用具，定期对老年人活动场所和物品进行消毒和清洗；提供的饮食应当符合卫生要求、有利于老年人营养平衡、符合民族风俗习惯。同时，养老机构应开展适合老年人的文化、体育、娱乐活动，丰富老年人的精神文化生活。养老机构开展文化、体育、娱乐活动时，应为老年人提供必要的安全防护措施。

《办法》还规定，养老机构应当建立入院评估制度，做好老年人健康状况评估，并根据服务协议和老年人的生活自理能力，实施分级分类服务。养老机构应当为老年人建立健康档案，组织定期体检，做好疾病预防工作。养老机构可以通过设立医疗机构或者采取与周边医疗机构合作的方式，为老年人提供医疗服务。养老机构设立医疗机构的，应当依法取得医疗机构执业许可证，按照医疗机构管理相关法律法规进行管理。

养老机构在老年人突发危重疾病时，应当及时通知代理人或者经常联系人并转送医疗机构救治；发现老年人为疑似传染病病人或者精神障碍患者时，应依照传染病防治、精神卫生等相关法律法规的规定处理。养老机构应根据需要为老年人提供情绪疏导、心理咨询、危机干预等精神慰藉服务。

3. 内部管理

养老机构应当按照国家有关规定建立健全安全、消防、卫生、财务、档案管理等规章制度，制定服务标准和工作流程，并予以公开。

养老机构应当配备与服务和运营相适应的工作人员，并依法与其签订聘用合同或者劳动合同。养老机构中从事医疗、康复、社会工作等服务的专业技术人员，应当持有关部门颁发的专业技术等级证书上岗；养老护理人员应当接受专业技能培训，经考核合格后持证上岗。养老机构应当定期组织工作人员进行职业道德教育和业务培训。

养老机构应当依照其登记类型、经营性质、设施设备条件、管理水平、服务质量、护理等级等因素确定服务项目的收费标准。养老机构应当在醒目位置公示各类服务项目收费标准和收费依据，并遵守国家和地方政府价格管理有关规定。养老机构应当按照国家有关规定接受、使用捐赠物资，接受志愿服务。

养老机构应当实行 24 小时值班制度，做好老年人安全保障工作。养老机构应当依法履行消防安全职责，健全消防安全管理制度，实行消防工作责任制，配置、维护消防设施、器材，开展日常防火检查，定期组织灭火和应急疏散消防安全培训。养老机构应当制订突发事件应急预案。突发事件发生后，养老机构应当立即启动应急处理程序，根据突发事件应对管理职责分工向有关部门报告，并将应急处理结果报实施许可的民政部门和住所地民政部门。鼓励养老机构投保责任保险，降低机构运营风险。

养老机构应当建立老年人信息档案，妥善保存相关原始资料，保护老年人的个人信息。

养老机构应当经常听取老年人的意见和建议，发挥老年人对养老机构服务和管理的监督促进作用。

养老机构因变更或者终止等原因暂停、终止服务的，应当于暂停或者终止服务 60 日前，向实施许可的民政部门提交老年人安置方案，方案中应当明确收住老年人的数量、安置计划及实施日期等事项，经批准后方可实施。民政部门应当自接到安置方案之日起 20 日内完成审核工作。同时，民政部门还应督促养老机构实施安置方案，并及时为其妥善安置老年人提供帮助。

4. 监督检查和法律责任

民政部门按照实施许可权限，通过书面检查或者实地查验等方式对养老机构进行监督检查，并向社会公布检查结果。上级民政部门可以委托下级民政部门进行监督检查。养老机构应当于每年 3 月 31 日之前向实施许可的民政部门提交上一年度的工作报告。年度工作报告内容包括服务范围、服务质量、运营管理等情况。民政部门建立养老机构评估制度，定期对养老机构的人员、设施、服务、管理、信誉等情况进行综合评价。养老机构评估工作可以委托第三方实施，评估结果向社会公布。民政部门定期开展养老服务行业统计工作，养老机构应及时准确报送相关信息。此外，民政部门还建立对养老机构管理的举报和投诉制度。

养老机构违反法律相关规定，应承担相应的法律责任。养老机构有下列行为之一的，由实施许可的民政部门责令改正；情节严重的，处以 3 万元以下的罚款；构成犯罪的，依法追究刑事责任：未与老年人或者其代理人签订服务协议，或者协议不符合规定的；未按照国家有关标准和规定开展服务的；配备人员的资格不符合规定的；向负责监督检查的民政部门隐瞒有关情况、提供虚假材料或者拒绝提供反映其活动情况真实材料的；利用养老机构的房屋、场地、设施开展与养老服务宗旨无关的活动的；歧视、侮辱、虐待或遗弃老年人以及其他侵犯老年人合法权益行为的；擅自暂停或者终止服务的；法律、法规、规章规定的其他违法行为。

思考题

1. 联系实际，讨论如何在社会福利机构中保障入住老年人的合法权益。
2. 你认为"两个办法"有何不足之处？请指出并阐述理由。

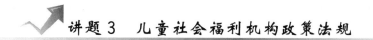

讲题 3　儿童社会福利机构政策法规

一、未成年人保护法

为了保护未成年人的身心健康，保障未成年人的合法权益，促进未成年人在品德、智力、体质等方面全面发展，培养有理想、有道德、有文化、有纪律的社会主义建设者和接班人，1991年9月4日第七届全国人大常委会第二十一次会议通过了《中华人民共和国未成年人保护法》（以下简称《未成年人保护法》）。现行《未成年人保护法》由第十一届全国人民代表大会常务委员会第二十九次会议于2012年10月26日通过，自2013年1月1日起施行。

（一）基本制度

1. 未成年人的特别保护权利

在我国，未成年人是指未满18周岁的公民。未成年人处于成长发育阶段，相对成年人更容易受到侵害，需要予以特别保护，因此，《未成年人保护法》特别重申和强调了未成年人的相关权利。

《未成年人保护法》规定，未成年人享有生存权、发展权、受保护权、参与权等权利，国家根据未成年人身心发展特点给予特殊、优先保护，保障未成年人的合法权益不受侵犯。未成年人享有受教育权，国家、社会、学校和家庭尊重和保障未成年人的受教育权。未成年人不分性别、民族、种族、家庭财产状况、宗教信仰等，依法平等地享有权利。

2. 未成年人保护工作的原则

《未成年人保护法》规定，国家、社会、学校和家庭对未成年人进行理想教育、道德教育、文化教育、纪律和法制教育，进行爱国主义、集体主义和社会主义的教育，提倡爱祖国、爱人民、爱劳动、爱科学、爱社会主义的公德，反对资本主义的、封建主义的和其他的腐朽思想的侵蚀。保护未成年人的工作，应当遵循尊重未成年人的人格尊严、适应未成年人身心发展的规律和特点、教育与保护相结合的原则。

3. 未成年人保护责任主体

《未成年人保护法》规定，保护未成年人是国家机关、武装力量、政党、社会团体、企事业组织、城乡基层群众性自治组织、未成年人的监护人和其他成年公民的共同责任。对侵犯未成年人合法权益的行为，任何组织和个人都有权予以劝阻、制止或者向有关部门提出检举或者控告。国家、社会、学校和家庭应当教育和帮助未成年人维护自己的合法权益，增强自我保护的意识和能力，增强社会责任感。

国务院和地方各级人民政府领导有关部门做好未成年人保护工作，将未成年人保护工作纳入国民经济和社会发展规划以及年度计划，相关经费纳入本级政府预算。国务院和省、自治区、直辖市人民政府采取组织措施，协调有关部门做好未成年人保护工作。共产主义青年团、妇女联合会、工会、青年联合会、学生联合会、少年先锋队以及其他有关社会团体，协助各级人民政府做好未成年人保护工作，维护未成年人的合法权益。

（二）家庭保护

家庭是未成年人成长最重要的环境，父母是未成年人学习过程中的第一位老师。《未成年人保护法》规定，父母或者其他监护人应当创造良好、和睦的家庭环境，依法履行对未成年人的监护职责和抚养义务。禁止对未成年人实施家庭暴力，禁止虐待、遗弃未成年人，禁止溺婴和其他残害婴儿的行为，不得歧视女性未成年人或者有残疾的未成年人。

父母或者其他监护人应当关注未成年人的生理、心理状况和行为习惯，以健康的思想、良好的品行和适当的方法教育和影响未成年人，引导未成年人进行有益于身心健康的活动，预防和制止未成年人吸烟、酗酒、流浪、沉迷网络以及赌博、吸毒、卖淫等行为。父母或者其他监护人应当学习家庭教育知识，正确履行监护职责，抚养教育未成年人。有关国家机关和社会组织应当为未成年人的父母或者其他监护人提供家庭教育指导。

父母或者其他监护人应尊重未成年人受教育的权利，必须使适龄未成年人依法入学接受并完成义务教育，不得使接受义务教育的未成年人辍学。父母或者其他监护人根据未成年人的年龄和智力发展状况，在作出与未成年人权益有关的决定时告知其本人，并听取他们的意见。父母或者其他监护人不得允许或者迫使未成年人结婚，不得为未成年人订立婚约。

父母因外出务工或者其他原因不能履行对未成年人监护职责的，应当委托有监护能力的其他成年人代为监护。

（三）学校保护

学校应当全面贯彻国家的教育方针，实施素质教育，提高教育质量，注重培养未成年学生独立思考能力、创新能力和实践能力，促进未成年学生全面发展。

学校应尊重未成年学生受教育的权利，关心、爱护学生，对品行有缺点、学习有困难的学生，应当耐心教育、帮助，不得歧视，不得违反法律和国家规定开除未成年学生。学校应当根据未成年学生身心发展的特点，对他们进行社会生活指导、心理健康辅导和青春期教育。学校应当与未成年学生的父母或者其他监护人互相配合，保证未成年学生的睡眠、娱乐和体育锻炼时间，不得加重其学习负担。

学校、幼儿园、托儿所（以下简称"教育机构"）的教职员工应当尊重未成年人的人格尊严，不得对未成年人实施体罚、变相体罚或者其他侮辱人格尊严的行为。教育机构应当建立安全制度，加强对未成年人的安全教育，采取措施保障未成年人的人身安全，不得在危及未成年人人身安全、健康的校舍和其他设施、场所中进行教育教学活动。教育机构安排未成年人参加集会、文化娱乐、社会实践等集体活动，应当有利于未成年人的健康成长，防止发生人身安全事故。

教育行政等部门和教育机构应当根据需要，制订应对各种灾害、传染性疾病、食物中毒、意外伤害等突发事件的预案，配备相应设施并进行必要的演练，增强未成年人的自我保护意识和能力。学校对未成年学生在校内或者本校组织的校外活动中发生人身伤害事故的，应当及时救护，妥善处理，并及时向有关主管部门报告。

对于在学校接受教育的有严重不良行为的未成年学生，学校和父母或者其他监护人应当互相配合加以管教；无力管教或者管教无效的，可以按照有关规定将其送专门学校继续接受教育。专门学校应当对在校就读的未成年学生进行思想教育、文化教育、纪律和法制教育、劳动技术教育和职业教育。专门学校的教职员工应当关心、爱护、尊重学生，不得歧视、厌弃未成年学生。

（四）社会保护

1. 营造保护未成年人的社会环境

未成年人是国家的希望和未来，全社会应当树立尊重、保护、教育未成年人的良好风尚，关心、爱护未成年人。国家鼓励社会团体、企事业组织以及其他组织和个人，开展多种形式的有利于未成年人健康成长的社会活动。

2. 保护未成年人的受教育权

各级人民政府应当保障未成年人受教育的权利，并采取措施保障家庭经济困难的、残疾的和流动人口中的未成年人等接受义务教育。

3. 为未成年人提供文化活动场所

各级人民政府应当建立和改善适合未成年人文化生活需要的活动场所和设施，鼓励社会力量兴办适合未成年人的活动场所，并加强监督管理。爱国主义教育基地、图书馆、青少年宫、儿童活动中心应当对未成年人免费开放；博物馆、纪念馆、科技馆、展览馆、美术馆、文化馆以及影剧院、体育场馆、动物园、公园等场所，应当按照有关规定对未成年人免费或者优惠开放。县级以上人民政府及其教育行政部门应当采取措施，鼓励和支持中小学校在节假日期间将文化体育设施对未成年人免费或者优惠开放。社区中的公益性互联网上网服务设施，应当对未成年人免费或者优惠开放，为未成年人提供安全、健康的上网服务。

4. 为未成年人提供丰富健康的文化产品

国家鼓励新闻、出版、信息产业、广播、电影、电视、文艺等单位和作家、艺术家、科学家以及其他公民，创作或者提供有利于未成年人健康成长的作品。出版、制作和传播专门以未成年人为对象的内容健康的图书、报刊、音像制品、电子出版物以及网络信息等，国家给予扶持。国家鼓励科研机构和科技团体对未成年人开展科学知识普及活动。禁止任何组织、个人制作或者向未成年人出售、出租或者以其他方式传播淫秽、暴力、凶杀、恐怖、赌博等毒害未成年人的图书、报刊、音像制品、电子出版物以及网络信息等。

5. 预防网瘾

国家采取措施，预防未成年人沉迷网络。国家鼓励研究开发有利于未成年人健康成长的网络产品，推广用于阻止未成年人沉迷网络的新技术。

6. 为未成年人提供安全的消费产品

生产、销售用于未成年人的食品、药品、玩具、用具和游乐设施等，应当符合国家标准或者行业标准，不得有害于未成年人的安全和健康；需要标明注意事项的，应当在显著位置标明。

7. 净化未成年人的生活环境

中小学校园周边不得设置营业性歌舞娱乐场所、互联网上网服务营业场所等不适宜未成年人活动的场所。营业性歌舞娱乐场所、互联网上网服务营业场所等不适宜未成年人活动的场所，不得允许未成年人进入，经营者应当在显著位置设置未成年人禁入标志；对难以判明是否已成年的，应当要求其出示身份证件。

禁止向未成年人出售烟酒，经营者应当在显著位置设置不向未成年人出售烟酒的标志；对难以判明是否已成年的，应当要求其出示身份证件。任何人不得在中小学校、幼儿园、托儿所的教室、寝室、活动室和其他未成年人集中活动的场所吸烟、饮酒。

8. 对未成年人实施特殊的劳动保护

除国家规定外，任何组织或者个人不得招用未满 16 周岁的未成年人。任何组织或者个人按照国家有关规定招用已满 16 周岁未满 18 周岁的未成年人的，应当执行国家在工种、劳动时间、劳动强度和保护措施等方面的规定，不得安排其从事过重、有毒、有害等危害未成年人身心健康的劳动或者危险作业。

9. 保护未成年人的个人隐私

任何组织或者个人不得披露未成年人的个人隐私。对未成年人的信件、日记、电子邮件，任何组织或者个人不得隐匿、毁弃；除因追查犯罪的需要，由公安机关或者人民检察院依法进行检查，或者对无行为能力的未成年人的信件、日记、电子邮件由其父母或者其他监护人代为开拆、查阅外，任何组织或者个人不得开拆、查阅。

10. 保护未成年人的人身和生命安全

学校、幼儿园、托儿所和公共场所发生突发事件时，应当优先救护未成年人。禁止拐卖、绑架、虐待未成年人，禁止对未成年人实施性侵害。禁止胁迫、诱骗、利用未成年人乞讨或者组织未成年人进行有害其身心健康的表演等活动。

公安机关应当采取有力措施，依法维护校园周边的治安和交通秩序，预防和制止侵害未成年人合法权益的违法犯罪行为。任何组织或者个人不得扰乱教学秩序，不得侵占、破坏学校、幼儿园、托儿所的场地、房屋和设施。

11. 对未成年人的社会救助

县级以上人民政府及其民政部门应当根据需要设立救助场所，对流浪乞讨等生活无着未成年人实施救助，承担临时监护责任；公安部门或者其他有关部门应当护送流浪乞讨或者离家出走的未成年人到救助场所，由救助场所予以救助和妥善照顾，并及时通知其父母或者其他监护人领回。对孤儿、无法查明其父母或者其他监护人的以及其他生活无着的未成年人，由民政部门设立的儿童福利机构收留抚养。

未成年人救助机构、儿童福利机构及其工作人员应当依法履行职责，不得虐待、歧视未成年人，不得在办理收留抚养工作中牟取利益。

12. 未成年人的卫生保健和疾病预防

卫生部门和学校应当对未成年人进行卫生保健和营养指导，提供必要的卫生保健条件，做好疾病预防工作。卫生部门应当做好对儿童的预防接种工作，国家免疫规划项目的预防接种实行免费；积极防治儿童常见病、多发病，加强对传染病防治工作的监督管理，加强对幼儿园、托儿所卫生保健的业务指导和监督检查。

13. 发展托幼事业

地方各级人民政府应当积极发展托幼事业，办好托儿所、幼儿园，支持社会组织和个人依法兴办哺乳室、托儿所、幼儿园。各级人民政府和有关部门应当采取多种形式，培养和训练幼儿园、托儿所的保教人员，提高其职业道德素质和业务能力。

14. 其他保护

未成年人已经完成规定年限的义务教育不再升学的，政府有关部门和社会团体、企业事业组织应当根据实际情况，对他们进行职业教育，为他们创造劳动就业条件。居民委员会、村民委员会应当协助有关部门教育和挽救违法犯罪的未成年人，预防和制止侵害未成年人合法权益的违法犯罪行为。

国家依法保护未成年人的智力成果和荣誉权不受侵犯。未成年人的合法权益受到侵害的，被侵害人及其监护人或者其他组织和个人有权向有关部门投诉，有关部门应当依法及时处理。

二、家庭寄养管理暂行办法

儿童家庭寄养是指经过规定的程序，将民政部门监护的儿童委托在家庭中养育的照料模式。为了规范家庭寄养工作，2003 年 10 月 27 日，民政部颁布了《家庭寄养管理暂行办法》，2004 年 1 月 1 日起施行。家庭寄养应以有利于被寄养儿童的抚育、成长为原则，保障被寄养儿童的合法权益不受侵犯。

（一）寄养对象

寄养对象即被寄养儿童，是指监护权在县级以上地方人民政府民政部门（以下简称"民政部门"），被民政部门或者民政部门批准的家庭寄养服务机构委托在符合条件的家庭中养育的、不满 18 周岁的孤儿、查找不到生父母的弃婴和儿童。其中，残疾的被寄养儿童，应当在具备医疗、特殊教育、康复训练条件的社区中为其选择寄养家庭。需要长期依靠技术性照料的重度残疾儿童，不宜安排家庭寄养。对于年满 10 周岁以上的儿童，寄养时需要征得被寄养儿童的同意。

（二）寄养家庭

寄养家庭是指经过规定的程序，受民政部门或者民政部门批准的家庭寄养服务机构委托，寄养不满 18 周岁的孤儿、查找不到生父母的弃婴和儿童的家庭。在每个寄养家庭中寄养的儿童不能超过 3 名。

寄养家庭应当同时具备以下条件：① 有寄养服务机构所在地的常住户口和固定住所。被寄养儿童入住后，人均居住面积不低于当地人均居住水平；② 有稳定的经济收入，家庭成员人均收入水平在当地人均收入中处于中等水平以上；③ 家庭成员未患有传染病或者精神疾病，以及其他不利于被寄养儿童成长的疾病；④ 家庭成员无犯罪记录，无不良生活嗜好，关系和睦，与邻里关系融洽；⑤ 主要照料人的年龄在 30 至 65 岁之间，身体健康，具有照料儿童的能力、经验，初中（或相当于）以上文化程度。

寄养家庭在寄养期间必须履行下列义务：① 保障被寄养儿童的人身安全；② 对被寄养儿童提供生活照料，帮助其提高生活自理能力；③ 培育被寄养儿童树立良好的思想道德观念；④ 按国家规定安排被寄养儿童接受学龄前教育和义务教育，负责与学校沟通，配合学校做好被寄养儿童的教育工作；⑤ 为残疾的被寄养儿童提供矫治、肢体功能康复训练、聋儿语言康复训练和弱智教育等方面的服务；⑥ 定期向家庭寄养服务机构反映被寄养儿童的成长情况；⑦ 其他应当保障被寄养儿童权益的义务。

（三）家庭寄养服务机构

家庭寄养服务机构是指经过民政部门批准成立，从事家庭寄养工作的社会福利机构，分为儿童福利机构和专门从事家庭寄养服务机构两类。家庭寄养服务机构必须聘用具备社会工作、心理学、医疗康复等专业知识的专职工作人员。家庭寄养服务机构工作人员与被寄养儿童的比例不得高于 1∶25。

家庭寄养服务机构主要承担以下工作：① 制定本行政区域内家庭寄养工作计划并组织实施；② 建立本地区家庭寄养工作网络并指导其运行；③ 培训寄养家庭中的主要照料人，组织寄养工作经验交流活动；④ 为寄养家庭养育被寄养儿童提供技术性服务；⑤ 定期探访被寄养儿童，及时解决存在问题；⑥ 监督、评估寄养家庭的养育工作；⑦ 建立健全被寄养儿童和寄养家庭的文档资料；⑧ 向上级民政部门反映家庭寄养工作情况并提出建议。

家庭寄养服务机构可以通过与国（境）内外社会组织合作、通过接受社会捐赠获得资助。

（四）寄养协议

家庭寄养应当签订寄养协议，由民政部门与寄养家庭签订，民政部门也可以授权家庭寄养服务机构与寄养家庭签订寄养协议，明确寄养期限、双方的权利义务、寄养家庭中的主要照料人等。寄养协议必须约定对被寄养儿童安排试寄养，实施试寄养的时间最长不得超过 90 日。

寄养家庭应当善意履行寄养协议，悉心养育被寄养儿童。寄养家庭有协议约定的事由在短期不能照料被寄养儿童时，家庭寄养服务机构必须对被寄养儿童提供短期养育服务。短期养育服务的时间一般不超过 30 日。寄养协议中约定的主要照料人不得随意变更，确需变更的，经家庭寄养服务机构同意后可以在家庭寄养协议主要照料人一栏中变更。寄养家庭因家庭条件发生变化不能继续寄养被寄养儿童的，应当与家庭寄养服务机构协商解除寄养协议，并由家庭寄养服务机构另行安置被寄养儿童。

社会福利机构拟送养被寄养儿童时，应当在报送被送养人材料的同时通知寄养家庭。收养登记办理完毕后，寄养协议自然解除。

（五）监督管理与责任

民政部门是家庭寄养的主管部门，对家庭寄养工作负有以下监督管理职责：① 指导检查本地区家庭寄养工作；② 负责寄养协议的备案审查，监督寄养协议的履行；③ 监督、评估家庭寄养服务机构的工作；④ 协调解决家庭寄养服务机构与寄养家庭之间的争议；⑤ 与有关部门协商，及时解决家庭寄养工作中存在的困难和问题。

异地家庭寄养必须经两地民政部门同意。被寄养儿童的监护责任仍由被寄养儿童户口所在地县级人民政府民政部门承担，双方另有协议约定的除外。家庭寄养经费，包括被寄养儿童的生活、医疗和教育费用，寄养家庭的劳务费用，家庭寄养服务机构的工作费用等，由民政部门在民政事业经费中列支，专款专用，不得截留、挪作他用。

寄养家庭不履行相关规定和协议约定的义务，由寄养家庭所在地的民政部门责令其改正，必要时可以解除寄养协议；对被寄养儿童造成人身侵害的，应当赔偿。

思考题

1. 你认为儿童福利机构应如何保障所养育儿童的合法权益？
2. 如何界定寄养家庭在寄养关系中的责任？

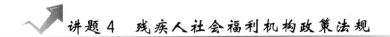

讲题4　残疾人社会福利机构政策法规

残疾人是指在心理、生理、人体结构上，某种组织、功能丧失或者不正常，全部或者部分丧失以正常方式从事某种活动能力的人。残疾包括视力残疾、听力残疾、言语残疾、肢体残疾、智力残疾、精神残疾、多重残疾和其他残疾。残疾标准由国务院规定，目前适用的是《中国残疾人实用评定标准（试用）》（1995 年）。

一、残疾人保障法

为了维护残疾人的合法权益，发展残疾人事业，保障残疾人平等地充分参与社会生活，共享社会物质文化成果，1990 年 12 月 28 日第七届全国人民代表大会常务委员会第十七次会议通过了《中华人民共和国残疾人保障法》（以下简称《残疾人保障法》），该法于 2008 年 4 月 24 日第十一届全国人民代表大会常务委员会第二次会议修订，自 2008 年 7 月 1 日起施行。

（一）基本制度

1. 维护残疾人的平等权和人格尊严

《残疾人保障法》规定，残疾人在政治、经济、文化、社会和家庭生活等方面享有同其他公民平等的权利。残疾人的公民权利和人格尊严受法律保护。禁止基于残疾的歧视，禁止侮辱、侵害残疾人，禁止通过大众传播媒介或者其他方式贬低损害残疾人人格。国家采取辅助方法和扶持措施，对残疾人给予特别扶助，减轻或者消除残疾影响和外界障碍，保障残疾人权利的实现。

2. 建立健全残疾人事业工作体制

县级以上人民政府应当将残疾人事业纳入国民经济和社会发展规划，加强领导，综合协调，并将残疾人事业经费列入财政预算，建立稳定的经费保障机制。国务院制定中国残疾人事业发展纲要，县级以上地方人民政府根据中国残疾人事业发展纲要，制订本行政区域的残疾人事业发展规划和年度计划，使残疾人事业与经济、社会协调发展。

县级以上人民政府负责残疾人工作的机构，负责组织、协调、指导、督促有关部门做好残疾人事业的工作。各级人民政府和有关部门，应当密切联系残疾人，听取残疾人的意见，按照各自的职责，做好残疾人工作。

全社会应当发扬人道主义精神，理解、尊重、关心、帮助残疾人，支持残疾人事业。国家机关、社会团体、企事业单位和城乡基层群众性自治组织，应当做好所属范围内的残疾人工作。从事残疾人工作的国家工作人员和其他人员，应当依法履行职责，努力为残疾人服务。国家鼓励社会组织和个人为残疾人提供捐助和服务。

3. 保护残疾人的参与权

国家采取措施，保障残疾人依照法律规定，通过各种途径和形式，管理国家事务，管理经济和文化事业，管理社会事务。制定法律、法规、规章和公共政策，对涉及残疾人权益和残疾人事业的重大问题，应当听取残疾人和残疾人组织的意见。残疾人和残疾人组织有权向各级国家机关提出残疾人权益保障、残疾人事业发展等方面的意见和建议。

4. 维护残疾人的结社权

中国残疾人联合会及其地方组织，代表残疾人的共同利益，维护残疾人的合法权益，团结教育残疾人，为残疾人服务。中国残疾人联合会及其地方组织依照法律、法规、章程或者接受政府委托，开展残疾人工作，动员社会力量，发展残疾人事业。

5. 婚保护残疾人的家庭权

残疾人的抚养人必须对残疾人履行抚养义务。残疾人的监护人必须履行监护职责，尊重被监护人的意愿，维护被监护人的合法权益。残疾人的亲属、监护人应当鼓励和帮助残疾人增强自立能力。禁止对残疾人实施家庭暴力，禁止虐待、遗弃残疾人。

6. 实行防残助残政策

国家有计划地开展残疾预防工作，加强对残疾预防工作的领导，宣传、普及母婴保健和预防残疾的知识，建立健全出生缺陷预防和早期发现、早期治疗机制，针对遗传、疾病、药物、事故、灾害、环境污染和其他致残因素，组织和动员社会力量，采取措施，预防残疾的发生，减轻残疾程度。国家建立健全残疾人统计调查制度，开展残疾人状况的统计调查和分析。

国家鼓励残疾人自尊、自信、自强、自立，为社会主义建设贡献力量。国家和社会对残疾军人、因公致残人员以及其他为维护国家和人民利益致残的人员实行特别保障，给予抚恤和优待。同时，《残疾人保障法》将每年5月的第三个星期日定为全国助残日。

（二）康复

康复是残疾人最重要的权利，国家保障残疾人享有康复服务的权利。各级人民政府和有关部门应当采取措施，为残疾人康复创造条件，建立和完善残疾人康复服务体系，并分阶段实施重点康复项目，帮助残疾人恢复或者补偿功能，增强其参与社会生活的能力。

康复工作应当从实际出发，将现代康复技术与我国传统康复技术相结合；以社区康复为基础，康复机构为骨干，残疾人家庭为依托；以实用、易行、受益广的康复内容为重点，优先开展残疾儿童抢救性治疗和康复；发展符合康复要求的科学技术，鼓励自主创新，加强康复新技术的研究、开发和应用，为残疾人提供有效的康复服务。

各级人民政府鼓励和扶持社会力量兴办残疾人康复机构。地方各级人民政府和有关部门，应当组织和指导城乡社区服务组织、医疗预防保健机构、残疾人组织、残疾人家庭和其他社会力量，开展社区康复工作。残疾人教育机构、福利性单位和其他为残疾人服务的机构，应当创造条件，开展康复训练活动。残疾人在专业人员的指导和有关工作人员、志愿工作者及亲属的帮助下，应当努力进行功能、自理能力和劳动技能的训练。

地方各级人民政府和有关部门应当根据需要有计划地在医疗机构设立康复医学科室，举办残疾人康复机构，开展康复医疗与训练、人员培训、技术指导、科学研究等工作。医学院校和其他有关院校应当有计划地开设康复课程，设置相关专业，培养各类康复专业人才。政府和社会应当采取多种形式对从事康复工作的人员进行技术培训，向残疾人、残疾人亲属、有关工作人员和志愿工作者普及康复知识，传授康复方法。政府有关部门应当组织和扶持残疾人康复器械、辅助器具的研制、生产、供应、维修服务。

（三）教育

国家有义务保障残疾人享有平等接受教育的权利。各级人民政府应当将残疾人教育作为国家教育事业的组成部分，统一规划，加强领导，为残疾人接受教育创造条件。政府、社会、学校应当采取有效措施，解决残疾儿童、少年就学存在的实际困难，帮助其完成义务教育。各级人民政府对接受义务教育的残疾学生、贫困残疾人家庭的学生提供免费教科书，并给予寄宿生活费等费用补助；对接受义务教育以外其他教育的残疾学生、贫困残疾人家庭的学生按照国家有关规定给予资助。

残疾人教育，实行普及与提高相结合、以普及为重点的方针，保障义务教育，着重发展职业教育，积极开展学前教育，逐步发展高级中等以上教育。残疾人教育应当根据残疾人的身心特性和需要，按照下列要求实施：① 在进行思想教育、文化教育的同时，加强身心补偿和职业教育；② 依据残疾类别和接受能力，采取普通教育方式或者特殊教育方式；③ 特殊教育的课程设置、教材、教学方法、入学和在校年龄，可以有适度弹性。

县级以上人民政府应当根据残疾人的数量、分布状况和残疾类别等因素，合理设置残疾人教育机构，并鼓励社会力量办学、捐资助学。普通教育机构对具有接受普通教育能力的残疾人实施教育，并为其学习提供便利和帮助。普通小学、初级中等学校，必须招收能适应其学习生活的残疾儿童、少年入学；普通高级中等学校、中等职业学校和高等学校，必须招收符合国家规定的录取要求的残疾考生入学，不得因其残疾而拒绝招收；拒绝招收的，当事人或者其亲属、监护人可以要求有关部门处理，有关部门应当责令该学校招收。普通幼儿教育机构应当接收能适应其生活的残疾幼儿。

残疾幼儿教育机构、普通幼儿教育机构附设的残疾儿童班、特殊教育机构的学前班、残疾儿童福利机构、残疾儿童家庭对残疾儿童实施学前教育。初级中等以下特殊教育机构和普通教育机构附设的特殊教育班，对不具有接受普通教育能力的残疾儿童、少年实施义务教育。高级中等以上特殊教育机构、普通教育机构附设的特殊教育班和残疾人职业教育机构，对符合条件的残疾人实施高级中等以上文化教育、职业教育。提供特殊教育的机构应当具备适合残疾人学习、康复、生活特点的场所和设施。

政府有关部门、残疾人所在单位和有关社会组织应当对残疾人开展扫除文盲、职业培训、创业培训和其他成人教育，鼓励残疾人自学成才。国家有计划地举办各级各类特殊教育师范院校、专业，在普通师范院校附设特殊教育班，培养、培训特殊教育师资。普通师范院校开设特殊教育课程或者讲授有关内容，使普通教师掌握必要的特殊教育知识。特殊教育教师和手语翻译，享受特殊教育津贴。政府有关部门应当组织和扶持盲文、手语的研究和应用，特殊教育教材的编写和出版，特殊教育教学用具及其他辅助用品的研制、生产和供应。

（四）劳动就业

国家保障残疾人劳动的权利。各级人民政府应当对残疾人劳动就业统筹规划，为残疾人创造劳动就业条件。残疾人劳动就业，实行集中与分散相结合的方针，采取优惠政策和扶持保护措施，通过多渠道、多层次、多种形式，使残疾人劳动就业逐步普及、稳定、合理。残疾人就业的具体办法由国务院规定。

政府和社会举办残疾人福利企业、盲人按摩机构和其他福利性单位集中安排残疾人就业。国家实行按比例安排残疾人就业制度。国家机关、社会团体、企事业单位、民办非企业单位应当按照规定的比例安排残疾人就业，并为其选择适当的工种和岗位。达不到规定比例的，按照国家有关规定履行保障残疾人就业义务。国家鼓励用人单位超过规定比例安排残疾人就业。国家鼓励和扶持残疾人自主择业、自主创业。地方各级人民政府和农村基层组织，应当组织和扶持农村残疾人从事种植业、养殖业、手工业和其他形式的生产劳动。

国家对安排残疾人就业达到、超过规定比例或者集中安排残疾人就业的用人单位和从事个体经营的残疾人，依法给予税收优惠，并在生产、经营、技术、资金、物资、场地等方面给予扶持。国家对从事个体经营的残疾人，免除行政事业性收费。县级以上地方人民政府及其有关部门应当确定适合残疾人生产、经营的产品、项目，优先安排残疾人福利性单位生产或者经营，并根据残疾人福利性单位的生产特点确定某些产品由其专产。政府采购，在同等条件下应当优先购买残疾人福利性单位的产品或者服务。地方各级人民政府应当开发适合残疾人就业的公益性岗位。对申请从事个体经营的残疾人，有关部门应当优先核发营业执照。对从事各类生产劳动的农村残疾人，有关部门应当在生产服务、技术指导、农用物资供应、农副产品购销和信贷等方面，给予帮助。

政府有关部门设立的公共就业服务机构，应当为残疾人免费提供就业服务。残疾人联合会举办的残疾人就业服务机构，应当组织开展免费的职业指导、职业介绍和职业培训，为残疾人就业和用人单位招用残疾人提供服务和帮助。残疾职工所在单位应当对残疾职工进行岗位技术培训，提高其劳动技能和技术水平。任何单位和个人不得以暴力、威胁或者非法限制人身自由的手段强迫残疾人劳动。

国家保护残疾人福利性单位的财产所有权和经营自主权，其合法权益不受侵犯。在职工的招用、转正、晋级、职称评定、劳动报酬、生活福利、休息休假、社会保险等方面，不得歧视残疾人。残疾职工所在单位应当根据残疾职工的特点，提供适当的劳动条件和劳动保护，并根据实际需要对劳动场所、劳动设备和生活设施进行改造。国家采取措施，保障盲人保健和医疗按摩人员从业的合法权益。

（五）文化生活

国家保障残疾人享有平等参与文化生活的权利。各级人民政府和有关部门鼓励、帮助残疾人参加各种文化、体育、娱乐活动，积极创造条件，丰富残疾人精神文化生活。残疾人文化、体育、娱乐活动应当面向基层，融于社会公共文化生活，适应各类残疾人的不同特点和需要，使残疾人广泛参与。

政府和社会应采取以下措施，丰富残疾人的精神文化生活：① 通过广播、电影、电视、报刊、图书、网络等形式，及时宣传报道残疾人的工作、生活等情况，为残疾人服务；② 组织和扶持盲文读物、盲人有声读物及其他残疾人读物的编写和出版，根据盲人的实际需要，在公共图书馆设立盲文读物、盲人有声读物图书室；③ 开办电视手语节目，开办残疾人专题广播栏目，推进电视栏目、影视作品加配字幕、解说；④ 组织和扶持残疾人开展群众性文化、体育、娱乐活动，举办特殊艺术演出和残疾人体育运动会，参加国际性比赛和交流；⑤ 文化、体育、娱乐和其他公共活动场所，为残疾人提供方便和照顾。有计划地兴办残疾人活动场所。

政府和社会鼓励、帮助残疾人从事文学、艺术、教育、科学、技术和其他有益于人民的创造性劳动；促进残疾人与其他公民之间的相互理解和交流，宣传残疾人事业和扶助残疾人的事迹，弘扬残疾人自强不息的精神，倡导团结、友爱、互助的社会风尚。

（六）社会保障

《残疾人保障法》规定，国家保障残疾人享有各项社会保障的权利。政府和社会采取措施，完善对残疾人的社会保障，保障和改善残疾人的生活。

残疾人及其所在单位应当按照国家有关规定参加社会保险。残疾人所在城乡基层群众性自治组织、残疾人家庭，应当鼓励、帮助残疾人参加社会保险。对生活确有困难的残疾人，按照国家有关规定给予社会保险补贴。

各级人民政府对生活确有困难的残疾人，通过多种渠道给予生活、教育、住房和其他社会救助。县级以上地方人民政府对享受最低生活保障待遇后生活仍有特别困难的残疾人家庭，应当采取其他措施保障其基本生活。各级人民政府对贫困残疾人的基本医疗、康复服务、必要的辅助器具的配置和更换，应当按照规定给予救助。对生活不能自理的残疾人，地方各级人民政府应当根据情况给予护理补贴。地方各级人民政府对无劳动能力、无抚养人或者抚养人不具有抚养能力、无生活来源的残疾人，按照规定予以供养。国家鼓励和扶持社会力量举办残疾人供养、托养机构。残疾人供养、托养机构及其工作人员不得侮辱、虐待、遗弃残疾人。

县级以上人民政府对残疾人搭乘公共交通工具，应当根据实际情况给予便利和优惠。残疾人可以免费携带随身必备的辅助器具，盲人可以持有效证件免费乘坐市内公共汽车、电车、地铁、渡船等公共交通工具。盲人读物邮件免费寄递。国家鼓励和支持提供电信、广播电视服务的单位对盲人、听力残疾人、言语残疾人给予优惠。各级人民政府应当逐步增加对残疾人的其他照顾和扶助。政府有关部门和残疾人组织应当建立和完善社会各界为残疾人捐助和服务的渠道，鼓励和支持发展残疾人慈善事业，开展志愿者助残等公益活动。

（七）无障碍环境

国家和社会应当采取措施，逐步完善无障碍设施，推进信息交流无障碍，为残疾人平等参与社会生活创造无障碍环境。各级人民政府应当对无障碍环境建设进行统筹规划，综合协调，加强监督管理。国家鼓励和扶持无障碍辅助设备、无障碍交通工具的研制和开发。盲人携带导盲犬出入公共场所，应当遵守国家有关规定。

无障碍设施的建设和改造，应当符合残疾人的实际需要。新建、改建和扩建建筑物、道路、交通设施等，应当符合国家有关无障碍设施工程建设标准。各级人民政府和有关部门应当按照国家无障碍设施工程建设规定，逐步推进已建成设施的改造，优先推进与残疾人日常工作、生活密切相关的公共服务设施的改造。对无障碍设施应当及时维修和保护。

国家采取措施，为残疾人信息交流无障碍创造条件。各级人民政府和有关部门应当采取措施，为残疾人获取公共信息提供便利。国家和社会研制、开发适合残疾人使用的信息交流技术和产品。国家举办的各类升学考试、职业资格考试和任职考试，有盲人参加的，应当为盲人提供盲文试卷、电子试卷或者由专门的工作人员予以协助。公共服务机构和公共场所应当创造条件，为残疾人提供语音和文字提示、手语、盲文等信息交流服务，并提供优先服务和辅助性服务。公共交通工具应当逐步达到无障碍设施的要求。有条件的公共停车场应当为残疾人设置专用停车位。组织选举的部门应当为残疾人参加选举提供便利；有条件的，应当为盲人提供盲文选票。

二、残疾人教育条例

为了保障残疾人受教育的权利，国务院于 2004 年 11 月颁布了《残疾人教育条例》（以下简称《条例》），对举办残疾人教育事业的体制，残疾人学前教育、义务教育、职业教育、普通高级中等以上教育及成人教育以及教师和物质条件等作出了规定。

（一）学前教育

《条例》规定，残疾儿童家庭应当对残疾儿童实施学前教育。残疾幼儿的学前教育，通过下列机构实施：残疾幼儿教育机构；普通幼儿教育机构；残疾儿童福利机构；残疾儿童康复机构；普通小学的学前班和残疾儿童、少年特殊教育学校的学前班。残疾幼儿的教育应当与保育、康复结合实施。家庭应当注重对残疾幼儿的早期发现、早期康复和早期教育，卫生保健机构、残疾幼儿的学前教育机构除应当注重对残疾幼儿的早期发现、早期康复和早期教育之外，还要提供相关的咨询、指导。

（二）义务教育

残疾人的义务教育是国家实施义务教育的重要内容。按照《条例》要求，地方各级人民政府应当将残疾儿童、少年实行义务教育纳入当地义务教育发展规划并统筹安排实施。县级以上各级人民政府对实施义务教育的工作进行监督、指导、检查，应当包括对残疾儿童、少年实施义务教育工作的监督、指导、检查。适龄残疾儿童、少年的父母或者其他监护人，应当依法使其子女或者被监护人接受义务教育。

原则上，残疾儿童、少年接受义务教育的入学年龄和年限，应当与当地儿童、少年接受义务教育的入学年龄和年限相同；必要时，其入学年龄和在校年龄可以适当提高。县级人民政府教育行政部门和卫生行政部门应当组织开展适龄残疾儿童、少年的就学咨询，对其残疾状况进行鉴定，并对其接受教育的形式提出意见。残疾儿童、少年接受义务教育的形式包括：在普通学校随班就读；在普通学校、儿童福利机构或者其他机构附设的残疾儿童、少年特殊教育班就读；在残疾儿童、少年特殊教育学校就读。适龄残疾儿童、少年可以根据条件，选择适当的形式接受义务教育。国家保障残疾适龄儿童、少年接受义务教育，除不收学费、杂费外，对经济困难的残疾学生，还实行其他费用减免政策。

残疾儿童、少年特殊教育学校（班）的教育工作，应当坚持思想教育、文化教育、劳动技能教育与身心补偿相结合；并根据学生残疾状况和补偿程度，实施分类教学，有条件的学校，实施个别教学。残疾儿童、少年特殊教育学校（班）的课程计划、教学大纲和教材，应当适合残疾儿童、少年的特点。残疾儿童、少年特殊教育学校（班）的课程计划和教学大纲由国务院教育行政部门制定；教材由省级以上人民政府教育行政部门审定。实施义务教育的残疾儿童、少年特殊教育学校应当根据需要，在适当阶段对残疾学生进行劳动技能教育、职业教育和职业指导。

（三）职业教育

按照《条例》规定，各级政府应将残疾人职业教育纳入职业教育发展的总体规划，建立残疾人职业教育体系，统筹安排实施，重点发展初等和中等职业教育，适当发展高等职业教育，开展以实用技术为主的中期、短期培训。残疾人职业教育体系由普通职业教育机构和残疾人职业教育机构组成，以普通职业教育机构为主体。其中，残疾人职业教育机构由县级以上地方各级人民政府根据需要，合理设置，并根据社会需要和残疾人的身心特性合理设置专业，根据教学需要和条件，发展校办企业，办好实习基地。普通职业教育学校必须招收符合国家规定的录取标准的残疾人入学，普通职业培训机构应当积极招收残疾人入学，并对经济困难的残疾学生，酌情减免学费和其他费用。

（四）普通高级中等以上教育及成人教育

《条例》规定，普通高级中等学校、高等院校、成人教育机构必须招收符合国家规定的录取标准的残疾考生入学，不得因其残疾而拒绝招收。设区的市以上地方各级人民政府根据需要，可以举办残疾人高级中等以上特殊教育学校（班），提高残疾人的受教育水平。县级以上各级人民政府教育行政部门应当会同广播、电视部门，根据实际情况开设或者转播适合残疾人学习的专业、课程。残疾人所在单位应当对本单位的残疾人开展文化知识教育和技术培训。

（五）教育资源

一是加强教师队伍建设。从事残疾人教育的教师，应当热爱残疾人教育事业，具有社会主义的人道主义精神，关心残疾学生，并掌握残疾人教育的专业知识和技能。国家实行残疾人教育教师资格证书制度。政府负有培养、培训从事残疾人教育教师工作的职责，并采取措施逐步提高他们的地位和待遇，改善他们的工作环境和条件，鼓励教师终身从事残疾人教育事业。残疾人特殊教育学校举办单位，应当依据残疾人特殊教育学校教师编制标准，为学校配备承担教学、康复等工作的教师。从事残疾人教育的教师、职工根据国家有关规定享受残疾人教育津贴及其他待遇。

二是加强物质条件保障。《条例》规定，省、自治区、直辖市人民政府应当根据残疾人教育的特殊情况，依据国务院有关行政主管部门的指导性标准，制定本行政区域内残疾人学校的建设标准、经费开支标准、教学仪器设备配备标准等，并按标准执行。经费上，残疾人教育经费由各级人民政府负责筹措，予以保证，并随着教育事业费的增加而逐步增加。县级以上各级人民政府可以根据需要，设立专项补助款，用于发展残疾人教育。地方各级人民政府用于义务教育的财政拨款和征收的教育费附加，应当有一定比例用于发展残疾儿童、少年义务教育。同时，国家鼓励社会力量举办残疾人教育机构或者捐资助学。在建设上，县级以上地方各级人民政府对残疾人教育机构的设置，统筹规划、合理布局，其中，残疾人学校的设置，由教育行政部门按照国家有关规定审批。残疾人教育机构的建设，要适应残疾学生学习、康复和生活的特点，普通学校也应当根据实际情况，为残疾学生入学后的学习、生活提供便利和条件。各级政府及其有关部门应当采取优惠政策和措施，支持研究、生产残疾人教育专用仪器设备、教具、学具及其他辅助用品，扶持残疾人教育机构兴办和发展校办企业或者福利企业。

三、特殊教育学校暂行规程

特殊教育学校是指由政府、企事业组织、社会团体、其他社会组织及公民个人依法举办的专门对残疾儿童、少年实施义务教育的机构。为加强特殊教育学校内部的规范化管理，1998 年 12 月 2 日教育部发布了《特殊教育学校暂行规程》（以下简称《规程》），即日起施行。《规程》对特殊学校管理的相关事项作了全面的规定。

（一）基本制度

特殊教育学校的学制一般为九年一贯制。其培养目标是：培养学生初步具有爱祖国、爱人民、爱劳动、爱科学、爱社会主义的情感，具有良好的品德，养成文明、礼貌、遵纪守法的行为习惯；掌握基础的文化科学知识和基本技能，初步具有运用所学知识分析问题、解决问题的能力；掌握锻炼身体的基本方法，具有较好的个人卫生习惯，身体素质和健康水平得到提高；具有健康的审美情趣；掌握一定的日常生活、劳动、生产的知识和技能；初步掌握补偿自身缺陷的基本方法，身心缺陷得到一定程度的康复；初步树立自尊、自信、自强、自立的精神和维护自身合法权益的意识，形成适应社会的基本能力。

特殊教育学校以汉语言文字为基本教学语言文字，推广使用全国通用的普通话和规范字以及国家推行的盲文、手语。招收少数民族学生为主的学校，可使用本民族或当地民族通用语言文字和盲文、手语进行教学，根据实际情况在适当年级开设汉语文课程，使用普通话和规范汉字。

特殊教育学校实行工作报告制度，在当地人民政府的领导下，按照"分级管理、分工负责"的原则，实施教育工作，接受教育行政部门或上级主管部门的检查、监督和指导，如实报告工作，反映情况。学年末，学校要向主管教育行政部门报告工作，重大问题应随时报告。

（二）入学及学籍管理

特殊教育学校招收适合在校学习的义务教育阶段学龄残疾儿童、少年入学，招生范围由主管教育行政部门确定，实行秋季始业。学校通过对入学残疾儿童、少年的残疾类别、原因、程度和身心发展状况等进行必要的了解和测评，根据有利于教育教学和学生心理健康的原则确定教学班学额。

特殊教育学校对因病无法继续学习的学生（须具备县级以上医疗单位的证明）在报经主管教育行政部门批准后，准其休学。休学时间超过三个月，复学时学校可根据其实际情况并征求本人及其父母或其他监护人的意见后编入相应年级。

特殊教育学校对其主管教育行政部门批准、不适应继续在普通学校就读申请转学的残疾儿童、少年应予接纳，并根据其实际情况，编入相应年级；对因户籍变更申请转入，并经主管教育行政部门审核符合条件的残疾儿童、少年，应及时予以妥善安置，不得拒收。

特殊教育学校一般不实行留级制度，对修完规定课程且成绩合格者，发给毕业证书，对不合格者发给结业证书；对已修满义务教育年限但未修完规定课程者，发给肄业证书；对未修满义务教育年限者，可视情况出具学业证明。特殊教育学校对学业能力提前达到更高年级程度的学生，可准其提前升入相应年级学习或者提前学习相应年级的有关课程。经考查能够在普通学校随班就读的学生，在经得本人、其父母或者其他监护人的同意后，应向主管教育行政部门申请转学。

特殊教育学校对学生根据实际情况给予表彰、批评教育或者处分，但一般不得开除义务教育阶段学龄学生，而且要防止未修满义务教育年限的学龄学生辍学。

（三）教育教学工作

特殊教育学校的主要任务是教育教学工作，其他各项工作应有利于教育教学工作的开展。学校的教育教学工作要坚持学生本位，面向全体学生，因材施教，改进教育教学方法，充分发挥各类课程的整体功能，促进学生全面发展。

1. 教学计划和组织

特殊教育学校按照国家制定的特殊教育学校课程计划、教学大纲进行教育教学工作。学校使用的教材，须经省级以上教育行政部门审查通过；实验教材、乡土教材须经主管教育行政部门批准后方可使用。学校的授课制和教学组织形式要符合学生的实际情况和特殊需要，严格依照教育行政部门颁布的校历安排教育教学工作，不得随意停课，不得组织学生参加商业性的庆典、演出等活动，参加其他社会活动也不得影响教育教学秩序和学校正常工作。

2. 德育工作

德育工作是特殊教育学校的重要内容，由校长负责，教职工参与，做到组织落实、制度落实、内容落实、基地落实、时间落实；要与家庭教育、社会教育密切结合。学校应坚持正面教育，注意保护学生的自信心、自尊心，不得讽刺挖苦、粗暴压服，严禁体罚和变相体罚。每个教学班需设置班主任教师，负责管理、指导班级全面工作。班主任教师履行国家规定的班主任职责，加强同各科任课教师、学校其他人员和学生家长的联系，了解学生思想、品德、学业、身心康复等方面的情况，协调教育和康复工作。班主任教师每学期要根据学生的表现写出评语。

3. 教学内容

特殊教育学校的教学内容包括传授知识、发展技能和康复训练等，着重培养学生的社会适应性。

一是重视体育美育工作。学校要结合学生实际，积极开展多种形式的体育活动，增强学生的体质。学校应保证学生每天不少于一小时的体育活动时间；美育要结合学生日常生活，提出服饰、仪表、语言行为等方面的审美要求；重视艺术类课程，注意培养学生的兴趣、爱好和特长。

二是特别重视劳动教育、劳动技术教育和职业教育。学校对低、中年级学生实施劳动教育，培养学生爱劳动、爱劳动人民、珍惜劳动成果的思想，培养从事自我服务、家务劳动和简单生产劳动的能力，养成良好的劳动习惯；根据实际情况对高年级学生实施劳动技术教育和职业教育，提高学生的劳动、就业能力。

三是突出学生的身心康复。学校根据学生的残疾类别和程度，有针对性地进行康复训练，提高训练质量；指导学生正确运用康复设备和器具；重视学生的身心健康教育，培养学生良好的心理素质和卫生习惯，提高学生保护和合理使用自身残存功能的能力；适时、适度地进行青春期教育。

此外，学校要根据学生的实际情况有针对性地给学生布置巩固知识、发展技能和康复训练等方面的作业，加强活动课程和课外活动的指导，做到内容落实、指导教师落实、活动场地落实。

4. 教学评价

学校应加强教育教学的评价和监督，但不得仅以学生的学业考试成绩评价教育教学质量和教师工作。学校对学生的评价每学年进行1～2次，包括德、智、体和身心缺陷康复等方面，毕业时要进行终结性评价，评价报告要收入学生档案。其中，视力和听力言语残疾学生，1～6年级学期末考试科目为语文、数学两科，其他学科通过考查确定成绩；7～9年级学生学期末考试科目为语文、数学、劳动技术或职业技能三科，其他学科通过考查评定成绩。智力残疾学生主要通过平时考查确定成绩。

特殊教育学校应合理安排作息时间，学生每日在校用于教学活动的时间，不得超过课程计划规定的课时，接受劳动技术教育和职业教育的学生，用于劳动实习的时间，每天不超过3小时；毕业年级集中生产实习每天不超过6小时，并要严格控制劳动强度。

（四）学校管理

特殊教育学校管理实行校长负责制，校长全面负责学校的教学和其他行政工作。

1. 人员与机构

《规程》规定，特殊教育学校可按编制设校长、副校长、主任、教师和其他人员。校长由学校举办者或举办者的上级主管部门任命或聘任；副校长及教导（总务）主任等人员由校长提名，按有关规定权限和程度任命或聘任。社会力量举办的特殊教育学校校长应报教育行政部门核准后，由校董会或学校举办者聘任。学校可根据规模，内设分管教务、总务等工作的机构（或岗位）和人员，协助校长做好有关工作。招收两类以上残疾学生的特殊教育学校，可设置相应的管理岗位，其具体职责由学校确定。

特殊教育学校根据国家有关规定实行教师聘任、职务制度。教师不仅应具备国家规定的相应教师资格和任职条件，还应具有社会主义的人道主义精神，关心残疾学生，掌握特殊教育的专业知识和技能，遵守职业道德，完成教育教学工作，享受和履行法律规定的权利和义务。其他人员应具备相应的思想政治、业务素质，其具体任职条件、职责由教育行政部门或学校按照国家的有关规定制定。

2. 管理制度

特殊教育学校应根据国家有关法律法规和政策建立健全各项规章制度。一要建立完整的学生、教育教学和其他档案。二要建立学生日常管理制度，并使学生日常管理工作与社区、家庭密切配合。按照有利于管理，有利于教育教学，有利于安全的原则设置教学区和生活区。寄宿制学校实行 24 小时监护制度，设专职或兼职人员，负责学生的生活指导和管理工作。三要认真执行国家有关学校卫生和安全工作的法规、政策，建立健全学校卫生工作制度，加强饮食管理；配备专职或兼职校医，建立学生健康档案，每年至少对学生进行一次身体检查，注重保护学生的残存功能；重视学生的安全防护工作，建立健全安全工作制度，校舍、设施、设备、教具、学具等应符合安全卫生要求。

特殊教育学校的办学条件及经费由学校举办者负责提供，校园、校舍建设应执行国家颁布的《特殊教育学校建设标准》。特殊教育学校应建立经费管理制度，科学管理、合理使用学校经费，提高使用效益，并接受上级财务和审计部门的监督。学校可按有关规定接受社会捐助。

（五）学校与社会

特殊教育学校应当融入社会，同街道（社区）、村民委员会及附近的普通学校、机关、团体、部队、企事业单位联系，争取社会各界支持学校工作，优化育人环境，同时服务和回报社会。特殊教育学校与社会的这种双向关系主要体现在以下 4 个方面：第一，指导普通学校特殊教育班和残疾儿童、少年随班就读工作，培训普通学校特殊教育师资，组织教育教学研究活动，提出本地特殊教育改革与发展的建议；第二，通过多种形式与学生家长建立联系制度，使家长了解学校工作，征求家长对学校工作的意见，帮助家长创设良好的家庭育人环境；第三，加强与当地残疾人组织和企事业单位的联系，了解社会对残疾人就业的需求，征求毕业生接收单位对学校教育工作的意见、建议，促进学校教育教学工作的改革；第四，为当地校外残疾人工作者、残疾儿童、少年及家长等提供教育、康复方面的咨询和服务。

四、促进残疾人就业税收优惠政策

长期以来，国家对残疾人就业实行税收优惠政策，并制定了一系列的政策文件。本书主要介绍《财政部　国家税务总局关于促进残疾人就业税收优惠政策的通知》（财税〔2007〕92 号）和《国家税务总局　民政部　中国残疾人联合会关于促进残疾人就业税收优惠政策征管办法的通知》（国税发〔2007〕67 号）中关于安置残疾人单位税收优惠政策的内容。

（一）税收优惠内容

1. 对安置残疾人单位的增值税和营业税政策

对安置残疾人的单位，包括税务登记为各类所有制企业（含个人独资企业、合伙企业和个体经营户）、事业单位、社会团体和民办非企业单位，实行由税务机关按单位实际安置残疾人的人数，限额即征即退增值税或减征营业税的办法。

（1）实际安置的每位残疾人每年可退还的增值税或减征的营业税的具体限额，由县级以上税务机关根据单位所在区县（含县级市、旗，下同）适用的经省（含自治区、直辖市、计划单列市，下同）级人民政府批准的最低工资标准的 6 倍确定，但最高不得超过每人每年 3.5 万元。

（2）主管国税机关应按月退还增值税，本月已交增值税额不足退还的，可在本年度（指纳税年度，下同）内以前月份已交增值税扣除已退增值税的余额中退还，仍不足退还的可结转本年度内以后月份退还。主管地税机关应按月减征营业税，本月应缴营业税不足减征的，可结转本年度内以后月份减征，但不得从以前月份已交营业税中退还。

（3）上述增值税优惠政策仅适用于生产销售货物或提供加工、修理修配劳务取得的收入占增值税业务和营业税业务收入之和达到 50% 的单位，但不适用于上述单位生产销售消费税应税货物和直接销售外购货物（包括商品批发和零售）以及销售委托外单位加工的货物取得的收入。上述营业税优惠政策仅适用于提供"服务业"税目（广告业除外）取得的收入占增值税业务和营业税业务收入之和达到 50% 的单位，但不适用于上述单位提供广告业劳务以及不属于"服务业"税目的营业税应税劳务取得的收入。单位需要分别核算上述享受税收优惠政策和不得享受税收优惠政策业务的销售收入或营业收入，不能分别核算的，不得享受上述税收优惠政策。

（4）兼营享受增值税和营业税税收优惠政策业务的单位，可自行选择退还增值税或减征营业税，一经选定，一个年度内不得变更。

2. 对安置残疾人单位的企业所得税政策

（1）单位支付给残疾人的实际工资可在企业所得税前据实扣除，并可按支付给残疾人实际工资的 100% 加计扣除。单位实际支付给残疾人的工资加计扣除部分，如果大于本年度应纳税所得额的，可准予扣除其不超过应纳税所得额的部分，超过部分本年度和以后年

度均不得扣除。亏损单位不适用上述工资加计扣除应纳税所得额的办法。单位在执行上述工资加计扣除应纳税所得额办法的同时，可以享受其他企业所得税优惠政策。

（2）对单位按照前述取得的增值税退税或营业税减税收入，免征企业所得税。

此处"单位"是指税务登记为各类所有制企业（不包括个人独资企业、合伙企业和个体经营户）、事业单位、社会团体和民办非企业单位。

3. 享受税收优惠政策单位的条件

安置残疾人就业的单位（包括福利企业、盲人按摩机构、工疗机构和其他单位），同时符合以下条件并经过有关部门的认定后，均可申请享受上述税收优惠政策。

（1）依法与安置的每位残疾人签订了一年以上（含一年）的劳动合同或服务协议，并且安置的每位残疾人在单位实际上岗工作。

（2）月平均实际安置的残疾人占单位在职职工总数的比例应高于 25%（含 25%），并且实际安置的残疾人人数多于 10 人（含 10 人）。月平均实际安置的残疾人占单位在职职工总数的比例低于 25%（不含 25%）但高于 1.5%（含 1.5%），并且实际安置的残疾人人数多于 5 人（含 5 人）的单位，可以享受上述企业所得税优惠政策，但不得享受上述增值税或营业税优惠政策。

（3）为安置的每位残疾人按月足额缴纳了单位所在区县人民政府根据国家政策规定的基本养老保险、基本医疗保险、失业保险和工伤保险等社会保险。

（4）通过银行等金融机构向安置的每位残疾人实际支付了不低于单位所在区县适用的经省级人民政府批准的最低工资标准的工资。

（5）具备安置残疾人上岗工作的基本设施。

上述"工疗机构"是指集就业和康复于一体的福利性生产安置单位，通过组织精神残疾人员参加适当生产劳动和实施康复治疗与训练，达到安定情绪、缓解症状、提高技能和改善生活状况的目的，包括精神病院附设的康复车间、企业附设的工疗车间、基层政府和组织兴办的工疗站等。对于工疗机构等适合安置精神残疾人就业的单位，允许将精神残疾人员计入残疾人人数，享受有关规定的税收优惠政策。

4. 其他有关规定

（1）经认定的符合上述税收优惠政策条件的单位，应按月计算实际安置残疾人占单位在职职工总数的平均比例，本月平均比例未达到要求的，暂停其本月相应的税收优惠。在一个年度内累计三个月平均比例未达到要求的，取消其次年度享受相应税收优惠政策的资格。

（2）关于特殊教育学校举办的企业问题。这类企业是指设立的主要为在校学生提供实习场所、并由学校出资自办、由学校负责经营管理、经营收入全部归学校所有的企业。上述企业只要符合相关人数及其比例的规定，即可享受增值税或营业税以及企业所得税优惠政策。这类企业在计算残疾人人数时可将在企业实际上岗工作的特殊教育学校的全日制在校学生计算在内，在计算单位在职职工人数时也要将这些学生计算在内。

（3）对安置残疾人单位享受税收优惠政策的各项条件实行年审的办法。

（二）促进残疾人就业税收优惠政策征管

1. 资格认定

（1）认定部门。申请享受税收优惠政策的符合福利企业条件的用人单位，在向税务机关申请减免税前，先向当地县级以上地方人民政府民政部门提出福利企业的认定申请。盲人按摩机构、工疗机构等集中安置残疾人的用人单位，在向税务机关申请享受税收优惠政策前，先向当地县级残疾人联合会提出认定申请。申请享受税收优惠政策的其他单位，可直接向税务机关提出申请。

（2）认定事项。民政部门、残疾人联合会按照相关规定，对上述单位安置残疾人的比例和是否具备安置残疾人的条件进行审核认定，并向申请人出具书面审核认定意见。《中华人民共和国残疾人证》和《中华人民共和国残疾军人证》的真伪，分别由残疾人联合会、民政部门进行审核。

（3）民政部门、残疾人联合会在认定工作中不得直接或间接向申请认定的单位收取任何费用。如果认定部门向申请认定的单位收取费用，申请认定的单位可不经认定，直接向主管税务机关提出减免税申请。

2. 减免税申请及审批

取得民政部门或残疾人联合会认定的单位（以下简称"纳税人"），可向主管税务机关提出减免税申请，并提交以下材料：① 经民政部门或残疾人联合会认定的纳税人，出具上述部门的书面审核认定意见；② 纳税人与残疾人签订的劳动合同或服务协议（副本）；③ 纳税人为残疾人缴纳社会保险费的缴费记录；④ 纳税人向残疾人通过银行等金融机构实际支付工资的凭证；⑤ 主管税务机关要求提供的其他材料。

不需要经民政部门或残疾人联合会认定的单位以及直接申请减免税的纳税人，可向主管税务机关提出减免税申请，并提交以下材料：① 纳税人与残疾人签订的劳动合同或服务协议（副本）；② 纳税人为残疾人缴纳社会保险费的缴费记录；③ 纳税人向残疾人通过银行等金融机构实际支付工资的凭证；④ 主管税务机关要求提供的其他材料。

减免税申请由税务机关的办税服务厅统一受理，内部传递到有权审批部门审批。减免税审批部门对民政部门或残疾人联合会出具的书面审核认定意见仅作书面审核确认，但在日常检查或稽查中发现民政部门或残疾人联合会出具的书面审核认定意见有误的，应根据有关规定作出具体处理。如果纳税人所得税属于其他税务机关征收的，主管税务机关应当将审批意见抄送所得税主管税务机关，所得税主管税务机关不再另行审批。主管税务机关在受理减免税的直接申请时，可就残疾人证件的真实性等问题，请求当地民政部门或残疾人联合会予以审核认定。

3. 退税减税办法

（1）增值税和营业税。增值税实行即征即退方式。纳税人本月应退增值税额按以下公式计算：本月应退增值税额＝纳税人本月实际安置残疾人员人数×县级以上税务机关确定的每位残疾人员每年可退还增值税的具体限额÷12。

营业税实行按月减征方式。纳税人本月应减征营业税额按以下公式计算：本月应减征营业税额＝纳税人本月实际安置残疾人员人数×县级以上税务机关确定的每位残疾人员每年可减征营业税的具体限额÷12。

兼营营业税"服务业"税目劳务和其他税目劳务的纳税人，只能减征"服务业"税目劳务的应纳税额；"服务业"税目劳务的应纳税额不足扣减的，不得用其他税目劳务的应纳税额扣减。

缴纳增值税或营业税的纳税人应当在取得主管税务机关审批意见的次月起，随纳税申报一并书面申请退、减增值税或营业税。经认定的符合减免税条件的纳税人实际安置残疾人员占在职职工总数的比例应逐月计算，本月比例未达到25％的，不得退还本月的增值税或减征本月的营业税。年度终了，应平均计算纳税人全年实际安置残疾人员占在职职工总数的比例，一个纳税年度内累计3个月平均比例未达到25％的，应自次年1月1日起取消增值税退税、营业税减税和企业所得税优惠政策。

纳税人新安置残疾人员从签订劳动合同并缴纳基本养老保险、基本医疗保险、失业保险和工伤保险等社会保险的次月起计算，其他职工从录用的次月起计算；安置的残疾人员和其他职工减少的，从次月起计算。

（2）所得税。对符合《财政部　国家税务总局关于促进残疾人就业税收优惠政策的通知》（财税〔2007〕92号）规定条件的纳税人，主管税务机关按照有关规定落实税收优惠政策。

4. 变更申报

（1）纳税人实际安置的残疾人员或在职职工人数发生变化，但仍符合退、减税条件的，应根据变化事项按规定重新申请认定和审批。

（2）纳税人因残疾人员或在职职工人数发生变化，不再符合退、减税条件时，应当自情况变化之日起15个工作日内向主管税务机关申报。

思考题

1. 如何落实残疾人的"平等权"？

2. 根据现行政策，结合当地实际情况，谈谈如何促进残疾人就业？

讲题 5　优抚社会福利机构政策法规

一、光荣院管理办法

光荣院是国家集中供养孤老和生活不能自理的抚恤优待对象（以下简"称集中供养对象"），并对其实行特殊保障的优抚事业单位。为了加强光荣院管理，做好抚恤优待对象集中供养工作，服务军队和国防建设，2010 年 12 月 20 日民政部颁布了《光荣院管理办法》，自 2011 年 3 月 1 日起施行。

（一）管理体制

国务院民政部门负责指导全国光荣院的管理工作。县级以上地方人民政府民政部门是光荣院管理的主管部门（以下简称"光荣院主管部门"），对光荣院集中供养工作进行管理、监督和检查。

国家兴办光荣院，所需经费列入同级政府财政预算。光荣院的建设水平应当与当地经济和社会发展相适应，满足供养需求。集中供养对象的生活水平应当略高于当地的平均生活水平。国家鼓励公民、法人和其他组织对光荣院提供社会捐助和服务。光荣院各项经费应当专款专用，接受财政、审计部门和社会的监督。

光荣院在建设、用地、水电、燃气、供暖、电信、农副业生产等方面享受国家有关优惠政策。

（二）供养对象

老年、残疾或者未满 16 周岁的烈士遗属、因公牺牲军人遗属、病故军人遗属和进入老年的残疾军人、复员军人、退伍军人，无法定赡养人、扶养人、抚养人或者法定赡养人、扶养人、抚养人无赡养、扶养、抚养能力且享受国家定期抚恤补助待遇的，可以申请享受光荣院集中供养待遇。

申请进入光荣院集中供养，应当由本人向乡镇人民政府或者街道办事处提出申请，因年幼或者无法表达意愿的，由居民委员会（村民委员会）或者其他公民代为提出申请，报光荣院主管部门审核批准。光荣院主管部门应当与光荣院签订集中供养协议，保障集中供养对象享受符合要求的供养待遇。在院集中供养对象个人随身携带的款物和贵重物品委托光荣院保管的，应当签订财物保管协议。

光荣院应当坚持入院自愿、出院自由的原则，规范入、出院手续，建立集中供养对象的个人档案。集中供养对象不再符合集中供养条件的，光荣院应当向光荣院主管部门报告，由光荣院主管部门核准后出院。集中供养对象死亡的，光荣院应当为其办理丧葬事宜，并向光荣院主管部门报告，其遗产按照《中华人民共和国继承法》的有关规定处理。光荣院主管部门应当定期核准集中供养对象人数，通报同级人民政府财政部门，并报上一级人民政府民政部门，由省级人民政府民政部门汇总后报国务院民政部门。

（三）供养服务

光荣院应当为集中供养对象提供下列供养服务：提供饮食；提供生活必需品；提供住房；提供医疗、康复、护理、保健服务；提供学习娱乐、精神关怀服务；提供清洁卫生、安全保卫服务；其他供养服务。集中供养对象未满 16 周岁或者已满 16 周岁仍在接受义务教育的，光荣院应当保障其接受义务教育所需费用。

光荣院提供的饮食应当符合食品安全要求，并根据集中供养对象的需要适当调整。光荣院应当为集中供养对象提供必备的服装、被褥、生活用具和适合老年人、残疾人居住需求的生活设施，并为其提供适当的出行条件。光荣院应当保持集中供养对象住房整洁，帮助其搞好个人卫生，并提供必要的照料，保证其人身安全。

集中供养对象按照《优抚对象医疗保障办法》的规定享受医疗待遇。集中供养对象患病的，光荣院应当及时联系和协助当地医疗机构予以治疗。光荣院应当建立集中供养对象的个人医疗和健康档案，为集中供养对象提供定期体检服务和健康教育服务，帮助集中供养对象制订医疗康复计划。光荣院实行 24 小时值班制度，对生活不能自理的集中供养对象实行全日制护理，并配置配备拐杖、轮椅或者其他辅助器具。

光荣院应当为集中供养对象创造良好的生活环境，安排好物质文化生活，组织学习教育，开展有益于身心健康的文体休闲活动。对有能力并自愿参加劳动和公益活动的集中供养对象，光荣院可以安排其从事力所能及的劳动和公益活动，丰富日常生活。光荣院应当关爱集中供养对象，为其组织必要的心理咨询和社会交往活动，使集中供养对象得到精神慰藉。

集中供养对象的定期抚恤金、补助金由光荣院统一管理使用，用于集中供养对象的生活、医疗等费用支出。光荣院应当给集中供养对象发放零用钱，具体标准由光荣院主管部门确定。光荣院供养标准由省级人民政府民政部门制定，经省级人民政府批准后公布执行，并根据当地经济社会发展水平适时调整。

（四）院务管理

光荣院实行院长负责制，院长由光荣院主管部门任命，也可以向社会公开招聘。光荣院工作人员应当经过光荣院主管部门培训考核，专业岗位工作人员应当取得相应职业资格后持证上岗。光荣院应当按集中供养对象人数的 25％配备工作人员，满足集中供养对象的需求。其中，管理人员占工作人员总数的比例不超过 20％。

光荣院应当设立院务管理委员会。院务管理委员会的成员由光荣院全体人员推选产生，集中供养对象所占比例应当不低于 1/3。院务管理委员会可以下设专门委员会。院务管理委员会应当定期召开会议，参与光荣院工作的管理和监督。光荣院应当定期公布国家对抚恤优待对象的抚恤补助政策和标准，公开院内工作流程、经费开支等情况，明示服务宗旨和项目，并接受集中供养对象的监督。光荣院应当按照国家有关规定，建立健全安全、消防、卫生、财务、档案管理等制度。

有条件的光荣院可以开展以改善集中供养对象生活条件为目的的农副业生产。集中供养对象自愿参加光荣院组织开展的农副业生产活动的，光荣院应当给予报酬。

光荣院应当建立荣誉室或者陈列室，收集、编撰、陈列、展示有关烈士、因战因公牺牲军人和集中供养对象的光荣事迹，与驻地国家机关、社会团体、企事业单位、学校、部队、社区等开展精神文明共建活动，充分发挥其爱国主义教育和革命传统教育作用。

（五）建设规范

县级以上行政区域应当根据集中供养对象的实际需要兴建、改扩建光荣院，每所光荣院床位数应当不低于 50 张，床位利用率应当达到 80% 以上。光荣院的各类建筑应当根据老年人、残疾人和未成年人生活、安全需要进行设计，符合无障碍标准建筑设计规范的要求。

集中供养对象居住用房每间应当不小于 15 平方米，配置卫生间和洗澡间。光荣院应当具备开展日常工作和服务所必需的办公室、值班室、厨房、餐厅、储藏室、活动室等辅助用房。有条件的地区还可以建设用于康复保健、文体娱乐等方面的功能室和室外活动场所。

光荣院应当配置应急呼叫设备，并根据当地气候条件和集中供养对象的实际需要配置取暖、降温设备；应当维护照明、通信、消防、报警、取暖、降温、排污和水电供应等设施和生活设备，保证其正常运转。光荣院应当设立医疗室，并视条件配备常用和急救所需的医疗器械、设备及药品。光荣院还应做好室外绿化、环境美化工作，为在院集中供养对象提供安静、整洁、优美的生活环境。

二、优抚医院管理办法

优抚医院包括荣誉军人康复医院、复员退伍军人慢性病医院、复员退伍军人精神病医院和综合性优抚医院，是国家为残疾军人和在服役期间患严重慢性病、精神疾病的复员退伍军人等优抚对象提供医疗和供养服务的优抚事业单位，其办院宗旨是全心全意地为优抚对象服务。为了加强优抚医院管理，民政部于 2011 年 6 月 9 日颁布了《优抚医院管理办法》，自 2011 年 8 月 1 日起施行。

（一）管理体制

优抚医院实行双重管理。优抚医院作为社会福利机构，由民政部门主管。其中，国务院民政部门主管全国优抚医院工作，县级以上地方人民政府民政部门主管本行政区域内优抚医院工作；优抚医院作为医疗机构，要接受卫生行政部门的监督管理。

优抚医院建设与发展应当纳入当地经济和社会发展总体规划和卫生事业发展规划，建设水平应当与当地经济和社会发展相适应。省级人民政府民政部门根据优抚对象数量和医疗供养需求情况，制定本行政区域内优抚医院布局规划，并报民政部备案。县级以上地方人民政府根据国家有关规定和优抚医院布局规划设置优抚医院。作为主管部门，民政部门还应当支持有条件的优抚医院在医疗、科研、教学等方面全面发展，积极争创等级医院。其中，省级人民政府民政部门管理的优抚医院应当达到三级医院标准，设区的市级人民政府民政部门管理的优抚医院应当达到二级医院标准。

优抚医院由国家兴办，所需经费列入各级政府财政预算，在建设、用地、水电、燃气、供暖、电信等方面享受国家有关优惠政策。国家鼓励自然人、法人和其他组织对优抚医院提供捐助和服务。优抚医院各项经费应当专款专用，接受财政、审计部门和社会的监督。

国家对在优抚医院工作中成绩显著的单位和个人，按照有关规定给予表彰和奖励。

（二）优抚服务

优抚医院服务于国防和军队建设，根据主管部门下达的任务，收治下列优抚对象：需要常年医疗或者独身一人不便分散安置的一级至四级残疾军人；在服役期间患严重慢性病的残疾军人和带病回乡复员退伍军人；在服役期间患精神疾病，需要住院治疗的复员退伍军人；短期疗养的优抚对象；主管部门安排收治的其他人员。

优抚医院除为在院优抚对象提供良好的医疗服务外，还要提供生活保障，主要服务内容包括：健康检查；疾病诊断、治疗和护理；康复训练；健康指导；精神慰藉；生活必需品供给；生活照料；文体活动。同时，优抚医院也要加强对在院优抚对象的思想政治工作，发挥优抚对象在光荣传统教育中的重要作用。

在医疗方面，优抚医院应根据对象的不同情况，有针对性地提供相应的医疗服务。优抚医院针对在院残疾军人的残情特点，实施科学有效的医学治疗，探索常见后遗症、并发症的防治方法，促进生理机能恢复，提高残疾军人生活质量；应当采取积极措施，控制在院慢性病患者病情，减轻其痛苦，降低慢性疾病对患者造成的生理和心理影响；对在院精神疾病患者进行综合治疗，促进患者精神康复，同时，对精神病患者实行分级管理，预防发生自杀、自伤、伤人、出走等行为。

在住院方面，优抚医院应当规范入院、出院程序。属于收治范围的优抚对象，可以由本人（精神病患者由其利害关系人）提出申请，经县级人民政府民政部门审核，由优抚医院根据主管部门下达的任务和计划安排入院。省级人民政府民政部门可以指定优抚医院收治符合条件的优抚对象。在院优抚对象基本治愈或者病情稳定，符合出院条件的优抚对象，由优抚医院办理出院手续。如果优抚对象按照有关政策应当分散安置，则由其常住户口所在地民政部门给予妥善安置。在院优抚对象病故的，优抚医院应当及时报告主管部门，并协助优抚对象常住户口所在地民政部门妥善办理丧葬事宜。

此外，民政部门应当定期组织优抚医院开展巡回医疗活动，积极为院外优抚对象提供医疗服务。优抚医院应当在做好优抚对象服务工作的基础上，积极履行医疗机构职责，发挥自身医疗专业特长，为社会提供优质医疗服务，通过社会服务提升业务能力，改善医疗条件，不断提高优抚对象医疗和供养水平。

（三）内部管理

优抚医院属于医疗机构，适用国家有关医疗机构管理的法律法规和相关规定，执行卫生行政部门有关医疗机构的相关标准。

优抚医院实行院长负责制，科室实行主任（科长）负责制。优抚医院建立职工代表大会制度，保障职工参与医院的民主决策、民主管理和民主监督。

优抚医院应当加强制度建设，不断完善管理机制。一要建立完整的医护管理、感染控制、药品使用、医疗事故预防等规章制度，提高医院质量管理水平；二要实行岗位责任制，设立专业技术、行政管理、工勤和社工等岗位并明确相关职责；三要加强医院文化建设，积极宣传优抚对象的光荣事迹，形成有拥军特色的医院文化；四要完善人才培养和引进机制，积极培养和引进学科带头人，建立一支适应现代化医院发展要求的技术和管理人才队伍；五要加强与军队医院、其他社会医院的合作与交流，开展共建活动，在人才、技术等领域实现资源共享和互补。

优抚医院的土地、房屋、设施、设备和其他财产归优抚医院管理和使用，任何单位和个人不得侵占。优抚对象应当遵守优抚医院各项规章制度，尊重医护人员工作，自觉配合医护人员的管理。对违反相关规定的，由优抚医院或者主管部门进行批评教育。

三、移交政府安置的军队离休退休干部服务管理机构工作规范（试行）

为切实加强移交政府安置的军队离休退休干部服务管理工作，2012年10月15日，民政部印发《移交政府安置的军队离休退休干部服务管理机构工作规范（试行）》。其主要内容包括以下10个方面。

（一）组织机构

军休干部服务管理机构（以下简称"军休机构"）包括军休干部服务管理中心、军休干部休养所（站），是各级政府直接服务和管理军休干部的专设机构。其主要任务是：按照国家有关政策规定，落实军休干部政治待遇、生活待遇，维护军休干部合法权益，实现军休干部"老有所养、老有所医、老有所教、老有所学、老有所为、老有所乐"目标。

军休机构实行主任（所长、站长）负责制，接受民政部门领导和监督。军休机构由所在省（自治区、直辖市）根据军休干部的接收规模，按照有利于军休干部服务管理工作的需求设置和调整。军休机构要按照中共中央组织部、中共民政部党组下发的《关于加强移交地方政府安置管理的军队离休退休干部服务管理机构党组织建设的意见》（组通字〔2008〕16号）要求，合理设置党组织，发挥政治核心作用。

军休机构建立规范严格的主任（所长、站长）办公会议、党委（支部）会议、全体职工会议制度，建立健全工作制度，保证服务管理工作科学规范运行。在军休机构内成立的军休干部管理委员会和各类兴趣小组，在军休机构党组织领导下开展活动，组织军休干部自我教育、自我管理和自我服务。加强党风廉政建设，坚持政务公开、事务公开、财务公开，坚持重大事项、重大问题集体研究，民主决策，增强服务管理工作的透明度，杜绝违法违纪现象的发生。

（二）手续转接

按照有关政策规定，依据省级民政部门下达的年度军休干部接收安置计划，凭上级安置部门开具的《接收安置通知书》，办理军休干部接收手续。

军休干部接收时，应与部队移交单位、被移交人（或监护人）召开"三方"见面会，核对档案材料和军休干部的各种待遇项目，签订交接协议。积极协助新接收的军休干部办理落户、医疗保险、组织关系等各种手续，按时上报新接收的军休干部花名册和"三联单"，及时将有关信息录入军休干部信息管理系统。组织召开新接收军休干部入中心（所、站）欢迎会，通报有关情况，帮助军休干部尽快融入新的生活。建立规范的档案室，设立专业档案员，按照《中华人民共和国档案法》规定加强档案资料管理。

（三）政治待遇

定期组织军休干部进行政治理论学习，开展国际国内形势教育，坚持开展党组织生活，教育和引导广大军休干部坚定理想信念、珍惜光荣历史、永葆革命本色。在军休安置部门帮助下，积极协调有关部门，认真落实军休干部享受安置地国家机关同职级离休退休干部政治待遇和社会优待。根据当地政府安排，组织军休干部参加重大庆典和重大政治活动。主动听取军休干部的意见和建议，协调地方政府和驻军部队走访慰问军休干部。

（四）生活待遇

认真传达贯彻调整军休干部生活待遇有关文件，落实军休干部各项生活待遇，及时发放离退休费和津贴补贴。对军休干部反映的生活待遇方面问题，严格按照文件规定及时答复。及时掌握独居、孤寡、伤残、病重、高龄等重点服务对象的情况，帮助他们解决生活中的困难和实际问题。积极组织协调社会力量，为军休干部提供便利的生活条件，提高他们的生活质量。

（五）医疗保健

及时协助军休干部办理医疗参保和医药费报销手续。建立和完善军休干部健康档案。按照规定申报和发放军休干部护理费，坚决杜绝违规操作。定期组织医疗保健知识讲座，引导军休干部科学保健、健康养生。有条件的地方要积极协助卫生部门引进社区医院，为军休干部提供基本医疗服务。

（六）文化活动

制订年度文化活动计划，认真组织实施。加强文化活动基础设施建设，为军休干部开展文化活动创造良好条件。根据当地实际情况和军休干部身体健康状况，开展健康向上、形式多样、军休干部乐于参与的文化活动。引导和鼓励军休干部利用社区文化资源，参与社会文化活动。

（七）队伍建设

根据接收军休干部数量变化情况，合理设置工作人员岗位，申请用人计划。建立健全工作人员岗位目标责任制，实施绩效考评奖惩。制订工作人员学习培训计划，定期开展学习教育、岗位练兵、业务竞赛等活动。加强军休工作人员作风建设，教育和激励工作人员牢固树立爱岗敬业精神，热情为广大军休干部提供细致、耐心、周到的服务。

（八）楼院建设

科学制订楼院建设和维修改造规划，精心组织施工，确保楼院和附属设施安全实用、功能齐全。按照军休机构用房面积标准，设置荣誉室、会议室、活动室、阅览室、档案室等办公服务场所，建立必要的室外活动场地。按照和谐舒适、整洁美观的原则，做好楼院的绿化、美化、亮化工作。做好军休庭院日常维护管理，按照社会化发展要求，稳步推进物业化管理。

（九）财务资产

加强军休经费管理，按照财务管理规定设置账簿、账户、科目，对离退休人员经费和服务管理经费实行分别建账、分账核算。完善审批制度和财务管理流程，坚持大项资金支出集体议定制度，主动接受有关部门监督审计，防止违规违纪现象的发生。严格执行资产登记制度，做好资产管理，防止国有资产流失。

（十）安全管理

把安全工作纳入军休机构的日常管理，做到有机构、有制度、有预案、有演练。生活用水、电、气以及易燃易爆易污染物品管理符合行业规范，岗位人员熟悉安全要求，熟练掌握应急处理的程序，定期进行安全检查，及时消除安全隐患。院区安全标志设置合理、醒目，设施器械管理责任到人，工作场所正规有序，工作人员安全意识强，杜绝安全责任事故发生。

四、军用饮食供应站供水站管理政策法规

为了加强军用饮食供应站、军用供水站（以下统称"军供站"）的管理，保障军队平时、战时在运输途中的饮食饮水供应，经国务院、中央军委批准，《军用饮食供应站供水站管理办法》于1989年11月17日颁布实施。为落实"平时服务、急时应急、战时应战"的要求，2009年6月23日，民政部、财政部、总后勤部联合印发了《关于进一步加强军用饮食供应站建设管理工作的通知》，对军供站的管理作出了一些新的要求。为适应军队多样化军事任务需要，全面提高军供站管理水平和综合保障能力，2012年12月24日，民政部、财政部、总后勤部联合印发了《军用饮食供应站分级管理办法》，即日起施行。

（一）军供站设置

军供站是人民政府支援过往部队的组织机构和战备设施，在人民政府的领导下，由民政部门负责管理。其任务是保障成批过往的部队、入伍的新兵、退伍的老兵和支前民兵、民工等在运输途中的饮食饮水的供应以及军运马匹的草料和饮水的供应。

军供站由省、自治区、直辖市人民政府根据军区的要求，在铁路、公路、水路沿线设置。军供站分为常设站和临时站。常设站设置在主要铁路和公路干线的大站、水路的重要港口等军事运输繁忙地方;临时站设置在大批或者紧急军事运输任务需要的地方,任务完成后即行撤销。

常设军用饮食供应站的基本建设项目应当有厨房、餐厅、仓库、锅炉房、办公室、宿舍、厕所、汽车库、平场、盥洗设施,并根据需要设置遛马场和饮马设备。常设军用供水站的基本建设项目应当有锅炉房、办公室、宿舍、厕所、盥洗设施。军供站的基本建设、设施维修、设备购置和用于过往部队接待工作的经费,军供站固定编制人员的工资、福利费和公用经费,按照国家规定的开支渠道,由地方财政安排解决。常设军供站应当有少量固定编制的人员,其名额由省、自治区、直辖市人民政府根据军供站的军供任务和所处战略位置的需要确定,并在省、自治区、直辖市的行政编制总额中解决。遇到大批军供任务,军供站工作人员不足时,由当地人民政府临时抽调人员协助工作。

国家在新建、改建车站和港口时,铁路、交通部门应当根据总后勤部军事交通部的要求,将军供站列入工程计划之内一并修建。工程竣工后,铁路、交通部门应当将军供站移交给人民政府的民政部门。民政部门对军供站的房屋和设备负责维修。中国人民解放军派驻铁路、交通部门的军事代表办事处负责对军供站的业务指导。在有大批军供任务时,军事交通部门应当向军供站预先通报供应任务和注意事项,并指定专人与军供站保持联系。必要时,应当派遣军事代表驻军供站协助工作。

（二）军供站常规管理

军供站应当根据有关法律、法规,经常对工作人员进行保卫和保密教育,建立、健全保卫和保密工作制度。

军供站按照正规化建设要求,实现工作制度化、程序化、标准化,加强对工作人员的思想教育和业务培训,不断提高应变能力和快速保障能力,做好军供工作。军供站供应工作应符合以下基本要求。

（1）军供站应当根据供应通报和军事代表的要求,做到保质保量供应,保证部队按时用餐、用水。

（2）军供站必须严格执行食品卫生的法律、法规,做好供应部队的饮食饮水的检查工作,防止食物中毒。

（3）军供站应当贯彻勤俭办事的精神,厉行节约,反对铺张浪费,并建立严格的财务制度和物资管理制度,防止贪污、盗窃和挪用供应部队的物资等违法行为。每次供应任务完成后,军供站应当按照供应成本向部队核收伙食费、粮票①及马料票、马草用款。

军供站所在地人民政府的有关部门负责做好下列工作。

（1）商业、粮食、供销、煤炭等部门,分别负责保证供应过往部队所需的主副食品、燃

---

① 粮票等票证,是我国计划经济时期物资分配的凭证。随着我国市场经济体制的建立,这些票证现已基本上退出流通领域。

料、必要生活用品和马草、马料，并按国家和有关部门规定，在品种和价格等方面实行优待。

（2）卫生部门负责过往部队的饮食饮水的检验和伤病员的急救等工作，对不能随部队行动的伤病员负责收治。留在当地医院治疗的伤病员的医疗费、伙食费，归队差旅费和死亡丧葬费，由当地的武装部门垫支后，向所在军区的后勤部门实报实销。

（3）铁路、交通部门负责解决铁路、公路、水路沿线的军供站的供电、通信、给水等设备。

（4）交通部门应当按照对行政机关的有关规定减免军供站编制内的机动车辆的养路费。

（5）公安部门负责军供站周围的治安管理、交通管理和保卫、保密工作，防止可能发生的破坏活动。

部队应当尊重地方工作人员，遵守军供站的供应制度和规定，凭供应通报就餐，并如数交付伙食费和粮票。使用马草马料，应如数交付马料票、马草用款。损坏餐具等物品应当照价赔偿。

军供站在保证完成军供任务的前提下，实行平战结合，可以利用现有设施，为部队服务，为社会服务。

（三）军供站分级管理

从 2012 年 12 月 24 日起，军供站实行分级管理。按照《军用饮食供应站分级管理办法》规定，军供站分为全国重点军供站和普通军供站。位于国家主要战略方向、战略要地、区域性交通枢纽，军供保障任务繁重的军供站，经综合评估划为全国重点军供站；其余的为普通军供站。全国重点军供站由省级人民政府民政部门会同军区联勤部提出，上报民政部、总后勤部审核确定，实行挂牌式管理；普通军供站由省级人民政府民政部门会同军区联勤部审核确定后，上报民政部、总后勤部备案。军供站分级实行动态管理。因情况变化需调整资级的，应当本着"严格对照条件、严格审核程序"的原则，按程序审核确定。民政部和总后勤部每 4 年对全国重点军供站资级组织一次考核评估，并结合例行工作不定期进行督导检查；省级民政部门和军区联勤部每 3 年对军供站建设管理情况组织一次考核。

地方各级人民政府应将军供站的基本建设、设施维修、设备购置和日常运转工作经费纳入本级年度财政预算，加大资金投入。中央财政对全国重点军供站设施维修、设备更新等军供保障经费给予补助。

思考题

1. 根据相关政策法规，结合社会现状，谈谈你对光荣院（或者优抚医院）经营与管理的想法。

2. 军休机构在运行的过程中存在不少问题，请列举并提出解决问题的措施。

3. 军供站应如何落实"平时服务、急时应急、战时应战"的要求？

讲题 6　其他社会福利机构政策法规

一、农村五保供养服务机构管理办法

农村五保供养服务机构（以下简称"供养机构"），是指县级人民政府民政部门或者乡、民族乡、镇人民政府（以下简称"主办机关"）举办的，为农村五保供养对象提供供养服务的公益性机构。为了加强供养机构的管理，提高供养服务能力和水平，保障农村五保供养对象的正常生活，2010 年 10 月 8 日民政部颁布了《农村五保供养服务机构管理办法》（以下简称《办法》），《办法》自 2011 年 1 月 1 日起施行。

（一）管理体制

《办法》规定，符合条件的供养机构，应当依法办理事业单位法人登记。供养机构实行等级评定。其管理工作由县级以上人民政府民政部门负责。乡、民族乡、镇人民政府管理其举办的供养机构，并接受县级人民政府民政部门的业务指导。

（二）规划与建设

县级以上人民政府民政部门应当根据本级人民政府经济社会发展规划，会同有关部门编制供养机构建设专项规划，并组织实施。

农村人口规模较大、农村五保供养对象较多的乡、民族乡、镇，应当建设能够满足当地农村五保供养对象集中供养需要的供养机构。县级人民政府民政部门根据实际需要，可以建设能够满足若干乡、民族乡、镇农村五保供养对象集中供养需要的供养机构。

供养机构建设应当符合国家有关的建筑设计规范和标准，坚持改建、扩建、新建相结合，充分利用闲置的设施。供养机构的建设规模原则上不少于 40 张床位；应当为每名农村五保供养对象提供使用面积不少于 6 平方米的居住用房；建有厨房、餐厅、活动室、浴室、卫生间、办公室等辅助用房；配置基本生活设施，配备必要的膳食制作、医疗保健、文体娱乐、供暖降温、办公管理等设备。有条件的供养机构应当具备开展农副业生产所必需的场地和设施。

（三）服务对象

对自愿选择集中供养的农村五保供养对象，经县级人民政府民政部门安排，有供养能力的供养机构不得拒绝接收，并应当优先供养生活不能自理的农村五保供养对象。接收患有精神病、传染病农村五保供养对象的供养机构应当具备相应的治疗护理能力。

乡、民族乡、镇人民政府应当与供养机构签订供养服务协议，委托其为农村五保供养对象提供供养服务。协议范本由县级人民政府民政部门制定，并报上一级民政部门备案。

供养机构在满足当地农村五保供养对象集中供养需要的基础上，可以开展社会养老服

务。开展社会养老服务的供养机构应当与服务对象或者其赡养人签订协议，约定双方的权利和义务。供养机构不得因开展社会养老服务降低对农村五保供养对象的集中供养条件和服务水平。

农村五保供养对象和社会养老服务对象应当遵守供养机构的规章制度，爱护公共财物，文明礼貌，团结互助。

（四）供养内容

供养机构应当向农村五保供养对象提供下列服务：提供符合食品卫生要求、适合农村五保供养对象需要的膳食；提供服装、被褥等生活用品和零用钱；提供符合居住条件的住房；提供日常诊疗服务，对生活不能自理的给予护理照料；妥善办理丧葬事宜。集中供养的农村五保供养对象未满16周岁或者已满16周岁仍在接受义务教育的，供养机构应当依法保证其接受并完成义务教育，保障所需费用。有条件的供养机构应当为集中供养的重度残疾五保供养对象适配基本型辅助器具。

供养机构的实际供养水平不得低于当地公布的农村五保集中供养标准。供养机构提供的供养服务，应当符合有关法律法规和规章的规定，符合国家的标准规范，尊重少数民族习惯。

供养机构应当协同驻地乡镇卫生院或者其他医疗机构为农村五保供养对象提供日常诊疗服务。经卫生行政部门许可，有条件的供养机构可以设立医务室，为农村五保供养对象提供日常诊疗服务。供养机构应当协助有关部门保障农村五保供养对象享受农村合作医疗和农村医疗救助待遇。

供养机构应当提供亲情化服务，组织文化娱乐、体育健身等活动，丰富农村五保供养对象的精神生活。供养机构可以向分散供养的农村五保供养对象提供服务，具体服务方式由县级人民政府民政部门规定。

（五）内部管理

供养机构应当建立健全财务管理、档案管理、环境卫生、安全保卫等规章制度，并向农村五保供养对象公开。

供养机构实行院长负责制，主办机关应当定期对院长履行职责的情况进行考核。供养机构应当根据实际需要科学设定岗位，明确岗位要求和工作流程，实行岗位责任制。

供养机构应当设立院务管理委员会，实行院务公开。院务管理委员会由主办机关代表、农村五保供养对象代表和工作人员代表组成，其中农村五保供养对象代表应当达到1/2以上。院务管理委员会由供养机构全体人员民主选举产生，履行以下职责：监督本机构各项规章制度的执行情况；监督本机构财务收支和管理情况；监督院长和工作人员的工作；调解农村五保供养对象之间的矛盾纠纷；组织协调农村五保供养对象开展自我服务和自我管理；其他院务管理职责。

供养机构可以采取多种形式开展农副业生产，其收入应当用于改善农村五保供养对象的生活，任何单位和个人不得侵占、挪用。供养机构可以鼓励农村五保供养对象参加有益于身心健康和力所能及的生产活动，并给予适当报酬。供养机构管理和使用的资产，任何单位和个人不得侵占，需要办理登记的应当依据有关规定办理登记手续。

（六）工作人员

供养机构应当根据服务对象的数量和需求，配备工作人员。有条件的供养机构应当配备专业社会工作者。

供养机构负责人由主办机关聘任，其他工作人员由供养机构聘用。供养机构或者其主办机关应当与工作人员订立聘用合同或者劳动合同。供养机构或者其主办机关应当保障工作人员的工资待遇不低于当地最低工资标准，并为其办理相应的养老、医疗、工伤等社会保险。县级人民政府民政部门应当对供养机构工作人员进行业务培训，考核合格的，准予上岗服务。

（七）经费保障

供养机构的建设资金和管理资金应当按照财政预算管理程序申报，经审核后从财政预算中安排。其中，管理资金是指维持供养机构正常运转必须支出的各项费用，主要包括工作人员工资、办公经费、设备设施购置维护经费和水电燃料费等。

农村五保供养对象的集中供养资金应当按照当地人民政府公布的集中供养标准，纳入县乡财政专项保障，并按时拨付到供养机构。供养机构应当将集中供养资金全部用于为农村五保供养对象提供供养服务，不得挪作他用。

县级以上人民政府民政部门应当每年从本级福利彩票公益金中安排一定数量，用于支持供养机构建设和维护。应鼓励机关、企事业单位、社会组织、个人向供养机构提供捐赠，帮助改善农村五保供养对象的生活条件。

二、城市生活无着的流浪乞讨人员管理政策法规

城市生活无着的流浪乞讨人员（以下简称"流浪乞讨人员"）是指因自身无力解决食宿，无亲友投靠，又不享受城市最低生活保障或者农村五保供养，正在城市流浪乞讨度日的人员。

为了对流浪乞讨人员实行救助，保障其基本生活权益，完善社会救助制度，2003年6月20日，国务院公布了《城市生活无着的流浪乞讨人员救助管理办法》（以下简称《管理办法》），2003年8月1日施行。同年7月21日民政部发布《城市生活无着的流浪乞讨人员救助管理办法实施细则》（以下简称《实施细则》），与管理办法同时实施。

（一）流浪乞讨人员救助体制

国家对流浪人员的救助是一项临时性社会救助措施，由救助站负责救助的具体实施。救助站由县级以上城市人民政府根据需要设立，采取积极措施及时救助流浪乞讨人员。救助工作所需经费列入财政预算。

县级以上人民政府民政部门负责流浪乞讨人员救助工作，并对救助站进行指导监督。公安、卫生、交通、铁道、城管等部门应在各自的职责范围内做好相关工作。公安机关和其他有关行政机关的工作人员在执行职务时发现流浪乞讨人员的，应告知其向救助站求助；对其中的残疾人、未成年人、老年人和行动不便的其他人员还应当引导、护送到救助站。

（二）救助内容及程序

希望救助的流浪乞讨人员应向救助站求助，并如实提供本人的以下基本情况：姓名、年龄、性别、居民身份证或者能够证明身份的其他证件、本人户口所在地、住所地；是否享受城市最低生活保障或者农村五保供养；流浪乞讨的原因、时间、经过；近亲属和其他关系密切亲戚的姓名、住址、联系方式；随身物品的情况。救助站向求助人员告知救助对象的范围和实施救助的内容，询问与求助需求有关的情况，并对其个人情况和随身携带物品予以登记。

救助站对属于救助对象的求助人员，应当及时提供救助，不得拒绝；对不属于救助对象的求助人员应当说明不予救助的理由。对因年老、年幼、残疾等原因无法提供个人情况的，救助站应当先提供救助，再查明情况。对拒不如实提供个人情况的，不予救助。

救助站应当根据受助人员需要提供下列救助：符合食品卫生需求的食物；符合基本条件的住处；对在站内突发急病的及时送医院救治；帮助受助人员与其亲属或者所在单位联系；对没有交通费返回其住所地或者所在单位的，提供乘车凭证。救助站为受助人员提供住处应当按性别分室住宿，女性受助人员应当由女性工作人员管理。救助站应当保障受助人员在站内的人身安全和随身携带物品的安全，维护站内秩序。救助站不得向受助人员和其亲属或者所在单位收取费用，不得以任何借口组织受助人员从事生产劳动。

救助站根据受助人员提供的有关情况，及时与受助人员的家属以及受助人员常住户口所在地或者住所地的乡（镇）人民政府、城市街道办事处、该地的公安、民政部门取得联系，核实情况。救助站发现受助人员故意提供虚假个人情况的，应当终止救助。

救助站根据受助人员的情况确定救助期限，一般不超过10天；因特殊情况需要延长的，报上级民政主管部门备案。救助站要劝导受助人员返回其住所或者所在单位，不得限制受助人员离开救助站。救助站对受助的残疾人、未成年人、老年人应予照顾，并做如下处理：对查明住址的及时通知其亲属或者所在单位领回；亲属或者所在单位拒不接回的，省内的由流入地人民政府民政部门通知流出地人民政府民政部门接回，送其亲属或者所在单位；跨省的由流入地省级人民政府民政部门通知流出地省级人民政府民政部门接回，送其亲属或者所在单位；无家可归的由其户籍所在地的人民政府妥善安置，对无法查明其亲属或者所在单位，但可以查明其户口所在地、住所地的，省内的由流入地人民政府民政部门通知流出地人民政府民政部门接回，送户口所在地、住所地安置；跨省的由流入地省级人民政府民政部门通知流出地省级人民政府民政部门接回，送户口所在地、住所地安置；对因年老、年幼或者残疾无法认知自己行为、无表达能力，因而无法查明其亲属或者所在单位，也无法查明其户口所在地或者住所地的，由救助站上级民政主管部门提出安置方案，报同级人民政府给予安置。

受助人员自愿放弃救助离开救助站的，应事先告知，救助站不得限制，其中，未成年人及其他无民事行为能力人和限制民事行为能力人离开救助站，须经救助站同意。受助人员擅自离开救助站的，视同放弃救助，救助站终止救助；救助站已经实施救助或者救助期满，受助人员应离开救助站，无正当理由不愿离站的受助人员，救助站也终止救助。

（三）站内管理

救助站应当建立健全站内管理的各项制度，实现规范化管理。县级以上人民政府民政部门应当加强对救助站工作人员的教育、培训和监督。

救助站工作人员应当自觉遵守国家的法律、法规、政策和规章制度，不准拘禁或者变相拘禁受助人员；不准打骂、体罚、虐待受助人员或者唆使他人打骂、体罚、虐待受助人员；不准敲诈、勒索、侵吞受助人员的财物；不准克扣受助人员生活供应品；不准扣压受助人员证件、申诉控告材料；不准任用受助人员担任管理工作；不准使用受助人员干私活；不准调戏妇女。

三、国务院关于加快发展养老服务业的若干意见

为了应对人口老龄化，加快发展养老服务业，不断满足老年人持续增长的养老服务需求，2013 年 9 月 6 日，国务院印发了《关于加快发展养老服务业的若干意见》（国发〔2013〕35 号，以下简称《意见》），提出了加快发展养老服务业的发展目标、主要任务和政策措施。其中大部分内容都涉及养老机构的建设。

（一）发展目标

《意见》提出，到 2020 年，全面建成以居家为基础、社区为依托、机构为支撑的，功能完善、规模适度、覆盖城乡的养老服务体系。生活照料、医疗护理、精神慰藉、紧急救援等养老服务覆盖所有居家老年人。符合标准的日间照料中心、老年人活动中心等服务设施覆盖所有城市社区，90％以上的乡镇和 60％以上的农村社区建立包括养老服务在内的社区综合服务设施和站点。全国社会养老床位数达到每千名老年人 35～40 张，服务能力大幅增强。以老年生活照料、老年产品用品、老年健康服务、老年体育健身、老年文化娱乐、老年金融服务、老年旅游等为主的养老服务业全面发展，养老服务业增加值在服务业中的比重显著提升，全国机构养老、居家社区生活照料和护理等服务提供 1000 万个以上就业岗位。

（二）主要任务

1. 统筹规划发展城市养老服务设施

加强社区服务设施建设。各地在制定城市总体规划、控制性详细规划时，必须按照人

均用地不少于 0.1 平方米的标准，分区分级规划设置养老服务设施。

2. 大力发展居家养老服务网络

发展居家养老便捷服务。地方政府要支持建立以企业和机构为主体、社区为纽带、满足老年人各种服务需求的居家养老服务网络。要通过制定扶持政策措施，积极培育居家养老服务企业和机构，上门为居家老年人提供助餐、助浴、助洁、助急、助医等定制服务；大力发展家政服务，为居家老年人提供规范化、个性化服务。要支持社区建立健全居家养老服务网点，引入社会组织和家政、物业等企业，兴办或运营老年供餐、社区日间照料、老年活动中心等形式多样的养老服务项目。

3. 大力加强养老机构建设

支持社会力量举办养老机构。各地要根据城乡规划布局要求，统筹考虑建设各类养老机构。在资本金、场地、人员等方面，进一步降低社会力量举办养老机构的门槛，简化手续、规范程序、公开信息，行政许可和登记机关要核定其经营和活动范围，为社会力量举办养老机构提供便捷服务。鼓励境外资本投资养老服务业。鼓励个人举办家庭化、小型化的养老机构，社会力量举办规模化、连锁化的养老机构。鼓励民间资本对企业厂房、商业设施及其他可利用的社会资源进行整合和改造，用于养老服务。办好公办保障性养老机构。各地公办养老机构要充分发挥托底作用，重点为"三无"（无劳动能力，无生活来源，无赡养人和抚养人或者其赡养人和扶养人确无赡养和扶养能力）老人、低收入老人、经济困难的失能半失能老人提供无偿或低收费的供养、护理服务。政府举办的养老机构要实用适用，避免铺张豪华。开展公办养老机构改制试点。有条件的地方可以积极稳妥地把专门面向社会提供经营性服务的公办养老机构转制成为企业，完善法人治理结构。政府投资兴办的养老床位应逐步通过公建民营等方式管理运营，积极鼓励民间资本通过委托管理等方式，运营公有产权的养老服务设施。要开展服务项目和设施安全标准化建设，不断提高服务水平。

4. 切实加强农村养老服务

健全服务网络。要完善农村养老服务托底的措施，将所有农村"三无"老人全部纳入五保供养范围，适时提高五保供养标准，健全农村五保供养机构功能，使农村五保老人老有所养。在满足农村五保对象集中供养需求的前提下，支持乡镇五保供养机构改善设施条件并向社会开放，提高运营效益，增强护理功能，使之成为区域性养老服务中心。依托行政村、较大自然村，充分利用农家大院等，建设日间照料中心、托老所、老年活动站等互助性养老服务设施。建立协作机制。城市公办养老机构要与农村五保供养机构等建立长期稳定的对口支援和合作机制，采取人员培训、技术指导、设备支援等方式，帮助其提高服务能力。建立跨地区养老服务协作机制，鼓励发达地区支援欠发达地区。

5. 拓展养老服务内容

要积极发展养老服务业，引导养老服务企业和机构优先满足老年人基本服务需求，鼓励和引导相关行业积极拓展适合老年人特点的文化娱乐、体育健身、休闲旅游、健康服务、精神慰藉、法律服务等服务，加强残障老年人专业化服务。不断开发老年产品用品，培育养老产业集群。

6. 积极推进医疗卫生与养老服务相结合

推动医养融合发展。各地要促进医疗卫生资源进入养老机构、社区和居民家庭。卫生管理部门要支持有条件的养老机构设置医疗机构。医疗机构要积极支持和发展养老服务，有条件的二级以上综合医院应当开设老年病科，增加老年病床数量，做好老年慢病防治和康复护理。要探索医疗机构与养老机构合作新模式，医疗机构、社区卫生服务机构应当为老年人建立健康档案，建立社区医院与老年人家庭医疗契约服务关系，开展上门诊视、健康查体、保健咨询等服务，加快推进面向养老机构的远程医疗服务试点。健全医疗保险机制。对于养老机构内设的医疗机构，符合城镇职工（居民）基本医疗保险和新型农村合作医疗定点条件的，可申请纳入定点范围，入住的参保老年人按规定享受相应待遇。

（三）政策措施

1. 完善投融资政策

要通过完善扶持政策，吸引更多民间资本，培育和扶持养老服务机构和企业发展。各级政府要加大投入，安排财政性资金支持养老服务体系建设。加强养老服务机构信用体系建设，增强对信贷资金和民间资本的吸引力。

2. 完善土地供应政策

各地要将各类养老服务设施建设用地纳入城镇土地利用总体规划和年度用地计划，合理安排用地需求，可将闲置的公益性用地调整为养老服务用地。民间资本举办的非营利性养老机构与政府举办的养老机构享有相同的土地使用政策，可以依法使用国有划拨土地或者农民集体所有的土地。对营利性养老机构建设用地，按照国家对经营性用地依法办理有偿用地手续的规定，优先保障供应，并制定支持发展养老服务业的土地政策。严禁养老设施建设用地改变用途、容积率等土地使用条件搞房地产开发。

3. 完善税费优惠政策

落实好国家现行支持养老服务业的税收优惠政策，对养老机构提供的养护服务免征营业税，对非营利性养老机构自用房产、土地免征房产税、城镇土地使用税，对符合条件的非营利性养老机构按规定免征企业所得税。对企事业单位、社会团体和个人向非营利性养老机构的捐赠，符合相关规定的，准予在计算其应纳税所得额时按税法规定比例扣除。各地对非营利性养老机构建设要免征有关行政事业性收费，对营利性养老机构建设要减半征收有关行政事业性收费，对养老机构提供养老服务也要适当减免行政事业性收费，养老机构用电、用水、用气、用热按居民生活类价格执行。境内外资本举办养老机构享有同等的税收等优惠政策。制定和完善支持民间资本投资养老服务业的税收优惠政策。

4. 完善补贴支持政策

要求各地加快建立养老服务评估机制，建立健全经济困难的高龄、失能等老年人补贴制度。可根据养老服务的实际需要，推进民办公助，选择通过补助投资、贷款贴息、运营补贴、购买服务等方式，支持社会力量举办养老服务机构，开展养老服务，并制定政府向社会力量购买养老服务的政策措施。

同时，《意见》还就完善养老服务业人才培养和就业政策以及鼓励公益慈善组织支持养老服务等方面给予政策支持。

思考题

1. 如何发挥农村五保供养服务机构的作用？

2. 讨论《城市生活无着的流浪乞讨人员救助管理办法》实施中的问题，并提出解决措施。

3. 结合相关政策法规，讨论如何发展当地养老服务业？

本讲小结

在我国，社会福利机构政策法规作为调整和规范社会福利机构的设置、运作、管理和监督等内容的规则体系，是社会福利机构建设的基本依据。其体系构成包括法律法规、政策和国际公约及其他规范性文件等。其中：

（1）特殊人群权益保障方面的政策法规，包括老年人权益保障法、未成年人保护法和残疾人保障法等，主要规定了这些特殊人群的权益及其保护问题。作为这些特殊人群"家园"的社会福利机构应当明确其养护对象的法定权益并加以保护。

（2）社会福利机构运行及管理相关政策法规，包括养老机构、儿童养育机构、残疾人福利机构及特殊学校、优抚福利机构以及其他福利机构的设置、申办和管理方面的政策法规，主要规范这些机构的内外管理及其服务活动的要求。社会福利机构必须严格按照政策法规开展活动并接受监督。

（3）社会福利机构自身建设和福利事业发展政策法规。福利机构应当依法加强自身建设，提高服务水平和创新能力，应发挥推动社会福利事业发展的骨干作用，提高影响力和辐射力，从而促进社会福利事业快速发展，尤其是养老服务业的发展。

推荐阅读

1. 中华人民共和国老年人权益保障法（2013年）.

2. 中华人民共和国未成年人保护法（2006年）.

3. 中华人民共和国残疾人保障法（2008年）.

4. 国务院关于加快发展养老服务业的若干意见（国发〔2013〕35号）.

社会福利机构管理艺术

学习（培训）目标

通过本讲学习（培训）：

1. 掌握管理艺术的基本概念与特征；

2. 掌握管理艺术的分类和了解管理者应当掌握的管理艺术；

3. 了解影响管理艺术水平的主要因素；

4. 了解社会福利机构管理者应当掌握的管理艺术。

核心概念

社会福利　管理艺术　沟通艺术　决策艺术

本讲概览

本讲主要学习（培训）任务是学习社会福利机构管理者应当掌握的管理艺术。通过对一般组织的管理者应当掌握的管理艺术内容的学习，运用案例分析、知识讲授、分组讨论、读书指导等教学方法，让学生了解管理艺术的界定、管理艺术的特点和分类和一般管理者应当掌握的管理艺术，然后结合我国社会福利机构的特殊性，分析影响社会福利机构管理管理艺术水平的主要因素，以及社会福利机构管理者应当具备的管理艺术。

具体内容包括：管理艺术的界定，管理艺术的特征和分类，管理者必须掌握的管理艺术，影响管理艺术水平的主要因素，管理者提高管理艺术水平的方法和途径，以及社会福利机构管理者应有的职业态度和应当具备的管理艺术。

通过对知识的学习，培养学生对管理艺术的理解能力，自我提高的能力，对影响管理者管理艺术水平的因素的分析能力，最后达到对社会福利机构管理应当具备的管理艺术内容全面掌握的目的。

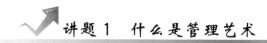

导入案例

为了研究刺猬在寒冷冬天的生活习性，生物学家做了一个实验：把十几只刺猬放到户外的空地上。这些刺猬被冻得浑身发抖，为了取暖，它们只好紧紧地靠在一起，而相互靠拢后，又因为忍受不了彼此身上的长刺，很快就又要各自分开。可天气实在太冷了，它们又不得不靠在一起取暖。然而，靠在一起时的刺痛使它们不得不再度分开。挨得太近，身上会被刺痛；离得太远，又冻得难受。就这样反反复复地分了又聚，聚了又分，不断地在受冻与受刺之间挣扎。最后，刺猬们终于找到了一个适中距离，既可以相互取暖，又不至于被彼此刺伤。这就是著名的"刺猬法则"的由来。刺猬法则强调的就是人际交往中的"心理距离效应"。运用到管理实践中，就是管理者如果要搞好工作，应该与下属保持亲密关系，但是这种"亲密有间"的关系，其实是一种不远不近的恰当合作关系。管理者与下属保持心理距离，可以避免下属的防备和紧张，可以减少下属对自己的恭维、奉承、送礼、行贿等行为，可以防止与下属称兄道弟、吃喝不分。这样做既可以获得下属的尊重，又能保证在工作中不丧失原则。一个优秀的领导者和管理者，要做到"疏者密之，密者疏之"，这正是管理艺术的成功运用。

（资料来源：www.docin.com/p-82950464.html）

讲题1　什么是管理艺术

一、管理艺术的界定

管理既是一门科学，又是一门艺术，反映这门工作的学科知识，既有管理科学，又有管理艺术。管理像一台运转的机器，它遵循着既定的运作模式，但是在机器陈旧的时候就需要改进和维护，从而为企事业单位提供更好的服务，这时就产生了管理艺术。对于管理过程中的一些新问题和新矛盾，用既定的管理模式或传统的管理方法往往难以解决，如果根据环境和问题的不同，采用新的方式、新的手段、新的做法去解决这些问题，就是一种管理艺术。事实上，再高明的管理理论和方法都需要在实践中灵活地运用，管理人员的管理方法和策略将直接关系到一个企事业单位的长远发展。因此提高管理者的管理水平就必须提高其管理艺术水平。提高管理艺术水平，是现代管理的直接要求，也是管理者实现其管理职责的重要保证。从另一角度来看，管理的核心是人，而人既有自然属性又有社会属性，单纯采用科学管理的方法和技术，已经无法适应现代管理过程的复杂性和多变性，而采用一些相对弹性的方法或技巧，即管理艺术，往往能收到事半功倍的效果。据此，所谓管理艺术，就是管理活动中一种高超的手段和方法，它是在长期的管理实践中总结出来的，建立在一定的素养、才能、知识、经验基础上的有创造性的管理技巧。

学习与掌握管理艺术，对管理者和被管理者都具有重要意义。对管理者而言，管理艺术是一种对固有知识的灵活运用和对具体复杂环境进行综合判断的能力，可以帮助管理者赢得更多的支持和拥戴，有助于管理目标的实现以及提升管理效能。因此，掌握高超的管理艺术是成为一名优秀管理者的重要前提。对于被管理者而言，管理艺术既可以提升其沟通技巧和协作能力，增进团队凝聚力与活力，也有助于个人的迅速成长与发展。

二、管理艺术的特征

1. 经验性与科学性的统一

管理艺术具有很强的实践性，以一定的科学知识为基础，反过来管理者又以自己的经验总结丰富和发展管理科学知识。因此，管理艺术既具有科学性，又有很强的经验性。

2. 原则性与灵活性的统一

原则是行事的根本和基础，也是管理者处理各种问题的指导思想。在我国公共事业管理领域管理工作应当遵循的基本原则包括：坚持党的基本路线，以人为本，依法管理，全心全意为人民服务等。尽管原则很重要，但管理者在处理问题时并不是一成不变的，还需要具体问题具体分析，对管理原则加以灵活运用，将原则的普遍性应用于解决各种问题的特殊性。

3. 共性与个性的统一

管理者在实践活动中总是要运用一定的知识和经验，而这些知识和经验是无数人通过实践证明具有普遍指导价值的原则和方法，体现为管理艺术的共同基础、共性特征。但是由于个人的素质、阅历、知识结构等各不相同，管理者运用这些原则和方法便会表现出不同的风格、不同的技能技巧，这就体现为管理艺术的个性内容和个性特征。

4. 规范性与创造性的统一

管理工作既要求创新，又要求稳定。管理艺术不是对已有方法的机械和简单的运用，而是在坚持规范性原则的基础上体现一种层出不穷、丰富多彩、构思新颖、风格独特的技艺。正因为这种创造性，才使得管理方法不断更新、丰富和发展，从而使管理效能越来越显著。

5. 明晰性与模糊性的统一

模糊性是指对事物之间的关系难以用定量的方法描述或单纯用定型的方法分析，处于"模糊区间"。艺术的魅力就在于它的模糊性，管理艺术也不例外。但管理艺术的模糊性不是糊涂性，它仅仅是对于不需要清楚的不苛求清楚，不必要量化的不苛求定量而已，但模糊的背后仍然蕴含着客观规律的科学性和条理性，绝非无原则、无规矩地任意妄为。

三、管理艺术的分类

现代管理活动是一种比较复杂、特殊的综合性活动。在具体的管理过程中，由于客观情况的千变万化，管理对象的复杂多样，加上管理者个体素质与能力的差异，使得管理艺术很难用统一的模式来进行划分和界定。从不同角度出发，依据不同标准，管理艺术的类别也有所不同。

（一）根据管理过程的不同，可将管理艺术分为决策艺术、组织艺术、指挥艺术、协调艺术等

决策是人们为了解决当前或未来可能发生的问题而选择可行或最佳方案的过程，是管理活动中最经常、最主要、最基本、最有影响力的一种活动。管理者从事管理活动的过程，其实质是一个决策的过程，决策贯穿于管理过程始终。所以人们有"管理就是决策"的说法。管理活动的成败，往往取决于管理者个人决策能力的高低。因此，决策艺术可以说是检验现代管理者领导水平的根本标志，是现代管理者多种能力的核心。决策艺术又具体表现为管理者的调研、分析、策划、预测、判断及取舍的能力。其中，预测是决策的核心能力，所谓先知者为圣人，只有能准确预测事物发展、变化的轨迹，才能作出科学的决策。

组织艺术体现为管理者整合各项资源（包括人、财、物、人际关系等）的能力。管理者应根据行业特点及企业规模，遵照系统原理，依据专业分工、协作高效、制度规范的原则建立管理系统。同时，针对现有资源，围绕设定目标，应以最低成本投入，在保证服务的基础上，进行资源整合。

指挥艺术体现为对下级行为支配的能力。管理者应熟悉下级的工作环境，清楚下级的工作能力和性格特点，并应根据实现目标的要求，依靠计划进行工作部署与资源调配。

协调艺术体现为关系的融洽能力。管理者应以公平、公正的态度平衡公众的需要和利益，善于双向沟通，及时解决公众争议和矛盾纠纷。同时，应通过推行民主管理，增加管理透明度，增强企业凝聚力，积极营造和谐的人文氛围。

（二）根据影响管理的主要因素的不同，可把管理艺术分为用人艺术、处事艺术、运时艺术、沟通艺术、激励艺术以及信息利用艺术等

影响管理的因素很多，但最根本、最具有决定意义的核心因素还是"人"。所以管理归根到底是对"人"的管理，正确认识人、对待人、关心人、使用人、培养人和管理人，就是用人艺术的全部内容。除了识人、用人外，管理者的另一项重要工作就是处理各类事情。面对管理工作的千头万绪，管理者如果提高处事艺术，将取得事半功倍的效果。讲究处事艺术，核心就在于分工明确，责任到人，管理者应当只管自己该管的事情，管重要的事情，对不该管的事一定不要管，切忌乱插手，乱干预，同时工作要注意主次秩序，讲究

方法简便。

一切管理，都需要通过时间来完成，时间直接决定管理的效率。管理者不仅要充分认识时间的重要性，强化时间意识，更要善于支配时间，学会科学运筹时间，通过科学计划，统筹安排来节约时间，提高管理效率。沟通是影响管理的另一重要因素，也是群体和组织得以存在和活动的基础，有效的沟通决定着管理的质量、组织的绩效和职工的士气。管理说到底是人与人之间的合作关系，这种合作的成功与否，很大程度上就取决于沟通的技巧或沟通的艺术是否成熟。而激励艺术就体现为调动职工激情的能力。管理者应深入研究职工的需要层次，依据战略目标和组织的有效资源，设置有利于分工协作的组织类型，建立长效与短效相兼的激励机制，将组织利益和职工利益紧密结合，加强组织文化的建设和培育，依靠人性化管理及快速发展发挥激励作用。信息是管理的基础，是管理的重要媒介，也是管理的重要手段。信息利用艺术是指管理者要善于收集信息、处理信息和利用信息，以此来提高决策的准确性和管理的科学化、现代化。

（三）依据管理战略战术和侧重点的不同，可以将管理艺术划分为宏观艺术和微观艺术；全局艺术和局部艺术；一般艺术和重点艺术等

在管理工作中，既有涉及宏观问题的大事，也有涉及微观问题的小事，管理者不仅要培养战略思维能力，从战略的高度去思考、筹划和处理工作，总揽全局，而且要敏锐把握管理的具体动态和走向，重视细节，不忽视管理中的细微小事，特别是对一些苗头性、倾向性、预警性的关键细节，要给予足够的关注，以高标准、严要求办好每一件小事，力求管理"零差错"，这就是管理的宏观艺术与微观艺术。除了处理好宏观与微观，管理者还要正确处理好全局与局部的关系。全局高于局部，统率局部，决定局部，但全局又是由局部构成的，每一个局部在全局中都有一定的功能和作用。

与宏观艺术和微观艺术的要求相近，全局艺术和局部艺术也要求管理者根据管理的实际需要，既要站在全局的高度去审视和把握问题的根本，又要深入局部去关注细节，以点带面，以局部推动全局。但这并不意味着管理者什么都要管，事事都要兼顾，无论从管理者的精力上还是管理的效率上都不可能。因此，无论宏观还是微观，全局与局部，管理者的主要精力只能是放在重点工作上。在纷繁复杂的管理工作中，管理者必须合理分配精力和时间，集中优势力量抓好重点工作，在突出重点的同时兼顾一般，使其不致拖延贻误。

四、管理者必须掌握的管理艺术

（一）决策的艺术

决策是人们为了解决当前或未来可能发生的问题而选择可行或最佳方案的过程，是管理活动中最经常、最主要、最基本、最有影响力的一种活动。管理者从事管理活动的过程，其实质是一个决策过程，决策贯穿于管理过程始终，从一定意义上讲，"管理就是决策"。管理活动的成败，往往取决于管理者个人决策能力的高低。决策艺术可以说是检验

现代管理者领导水平的根本标志，是现代管理者多种能力的核心。

在科技、经济发展迅速，社会环境和人们的观念不断变化的今天，公共事业部门的管理者要想搞好管理工作，取得事业的成功，必须对影响环境和条件变化的种种因素进行研究、分析，敏锐捕捉各种信息，准确进行决策。作为一个审时度势、善于决策的管理者，应该遵循以下原则。

1. 唯实原则

客观事实是决策的唯一依据，只有把有关的事实、情况、资料、信息搞清楚、弄准确，才能具备决策的前提条件。所有正确的决策，都是根据对实践情况的科学分析而来的，而片面性总是来自忙于制定决策而不研究实际情况。《孙子兵法》中也早就说过，"知己知彼，百战不殆"，"不知彼，不知己，每战必殆"。可见，决策的科学性是与对客观实际情况的掌握成正比的。对客观实际情况掌握得越多，越全面，越真实可靠，决策的基础就越坚实，越具有科学性。

2. 预测原则

管理者有无科学的预见，有无战略发展眼光，直接关系到能否作出正确无误的决策。因此，决策必须建立在科学预测的基础上，这才具有可靠性。古人讲："凡事预则立，不预则废。"这一点已经为中外历史上大量事实所验证。无论是社会的、经济的、科技的，还是军事的、文化的决策，能否以正确预测做保证，都将影响其成败。科学预测可以帮助管理者开阔视野，为管理者提供有科学依据的估计和判断，使之获得可靠的超前认识，从而有预见性地作出科学而非盲目的决策。

3. 集体原则

这里所讲的集体原则有两层含义：一是要集思广益，从谏如流；二是要坚持集体决策，发挥集体的智慧。现代社会迅猛发展，各方面的情况千变万化，各种信息大量涌现，各种新问题层出不穷。一个人的智商再高，精力再旺盛也难以适应。所以管理者在工作中要善于调动下级职工进行参与，积极听取他人的意见和建议，运用大家的智慧为管理提供科学依据，提供最优的策略和方法。

4. 择优原则

正确无误的决策必须建立在多种方案对比选优的基础上。要对比，可供选择的方案至少应该在两个以上，一个方案无从比较，自然也无从选优。而选优，既可以在诸种方案中选出最优的一个，也可以把诸种方案中优秀部分综合成一个。只有选择最优方案，才能成功地实现预期目的，同时也最节约成本和最富有效率。这一原则对于不确定型的决策尤为重要。

（二）用人的艺术

管理的核心是人，要最大限度地调动职工的积极性和创造性。而能否"知人善任"，是管理者是否成熟的标志，也是管理者用人艺术的精华。管理者的用人艺术，可以分为择人艺术和人才管理两个方面。择人艺术就是要"知人"。所谓"知人"，不仅要了解下属的知识、技能、专长、能力等有形的方面，还要了解其思想、品德、精神、气质等无形的方面。"知人"，首先要对所需、所用之人有一个较全面的了解，在"知人"的基础上选择合适的人才，从某种程度上讲，"知人"即为"择人"。因而"知人"就成为管理者用人的第一要素和前提。

"知人"识才是为了"善任"，通过"善任"人才来获得持续的竞争力，才是用人艺术的最终落脚点。在知人善任这个统一的整体中，知人是善任的必要前提，善任必须以知人为基本依据。只有知人，才能善任。只有了解人的思想觉悟、道德品质、知识水平、工作能力等，才有可能把每个人合理地安排在适当的岗位上，做到人尽其才、才尽其用。

善任是领导者的重要职责，也是事业发展的强大推动力。善任的重要意义在于，每个人都是人才，只有混乱的管理，没有无用的人才，好的管理能将每个人的积极性都充分激发出来，减少用人失误带来的损失，增强凝聚力，提高工作效率。知人善任的最高境界就是要能根据工作内容对人才进行合理的分配和调度，以实现人尽其才。面对日益复杂的竞争环境，管理者只有广泛汇集人才，多渠道延揽人才，实现群英汇集、群贤毕至的良好局面，才能在残酷的竞争中占据主动，赢得先机。但如何才能做到"人尽其才"？一是管理者要有博大胸怀和谋略家的远见卓识，发扬民主作风，广开选人渠道，敢于知人善任，放手管理；二是建立科学的人才管理机制，为人才管理提供规范化、制度化的运作保证；三是敢于提拔那些充满激情活力的创新型人才，大胆使用开拓进取的瑕疵型人才；四是加强人才管理，要做到把重视人才使用和重视事业发展放在同等重要地位。

（三）运时艺术

现代管理科学认为，一切管理，最终都是通过时间来完成的，通过效率来体现的。经营专家皮特·保罗卡教授说："只有时间才是唯一最缺乏的资源，如果不管理好时间，则无法管理其他的任何事物。"时间的利用程度，标志着一个社会的文明发展程度，浪费时间就意味着丧失时机。管理者一方面要认识到时间的重要性，善于支配时间，另一方面也要学习和遵循时间运用的原则。

1. 有计划

计划是时间管理的核心要素。有效的管理必须有计划性，这是时间管理的重要原则，也是众多成功管理者的共识。关键的问题在于如何制订好计划，有了可行的计划，才能控制不必要的时间浪费，提高效率。制订计划需要按照以下步骤进行：确立目标；选定最佳途径；把最佳途径转化为每周或每月的工作事项；编排每周或每月的工作次序并具体执行。

2. 连续集中

保持时间利用的相对连续性，集中某一区段的工作时间，是提高时间利用率的最佳途径。时间运用的集中性原则就是要求管理者集中最佳状态下的精力、最佳时间、最合理的组合去做最重要、最迫切的工作，同时也包括在安排工作时把类似的工作合并在一起，以消除重复的活动。

3. 讲究效率

时间运筹的目的在于以最少的时间投入，取得最大的时间效率。讲究效率是利用时间的核心原则。有成就的管理者无不是向时间要效率的高效率工作者。现代社会是一个瞬息万变的信息社会，时间既意味着信息，也意味着机遇。对于一个管理者来说，节约时间就是使自己的工作更加有效，也等于捕捉到更多的机遇。

4. 有创造性

管理活动本身就是一种创造性的活动。从某种意义上说，这种创造性就体现在对时间的运用上。创造性地运用时间，首先要有一定的预见力、洞察力。每项活动开始之前，要对活动的全过程做合理的预测，预料可能出现的有利因素、不利因素，可能出现的中途故障、意外事件。事先的充分准备比事后补救更有效。其次，要把握管理过程的灵活性，对于时间的安排要有弹性，不能过满，也不能过松，使时间掌握在自己手中，高效率地使用。

（四）激励艺术

所谓激励，就是激发和鼓励人的动机和行为的意思，是调动人的积极性或内在动力的一种手段和过程。现代管理是以人为本的管理，要实现管理的目标，需要管理者不断对下属进行激励，以强化下属符合组织需要的行为。

激励是一门科学，激励的运用更是一门艺术。管理者运用激励艺术应遵循以下原则。

1. 目标结合原则

在激励机制中，设置目标是一个关键环节。目标设置必须体现组织目标的要求，否则激励将偏离实现组织目标的方向。目标设置还必须能满足职工个人的需要，否则无法提高职工的目标效应，达不到满意的激励强度。只有将组织目标与个人目标结合好，使组织目标包含较多的个人目标，使个人目标的实现离不开为实现组织目标所做的努力，才会收到良好的激励效果。

2. 物质激励与精神激励相结合的原则

职工存在着物质需要和精神需要，相应的激励方式也应该是物质激励与精神激励相结合。但鉴于物质需要是人类最基础的需要，层次最低，物质激励的作用是表面的，激励深度有限。因此，随着生产力水平和人员素质的提高，应该把中心转移到以满足较高层次需要即社交、自尊、自我实现需要的精神激励上。换句话说，物质激励是基础，精神激励是根本，在两者结合的基础上，逐步过渡到以精神激励为主。

3. 外在激励与内在激励相结合的原则

根据美国学者赫茨伯格的"双因素理论"，在激励中可区分两种因素——保健因素和激励因素。凡是满足职工生存、安全和社交需要的因素都属于保健因素，其作用只是消除不满，但不会产生满意。这类因素如工资、奖金、福利、人际关系，均属于创造工作环境方面，也称外在激励。而满足职工自尊和自我实现需要，最具有激发力量，可以使职工从工作本身而非工作环境取得很大的满足感，从而使职工更积极地工作，这类因素就属于内在激励因素。在管理过程中，管理者应善于将外在激励与内在激励相结合，而以内在激励为主，力求收到事半功倍的效果。

4. 正强化与负强化相结合的原则

根据美国心理学家斯金纳的强化理论，可把强化划分为正强化和负强化。所谓正强化，就是对职工的符合组织目标的期望行为进行奖励，以使这种行为更多地出现，即职工积极性更高，而所谓负强化就是对职工的违背组织目的的非期望行为进行惩罚，以使得这种行为不再发生。正强化与负强化都是必要而有效的，通过树立正面的榜样和反面的典型，有助于组织内部形成良好的风气，产生无形的压力，使整个群体和组织的行为更积极、更富有生气。但鉴于负强化具有一定的消极作用，容易产生挫折心理和挫折行为，应该慎用。因此，管理者在激励时应该把正强化与负强化巧妙地结合起来，坚持以正强化为主，负强化为辅。

5. 按需激励的原则

激励的起点是满足职工的需要，但职工的需要存在着个体差异性和动态性，因人而异，因时而异，并且只有满足职工最迫切需要的措施，其效益才高，其激励强度才大。因此，管理者在进行激励时，必须深入地进行调查研究，不断了解职工需要层次和需要结构的变化趋势，有针对性地采取措施，这样才能收到实效。

6. 公正原则

公正是激励的一个基本原则。对管理者而言，公正就是赏罚严明和赏罚适度。如果不公正，奖不当奖，罚不当罚，不仅收不到预期的效果，反而会造成许多消极后果。赏罚严明就是铁面无私，不论亲疏，不分远近，一视同仁。赏罚适度就是从实际出发，赏与功相匹配，罚与罪相对应，既不能小功重奖，也不能大过轻罚。

（五）沟通的艺术

没有良好的沟通，就不可能有有效的管理。沟通是现代管理的基本职能之一，也是管理成为一门艺术的重要前提。这里所说的沟通，是人与人之间、人与群体之间信息的交换、思想与感情的传递和反馈的过程，在这个过程中实现组织成员在思想上的一致性和感情交流的畅通，进而达到价值取向与最终目的的认同。同时也是将信息由个体传达到其他个体，逐渐达到广泛传播的过程。著名组织管理学家巴纳德认为，"沟通是把一个组织群体中的成员用沟通的方式紧密联系在一起，以实现共同目标和价值的手段"。作为一名管理者，除了为组织的运营殚精竭虑，还需要注意正确处理与下属职工的关系。而能否建立一个关系融洽、积极进取的工作团队，很大程度上取决于管理者掌握的沟通技巧。

管理者要实现有效沟通必须遵循以下基本原则。

1. 积极倾听的原则

对管理者来说，积极倾听是有效沟通的关键。要实现积极倾听，包括三个步骤：接收和捕捉信息，即认真听取被沟通者的口头回答，积极主动捕捉一切有用的信息，包括各种语言信息与非语言信息；正解处理信息，即正确理解接收、捕捉到的信息，及时作出判断或评价，达到有效沟通；记忆或作出反应，即记忆有用信息，并考虑对被沟通者的回答特别是对其中有存疑的信息作出反应。

2. 巧用赞美的原则

根据马斯洛的五个需要层次理论，荣誉和成就感是人的高层次的需要。事实上，当一个人具有某些长处或取得某些成就时，他总是希望得到他人的承认。赞美不仅是一种正面的评价，更是发自内心的肯定与欣赏。诚挚的赞美不仅可以满足一个人的自我，让被赞美的人心情愉快，还会让其更通情达理和更乐于协作。因此，作为管理者，应当努力去发现下属工作中的闪光点，对下属取得的进步要给予正面评价，养成一种赞美的习惯。通过赞美向职工传达一种肯定的信息，激励职工，使其更加自信，工作更加积极。

3. 慎用批评的原则

俗话说："良药苦口，忠言逆耳。"批评通常被认为是一件"得罪人"的事。作为管理者在面对下属可能引发不良后果的不当行为时，批评教育是无法回避的重要手段。但批评也是一项艺术，如果使用不当，不但不能达到让下属改正错误的目的，反而可能使其产生不平不满甚至愤恨的情绪。因此，在使用批评指责手段时，一定要注意技巧。例如，欲抑先扬，在批评前先肯定其长处，再客观地指出错误所在，还要选择适当的场所，避免当众批评等。此外，还须注意批评要客观公正，切忌无限放大，伤及他人自尊。批评应当就事论事，对事不对人，不可伤及下属的自尊与自信等。

思考题

1. 简述管理艺术的概念及其特征。

2. 理论联系实际，谈谈管理者必须掌握的管理艺术。

讲题2　影响管理艺术水平的主要因素

　　在一个组织中，管理问题无处不在，尤其在社会福利机构中，由于其职能主要是为社会弱势群体提供收养服务，因此影响其管理的因素众多，头绪复杂，情况多变，与一般的组织管理相比具有更强的动态随机性。正如诺贝尔经济学奖获得者 A．西蒙所说："愈往高层，领导人就愈无法找到符合决策的明确程序，这就往往要依靠高级管理人员本身的经验、判断力、直觉和创造力。"好的管理艺术就像轴承中的润滑油，管理者的管理艺术水平高，轴承就能快速正常和平衡运转，管理者处理问题才能"游刃有余"。由于管理艺术是在一定的科学知识基础上综合组织管理的实际而表现出来的一种综合性管理技能，因此，管理者的自身素质和能力，以及管理方法的采用都可能影响管理艺术水平的高低。

一、管理者的素质和能力

　　管理既是一项系统化规律化的活动，又是管理者的一种个性化活动。因此，管理者自身的素质和性格特征对其管理艺术风格的形成具有重要的影响。"素质"一词最早见于心理学，指的是人的神经系统和感觉器官上的先天的特点，后来被泛指为事物本来具有的内在特征。在管理学上，素质是一个综合概念，其内涵包括了才智、能力和内在修养的意思，是一个人在先天生理的基础上，受后天的教育训练和社会环境的影响，通过自身的认识和社会实践逐步形成的比较稳定的身心发展的基本品质。

　　成功的管理者，素质修养是重要基础，因此，管理者的自身素质是决定其管理艺术水平的关键因素。对社会福利机构管理而言，其管理者应当具备的素质大致可以分为三类：基本素质、专业素质和特质性素质。

（一）基本素质

　　基本素质是任何一名管理者都必须具备的基本能力，而不是对社会福利机构管理者的特有要求。基本素质的高低决定了管理艺术水平整体的高低。虽然具备了基本素质，不一定就能成为一名优秀的管理者，但如果不具备基本素质，那么就肯定不会成为一名优秀的管理者。基本素质包括以下几个方面。

1. 管理者应具备良好的思想政治素质

　　社会福利机构管理者是国家社会福利政策法规的宣传者、执行者和实施者，有相当数量的社会福利机构还是国家的事业单位。因此，社会福利机构管理者必须有正确的政治方向和政治立场，以及正确的世界观、人生观和价值观。一方面要坚定不移地贯彻党和国家的路线、方针、政策，另一方面也要牢固树立全心全意为人民服务的宗旨，不断增强职业责任感和荣誉感，培养"吃苦在前，享受在后"的献身精神和踏实肯干、任劳任怨的敬业精神。

2. 管理者应具备基础知识和专业知识素质

各个层次的管理者，要求有不同层次的知识水准。社会福利机构管理者的知识素质，是指做好其本职工作所必须具备的基础知识和专业知识。目前，我国公办社会福利机构的中高层管理者的文化素质与过去相比，已经有了很大程度的提高，绝大多数管理人员都具有大专以上的文化程度，基础知识和专业素质都有了较大提高，部分福利机构的管理者由于拥有丰富的行业经验和过硬的专业技术知识，堪称行家里手。但鉴于社会福利机构经营管理的综合性，管理者不仅要熟悉专业知识，还应当熟悉行政管理、经济事务管理、人才管理、思想政治工作等方面的综合知识，成为专才与通才兼备的"专家型领导"，就这一点而言，我们的距离还较远。

3. 应具备良好的心理素质和必要的忧患意识

管理者在组织中起着领导作用，这决定了他们必须具备宽广的胸怀、坚韧的意志力和较强的自我控制力。在实际工作中，社会福利机构的管理者可能面临资金不足、人才缺乏，以及各种各样经营管理的风险和压力。在面对困难和压力时，管理者既要有坚忍不拔的精神，又要有吃苦耐劳的精神和解决问题的信心，以良好的心理素质来应对管理中的各种问题。此外，由于我国的社会福利事业属于竞争相对不足，政策性较强的领域，加上供需比相对失衡（求大于供），因此，在相对平稳的工作环境中，尤其要求管理者要有居安思危的忧患意识和突破成规、敢于创新的勇气，要能够根据外部环境的变化和国家政策的调整及时调整经营战略和管理方式。

4. 应具备较强的综合能力与把握全局的能力

管理是人类的高级智力活动，从其内容看，是多要素的统一；从其过程看，是多环节的统一；从其决策看，是一个追求科学化的过程。因此，现代管理是一个多要素相互作用、多环节相互连接的复杂的系统工程。所以管理需要逻辑思维，更需要非逻辑思维；需要演泽、归纳，更需要直觉、想象、灵感；需要抽象思维，更需要形象思维。管理活动之所以是人类高级的智力活动，不仅在于所运用的思维类型、思维方式的复杂性，还在于它调动了人的全部主观因素，即人的全部经验、知识、理论、智慧，以及立场、世界观、价值观念和一切心理特征、个性品格。从这个意义上看，综合能力是管理者的又一个最基本的能力要求。此外，顾全大局也是管理者的一条重要原则。全局代表了大多数职工的利益，代表了社会福利事业长远、未来的利益，决定了事物的发展性质、方向。管理活动实际上是获取、分析、开发、利用信息的过程，是管理者的综合能力充分发挥的过程。管理者凭借各类可靠适用的信息，运用自身的综合能力博采众长，进而作出全局的决策。

5. 应具备强健的体质和坚韧的性格

作为管理者应具有健康的体魄。这是很简单明白却又极容易被忽略的一点。社会福利事业属于服务行业，工作时间长，任务烦琐，社会福利企事业单位的管理人员的健康状况将直接影响其适应能力和反应能力，因此需要健康的身体和充沛的精力，否则难以肩负起相应的管理责任。除了强健的体质，对于一个好的管理者来说，还需要具备坚韧的性格。社会福利企事业单位的经营管理不会是一帆风顺，社会的误解、运营的压力都要求管理者必须拥有坚强的意志和百折不挠的精神。

（二）专业素质

专业素质是指社会福利机构管理者开展社会福利经营管理活动必备的素质，是社会福利机构管理者履行其职责的基本要求。

1. 对社会福利事业的专注和热情

对社会福利事业的专注和热情，是成为社会福利机构管理人员的重要前提。社会福利机构的管理者只有具有这种精神和态度，才能把自己的精力投入到社会福利事业中，最大限度地发挥其潜力，贡献自己的聪明才智。与企业管理不同，社会福利机构的定位是公益性和非营利性，如果缺乏对社会福利事业的热情和专注就很难将这项工作进行到底。由于社会福利的工作大都比较单调和琐碎，重复度高，一个热情洋溢的管理者可以感染广大的职工，让职工用同样的热情去对待工作，从而使整个社会福利机构充满生机和活力。

2. 专业管理知识

作为一名合格的社会福利机构管理者，专业管理知识是其区别于其他领域人才知识结构的主要标志，也是其从事管理工作的重要保证。专业管理知识，从某种程度上讲，将直接影响管理艺术水平的高低。社会福利机构所需的管理知识，内容非常丰富，综合性很强，具体来讲，包括经济管理、行政管理、人才学、领导科学、思想政治工作等专门知识。除此以外，管理者还要掌握社会福利的业务知识和行业知识，以及积极学习与管理相关的心理学、会计学、法学等学科专业知识，以应对社会福利事业管理各个层面的问题。

3. 创新精神和应变能力

在制度性狭义的社会福利模式下，社会福利机构管理长期遵循已有的现行的"模式"，对管理者的创新性要求不多。随着社会福利社会化步伐加快，以及人们的生活水平的不断提高和对社会福利需求的日益多元化，因循守旧的社会福利机构管理模式已难以为继。现代企业管理的许多管理经验和先进的服务理念开始被大量引入福利管理领域，因此创新与开拓已逐步成为新一代社会福利机构管理者必须具备的一种精神。而管理模式的创新和管理内容的日益复杂化，也同时对管理者的应变能力提出了较大的挑战。面对日常工作和服务过程中不断涌现的新问题和新矛盾，管理者既需要随机应变，又需要处变不惊和临危不惧，冷静和理性地分析问题和解决问题，及时化解矛盾，消弭纷争。

4. 良好的号召力和动员力

良好的号召力和动员力是管理者管理艺术的综合反映，简单地说，就是管理者在下属心目中，能保持一定的魅力和吸引力，通过感染性的语言或身体力行的行为能对下属产生感召力和动员力，从而引领下属朝向期望的目标前行。强大的号召力和动员力，为所有管理者梦寐以求，但它并不会从天而降，既要靠管理者日常工作中点滴的努力，又要靠管理者自身的实力和独特的人格魅力，来赢得下属的尊重和服从。从而无论面对多大的困难，下属都不会退却。

（三）特质性素质

所谓特质性素质，是指社会福利机构管理者在基本素质和专业素质之外，在管理实践中形成的比较突出的个体性优势的素质。尺有所短，寸有所长，每个人不可能在所有领域都是专家，都有专长。管理者的培养也不可能像制造流水线产品一样，都是同一标准，同等能力。管理者的个体差异就形成了管理者的特质性素质。特质性素质与基本素质和专业素质是不可分离的，并来源于基本素质和专业素质。特质性素质是不同管理者之间相互区别的重要标志。这种素质表现为管理者独特的管理作风或管理风格，最终汇聚形成管理者独有的管理艺术。

所谓管理风格，是指管理者受其组织文化及管理哲学影响所表现出来的风格和行为模式等。组织理念的不同和管理者性格的差异都会导致组织管理风格上的差异。在组织的日常管理中，通常存在4种管理风格，即指令式、教练式、团队式、授权式。指令式的管理风格，是指由管理者来指定下属或团队的具体工作，做什么事，如何做，何时做，在何处做，做到什么程度，事无巨细，无微不至。教练式，是指在具有指令式特征的同时，管理者与下属之间采取双向或多向的沟通，通过倾听、鼓励、辅导、澄清和激励不定期完成工作。团队式，是指管理者给下属以大致说明，并与下属一同展开工作，注意倾听下属的意见与感受，激励下属积极地参与。而授权式，是管理者在充分相信下属的前提下，给予下属以充分的授权，在管理过程中更多地使用高支持行为。各种管理风格无所谓优劣，关键在于所处的内外部环境和管理的事项，或管理的对象。由于管理者的思维模式相对固定，因此管理的风格一旦形成，往往难以改变。

二、管理方法的采用

除了管理者的素质和能力，管理方法的采用也会影响管理的艺术水平。在管理方法上，同样一件事，因为使用的方法不同，产生的效果和收到好效果的时间也会不同。现实中，许多管理者仍然是凭经验领导和决策。其实，经验领导和决策也有许多管理方法上的艺术，只不过是没有注意、总结和提炼罢了。还有一部分管理者，仅仅凭借资历、权力去压服人。效果当然是适得其反。关于管理方法的艺术，可以概括为以下三个方面。

1. 要有适合目标

只有不断地追求目标，一个组织才会充满生机。反之，如果在组织中以低标准要求，一味地迁就部分职工的落后意识，职工未必对工作、对单位感到满意，组织的发展也会随之遭遇阻力，停滞不前甚至倒退。通过制定组织的发展规划，制定切实可行的目标，以适度的压力形成动力，才能上下齐心，不断地获取组织期望的效益。因为，主导我们行为的价值观包括我们达到目标所倾向于采取的手段：我们应该如何处理彼此之间的关系，作为共同愿景的重要组成部分，达到目标的手段实际上是我们建立正确的价值观，并以此作为组织建立共同愿景的核心，只有在这种情况下，共同愿景才能成为引导组织成员为其实现去奋斗、去努力的旗帜。

2. 抓本质和时机

作为管理者精力有限，不可能也没有必要事事顾全，突出重点并兼顾一般的方法，能够找出而且抓紧可带动整个链条的重点环节，但又不孤立地抓重点以致丢失一般。著名军事理论家克劳塞维说过："对于统帅来说，知道一切细节是有害的。"管理者不可能事事亲力亲为，这样不仅会削弱下属的积极性，也会在下属面前减弱了自己的影响力，因为事实上管理者不可能保证处理这些工作的正确性。抓住问题的本质，才是关键。

对新上任的管理者，如果资历较深，通常上级都寄予很大的期望，下级则一般持怀疑观望的态度，这时选择一些关系企业发展的问题，作出正确的、客观的解决方案和处理手法，工作有可能从此打开局面；如果是一个比较年轻、资历较浅的管理者，不妨采取迂回的策略，因为一开始就在内部大抓整顿，即使取得较大的成效，即所谓"三把火"。但是，与此同时，一种不服气的，涉及切身利益的人的不满情绪可能在悄悄地滋长，这将是今后工作时"不稳定因素"。在上级支持的热度下降后，如果企业又发生新的问题，这时上下夹击，马上形成"内外交困"的局面；工作就很难继续下去。如果先做些外部的宣传工作，同时完成一些企业急需而且又能给各方面带来利益的事情，站稳脚跟，取得上级和下属的支持，让他们觉得你是能办实事的，从而使自己在企业内部树立起一定的威望，让下属有一个适应"缓冲"的过程，这时，再回过头来一项项地，扎扎实实抓整顿，效果可能会好一些。这就是抓时机的艺术。

3. 重视人事管理方法

管理者在工作中，处理人和事是极为重要的管理艺术，现代管理中最活跃、最能动的因素是人。对人的管理，中心是如何发挥人的作用，取得上级的支持以及下属配合。管理者处理事情，同样也涉及人。世界上没有完全相同的人。人都具有可塑性。关键在于管理者怎样适时、适地，用不同的方法，让被管理的人的作用充分地发挥出来。对不同个性和年龄的人，应该有不同的鼓励、督导的方法。

同时，管理工作中如何把握环境也是十分重要的，因为把握好环境可以减少一些管理工作中不必要的麻烦。在企业工作中，企业职工部门之间的一些矛盾的激化，是由于人为的条件和环境的影响造成的，一些场合如门卫室、食堂常常是人们传播消息的场所，对领导、对工作不满者在这里寻找到了"知音"，形成许多引起职工相互之间或部门之间不利于团结的信息和言论，给管理工作增添麻烦。因此，如何处理人与事的关系，往往成为管理人员必须面对的问题。

管理是直接影响组织人、财、物诸因素，影响和决定组织文化氛围，决定组织效率和效益的关键。所谓"三分在技术，七分在管理"，正是这个道理。管理是一个系统工程，我们不仅要算经济账，更要从思想到行动上提升至管理艺术的平台上来。

总之，管理是一门科学，也是一门艺术，是科学和艺术的有机结合。管理是一门科学，就是说管理工作是有客观规律的；管理是一门艺术，具有技巧和方法。管理作为科学是来源于管理艺术的，只有在大量的管理艺术中，精选比较符合实践意义和规律性的东西，它才有可能形成科学。管理艺术又是发展的，它被外界多种因素影响和制约。我们必须适应现代化企业管理和市场信息变化的要求，以前瞻性与创新性思维加定量分析和定性分析相结合的方法去丰富及把握管理的艺术性。

三、管理者提高管理艺术水平的途径和方法

（一）不断提升管理者素质

管理者的素质并不是先天具有的，主要依靠的是后天的教育、培训。特别是在管理者人才梯队的建设和接班人的培养上，组织均需高度关注管理者素质提高的问题。目前，提升组织管理者素质的途径有以下几种。

1．工作中提升

为了提高管理者的能力，组织应当有意识、有计划地对管理者在工作安排方面进行特别处理。例如，通过岗位轮流，了解其他部门的运作，拓宽视野；通过较高职务的代理方式，提高其处理问题的思维高度；安排特殊性的工作，考验和提高处理特殊事务的能力。在工作中学习和提高是提升组织管理者实践能力的有效途径。例如，IBM公司就有一个"长板凳计划"，为管理者和重要岗位人员都设置后备人才。对这些人员都制订有详细的培训计划，特别是工作中有关提升方面的内容。

2．集中式教学

将管理者送入较长期的教育培训机构，接受比较系统的学习和训练。这种培训的方式比较常见的有：组织的内部大学、培训中心；外部培训机构；大学的MBA、EMBA教育等。这种培训方式的优点在于系统化、规范化，特别适合提高管理者的理论修养和专业化管理水平。

3．短期培训

由行业组织的较短期的、专题性的培训，要求组织管理者参加，提高某一方面的能力和技巧，如营销培训、财务培训、决策能力培训、具体管理工具等方面的专题培训等。短期培训针对性非常强，是及时"充电"的有效方法。

4．教育后的支持和巩固

管理者进行培训和教育后，回到实际工作中，由于组织缺乏相应环境以及管理上的其他支持，管理者不能将学到的东西用于实践，不知不觉又回到教育前的状况，管理水平无

法真正提高。为了避免这种现象，组织必须做好两方面的工作：一是组织管理者的培训教育必须有的放矢，与组织的发展规划有机结合；二是为管理者施展管理才能提供空间。

5. 管理者有意识地提升自我修养

组织的培训教育并不是万能。基本素质、基本业务等方面的学习和提升大都得依靠自己。古人"修身、齐家、治国、平天下"的理想，首先就得从修身开始，最后才能平天下。组织管理者提高个人素质方面，也必须从修身开始，从做人开始，不断加强道德方面、业务方面的修养，树立"终生学习"的观点，不断提高自身素质。

(二) 灵活运用管理技巧

1. 充分借助沟通技巧

在管理人的过程中，借助沟通的技巧，可以化解不同的见解与意见，建立共识。但良好的沟通能力与人际关系的培养，并非全是与生俱来的。沟通技巧完全可以通过学习来获得。对管理者而言，有效的沟通需要注意以下三个基本原则。

(1) 对不同的员工使用不同的语言。在同一组织中，不同的员工往往有不同的年龄、教育和文化背景，这就可能使他们对相同的语言产生不同的理解。另外，由于专业化分工不断深化，不同的员工都有不同的行话和技术用语。而管理者往往注意不到这种差别，以为自己说的话都能被其他人准确地理解，从而给沟通造成障碍。沟通时必须根据接收者的具体情况选择语言，语言应尽量通俗易懂，少用专业术语，以便接收者能确切理解所接收到的信息。

(2) 积极倾听员工的发言。一位擅长倾听的领导者可以从下属那里获得信息并对其进行思考。能否有效准确地倾听信息，将直接影响管理者的决策水平和管理成效，并由此影响公司的经营业绩。当然，领导者倾听时不是被动地听，而是主动地对信息进行搜索和理解。积极的倾听要求管理者把自己置于员工的角色上，想象他们的思路，体会他们的世界，以便于正确理解他们的意图，而不是管理者想理解的意思，避免进入和自己说话的陷阱。企业管理者应尽量给员工多的时间让他们相互交谈，并且在倾听的过程中用动作语言表现其对员工谈话的浓厚兴趣。

(3) 恰当地使用肢体语言。肢体语言是交流双方内心世界的窗口，它可能泄露我们的秘密。一个成功的沟通者在强化沟通的同时，必须懂得非语言信息，而且尽可能了解它的意义，磨炼非语言沟通的技巧，注意"察言观色"，充分利用它来提高沟通效率。这就要求管理者在沟通时，要时刻注意与员工交谈的细节问题，不要以为这是"雕虫小技"而忽视。

(4) 注意保持理性，避免情绪化行为。在接收信息的时候，接收者的情绪会影响到他们对信息的理解。情绪能使我们无法进行客观理性的思维活动，而代之以情绪化的判断。管理者在与员工进行沟通时，应该尽量保持理性和克制，如果情绪出现失控，则应当暂停进一步沟通，直至恢复平静。

（5）减少沟通的层级，避免沟通过程中信息的失真。可以精简机构，建立一支精明的团队，根据组织的规模、业务性质、工作要求等选择沟通渠道，制定相关的工作流程和信息传递程序，以保证信息上传下达渠道的畅通，为各级管理者决策提供准确可靠的信息。也可以通过召开例会、座谈会等形式传递和收集信息。管理者在与员工进行沟通时应尽量减少沟通的层级，越是高级的领导者越应该注意与员工直接沟通。

（6）变单向沟通为双向沟通。单向沟通即只是领导者向下传达命令，下属只是象征性地反馈意见，这样不仅无助于决策层的监督和管理，而且时间一长，必然挫伤员工的积极性及归属感，所以，单向沟通必须变为双向沟通。

2. 学会授权

作为管理者，不必也不能事必躬亲。管理者的角色定位主要是作出决策，而不能把时间和精力浪费在小事情上面。面对很多有才华的下属，完全可以通过授权，让他们来完成一些工作。但授权不是简单的放权，这需要高超的艺术。要想做好良好的授权，必须做到以下几点。

（1）要慎重选择授权对象。领导者必须把权力授予那些自己熟悉的下属，对于不熟悉或者权力欲望特别强的下属，则要特别的谨慎，除非特殊情况，一般不要轻易地授权给他们，否则会引起组织的混乱，降低组织的执行力。一般情况下，领导者对于以下4种人可以授权：一是善于创新开拓者；二是善于团结协作者；三是善于独立处理问题的人；四是偶尔犯过错误但知错就改的人。对偶尔犯过错误的人授权具有极大的激励和教育作用，能体现领导对他的信任，从而使他感激涕零，成为领导者忠诚的支持者。一旦选定了授权对象，就要给予充分的信任。对那些未能很好地运用自己权力的下属，则应收回或缩减他们的权力。

（2）要营造自由空间。如果领导确定要授权给下属，就必须给予下属充分的权力。授权以后，相信下属，不干预下属的具体做法，这样下属才能大显身手，不会因空间狭窄而觉得束手束脚，才能在自己的权限范围之内，自由地施展自己的才华。如果授权之后，领导还经常指手画脚，甚至横加干涉，这样就失去授权的意义，下属也会无所适从，失去努力工作的动力，导致工作效率低下。

（3）发挥下属的专长。为了充分发挥下属的专长，领导不妨把自己的权力适当地授予下属。领导对下属的才能和品德有了较为详尽的了解以后，才能根据每个人的才能和特长授予相应的权力，保证权才相符。向下属授权范围过大，就会出现权力失控，管理混乱的局面；授权过重则超过对方能力与承受限度，让下属失去信心，甚至产生厌倦情绪；过轻则失去授权的意义，不利于调动下属的积极性。一般来说，工作难度应比承担工作者平时表现出的个人能力大些，使其产生压力感，完成工作才有成就感。

（4）责权统一。领导授予下属的权力必须与职责相匹配，使下属有足够的权力来完成分派的任务。领导者应向被授权者明确所授权力的大小和责任。让他们知道自己拥有什么样的权力和应负的责任，使其在规定的范围内有最大限度的自主权，避免出现有责无权和有权无责的权责失衡现象。

（5）做好授权后的监控。领导者在授权之前要进行适当的风险评估，授权以后要做好指导和控制，以防止权力失控，给公司带来损失。授权以后，领导可以通过下属员工的业绩、进度报告或与下属员工研究计划的方式进行监督指导。交付任务以后，还要定期召集员工开会，来观察进度及提供必要的协助。观察进度是为了避免执行过程中少走弯路，避免那种到期前两天才发现进度落后的窘境，同时还可以为员工提供必要的协助。

能够做到以上5点，管理者就基本可以做到既有利于自己集中精力办大事，又有利于增强下属的责任感，充分发挥他们的积极性和创造性。一个管理者如果不愿意授权或者不善于授权，他所领导的组织一定是一个缺乏执行力的组织。因此，要充分利用授权这个管理工具，打造高执行力的团队。

3. 提高人际关系的处理技巧

人际关系对于管理工作的开展和组织的发展非常重要。所谓人际关系，简单来说，就是人与人之间交往关系的总称，包括亲属关系、朋友关系、同学（学缘）关系、师生关系、雇佣关系、战友关系、同事关系及领导与被领导关系等。人际关系对组织沟通、组织运作、组织效率和组织氛围都有极大的影响。作为社会福利机构的管理者，除了管理能力要达到基本的要求，人际关系也是其必须提高的一种技巧。具体来讲，社会福利机构管理者需要处理的人际关系主要有：上下级关系、同级管理人员的关系、与政府主管部门的关系、与行业竞争者的关系、与服务对象的关系等。

虽然一名社会福利机构管理人员要处理的人际关系非常多，而且这些关系对于机构的发展、管理者个人的发展都非常重要，但需要明确的一点是，这些关系绝不是一个机构发展壮大最主要的因素。机构的发展、管理者个人的发展最核心的因素是机构自身的实力、管理者的自身能力，以及业务水平。那种想要依靠关系来解决管理中所有问题的想法是不现实和不理性的。

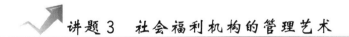

讲题3　社会福利机构的管理艺术

一、社会福利机构管理的特殊性

与一般的企事业单位管理不同，社会福利机构的管理具有一定特殊性，这种特殊性决定了社会福利机构的管理既要遵循一般管理的规律，也要有自身特殊的管理要求。

1. 公益性

我国的社会福利是作为社会保障制度体系中的一个子系统，而且是以最高层次的保障形式而存在的，在制度属性上具有较强的公益性。因此，社会福利机构的经营管理也强调公益性和非营利性。这种公益性具体表现为，社会福利机构的服务目的是满足人们日益增长的物质、文化、精神生活需要，服务对象主要是针对社会特殊弱势的群体，如老人、儿童、残疾人等。随着我国市场经济体制的建立，以及社会福利社会化和适度普惠型社会福利制度的逐步确立，社会福利机构的服务对象正逐步由特殊弱势群体，扩展到一般社会群体。例如，原来公办的社会福利院只收住"三无老人"和"五保老人"，现在在充分满足这部分老人对社会福利服务需求的前提下，也可以有偿地收住社会老人。而且，社会福利机构的投资主体，也由原来单一依靠国家、集体投资转变为国家、集体和个人多渠道投资的方式，社会福利机构的所有制形式渐趋于多元，民办、民办公助、公办民助的社会福利机构开始不断涌现。但无论投资主体、入住对象和所有制形式等如何改变，社会福利机构定位的公益性却始终不能改变，即社会福利机构的经营和管理必须以满足人民对社会福利服务的需求为主，其首要的目标指向是社会效益而不是经济收益。

2. 福利性

社会福利机构的管理还具有鲜明的社会福利性质。具体体现在公办的社会福利机构必须承担经民政部门认定的"三无老人""五保老人"、孤残儿童、民政救济精神病人等特殊弱势群体的照护责任，同时保障这些入住对象的合法权益不受侵犯。公办社会福利机构的运转维护等管理费用，管护人员工资报酬均由机构所在地政府的财政支付，同时各级地方政府都要建立财政专户来解决集中供养对象所需的经费问题，以及为集中供养人员办理医疗保险等。随着适度普惠型社会福利模式的逐步建立，我国民办的社会福利机构在建设、运营方面也可以获得政府财政的补贴和资助，同时政府还在注册登记、税收、用水用电等方面为各类社会福利机构提供优惠政策，从而为社会福利机构维持其福利性提供了保障。

3. 服务性

社会福利机构的主要工作内容就是以入住对象的生活需要为中心，向住养对象提供三大项的服务内容，包括衣、食、住、用方面的生活服务，精神娱乐方面的文化服务，以及医疗康复方面的保健服务。这三大项服务内容决定了社会福利机构永恒的工作内容就是服务，社会福利机构的管理就是要不断规范其服务行为、服务流程，完善服务的方式和方法，提高服务水平和质量，满足入住对象对物质、文化等各方面的需求。与一般的服务机构不同，社会福利机构提供的服务以日常生活照护为主，兼顾医疗、精神文化等需求，同时针对入住对象的个体差异和特殊需求，社会福利机构还会提供一些有针对性的特色服务。服务管理是社会福利机构管理工作中最主要的内容，社会福利机构从行政管理人员到生活护理人员、医务人员、后勤工作人员都是提供社会福利服务的工作人员，因此"服务即管理，管理即服务"是社会福利机构管理的一大特点。

二、社会福利机构管理者应当具备的职业态度

鉴于社会福利机构管理所具有的特殊性，社会福利机构管理者除了要具备一般管理者所必须具备的基本素质、专业素质以及自身的特质性素质外，还需要具备以下职业态度。

1. 爱岗敬业，忠诚专业

社会福利事业管理面向的对象是社会弱势群体，如果管理人员缺乏对本职工作的热情和热爱很难将工作坚持下去。尤其是在市场经济大潮的冲击下，面对金钱、欲望的诱惑，社会福利事业领域却相对寂寞，无论是管理者还是普通工作人员整天面对的都是需要被关心和照料的老、弱、病、残人员，如果缺少爱岗敬业的精神和忠诚于社会福利事业的决心，在面对社会福利机构中大量且琐碎的事物性工作时，将很难坚持下去。

2. 全心全意，尽心尽职

社会福利机构管理说到底是为民服务的工作，因此社会福利机构的管理者应当以全心全意为民服务，尽力为入住对象解决困难，尽量满足住养者的正当需求为己任。在工作中，竭诚为住养对象服务，帮助其走出心理的困境。不因其经济的贫穷、身体的残疾或智力低下而轻视或歧视他们，尽心尽职地尊重、关心和帮助入住对象。

3. 耐心细致，真挚热情

社会福利机构的服务对象由于年龄、心智、身体机能等方面的原因，往往缺乏足够的生活自理能力和沟通能力，这就要求社会福利机构的管理者要耐心细致，不厌其烦。要对入住对象怀有深切的同情心，急院民之所急，想院民之所想。同时还要给入住者提供精神上的鼓励和心理上的慰藉，尽全力为入住者创建良好的生活环境和休养环境，营造良好的住养氛围，用真挚和热情让入住者感到家一般的温暖与关怀。

4. 廉洁奉公，不牟私利

社会福利机构担负着社会福利和社会保障的部分职能，尤其是公办的社会福利机构既有国家赋予的一定权力，又有财政拨付的一定财力。这些权和钱，都密切关系到弱势群体的生计和切身利益。因此，社会福利机构的管理干部必须严格遵守国家的法律法规，在公务活动中，要做到公平公正，同时具备清正廉洁的道德品质，在利益和诱惑面前，坚守职业道德底线，严于律己，慎独自守，绝不能以权谋私，更不能损害入住对象的利益。

三、提升社会福利机构管理艺术的必要性

社会福利机构管理工作是一项非常重要的工作。管理者的管理艺术水平将直接影响社会福利机构的运营效果和社会福利机构的发展。社会福利机构管理以服务管理为主，因此要求管理者既要懂业务，又要懂管理，还要有勇于创新的精神和社会主义人文关怀的精神。面对市场经济对社会福利事业领域带来的机遇和挑战，社会福利机构自身发展所面临

的重重困境，以及社会福利服务的专业性和复杂性，管理者必须不断提升其管理艺术水平以应对这些问题。

（一）市场经济给社会福利事业带来的机遇和挑战

社会福利事业是我国社会保障体系的重要组成部分。近年来，我国的社会福利事业取得了巨大的成绩，但也面临着诸多挑战。在计划经济时代，我们的社会福利的保障水平较低，社会福利机构只承担民政特殊救济对象的收养服务，收养对象少，管理压力小。随着改革开放，尤其是市场经济体制全面确立之后，我国的人均国民生产总值不断上升，社会财富不断增多，社会成员对于社会社会福利服务的需求也日益强烈，但我国现有的社会福利机构经营管理水平既无法满足社会成员对于社会福利服务量的需求，也难以满足他们对于社会福利服务质的需求。尤其是在全国各地陆续进入老龄化社会之后，这种社会福利供需失衡的矛盾开始日益凸显，核心家庭（也称421的家庭结构，即四个老人，一对夫妇，一个小孩的家庭结构）的出现，家庭养老功能的日益弱化，让越来越多的老年人转为寻求社会化的养老模式，但社会福利机构发展和管理的相对滞后，却将许多老年人阻挡在社会福利机构的大门之外。因此，改革现行的社会福利服务模式，尽快建立与经济发展水平相适应的社会福利服务体系，引入市场竞争和市场化的管理运营模式进入社会福利领域已经成为当务之急。

虽然引入市场化可以迅速改善社会福利服务供求失衡的现状，但市场化也会给社会福利服务的公益性和福利性带来巨大冲击，因此如何处理两者之间的关系，既是对社会福利制度设计者的挑战，也是对社会福利机构管理方式和管理者能力的巨大挑战。

（二）社会福利机构内部的经营管理面临重重困境

除了外部环境变化带来的挑战，社会福利机构自身在经营管理中面临的诸多问题也会对其管理者造成巨大压力。具体表现在以下几个方面。

1. 资金短缺

一直以来，社会福利机构的建设资金，大多是由民政部门通过发行福利彩票或者接受社会捐赠等渠道募集而来。政府财政直接投入的并不多。随着社会成员对社会福利服务的需求日益高涨，现行社会福利机构无论从数量、建设规模、设施配备等方面都难以满足当前的社会需求，但新建或改建社会福利机构需要巨大的资金投入，完全依靠财政和福利彩票的投入无法解决社会福利机构发展面临的资金短缺。而在运营管理上，由于物价飞涨，人工成本急剧上升，社会福利机构的运营管理成本也水涨船高，但政府对社会福利机构的运营补贴是按人头统一进行发放的，与目前的消费水平相比，这种补贴标准相对偏低，这进一步造成了社会福利机构尤其是中小型机构运营中的资金困难。

2. 运营机制落后

尽管社会福利社会化已推进多年，但我国大多数的社会福利机构，尤其是公办福利机构的运营模式仍沿袭计划经济时代的模式，机构臃肿，人浮于事，甚至吃大锅饭的现象仍普遍存在。对于一个服务行业来说，这无疑会造成效率低下、服务质量不高等问题。同时，由于管理理念的相对滞后和目标定位的不清晰，现行的社会福利机构或过分追求社会效益而忽视效率，或过分追逐经济利益而忽略其社会责任和公益性定位，最终或陷入运营困境，或丧失社会信誉。

3. 从业人员素质亟待提高

社会福利机构从事的是抚孤助残、收养弱势群体的工作，其工作强度高，风险性大，社会责任重，且属于服务密集型行业。在公办社会福利机构中，由于是全额拨款的事业单位，其正式职工数量需严格按人事部门核定的编制数量来配置，仅凭有限的编制内工作人员根本无法维持社会福利机构的正常运转，只能面向社会大量聘用编外工作人员来从事一线的社会福利服务工作。因此，一些编外的一线工作人员往往工作强度大、任务重，但工资待遇却相对偏低，进而造成社会福利机构一线工作人员流失率逐年上升。而在一些民办社会福利机构中，由于创建期的高额投入和非营利性的定位，也使其无法给社会福利服务工作者提供有竞争性的薪酬。这些因素使得社会福利机构难以聘请到文化素质高、专业素质强的员工。

（三）社会福利服务的专业性和复杂性

社会福利服务是面向社会弱势群体的一种福利性和公益性服务，其工作内容主要是为弱势群体提供一般以生活照护和专业护理为主，同时兼顾入住成员的精神需求和文化需求的精神慰藉和文化教育服务。因此，社会福利服务与一般意义上的家政服务或清洁服务有所区别，它既要求从业人员有健康的体魄、坚强的意志和吃苦耐劳的精神，又要求从业人员懂专业的护理知识，掌握良好的沟通技巧和心理咨询方法，部分岗位还要求懂社会工作的知识和方法。故社会福利服务具有较强的专业性。另外，由于社会福利服务的服务对象相对特别，既有失能老人、残疾人士，也有孤残儿童，甚至精神残疾人士，而每一个服务对象都有自己的个性特征和个体差异，因此，社会福利服务内容具有复杂性。作为以提供服务为主要内容的专业机构，社会福利机构的管理者一方面自身要懂业务，能服务，另一方面还要有人文关怀的精神，能充分体谅和真诚关怀入住对象，同时要有优秀的沟通能力和较强的心理素质，以应对管理过程中随时可能发生的各种突发事件，处理各种矛盾等。

四、社会福利机构管理者应当掌握的管理艺术

（一）坚持以人为本，提高服务质量

社会福利机构的管理对象和服务对象都是人，因此人的健康和全面发展应当成为福利机构管理者首要追求的伦理价值取向。与其他服务行业不同，社会福利机构的服务对象都是社会弱势群体和最需要关爱的人，社会福利机构就是这些弱势群体的大家庭。因此，管理者必须肩负起一个家长应有的责任，以努力改善服务对象的生活环境和生存质量为目标，真正将服务对象的冷暖放在心上，关心每一位服务对象的身心健康，深入了解服务对象的多元需求，坚持维护每一位服务对象的利益，切实将老有所依、幼有所托、残有所助落到实处。在管理中坚持以人为本的宗旨，倡导人性化、透明化、合理化的管理模式，针对不同的服务对象，尽力满足其个性化的服务需求，以高标准严要求不断提升服务质量。而对于社会福利的工作人员和服务人员，在严格各项管理制度的同时，也应该关注员工的成长和心理变化。一方面要逐步提高工作人员的工作待遇，改善其工作环境，为其职业发展提供良好的机会和途径；另一方面也要加强对员工心理健康的干预，积极引导工作人员培养其职业荣誉感和职业使命感，同时营造良好的职业氛围，吸引人，留住人。

（二）坚持双向教育，提高全员素质

所谓双向教育，首先是加强对员工的职业道德教育和思想教育，增强其服务意识和责任意识，在职工中树立标杆和楷模，开展无私奉献、勤恳工作、不怕苦、不怕脏、不怕累、任劳任怨的教育活动；其次是对入住对象的思想教育，主要从管理上入手，教育他（她）们以机构为家、以机构为荣，树立良好的个人形象，服从机构管理，遵守院规，不随便外出，不以大欺小，不以强欺弱，尊老爱幼，相互关照。通过双向教育，一方面不断提升入住对象遵守机构规章和管理制度的自觉性，另一方面不断增强职工为院民服务意识和敬业精神。

（三）以身作则，当好表率

社会福利机构并非不起眼的行业，而是为人民服务的窗口，体现着党和政府对社会弱势群体的关怀和社会的进步。管理者与其"喊破嗓子，不如做出样子"。要求别人做到的，自己先带头做到；要求别人不做的，自己坚决不做。带头过"严"字关，对自己严格要求，认真履行自己的职责，再去说服别人，要求别人。只有管理者以实际行动作出表率，在工作中真正秉持"以人为本"的理念，抓好队伍建设，提高服务质量，才能带动起一支稳定、踏实肯干的工作队伍。同时，在管理中，管理人员还应坚持公开、公平、正义的办事原则，廉洁自律，不贪不占，坚持用最少的钱办最好的事，不断为服务对象和员工谋福利，以实际行为引领机构成员之间形成一种和谐融洽的亲情，最终实现内部管理的规范化、服务质量的人性化，推动社会福利机构管理走上规范化的轨道。

思考题

1. 简述管理艺术及其特征。
2. 简述管理者提高管理艺术水平的途径和方法。
3. 分析提高社会福利机构管理艺术的必要性。

本讲小结

对社会福利机构管理艺术的掌握可以从以下三个方面进行。

（1）了解什么是管理艺术，管理艺术的特征，管理艺术的分类，在此基础上掌握管理者必须具备的管理艺术的内容。

（2）在对管理艺术基本知识进行学习之后，进一步分析影响管理艺术水平的主要因素，包括管理者自身的素质，管理方法的采用对于社会福利机构管理艺术水平的影响，然后进一步分析管理者提高管理艺术水平的方法和途径。

（3）社会福利机构有着不同于一般组织的特殊性，这种特殊性决定了其管理的特殊性，因此，作为社会福利机构的管理者除了具备一般管理者必备的基本素质、专业素质和自身的特质性素质，还必须具备对社会福利事业特有的职业态度，这是形成良好社会福利管理艺术的前提。

推荐阅读

1. 徐谷波. 管理方法与艺术 ［M］. 北京：中央广播电视大学出版社，2012.

2. 余世维. 有效沟通：管理者的沟通艺术 ［M］. 北京：机械工业出版社，2006.

3. 周良才，赵淑兰. 社会福利服务 ［M］. 北京：北京大学出版社，2012.

第 ⑩ 讲

社会福利机构突发事件的应对

学习（培训）目标

通过本讲学习（培训）：

1. 掌握社会福利机构突发事件的类型和特征；

2. 掌握社会福利机构突发事件的预案编制方法；

3. 掌握社会福利机构在突发事件后的媒体应对策略。

核心概念

突发事件　社会福利机构突发事件　应急管理

本讲概览

本讲的主要学习（培训）任务是学习社会福利机构突发事件的应急管理，通过突发事件基本知识的认知与了解，采取知识讲授、分组讨论、读书指导等教学方法，让学生了解当前突发事件及其应急管理的基本知识。掌握突发事件预防的主要内容，以及突发事件应急管理的基本原则。在此基础上，进一步学习我国社会福利机构突发事件的特殊性及其应急管理的原则，了解我国社会福利机构突发事件应急管理的现状，掌握社会福利机构突发事件应急预案建立的具体步骤和方法以及突发事件后社会福利机构的媒体应对策略。

具体内容包括：突发事件的内涵，突发事件的类型，突发事件的预防，突发事件应急管理的基本知识，社会福利机构突发事件的类型，我国社会福利机构突发事件应急管理的现状，规范和强化社会福利机构对突发事件的预防管理，建立社会福利机构突发事件应急预案等。

通过对本讲知识的学习，提升学生对突发事件的分析能力、处置能力，以及对社会福利机构突发事件应急管理的能力。

2012 年 12 月 31 日和 2013 年 1 月 1 日，湖南省衡东县福利院收养的两名弃残孤儿福力常、福丽水先后因病死亡在福利院，福利院救护措施引人质疑。1 月 16 日，新华社"新华调查"栏目播发报道《两名弃残儿为何在福利院死亡——湖南衡东县福利院采访见闻》，调查反映了福利院医卫条件简陋、急需加强监管和保障管理等一系列问题，引起社会关注。

据衡东县委宣传部负责人介绍，16 日当天，衡东县成立了由县纪委、监察、检察、卫生、民政组成的联合调查组，并于 17 日上午进驻福利院调查。

经调查，两患儿属重残重病对象，死亡原因为因病抢救无效正常死亡。但是，福利院存在面对突发事件的处置意识不够，能力不强，没有拨打 120 急救电话呼救，个别护理人员岗前没有进行必要的规范培训等问题。

据此，衡东县决定对分管福利院工作的民政局副局长苏忆秋实行诫勉谈话，对福利院院长向振新、分管护理工作的副院长谭志平给予党内严重警告处分，对医务室医生陈飞宏给予行政记过处分。当地民政部门也制定了整改措施，成立整改领导小组进驻福利院。衡东县福利院已召开全院会议，进一步细化和完善值班、护理登记、定期巡查、定期体检、专人专责、应急处置、医护联系、请示报告、责任追究和督促检查等制度。

（资料来源：http：//learning.sohu.com/20130119/n363995696.shtml，2013年 1 月 18 日）

讲题 1　突发事件与应急管理

一、突发事件概述

（一）突发事件的定义

根据 2007 年发布的《中华人民共和国突发事件应对法》第 3 条规定，所谓突发事件是指突然发生，造成或者可能造成严重社会危害，需要采取应急处理措施予以应对的自然灾害、事故灾难、公共卫生事件和社会安全事件。根据社会危害程度和影响范围，突发事件可分为特别重大、重大、较大和一般四级。从广义上，突发事件可以理解为突然发生的事情，它包含两个层面的意思：第一层是指事件发生、发展的速度很快，出乎意料；第二层是指事件难以应对，必须采取非常规方法来处理。从狭义上，突发事件就是突然或意外发生的重大事件或敏感事件，简而言之，就是天灾人祸。前者即自然灾害，后者如恐怖事件、社会冲突、丑闻，包括大量谣言等，也可将其称为公共危机。突发事件一般具有突然性、公共性、破坏性、不确定性和状态的失衡性等特征。

1. 突然性

突发事件的突然性是指突发事件发生的时间、地点、爆发方式、爆发程度难以预知，或难以准确把握。当突发事件发生后，正常的社会秩序和事物原有的运行规律突然被打乱，正常的生活和心理惯性被破坏，使人们措手不及，难以应对。这种突然性，决定了事件处置的紧迫性。因为突发事件所反映的问题可能关系到社会、组织和个人的安危，需紧急采取特别措施及时有效地处理。随着突发事件的发展、演变，它所造成的损失可能会越来越大。因此，对突发事件的反应越快，反应决策越准确，突发事件所造成的损失就会越小。然而突然性，往往意味着人们来不及做好充分的准备，总是匆忙被动应战，或仓皇之下作出错误决策，结果导致突发事件升级或损失加重。正是在经受无数次失败的重创之后，人们才痛定思痛，开始提高对突发事件的突然性和紧急性的认识，突发事件应急管理才得以应运而生。

2. 公共性

突发事件的公共性首先体现在突发事件通常会涉及公共利益，即对公共财产或社会福利、公共安全、公共秩序产生影响，且这种影响是消极的、负面的。其次，突发事件的公共性还体现在调动和整合全社会的人力、物力、信息等公共资源，而这不仅意味突发事件的应急管理需要政府、社会组织、公民个人建立互助合作的关系，同时还意味着突发事件应急管理中公共权利介入的可能和必要。

3. 破坏性

突发事件往往具有破坏性，表现为对社会生产和生活秩序的破坏，对个人、集体的消极影响，导致财产流失甚至人员伤亡，或者损坏组织形象或个人信誉等。有些突发事件还可能引发连锁反应，使损失呈现放大效应，给公众的生产生活以及经济社会的正常运转带来强烈冲击，甚至对社会秩序、社会功能、环境与资源等造成严重破坏。由于突发事件的起因比较复杂和难以预料，故处理起来有相当的难度，一旦处理不当，就会造成严重的后果，因此必须慎重处理。

4. 不确定性

突发事件在发生后，事态的变化、发展趋势以及事件影响的深度和广度都无法事先描述和确定，即难以预测。特别是在当今全球化和信息化的世界里，这种连锁反应带来的一个直接后果就是突发事件复杂化，已经超出纯粹的经济、政治和文化范畴，变成一种含有多项内容的综合性社会危机。

5. 状态的失衡性

如果我们将社会的正常秩序看作是均衡状态的话，那么突发事件则使社会偏离正常发展轨道而出现了失衡。由于事件的发生会使人们生活处于不稳定状态，昔日和谐安宁的社会环境遭到了破坏，组织常规工作方式和工作程序已失去了作用，整个组织处于混乱无序之中，因此必须用特殊的手段才能奏效。

（二）突发事件的类型

根据突发事件发生的范围、领域和行业可以将突发事件分为自然性的突发事件和社会性的突发事件。其中，自然性的突发事件，是由不可抗拒的自然原因或者由于人为的破坏形成的生态环境失衡而引起的突变事件，一般通称为突发性的自然灾害，应对自然灾害，将其损失减小到最低限度，称为防灾减灾。

自然灾害又可分为以下三大类。

（1）气象灾害。包括暴雨、洪涝、干旱、台风、风暴潮、雷暴、冰雹、暴风雪、森林火灾、低温、冻害。气象灾害是发生频率高、损失最为严重的一类灾害，属于应急管理的重点。

（2）地震地质类灾害。包括地震、滑坡、泥石流、沙漠化、水土流失、海水侵蚀等。其中，地震灾害往往会造成大量人员伤亡和房屋倒塌，对人们的心理构成严重威胁，尤其是在最近几年，我国的地震灾害发生频率有上升的趋势。

（3）生物灾害。包括病、虫、鼠害、赤潮等，生物灾害会使农业严重受损，随着部分地区生态环境的恶化，生物灾害的爆发也日益频繁。

由上可见，在我国突发性自然灾害中，气象灾害居首位。而其中暴雨、洪涝突发性强，造成的损害又居首位。以灾害较为严重的 1991 年为例，全国洪涝灾害损失为 779 亿元，占当年全部损失的 64%。

社会性的突发事件是指由于设备、工艺、技术、设计和人为操作不当，或者由于经济、公共卫生建设、政治、文化、宗教等因素导致的具有社会性质的突发事件。社会性突发事件包括以下几个方面。

（1）生产领域中的突发事件。例如，采掘业：瓦斯爆炸、矿层冒顶、崩塌、进水等；石化行业：有毒气体的泄漏、储油汽罐爆炸和各种高压容器的爆炸等；其他行业的各种突发性事件及生产安全事故、工程事故、职业病等。

（2）运输行业的突发事件。例如，空难：坠机、劫机、迫降等；海难：船舶火灾、遭遇风浪、沉没、失踪等；陆难：列车出轨、相撞、失火，汽车相撞、追尾、翻车、坠崖等。据统计，仅 2011 年中国就发生道路交通事故 21 万起，造成 6 万多人死亡，直接经济损失超过 10 亿元。

（3）金融、证券业的突发事件。由于泡沫经济和其他经济因素引起的股市崩盘、货币贬值、利率调整、银行倒闭、房地产一蹶不振、失业率上升、恶性通货膨胀或通货紧缩等。

（4）社会政治生活方面的突发事件。例如，恐怖分子袭击，民族分裂主义组织的破坏、反政府、反社会的政治骚乱或暴乱，等等。又如近几年"东突"、藏独在我国民族自治地区制造的骚乱等。

（5）突发公共卫生事件。根据2003年颁布的《突发公共卫生事件应急管理条例》规定，突发公共卫生事件，是指突然发生，造成或者可能造成社会公众健康严重损害的重大传染病疫情、群体性不明原因疾病、重大食物和职业中毒以及其他严重影响公众健康的事件。例如，2003年上半年我国爆发的传染性非典型肺炎，简称SARS。

（6）国际交往领域的突发事件。一般性外交纠纷和争端，如人员外逃、难民非法进入、人质劫持等。严重性外交事件，如美军飞机轰炸我驻南斯拉夫大使馆、银河号事件等。国际经济交流中的事件，如倾销反倾销斗争、单方面扣压、销毁货物、逃避债务等。因边境纠纷、冲突引起的局部紧张和战争，如钓鱼岛事件、黄岩岛事件等。

二、突发事件的预防

《左传》有言："居安思危，思则有备，备则无患。"预防为上的原则，是突发事件应对工作的核心原则之一。其基本含义是一切突发事件的应对工作，都必须把预防和减少突发事件的发生放在首位，做到防患于未然。当然，突发事件多种多样，有些是可以预防和提前消除的，有些则是无法避免的，如地震、洪灾等，但可以通过各种预防性措施将危害减轻至最低。因此，预防能最大限度地减少突发事件中的人员伤亡和财产损失。突发事件预防工作的主要内容包括开展对主要管理人员应对突发事件的培训、对组织成员和社会公众开展应急知识的普及宣传、普查和消除风险隐患、加强信息预警和报告工作、组织必要的训练与演练等。

（一）在管理者中开展应对突发事件的培训

突发事件的应急处置是一项专业性很强的工作。我国各级政府领导、公务人员以及企事业单位的管理人员都应当掌握相应的应急管理知识，才能有效履行职责。世界各国都高度重视对行政机关领导和有关公务人员的应急管理知识培训，并建立健全了相关制度。俄罗斯联邦政府规定，政府内政部、紧急情况部等8个强力部门的领导必须参加有关讲座，89个联邦主体领导人和强力部门的领导还定期在紧急情况部下属的民防学院接受民防知识的培训。德国也建立了完善的专业培训系统，设立了中央培训进修机构，其重要任务是加强联邦和各州共同管理危机的职能，加强各救灾组织机构的协同能力，以及指挥领导者、管理人员和专业技术人员的能力，并增进国内外相互交流。结合各级政府日常工作，对于防汛、防火以及各类群体性突发事件就要做到未雨绸缪，加大宣传和培训力度。因此，我国在对政府以及企事业单位负责人的应急管理培训中，应当着重提高以下几种能力。

（1）要培养和提升管理者对突发事件敏锐的洞察力。突发事件在其酝酿、发生、发展过程中，必然会表现出一些不易被人察觉的迹象。作为一名管理者，要善于捕捉那些初露端倪的表面现象，掌握真实的信息，要仔细观察参与者的心态及其变化，在此基础上作出准确分析判断，较好地把问题化解在初始或萌芽状态，从而主动有效地防范和避免事态的扩大，掌握事件处置的主动权。

（2）要提高管理者统筹全局的能力。对突发事件的处置，事关大局，来不得半点儿马虎，需要管理者综观全局，周密思考。要把突发事件摆到发展的全局中通盘考虑谋划，防止急于求成，一味地就事论事，采取强制手段简单粗暴处置。这就要求管理者必须排除私心杂念，勇于承担责任，树立高度的社会责任感，以负责任的态度来处置突发事件。

（3）要提高管理者的快速应变能力。只有做到快速反应，多谋善断，速战速决，才能掌握处置突发事件的主动权，将事件可能产生的不良后果控制在最小范围。要快字当头，迅速果断采取行动，在最短的时间内控制住局势，这是应对突发事件的关键环节。管理者要提高快速反应的能力，就需要在思想上保持充分的警惕性，充分考虑各项工作中可能面临的风险，不心存侥幸心理，因为许多造成重大损失的突发事件往往都是由于日常管理中的麻痹大意产生的。

（4）要提高管理者的组织协调能力。应对突发事件，组织指挥的成败关系到突发事件应对的成败。管理者要能够在很短的时间内集聚各种资源，包括人力、物力、财力，要充分调动所有参与应急处置人员的积极性，以及处理好与新闻媒体的关系。这就要求管理者要有条不紊地开展工作，高效有序运作，协调多方面的关系，避免事件因组织拖延、调控不当而造成更大的危害和损失。

（5）要增强管理者事后的反思总结能力。好的管理者应当能通过一场突发事件来总结有益的经验教训，通过对事故原因的认真剖析，查找工作中存在的失误和不足。今后以此为鉴，采取一系列行之有效的措施，有针对性地做好预防和补救工作，同时积极查找其他方面是否也存在同类问题。

（二）对组织成员和社会公众开展应急知识的普及宣传

突发事件重在预防，而预防工作的重点在于提高组织成员以及全社会的应急能力，而这需要大力开展应急知识的宣传普及活动。宣传普及突发事件应急知识，有助于提高社会公众和组织成员应对突发事件的心理能力，当突发事件发生时，能够积极开展自救，并配合管理者和有关部门采取各种应对措施。事实上，在灾害防御能力较强的一些国家，突发事件的应急演练是社会组织、公司企业、社区以及学校的一项常态化的工作。对突发事件应急知识的宣传和普及，还应充分利用新闻媒体和学校作为宣传教育的重要平台，通过这些平台在社会公众和组织成员间开展突发事件的预防与处置、自救与互救知识的宣传与普及，从而提升组织成员和社会公众的应急自救能力。

（三）普查和消除风险隐患

风险隐患排查是有效预防和妥善处置各类突发公共事件的一项基础性工作，是应急管理工作的重要环节。通过突发事件风险隐患集中排查，全面、准确地掌握风险隐患存在情况，推进风险隐患登记和现状评估，制定整改措施并落实，逐步建立风险隐患排查监管长效机制，可以从源头上预防和减少突发事件的发生，尽量把突发事件控制在萌芽状态，确保公众生命财产安全，维护社会和谐稳定。

普查和消除风险隐患，一要排查登记，落实责任。管理者应当组织得力人员对本地区、本部门、本单位的各类危险源、危险区域和危险因素以及矛盾纠纷等不安全隐患进行全面细致的排查，采取多种方式，动员各方面参与风险隐患普查工作，确保应查尽查、不留死角。二要做好统计。对普查的结果要逐一建立各类风险隐患档案，全面登记风险隐患类型、形成原因、确定依据、责任主体、上报单位以及应对风险隐患的应急资源和应急能力等基本情况。三要分析评估。对各类风险隐患的成因，易发时间、地点及发生概率，可控性和紧急程度，可能造成的直接危害及次生危害、衍生危害，受影响区域内风险隐患情况的可能性，需整改的内容、有针对性的防范措施及落实情况，应对该类风险隐患的应急预案、资源和应急能力储备等方面，进行全面深入的分析评估，确定风险隐患级别并采取相应措施。四要抓好整改。对排查中发现的隐患要及时进行分析和研究，立即采取有效措施进行整改。对风险隐患情况复杂、短期内难以整改的，制订切实可行的整改方案和应对预案，落实整改措施、责任人和整改期限等，防范突发事件的发生；一旦事件发生，能够妥善处理、减少损失。五要加强监管。对重点隐患区域要加大监管力度，落实监管人员，实行全天候动态监管，及时发现和解决苗头性问题。

（四）加强信息预警和报告工作

监测预报是应对突发事件的前提，它的作用在于发现突发事件，从而为事件的防范提供依据。预警的主要做法是：将一切可能导致突发事件的因素一一列出，确立突发事件在条件下可能发生的指标体系，实施重点监控。问题积累到一定程度，预警机制就应当发出警报。

突发事件的预警，第一，要保证及时性。由于突发事件具有突然发生、迅速发展的特征，而应急预警的目的在于及时采取措施避免或减少损失，因此，突发事件信息的收集、传输、分析、判断、发布都应当十分迅速。迟到的预警等于没有预警，突发事件预警系统的建立将从根本上完全丧失意义。第二，要保证准确性。负有预警职责的职能部门应当在极短的时间内对应急信息进行评估、分析并形成科学、准确的判断。第三，应当保证合法性。突发事件的预警主体上只能由负有相应应急管理职能的机构和部门做出，既不允许行政机关越权预警，也不允许一般的单位和个人随意"发布"，以保障预警信息发布的权威性。程序上要求负有应急管理职能的机关严格法定程序，向社会发布预警并同时向有关机关报告和通报。第四，应当保证真实性。对突发事件信息进行分析、判断之后，无论是对社会公众，还是对上级机关和其他机关，均应提供客观、真实的信息，不得出于任何目的发布错误、虚假信息。第五，要保证公开性。公开预警既有利于公众及时了解突发事件的性质、范围和危险程度，以便及时采取自救、互救措施，也有利于政府获得群众对应急工作的理解、支持与配合，保障应急工作的顺利开展。公开预警一方面要求行政机关不得隐瞒应急信息；另一方面又要求行政机关不得限制公开的范围，不能搞小范围的传达，故意制造不同人群的信息不对称。历次突发事件应急的事实证明，公开透明的应急信息是防范各种谣言的最有力武器。应急预警信息一旦失去了公开性，就必定造成谣言四起、社会恐慌的危险局面，最终将大大加剧突发事件所造成的危害和创伤。

（五）组织必要的训练和演习

训练和演习对提高突发事件应急管理的实战能力非常重要。通过开展各类突发事件应急训练和演习，可以有效促进各单位各部门的协调配合和职责落实，还可以增加公众对突发事件情景的感性认识，使其学会在突发事件中保持冷静的心理状态，从而提高对突发事件的应对能力。同时，通过突发事件的训练和演习，还可以让政府、各级部门及社会公众了解和认知突发事件的诱因，以及突发事件的形成机理、演变过程，从而提高对突发事件诱因和源头的警惕性。

三、突发事件应急管理概述

（一）突发事件应急管理的内涵分析

突发事件应急管理是指突发事件的应急管理主体，通过预防、预警、预控来防止突发事件的发生，或者通过应急管理、应急评估、恢复补偿等措施来减少损失，避免事件扩大和升级，使社会恢复正常秩序的一整套管理体系。

突发事件应急管理的目的：一是通过预防、预警、预控来消除引发突发事件的各种因素，从而防止或避免公共危机发生，或者把危机消灭在萌芽状态；二是建立预警机制，及时发现突发事件征兆，并快速传递、处理收集到的信息，对爆发危机的可能性作出准确的判断，及时发布预警信息，以引起相关人员或公众的警惕；三是通过建立应急预案或完善的应急管理体系为可能发生的突发事件设置有效的"防火墙"，提高突发事件的应对能力，一旦事件爆发，就能及时依法启动应急预案，从容应对，采取一切措施，避免损失扩大或事件升级；四是在事件结束后开展重建或事后评估工作，对突发事件造成的危害后果进行评估，对受灾、受害的群众进行救济、补偿和赔偿，对突发事件应急管理的得失进行评估，总结经验教训。

（二）突发事件应急管理的特征分析

根据突发事件应急管理的概念和内容，突发事件应急管理的特征可以概括为以下几个方面。

1. 公共性

突发事件应急管理具有公共性，可以从两个方面来理解。一方面，突发事件危机威胁到的是全社会，或者局部社会的利益，可能给全体民众，或者部分民众的生命健康和财产造成巨大损失。因此，突发事件危机影响到的是公共利益，而突发事件应急管理的目的，就是要维护公共利益，维护公共安全，使公共利益和公共安全免受公共危机的损害。另一方面，要战胜公共危机，避免国家和民众的利益遭受巨大的损失，就必须提高广大民众对突发事件应急管理的认识，尽可能使全民都参与到突发事件应急管理中来。

2. 紧急性

由于突发事件本身存在不确定性和突发性，人们对危机发生的时间、地点、形式、程度等都难以准确预测，因此，危机往往是不期而至，突发事件应急管理也因此而具有紧急性。纵观人类的历史，在传统的危机应对中，人们对危机的突发性和不确定性缺乏深刻的认识，当事故或灾害突然爆发时，人们由于来不及做好充分的准备，只能匆忙被动应战，或者赶快逃命。在情况紧急、时间紧迫的紧要关头，由于决策者掌握的信息太少，来不及反复讨论和论证，这样作出的决策往往会出现致命的错误，使危机扩大和升级，损失更加严重。人们正是在经受无数次灾难的重创之后，痛定思痛，才提高了对突发事件的突发性和紧急性的认识，突发事件应急管理才得以应运而生。

3. 主动性

突发事件应急管理与传统危机应对的一个重要区别，就是突发事件应急管理具有主动性。在长期的实践过程中，人类慢慢认识到，突发事件虽然不可能完全消除，但可以通过一系列的措施来加以避免，即使不能避免，也可以对其进行控制和管理。

4. 防范性

突发事件应急管理与传统危机应对的另一个重要区别，就是突发事件应急管理的主要思路已经从被动应对转到主动防范上，也就是说，传统危机应对的重点是放在危机爆发后如何逃命，如何减少损失上。人们在对突发事件进行认真、全面和深刻的研究以后发现，要战胜危机就必须把应对危机的重点转到事前的主动防范上，要在危机爆发前做好充分的思想准备、组织准备、制度准备、物资准备和技术准备，通过平时采取的预防措施消除危机的隐患，从而避免危机发生。同时，通过树立全民的危机预防意识，建立危机预案和完善的危机管理体系为可能发生的危机设置层层"屏障"、建立各种"防火墙"，提高整个社会抵抗危机的"免疫力"。一旦危机爆发，就能及时启动应急预案，从容应对，从而避免危机扩大，防止危机升级和危机失控，尽可能减少危机造成的损失。

5. 政府主导性

突发事件危机来势迅猛，给社会造成强烈冲击。由于个人的力量无法与巨大的灾难相抗衡，因此突发事件应急管理的主体主要是政府、企业和各种非政府组织，其中起主导作用的是政府。第一，从行政管理职能来看，突发事件应急管理是政府行政职能的一部分。第二，政府掌握着大量的资源，拥有层级化的、组织程度很高的政府组织体系，具有强大的动员力，这是任何非政府组织无法与其相比的巨大优势，因此，突发事件应急管理只能由政府来主导，其他组织应该积极参与和配合。第三，由于突发事件危机频发，并且破坏力巨大，因此突发事件应急管理往往成为社会舆论关注的焦点。突发事件应急管理是否成功，正逐渐对政府的公共管理能力形成巨大挑战。

6. 风险性和转折性

突发事件应急管理的风险性和转折性是由突发事件危机的本质特征决定的。突发事件危机具有双重性，即它既可以给人们带来巨大的灾难和严重的损失，又可以给人们带来"柳暗花明又一村"似的转机。也就是说，危险与转机之间存在着一种辩证关系，总是相伴而生的。突发事件应急管理具有很大的风险性，如果在突发事件来临时应对不当，风险就会变成灾难，人们就会遭受重大损失，失去转机。

7. 依法管理性

古代社会的传统危机应对是建立在人治的基础上，专制政府是通过君主的个人意志、专制手段来维护自己"江山社稷的安全"，不存在使用"紧急权力"的问题，因为专制政府的权力本来就是没有边界的，专制政府更不希望用法律来制约自己的权力。而现代法治政府的权力是受到严格制约的，在危机状态下，如果不依法授予政府"紧急权力"，政府就难以带领民众战胜危机，而紧急权力同样也要受到紧急状态法的严格规范。因此，现代法治政府是通过实施法律、通过公民的参与、通过政府与公民的良性互动来维护公共秩序和公共安全的。现代突发事件应急管理是建立在法治基础上的管理，它的一切管理理念、管理手段、管理方法都要服从法律的规范。

8. 公益与私益的平衡性

突发事件既会损害公共利益，也会损害私人利益。损害公共利益很好理解，即突发事件会对公共财产造成损害，会破坏公共秩序和危及公共安全，从而造成对公共利益的损害。私人利益同样也会在突发事件中遭受损失。为迅速筹集应急所需资源，政府在突发事件爆发后，法律授权其可以以行政强制、行政规制或行政征用等方式筹集社会资源。而这将直接导致公民合法权益的减损。例如，《中华人民共和国突发事件应对法》第 12 条就明确规定，在紧急状态下，有关人民政府及其部门为应对突发事件，可以征用单位和个人的财产。被征用的财产在使用完毕或者突发事件应急处置工作结束后，应当及时返还。财产被征用或者征用后毁损、灭失的，应当给予补偿。可见，在应急状态下，政府的行政行为具有优益性，而个人与组织则负有提供社会协助的义务。这样一来，个人与组织的各种直接预期利益以及私益增值机会就有可能丧失。同时，为了有效防止突发事件升级或蔓延，并尽快恢复正常的生活、生产秩序，行政机关有可能要求个人与企业遵守一些特殊规范，履行一些特别义务，从而在一定程度上增加了个人与企业"额外"的交易成本。因此，在突发事件应急管理中，各级政府既有责任维护公共利益，也有责任维护私人利益。切忌打着拯救公共利益的旗号去侵害私人利益的行为，在突发事件应急管理中管理者应努力寻求公益与私益的平衡，即使为保护较大的公益而损害较小的私益，也应当在事后给予合理的补偿。

（三）突发事件应急管理的原则

突发事件应急管理应遵循一些基本原则，包括以人为本原则，统一指挥原则，疏导教育原则，预防为主的原则，依靠科学、专业处置原则以及坚持舆情应对和信息公开的原则等。

1. 以人为本原则

以人为本就是在突发事件的应对过程中，应当把人的生命放在高于一切的地位，把"人"置于应对突发事件时的核心地位，把保障公民生命安全作为应急处理的首要任务。在人和财产同时处于危险状态时，首先应考虑人的生命安全。以人为本原则的另一层意思就是要防患于未然，即要未雨绸缪，关注突发事件的预防工作，避免由于麻痹大意或疏于防范而导致事故发生，造成人员伤亡和财产损失。以人为本，还意味着在突发事件发生后要充分尊重民众的知情权，不隐瞒，不编造，实事求是披露相关信息，有效消除各种传言，提升民众对信息的识别能力，增强凝聚力赢得公众的支持。

2. 统一指挥原则

突发事件发生后，应由一名管理人员（一般以当值最高级别的管理人员为佳）担任统一的现场指挥，对突发事件的应急处置进行安排调度，切忌多头领导，以免造成混乱。至于现场工作人员应无条件服从现场指挥的命令，按要求采取相应的应急措施。

3. 疏导教育原则

疏导教育原则主要是针对群体性的突发事件而言的，对这类突发事件要本着"宜顺不宜激、宜疏不宜堵、宜解不宜结、宜散不宜聚"的指导思想，综合运用法律、政策、经济、行政等手段和教育、协商、调解等方法加以处置，做到动之以情、晓之以理、明之以法。对涉事对象乃至群众应使其懂得即使诉求合理合法，如果表达方式不合法、不合程序也属违法行为。

4. 预防为主原则

每一起突发事件的发生都有其自身的演变过程，如果在其演变过程中对矛盾加以化解才能取得最好的效果。这要求各级政府在应对突发事件时必须坚持预防为主的原则，在源头上下大力气，对突发事件预警和处置也应建立应急预案，才能做到早发现、早控制、早解决。

5. 依靠科学，专业处置原则

突发事件应急管理本身就是一门科学。因此在应急管理中必须依靠科学的力量，既要充分发挥应急管理专业技术人员的作用，采用先进的预测、预警和应急处理技术，尽快控制事态，也要根据事件的类型，事件的对象，发挥相关领域专业技术人员的力量，采取有针对性的专业处理方法和处理手段，来对突发事件进行控制。

6. 坚持舆情应对和信息公开原则

现代社会是媒体和网络高度发达的信息社会，那种在突发事件爆发后想通过封堵网络和媒体来消除负面影响的做法，既是错误的也是不现实的。事实上，许多典型的应急管理案例早已告诉我们，与其费尽心力封堵，不如正面公开引导，第一时间发布信息，第一时间公布真相，第一时间正面回应，让公众知情，营造良好的舆论氛围，消除公众误解，以此来获得信任和支持。

思考题

1. 简述突发事件的处置原则。
2. 理论联系实际，谈谈如何加强对突发事件的预防工作。
3. 试分析突发事件应急管理的特征。

讲题2　社会福利机构可能面临的突发事件

一、社会福利机构突发事件的类型

社会福利机构作为较为特殊的一类社会组织，也会面临突发事件的威胁。但由于社会福利机构的公共性、服务对象的脆弱性，其可能面临的突发事件与其他领域的突发事件相比，既有共性，也有其特殊的表现形态和特殊的危害性。[①] 社会福利机构突发事件的常见类型如下。

1. 火灾安全事故

社会福利机构可能遭遇的各类安全事故中，火灾是威胁最大的一种，也是最容易发生的事故之一，一旦发生将造成严重的生命和财产损失。福利机构属于人员密集场所，如果管理人员的消防安全意识差，消防通道不畅通，灭火设施不齐全，稍有不慎就可能引发火灾。而社会福利企业，尤其是生产、运输、经营和存放烟花爆竹等易燃易爆物品以及有毒有害等危险物品的企业，生产煤炭、石油、化工、建筑材料以及压力容器等企业，一定要防止重大、特大事故的发生。

2. 食物中毒和卫生防疫事故

社会福利机构由于人口相对密集、活动区域集中，服务对象和工作人员需要集中供餐和用餐，这就为大规模食物中毒安全事故的爆发提供了可能。如果在食品加工和配餐环节不注意食品卫生和器具消毒，或者被人恶意投毒，将极易引发群体性的食物中毒安全事故。由于社会福利机构的入住对象大都身心非常脆弱，抵抗能力和防范能力都相对不足，因此一旦遭遇食物中毒安全事故，危害将十分严重。除了食品中毒，由于人口集中，入住

---

① 戚学森．民政应急管理［M］．北京：中国社会出版社，2007：107.

对象之间，入住对象与工作人员之间互动非常频繁，从而使得在这些密集的人群中爆发传染性疾病的风险性也大为上升。

3.煤烟中毒等安全事故

煤烟中毒等安全事故主要发生在北方相对寒冷的季节。一些偏远地区或农村地区的社会福利机构由于缺少安全的取暖设施，而采用烧煤或烧木炭来取暖，或用明火取暖，这些取暖方式都存在着极大的安全隐患，一旦通风不好或排烟不及时都将酿成惨祸。

4.外来暴力侵害的安全事故

社会福利机构的入住对象都是自我保护能力较差的弱势群体，由于毫无反抗能力，使得他们容易成为一些居心不良或意图报复社会、挑衅政府的暴徒的攻击目标。

5.入住对象意外伤害事故

社会福利机构的服务对象都是老、弱、病、残人士，但只要是人，无论其年龄、身体健康与否，有无自理能力，随时都有发生意外而受到伤害的可能性。由于服务对象的健康状况大都不太好，加上反应能力和机体恢复能力不足，一旦受伤，极易致伤致残甚至死亡。

二、社会福利领域突发事件的特殊性

（一）服务对象的脆弱性

社会福利机构的服务对象基本上都是老弱病残等弱势群体，他们自身缺乏躲避风险的能力，自救、互救的意识和能力也相对薄弱。除了生活能自理的老人，介助老人和介护老人在日常生活行为上都存在不同程度的行动不便，需要器具或人工的辅助，肢体残疾的人员也存在这方面的问题。至于在听力、言语、智力等方面存在障碍的残疾人，心智发育和身体发育尚未成熟的儿童，由于沟通能力的欠缺，或行为控制能力不足以及安全防范意识差等，都属于脆弱和易受伤害的群体。这些群体由于对突发事件的应急反应和自我防御能力严重不足而成为灾害和事故中的高危人群。社会福利机构是这类人群的聚居地，如果缺乏相关突发事件的预防意识和应急处理措施，一旦发生突发事件，人员的伤亡将会更加严重。

（二）工作内容的高风险性

入住对象的脆弱性和服务对象的聚集性决定了社会福利工作内容的高风险性。以养老服务机构为例，随着社会福利社会化和人口结构的老龄化，越来越多的老年人愿意选择专业化的养老机构安度晚年。然而，由于缺乏相关的行业标准和服务标准，现阶段养老机构的管理和服务的标准化程度还较差，加上入住对象的特殊性，导致一些养老机构事故发生频率较高，因老人意外伤害、走失、自杀等问题而导致家属与养老机构产生纠纷的案例屡见不鲜，使得社会福利行业正逐渐成为高风险行业。

（三）易于传播、谣传、误解，社会影响广泛

社会福利机构的突发事件，事关弱势群体，平时不太引人注意，一旦出事，极易引发社会的关注和公众的同情。对社会福利机构突发事件的处理，如果存在信息不畅、处理不透明等问题，都将可能引发社会的负面情绪。这种负面情绪一旦为别有用心的人所利用，就会引发流言或谣言的传播，甚至可能导致社会大面积的骚乱。而且，在国际上，这类事件也会容易引起一些海外国家和国际人权组织的关注，甚至成为国际社会批评和指责我国人权状况的借口。[①]

三、社会福利机构突发事件应急管理的基本原则

社会福利机构在组织突发事件应急管理时应该遵循以下基本原则。

（1）按管理层级分解突发事件的预防和应急处置责任，且落实到人。突发事件的发生发展演变，往往是从细节和细微处开始，如果提高一线工作人员应对突发事件的处置能力和应急反应能力，就有助于第一时间发现突发事件的苗头，迅速作出反应，避免突发事件升级或恶化。因此，福利机构要树立牢固的安全意识，将突发事件管理日常化、规范化、制度化，针对福利机构的实际情况和突发事件的特征制订福利机构突发事件应急预案，组建突发事件组织领导体系，分级落实，责任到人，提高应对突发事件的处置能力，减少或避免突发事件发生的可能性。

（2）预防为主，加强突发事件的前馈控制。福利机构突发事件的成因和演变过程往往较为复杂，大都是一系列相互关联的因素链综合作用的结果。因此，在福利机构的日常工作中对潜在的诱因、风险应当进行预测、预警，及时敏锐捕捉相关征兆，根据应急预案将突发事件消灭在萌芽状态，有效防止其进一步扩大。只要预防及时，大部分突发事件是可以事先避免的。如果等到突发事件已经发生再进行干预，控制效果将大打折扣。

（3）构建应急联动体系。突发事件的应急联动体系应当是上下配合，软硬件相互配套，组织充分。福利机构应当构建一个由应急管理小组、应急物资、应急管理技术和应急管理设施等要素组成的联动系统。一旦爆发突发事件，可以迅速作出反应，及时调配应急所需的各项要素，启动应急管理预案。

（4）妥善处理与公众和媒体的关系。福利机构管理者在平时应当加强与外界和媒体的联系。在发生突发事件之后，及时主动地公开相关信息，积极回应公众和媒体对事件的关注，满足公众的知情权，同时引导社会舆论，占据舆论的主动权。

思考题

1. 简述社会福利机构突发事件的特殊性。

2. 试述社会福利机构在组织突发事件应急管理时应该遵循的基本原则。

---

① 戚学森. 民政应急管理［M］. 北京：中国社会出版社，2007：109.

讲题3　社会福利机构对突发事件的应急管理

一、我国社会福利机构突发事件应急管理的现状

在社会福利机构管理层面，我国目前还没有制定专门的福利机构突发事件应急管理规范和相关标准。随着社会福利社会化的推进和人口老龄化的加剧，非公办的社会福利机构，尤其是养老机构的数量急剧上升，这些机构的出现虽然缓解了社会成员对社会福利服务的迫切需求，但也给社会福利事业的规范化管理带来了巨大挑战。在过去几年里，为推动社会福利机构的规范化管理，我国专门制定了《国家级福利院评定标准》《社会福利企业管理暂行办法》《老年人社会福利机构基本规范》《残疾人社会福利机构基本规范》《儿童社会福利机构基本规范》等等。① 这些行业标准和规范的颁布，为福利机构和福利企业的规范化、科学化、专业化管理提供了指引，促进了社会福利机构和社会福利企业的正规化建设和健康发展。但比较遗憾的是，在这些标准和规范中还缺少对福利机构可能面临的各类突发事件应对和管理规范的相关规定。据调查，仅有数量较少的社会福利机构在自己的日常管理中，自发、零散地规定了一些应对突发事件的规章制度，但大都针对性不强，预防性不够，对福利机构基层工作人员和服务人员的安全意识教育和突发事件的预防演练也不到位。

以消防安全管理为例。社会福利机构属于人口密集的场所，且居住对象多为行动不便、应急反应能力较差的群体，一旦发生火灾就会造成群死群伤的严重后果。一方面，由于资金的缺乏，很多社会福利机构的建筑和安全设施相对老化，一些陈旧的建筑根本就没有标准的防火间距和通畅的消防通道，内部装修时大量使用易燃材料，从而为火灾埋下隐患。另一方面，一些服务对象安全防范意识薄弱，尤其是消防安全意识不足，没有充分认识到自己的一些不良行为习惯可能引发的灾难的后果。例如，一些养老机构中的老人喜欢卧床吸烟，在室内烧香，随意堆放易燃物品，违规在室内使用大功率电器和液化灶具等。如果不能及时发现和阻止这些行为，将极大地增加社会福利机构的安全风险。2011年6月6日发生在河南省信阳市某民办养老机构的一起火灾就是最好的例子。该火灾是由于燃点蚊香而引发，虽然着火面积只有区区1.5平方米，却让3名在该房间居住的行动不便的老人由于火灾引发的烟雾而窒息死亡。还有2011年6月11日发生在江西省新余市一民办养老院的另一场火灾，也是由于蚊香引发了火灾，导致了3名老人死亡，3人烧伤的悲剧。②

① 戚学森. 民政应急管理［M］. 北京：中国社会出版社，2007：110.
② 赵静. 浅析养老院的消防安全管理问题［J］. 科技信息，2012（21）.

这些触目惊心的案例正是警示我们，社会福利机构加强突发事件应急管理的必要性。

有鉴于此，各地的社会福利机构政府主管部门应当在福利机构的服务质量标准和安全监管中明确地加入突发事件应急防范的标准，同时积极引导社会福利机构在日常管理中加强对突发事件的预防和应急反应能力的训练，并将这部分内容纳入福利机构综合检查评估工作中，以督促社会福利机构不断完善应急管理流程，提高突发事件防范意识，确保福利机构的工作人员和服务对象的人身安全。

二、规范和强化社会福利机构对突发事件的预防管理

社会福利机构突发事件应急管理的基本原则之一是以预防为主，加强前馈控制。通过事前的积极预防，最大限度地规避突发事件的风险，降低其可能造成的损害。为此，社会福利机构一方面要制定和完善适合本机构业务内容与工作环境的突发事件的应急管理制度，同时配备相应的专业应急救助设备，另一方面也要对工作人员加强应急安全教育，并定期开展应急演练（如火警演习、紧急疏散、卫生防疫等），使每一位工作人员熟悉突发事件的应急管理流程。同时，还要面向服务对象开展安全防范教育，给每一位入住对象发放安全手册，在机构主要的公共场所张贴安全告示或应急逃生指南等。事实上，有许多社会福利机构已经认识到突发事件的危害，并逐步在管理中强化对突发事件的预防控制。

具体来讲，社会福利机构需要从以下几个方面规范和强化对突发事件的预防管理。

（1）注重消防安全。社会福利机构必须配备足够的消防设备，如消防栓、灭火器、防火毛毡、火焰及烟雾探测器，有条件的地方还应当配置自动灭火装置。社会福利机构必须定期检查和保养这些消防装置，以保证其操作的有效性。此外，对机构的所有电力设备和大功率电器，也要定期请专业人员检查和维护，以确保安全。新建和改建的社会福利机构除配备充足的消防设备外，还应当开辟多条应急疏散通道并保持其畅通。对由于历史原因未建设有专门应急疏散通道的机构，应当在现有条件下进行整改，对整改不了的有关监管部门应当痛下决心将其关闭或拆除重建。社会福利机构应当在显要位置张贴楼面示意图，明确标示所有出口以及消除设备的分布位置，并派专人定期巡查消防设备，发现隐患及时整改。另外，社会福利机构还应当制订突发事件紧急疏散计划及入住对象临时安置计划，加强火警演习等。

（2）加强卫生防疫。社会福利机构需要对入住对象提供集中供餐服务的，应当由主管部门颁发卫生许可证，厨师或炊事员也需要到卫生防疫部门办理健康证并持证上岗。同时在日常管理中，福利机构应当加强食品安全卫生管理，严格执行食品卫生法规，严防食物中毒。由于福利机构入住人群集中，身体条件欠佳，部分入住对象还常年卧病在床，为防止疫病传播，福利机构内应保持空气流通，维持相对适宜的温度和湿度，同时定期对居住区域和公共活动区域消毒，做到无蝇、无蚊、无虫、无鼠等。对入住对象实行严格的消毒隔离制度，做到一人一床、一瓶、一碗、一杯、一盆、一巾、一勺。同时工作人员要定期巡查院舍，确保环境清洁、废物妥善处理、各项设施妥善修理。福利机构也应制定预防传

染性疾病如肝炎、流感的程序，制定防疫注射的政策以及处理危险废物的规则。

（3）意外事故的预防和处置。针对入住对象意外受伤、走失、自杀以及危险品泄漏等突发性事故，社会福利机构须采取有效预防措施，防止事故的发生。在日常管理中，除加强对入住对象的安全教育外，还要加强对工作人员、服务人员的安全防范意识教育，以及开展意外伤害与临时急救知识的培训和急救物品的使用训练。有条件的社会福利机构应设立社会工作岗，招聘社会工作专业毕业的专职工作者，或定期聘用专业社会工作者为服务对象开展个案辅导和小组工作服务，为服务对象提供心理疏导，借助专业方法帮助服务对象走出心理困境。此外，社会福利机构还应当加强日常安全保卫工作，在公共场所安置电子监控设备，设置门禁报警系统，严格出入登记管理制度，防止入住对象走失和外来不法人员侵入。存放有危险物品或药品的社会福利机构，应加强对危险品的存放监管，并建立相应的应急预案。

社会福利机构还应当建立意外事故的应急处理流程，做好各种事故应急处理的准备工作，加强对工作人员的应急处理培训，并建立与就近医疗机构、卫生防疫机构的联动机制。此外，机构还应建立与服务对象家属的定期沟通机制，完善服务对象临时急救与送医的家属通知与授权程序。

总之，社会福利机构应全面提高对突发事件的预防和应急处理能力，以预防为主，从细节入手，努力为服务对象创建更为安全、放心的住养环境，尽量避免突发事件或意外事故的发生。

三、建立社会福利机构突发事件应急预案

（一）突发事件应急预案概述

2007 年 8 月全国人民代表大会常务委员会通过的《中华人民共和国突发事件应对法》规定："应急预案应当根据本法和其他有关法律、法规的规定，针对突发事件的性质、特点和可能造成的社会危害，具体规定突发事件应急管理工作的组织指挥体系与职责和突发事件的预防与预警机制、处置程序、应急保障措施以及事后恢复与重建措施等内容。"由此，突发事件应急预案是指对突然发生，造成或者可能造成严重社会危害，需要采取应急处置措施予以应对的自然灾害、事故灾难、公共卫生事件和社会安全事件的应急预案整体系统。为加强对突发事件的防控和应急处置工作，社会福利机构应当根据本机构的现实需要和实际情况制订突发事件应急预案，将突发事件应急管理工作常态化。

（二）社会福利机构应针对不同类型突发事件建立应急预案

作为人群密集的高风险行业，社会福利机构应针对不同类型的突发事件建立专项的应急预案，以保障突发事件爆发时，能有步骤有系统地开展应急处置工作。针对社会福利机构的经营管理特点，应重点加强对以下几类突发事件的应急预案编制。

1. 火灾事故应急预案

为避免火灾事故发生造成现场混乱，贻误救灾时机，造成重大的人员和财产伤亡，社

会福利机构应当结合实际情况，明确各职能部门在火灾发生时的职责和分工，科学分解火灾事故应急管理的几个阶段，以及每个阶段中的分工与合作，同时责任落实到人。通常来讲，火灾应急预案至少应当包括以下内容。

（1）火灾应急的组织架构。为了统筹指挥，社会福利机构应当预先确定火灾事故的总负责人，由其来指挥安排火灾事故应急处置的全部工作。由于事故发生具有较大的偶然性，为避免事故发生时总负责人不在现场，出现群龙无首的混乱局面，还应明确后备负责人以及应急管理不同环节的具体责任人。在明确负责人的基础上，进一步落实各责任人在灭火抢救工作中的具体责任。

（2）事故发生初期的应急响应工作。火灾处置兵贵神速，一旦发生火灾，首先在岗员工及安全负责人应立即对火源进行扑救，就近原则使用灭火器材（如灭火器、消防栓等）扑灭火源。一旦发现无法有效控制火势，则应立即向 119 消防指挥中心报警，同时迅速切断有关电源，然后组织所有在岗工作人员迅速疏散入住人员，撤离到安全区域。社会福利机构是人群相对密集的场所，火灾应急响应的首要原则应当是"救人重于救火"。

（3）事故中的灭火扑救工作。火灾发生后，应急总负责人应根据现场的情况对责任人员进行初步分工，快速成立灭火组、供水组、抢救组、后勤组等各个小组，做好消防队到来之前的辅助性工作，如火灾情况的调查、人员受困情况的初步估计、各消防设备的准备就绪、救灾道路的畅通等，并随时与消防队保持联系以汇报情况。消防队赶到后，应急总负责人和安全负责人应立即向消防队详细汇报灾情情况，协助消防队制订灭火扑救方案。其余工作人员应积极配合医疗救护人员参与人员的急救护理工作，尽量减少人员伤亡。

（4）事故后的处理工作。火灾扑灭后，相关部门应立即清点入住对象和本部门的人员，核定受损财产，并尽快将人员伤亡和财产损失情况汇报上级主管部门，以及做好记录并存档。对因灾受伤入院的人员的医疗经费应先行垫付、妥善安排受伤人员的住院护理，及时启动因灾死亡和伤残人员意外伤害保险理赔工作等。此外，应尽快成立事故调查小组，调查火灾发生原因并按机构规章进行处理。调查得出结论后，应由安全负责人撰写事故调查报告，同时总结该次火灾事故的教训，在全体员工中实行安全事故的教育培训，杜绝类似事件的再次发生。

2. 食物中毒事故应急预案

社会福利机构是人群密集场所，饮食卫生关系众多人员的生命健康。在发生食物中毒事故之后，社会福利机构应当迅速有效地开展抢救工作，同时因地制宜、分秒必争地对中毒人员进行妥善处理，最大限度地降低中毒者的生命安全风险，提高后期的抢救成功率。为提高事故的处置效率，及时有效地采取措施抢救中毒者，迅速控制中毒事件，减少人员伤亡和财产损失，社会福利机构应当制订食物中毒事故应急预案，该预案应当包括以下内容。

（1）组织机构与职责。社会福利机构应当成立食物中毒事件应急处理小组，专门负责调查处理食物中毒事件。应急小组的负责人应由社会福利机构的负责人担任，成员应当包括机构主要的业务和职能部门负责人。应急小组的工作职责是，负责组织开展对食物中毒事件人员的初步调查，抢救中毒人员，报告当地卫生监督机构和疾病预防控制机构，收集保全中毒人员食用过的剩余食物及当天配餐所用加工原料、辅料等，收集与保全中毒者的呕吐物、排泄物等，封存厨房及有关原料仓库，追回已配发的可疑食品，协助卫生部门进行卫生学调查。应急处理小组应当掌握当地卫生监督机构和疾病预防控制机构的疫情报告电话，以及就近的医疗机构的急救电话。

（2）紧急报告制度。在发生食物中毒事件或疑似食物中毒事件时，接到食物中毒报告的值班人员，应当立即向应急处理小组报告，应急处理小组收到信息后应立即报告当地卫生监督机构和疾疾预防控制机构。报告内容应当包括发生的时间、地点、单位、中毒人数和死亡人数，病人主要症状，可能发生的原因和已采取的应急措施等。

（3）食物中毒的应急处理。出现食物中毒事件后，社会福利机构应当立即启动相关应急预案。应急处理小组的负责人应当立即赶赴现场，组织人员对中毒人员采取紧急急救措施，并进一步对中毒情况进行调查、核实，同时拨打急救电话，或组织人员将病人送到医院进行救治。对可疑食品、生产加工场所应迅速采取控制处理措施，包括保护现场，封存相关食品及加工原料，追回已配发的有毒食品或疑似有毒食品，封存被污染的食品加工设备及用具，及时提取病人的呕吐物、排泄物等样本，供有关部门作检测，同时积极协助卫生监督机构和疾病预防控制机构开展卫生学调查。

（4）事故后的处置程序。应急救援结束后，社会福利机构的负责人应当邀请防疫站工作人员到配餐中心对原材料、消毒设施、环境卫生等进行检疫、检查，发现问题及时处理，同时在今后的工作中从以下 4 个方面严格控制食品安全卫生。

① 严把食品原料进货、验收关。从源头上把好食品卫生安全关。

② 严把食品储存关。对需要储存的食品，在入库前要进行抽样检查，防止有问题的食品进入仓库，食品储存应保持分类、分架、隔墙离地存放，并定期检查，及时处理变质或超过保质期限的食品。

③ 严把饭菜质量关。食品的加工过程直接关系到食品的卫生质量，有关人员要加大力度严抓食品加工过程的卫生质量，首先监督炊事员必须采用新鲜洁净的原材料制作食品，不得加工或使用有质量问题的食品，加工食品必须烧熟煮透，加工后的成品应与半成品分开存放，防止交叉感染。

④ 严把餐具消毒关。食堂对餐具按规定进行严格消毒，确保餐具清洁卫生，防止出现因交叉感染而引发的食物中毒事故。

3. 意外事故的应急预案

由于入住对象的脆弱性、特殊性，人口的相对集中性，使得社会福利机构成为人身意外伤害类事故的高发地。事实上，社会福利机构的职能除了为入住对象提供照护服务外，最重要的一项职责就是保障入住对象的人身和财产安全。一旦入住对象发生意外受伤、走失或意外死亡等，将极易引发受害者家庭与社会福利机构之间的纠纷和扯皮。人身安全意外的成因非常复杂，既有入住对象自身的原因，也有机构配套环境设施的原因。此外，机构管理不当、照护不当、机构安全防护工作不到位等也可能引发意外事故。因此，对于社会福利机构而言，加强对入住对象人身安全的保卫和预防是机构管理的重中之重。

（1）意外事故的防范预案。

① 机构管理者应加强对入住对象的安全教育，增强其安全意识，及时发现并帮助入住对象戒除一些不良生活和行为习惯。

② 机构管理者应加强对工作人员和照护人员的职业道德教育，增强其责任意识、安全意识和法制意识，以最大限度地降低意外发生的概率。

③ 机构管理者应当严格按照社会福利机构的建设和管理规范，完善相关安全设施，如建设标准的无障碍通道，保持室外地面的平整，并对其进行防滑防摔处理，通道走廊和洗浴场所全部加装安全扶手。

④ 要定期检查机构内各种设施、设备，并对电路及电器设备、开关等进行维护检修，及时排除安全隐患。

⑤ 严格照护和安全工作人员全天 24 小时值班制度，严格定时巡查制度。

⑥ 定期对入住人员进行体检，邀请专业人士对入住对象和服务人员进行常见突发疾病应急处理知识培训。

⑦ 科学合理安排入住对象的运动和娱乐活动，并做好防护措施。

⑧ 聘请专业社会工作者对入住对象和工作人员开展心理咨询和情绪疏导服务。

（2）意外事故的应急预案。

① 值班人员接到通知，应迅速赶到意外事故现场，判断受伤（害）者的实时状态，做第一时间的救护和保护，避免伤者受到二次伤害。

② 立即通知医务人员赶赴现场，视情况紧急处理。

③ 尽快通知伤者或当事人的家属。

④ 若情况危急速打急救电话 120。

⑤ 及时对意外事故进行分析，如果有福利机构自身原因，应及时进行改进，避免造成类似事件的再次发生。

4. 突发治安事件应急预案

为保障入住对象的人身安全，社会福利机构既要防止来自机构外的暴力倾害和恶性报复行为，也要防止机构内的由于各种纠纷引发的重大冲突或群体性行为失控。无论是面对来自机构外的暴力倾害，还是面对来自机构内因入住对象与工作人员之间、入住对象之间发生重大矛盾而引发的争吵、斗殴等，社会福利机构的安全负责人都必须立即介入，及时制止。对治安类事件的基本处置程序应当包括以下步骤。

① 及时制止。一旦发现入住对象之间或者入住对象与社会福利机构以外的人员发生争吵、斗殴等现象要及时制止。如果有社会福利机构以外的人员介入，应先将外来人员劝离社会福利机构。在制止过程中，要本着保护入住对象的生命和身体安全的原则，劝阻争执双方住口和住手，并采取措施将争吵或斗殴的双方或一方及时分离，或劝离现场。

② 报警和送医。为保护入住对象的生命和身体安全，一旦发现事态严重应立即拨打110电话报警处理。如果有伤员，则先送伤员去医院救治。

③ 及时上报。社会福利机构发生突发治安事件后，应及时上报到当地政府和主管的民政部门，由主管部门或地方政府指派相关人员协助调解；当事人有家属的，还应及时通知家属到达现场协助处理。

④ 社会福利机构应在事后由专人负责调查事件原因并记录，并对涉事者进行批评教育，如果是由工作人员引发的矛盾，事后应对工作人员进行抽调，避免后续再发生矛盾。

四、社会福利机构在突发事件后的媒体应对策略

社会福利机构在突发事件后，要把应对媒体和公众作为重要的任务对待，处于事件中心的每名员工都要行动起来，有组织地履行各自职责，多管齐下、共同应对。具体媒体的应对策略包括以下几个方面。

1. 善待媒体

对于管理者而言，善待媒体，是与媒体沟通交流的前提。要理解新闻、尊重记者，宽容舆论和服务媒体。现实情况是，许多人都对记者群体存在一定的误解，认为记者是"无冕之王"，把持话语权，惹不起躲得起；有的人一叶障目，因为个别例子就把全体记者当作"吃拿卡要"的群体；甚至把记者看成当今"三防"之首——"防火防盗防记者"，处处提防。他们对记者采取不欢迎、不接待、不提供信息的"三不"政策，造成和传媒的关系紧张。事实上，社会福利机构应当在平常处理好与媒体的关系，在突发事件之后，及时掌握第一手的信息发布权，变被动为主动。尤其要与机构所在的新闻媒体建立良好的合作关系，在日常工作中要注意借助媒体树立社会福利机构良好的外部形象，营造良好的外部环境。除正面宣传报道、抢占话语权外，还要通过发表网络文章、登录博客和网上跟帖等，减少负面报道对机构的影响，防止恶意炒作，为机构营造较好的网上舆论环境。

此外，还要制订突发事件媒体应对预案，并按照预案做好演练，一旦发生意外事故，或火灾或食品安全、卫生事故或群体事件，在立即启动应急预案的同时启动媒体应对预案。

2. 统一信息的对外发布

突发事件发生后，在媒体应对中，要坚持由统一的机构对外信息发言人发布相关信息，用一个声音对外说话。同时，在接受媒体采访时，一个重要原则是"用事实说话、以行动解决"。要有效防止不知晓事件真相的人员接受采访，以免媒体记者道听途说、以讹传讹、不实报道，使机构形象和美誉度受到损害或引发危机。

3. 信息发布主动、及时、真实

突发事件后的信息发布，最忌被动。与其等别人说，不如自己先说。因此，社会福利机构应在处理突发事件的24小时内，主动联系媒体发布相关信息，发布信息的内容至少包括：发生了什么，我们采取的措施，处理结果等。信息发布后，如果有新的重大情况应及时跟进后续信息的发布。在网络时代，社会福利机构还需善用网络媒介，有条件的机构应当建立官方网站，或官方微博，利用网络平台及时向社会发布消息，消除媒体和大众的质疑。

总之，"谣言止于公开，沟通需要智慧"。社会福利机构要赢得社会的信任和公众的支持，只有不断规范和完善日常经营管理行为，提高自身的社会责任感，以正确积极的态度面对媒体和大众，借助媒体的力量，就一定会变被动为主动，减少突发事件给社会福利机构带来的不良影响，化解风险。

思考题

1. 试述我国社会福利机构突发事件应急管理的现状。
2. 社会福利机构如何规范和强化对突发事件的预防管理？
3. 试述社会福利机构在突发事件后的媒体的应对策略。

本讲小结

对本讲内容的掌握可以从以下几个方面进行。

（1）了解什么是突发事件，突发事件的特征与类型，在此基础上进一步掌握突发事件预防工作的主要内容以及突发事件应急管理的内涵、物征和基本原则。

（2）在对突发事件及其应急管理的基本知识有了全面了解之后，进一步分析社会福利机构可能面临的突发事件，包括社会福利机构突发事件的主要类型以及社会福利机构突发事件的特殊性，然后进一步了解社会福利机构突发事件的应急管理原则。

（3）由于社会福利领域的特殊性，加上我国仍缺乏专门的福利机构突发事件应急管理规范和相关标准，随着社会福利机构尤其是非公办的社会福利机构的大量涌现，社会福利机构在突发事件应对管理上面临许多挑战。因此必须规范和强化社会福利机构对突发事件的预防管理，建立专业的有针对性的社会福利机构突发事件应急预案。同时，社会福利机构管理者还应当掌握和提升突发事件之后的媒体应对策略。

推荐阅读

1. 黄顺康. 公共危机管理与危机法制研究 [M]. 北京：中国检察出版社，2006.
2. 戚学森. 民政应急管理 [M]. 北京：中国社会出版社，2007.
3. 周良才，赵淑兰. 社会福利服务 [M]. 北京：北京大学出版社，2012.

第⑪讲

社会福利机构案例分析①

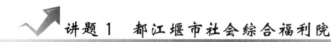

讲题 1　都江堰市社会综合福利院

一、机构简介

都江堰市社会综合福利院（以下简称"福利院"）是都江堰市民政局直属的综合性社会福利事业机构，始建于 1950 年 9 月，因 2008 年"5·12"汶川大地震损毁，从公园路 53 号搬迁至胥家镇实新村。新建的福利院是上海市对口支援都江堰市灾后恢复重建重点民生工程之一，于 2008 年 10 月 30 日开工，2009 年 10 月 24 日建成开院，全院占地 52 亩，总建筑面积 21986.37 平方米，总投资 9254 万元，设计床位 500 张，院内绿化面积达 45%，主要为全市"三无""五保"老人以及社会休养老人提供生活照料、医疗康复、休闲娱乐等服务。

开院以来，在各级领导大力关心、支持下，全院干部职工上下一心，共同努力，确保福利院安全正常运行，并获得良好的社会效益。2010 年 8 月，福利院被成都市老龄事业发展基金会授予"爱心助老先进单位"荣誉称号。目前，该院共计入住老人 312 人，其中"三无""五保"老人 100 人，社会休养老人 212 人。院内老人平均年龄 75 岁，最大年龄为 101 岁。

二、组织构架及职责

从图 11-1 来看，该院是院长负责制，配有 1 名书记、2 名副院长、1 名院长助理，设置了 6 个职能部门及 1 个研究会。书记主要负责党务以及工、青、妇等群团组织的工作，副院长及院长助理协助院长领导各个职能部门的工作。

---

①　本讲素材由都江堰市社会综合福利院、深圳市宝安区社会福利中心、重庆市儿童爱心庄园、重庆医科大学附属第一医院青杠老年护养中心、重庆市南岸区青松养老公寓提供。

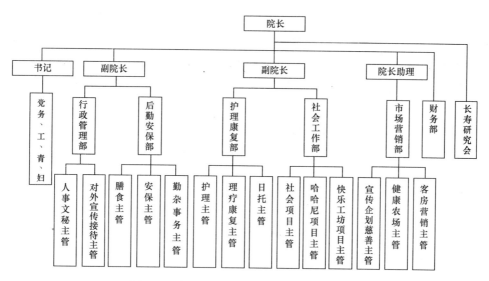

图 11-1　都江堰市社会综合福利院组织构架

在职能部门中，行政管理部主要负责：院内日常行政事务与党务管理；职能部门之间的综合协调及对外宣传；人事管理与目标考核管理；各类文件收发、文书草拟；各类会务安排、来访、参观等内外宾接待工作。后勤安保部主要负责：设施设备维修、保养及物资供应；基建工作；食堂管理与监督工作；水电气供给与绿化工作；院内安全与保障工作。护理康复部主要负责：老人生活起居照料服务；老人康复、保健、医治等工作。社会工作部主要负责：开展有益于老人身心健康的各类活动；个案、小组工作；志愿者管理；社会工作理念与普及工作。市场营销部主要负责：接待外来咨询；服务对象出入院日常事务；业务推广与宣传；与家属沟通与反馈；客房、农场、手工艺品等策划、营销与管理。财务部主要负责：各种费用的收支；预算内外资金管理；核算及运用。

三、服务对象与内容

本着"奉若亲情、情同父母"的服务理念，"以人为本、老人至上、服务第一"的服务宗旨，"关心老人、关怀老人、关爱老人"的服务口号，立足"注重细节、追求卓越、创新发展、播爱增福"的办院理念，福利院开院以来认真贯彻落实实践科学发展观，力求让老人真正体会到"老有所养、老有所医、老有所乐、老有所学、老有所为"。

（一）服务对象

福利院的服务对象主要包括两类：一类是都江堰市的"三无"老人（无法定赡养人、无劳动能力、无生产资料）；另一类是全社会愿意自费代养老人，不受年龄、民族、籍贯的限制。

（二）服务内容

根据机构的设置及老年人的实际需求，目前福利院主要提供等级护理服务、康复训练服务、健康和安全知识学习服务、社交及康乐活动服务、个案管理及专业化介入服务、膳食营养知识学习和保障服务、异地旅游养老服务、庇护工场服务、理论与实证研究和志愿者服务等 10 项服务内容。

四、机构特色与创新

都江堰市社会综合福利院是灾后重建的一所福利院，在设计风格、设计理念和设备配置等方面充分考虑老人的需要，力求做到尽善尽美，相比传统的福利院有比较大的差异。

（一）设计理念先进，人性化强

在重建过程中，福利院充分考虑老人实际情况，采用无障碍设计，各功能区之间有连廊相连，各栋建筑全部设有轮椅通道，住宿区均设有电梯。老人们穿行在福利院的各个角落，不会受到日晒雨淋。在房间设计上考虑细致入微，如为防止老人滑倒，卫生间淋浴处安装了防滑木板、马桶边还有扶手及报警装置，但凡有走廊过道和墙壁的地方，都安装了更人性化的双层扶手，方便老人自由出入。

（二）创新工作机制，实施差别管理

一是建立了"两会三查"制度。"两会"即全院每周一次例会，各部门每日一次晨会；"三查"即全院每周一次行政查房，每周一次卫生大检查，每周两次考勤抽查，行政查房时由院领导和中层干部组成的行政查房小组奔赴各楼层、各岗位深入了解工作开展情况，掌握入住老人的实际需求和心理动态，及时发现存在问题，形成"行政查房记录"，向涉及部门发放"整改通知书"，并跟踪督查直至问题解决。

二是实施差别管理。针对老人生活习惯的差异，成立了膳食营养小组，研究出适合老人口味的近 2000 余种菜品。修订完善了福利院老人入院流程，对新入院老人护理等级进行评估，并建立亲属沟通、个案分析长效机制，按时每天查房，了解老人身体状况和近期动态，及时反馈给老人亲属，做好沟通工作。

（三）引进全新的社会工作模式

2010 年 1 月，福利院引进了社会工作服务，社会工作者入驻福利院后，针对老人不同生理、心理方面的特点，以老人需求为导向，积极开展个案和各种小组活动，通过激发老人潜能，排除老人不良情绪，让入住老人全面融入福利院生活，增强老人对福利院的归属感，让年老成为一件高兴的事。例如设立音乐空间，在社工、志愿者的引领下，老人们组建了红歌小组、舞蹈小组、乐器小组，闲暇之余，弹奏一曲或唱唱红歌，扭扭秧歌，既活动了筋骨，也舒缓了心情。再如开展耆乐游，社工通过组织老人游览都江堰景区、体验快铁之旅、参观灾后重建点、游览成都三圣花乡等外出活动，积极拓展老人视野，让老人们亲身感受到灾后重建日新月异的变化和改革开放经济社会发展的成果。

（四）创新养老模式，打造服务品牌

福利院围绕"六有"目标，积极探索创新老人学习、生活、生产和养老模式，精心打造实施一批敬老养老新品牌，充分调动了老人积极向上的生活态度。

一是开展"哈哈尼陶艺创作中心"项目。"哈哈尼"是一种自己动手做瓷器的体验方式。该院于 2010 年 11 月成立了"哈哈尼陶艺创作中心"，购置了相关设备并组织老师现场教学。目前，老人已创作出特色作品数百件，这些作品大多展示了老人们舒适、健康、幸福的生活状态。

二是开展"夕阳美·健康农场"项目。福利院按照每个老人 0.05 亩地的标准，配置农耕用地 20 余亩，设立"夕阳美·健康农场"，由工作人员组织身体健康、有一定技术和兴趣的老人组成蔬菜种植、苗木种植、花卉种植小组，既解决了院办食堂的部分果蔬供应和院内绿化用苗等问题，又陶冶了老人的生活情操，回归自然，远离尘嚣。

三是开展"快乐老年宫"项目。该项目包含"健康加油站""快乐宫坊"等子项目，主要开展康复锻炼、手工制作、书画创作等。通过锻炼老人动手能力和活跃思维能力，防止老年痴呆，同时满足老人们学习和活动的愿望，丰富他们的生活。

四是开展"爱心加油站"项目。通过将老人们制作后志愿献出的"哈尼尼"陶艺、书画、丝网花及其他手工艺作品放入院内"爱心加油站"，一部分用于回馈社会各界爱心人士、志愿者等，感恩来之不易的幸福生活；另一部分用于开展爱心义卖，义卖所得又用于购买原材料、辅助设备等，实现各项目的良性循环发展。2011 年 4 月 24 日四川省委奇葆书记在视察都江堰社会综合福利院时，对福利院回馈社会、传递爱心的做法予以高度肯定。

五、案例评析

都江堰市社会综合福利院是在汶川大地震后，由上海市对口援建的新型福利机构。在整体设计上，首先体现了以自然、城市、人居和谐共生的理念，建筑风格集"川西民居""苏州园林"于一体。其次，根据服务对象的生理、心理特征和现实需求，设计了综合管理办公区、综合服务区、医疗与康复区、全自理区、半自理区、全护理区、失智区等七大功能区，且各功能区之间由连廊相连，各栋建筑全部设有轮椅通道，住宿区均设有电梯，采用无障碍设计，老人们穿行在福利院的各个角落，不会受到日晒雨淋。在基础设施方面，可以说国内一流。

此外，该机构借助上海对口援助的机遇，健全组织构架，建立了社会工作部和长寿研究会，这是该机构在组织建设上的一个创新。实践证明，社会工作介入养老服务发挥了重要作用，如上文提到的"快乐老年宫""爱心加油站"等项目都来自社会工作部的设计与实施。这些对激发老人潜能、排除老人不良情绪、增强老人对福利院的归属感发挥了不可替代的作用。

讲题2　重庆市南岸区青松养老公寓

一、机构简介

重庆市南岸区青松养老公寓（以下简称"公寓"）是经民政局等主管部门共同批准成立，专业从事老年养护、养老、康复、疗养等服务的星级养老机构。经过多年在养老服务中不断摸索与积累，现在已成为连锁经营模式的养老公寓，并在南岸区、沙坪坝区设立了专业养老护理机构。

公寓坐落于风景迷人的南山，离南山森林植物园仅800余米，空气中负氧离子极其丰富。公寓占地面积约3.4平方米，建筑面积2600余平方米，设有180张床位。公寓硬件设施齐全，装修风格现代，房间内设有独立的卫生间、空调、紧急呼叫器、电视、衣柜、1.2米大床、24小时热水淋浴，公共区域设有全天候的监控设备等，并配有适合老年人的健身器材及文化娱乐设施。公寓周边环境优美，有数十种植物、假山、金鱼池、观景平台、花架等，是适合老人养老、康复、疗养、休闲的高档次的养老公寓。

公寓通过不断提高和创新管理模式及完善专业护理技能，逐步树立服务品牌，走上专业的养老护理模式。公寓以"老有所养、老有所亲、老有所乐"为服务目标，用"细心周到、不求最好、只求更好"的经营服务理念，努力做好老年人的养老护理工作，托起养老事业这一轮"朝阳"，让"夕阳"也能无限美好。

二、组织构架及职责

青松养老公寓组织构架如图11-2所示。

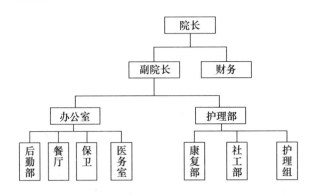

图11-2　青松养老公寓组织构架

（一）院　长

院长负责公寓职能或业务部门重点工作的协调；负责全院性事业发展规划的编制、修订工作；带领全院职工认真贯彻落实党和政府关于养老服务机构的方针、政策以及上级的指示；负责本院中长远发展规划，其中包括指导思想、指导原则、工作目标任务以及措施，组织协调各部门的工作，保障全院工作的有序开展；负责全院的对内对外宣传工作和重要信息的发布工作；根据养老机构发展要求和状况，按照养老机构服务质量规范要求，制定并适时修改各项规章制度，使管理与服务质量得到持续改进和提高；掌握财务的审核预算、决算计划、物资供应计划、收支情况和财务支出的审批；根据安全管理制度及风险处置预案的要求负责安全工作。

（二）副院长

副院长带领全院职工认真贯彻党和政府关于养老服务机构的方针、政策以及上级的指示；组织协调全院各部门的工作，保证全院各项工作的有序开展；负责全院的对内、对外宣传工作和重要信息发布工作；负责全院的安全工作；负责召开部门的有关会议，布置工作，听取工作汇报；按照规定在重要时期和重大节日前对全院职工进行安全教育；按照安全管理规定和相关预案要求组织制订安全、保卫方面的各种预案，加强安全隐患检查，预防重大事故发生；督促检查全院的环境卫生清理；在院长的领导下负责办公室、护理部的管理工作；按照医务和护理有关制度的要求督促检查所管部门各项工作运行情况，确保工作质量，不断提高工作效率；负责床位入住管理工作；负责领导办公室和护理部的工作；负责所管部门人员的素质、技能知识教育，不断提高员工的素质和专业水平。

（三）办公室

在主管院长的领导下，协助院长负责全院的行政管理工作，负责协调各部门的工作，起到上传下达的作用；负责办公室全面管理；负责全院性对外、宣传、行业文化、文档管理等日常事务性工作；负责对办公室人员的日常工作管理，做好思想政治教育，组织业务学习和考核；负责全院质量管理工作和标准化管理工作；负责办公室安全工作；负责院领导交办的临时性工作，做好重要事项信息的上传下达和落实。

（四）护理部

护理部负责公寓护理员管理工作，接待客户和协助主任及员工的工作；落实公寓领导交办的各项工作检查，督促各班护理员执行；召开每日 2 次的交接班会议，并做好办公室交代的所有记录；负责与医务室的检查工作，配合医生做好对患病老人的健康情况检查记录和相关的档案；配合餐厅协助老人进餐；负责协助领导安排护理组、康复组、社工组的工作。

护理组负责照顾每个老人的生活起居；配合完成康复部和社工部安排的相关工作。康复部除做好本职的老人护理工作外，需对特殊老人制订康复训练方案，并监督和检查护理员的执行情况；并做好新入住老人的健康评估工作。社工部在办公室和护理部的领导下发挥社会工作专业的优势，并建立完善本院社工工作相关制度规范；推广社工服务理念，指导员工运用社工专业知识处理工作中的实际问题；运用社工专业方法为老年人提供心理、精神支持服务；组织老年人参加各类文体娱乐活动和兴趣小组活动；负责志愿者管理并配合有关方面开展实践活动。

三、服务对象及内容

公寓主要服务对象为自理、失能、失智的社会老人。具体的服务内容如下。

（1）为自理老人提供的服务。例如，送餐、送水、整理房间、洗衣、理发、医护、24小时呼叫服务。

（2）为介助老人提供的服务。例如，送餐、送水、整理房间、洗衣、理发、个人清洁、医护、24小时呼叫服务。

（3）为介护老人提供的服务。例如，送餐、送水、整理房间、洗衣、理发、个人清洁、穿衣、喂饭、喂水、协助解便、医护、24小时呼叫服务。

（4）为特殊护理老人提供的服务。例如，送餐、送水、整理房间、洗衣、理发、个人清洁、穿衣、喂饭、喂水、翻身、擦洗、协助解便、医护、24小时专业护理员陪护。

四、机构特色与创新

（一）打造连锁经营模式，塑造养老品牌

公寓成立于2010年9月18日，短短3年的时间公寓以人性化的管理和专业的护理技能取得了良好的发展成果，公寓的发展理念及经营方向依托于有一群朝气活力、团结专业的员工团队，在上级主管部门领导下，发展于未来庞大的养老产业链中，将公寓打造成连锁经营模式，建成一艘庞大的养老基地航母，使其更加现代化、规模化。"以人为本、以老人为亲、细心周到、老有所乐、不求最好、只求更好"的经营服务理念，为社会的老年人做好养老服务工作，在养老产业中树立起一个有经营特色、服务口碑的养老品牌。

（二）建立一支专业队伍，提高服务质量

公寓拥有一支专业化、科学化的护理团队，每位护理人员都取得了国家职业技能鉴定的中级养老护理员职业资格证书。护理人员对老人细心周到、无微不至的照料，尽显了该公寓的服务理念，并赢得了老人、家属以及社会人士的一致好评。为了满足社会老人的需求，该公寓在护理部设立了康复部和社工部，使其养老服务更接近老人的实际需求，在生理上、心理上满足老年人多元的需求，增强他们在公寓的幸福感。

五、案例评析

随着我国进入老龄化社会，老年人生活问题已越来越被社会关注。1998年以来，各级政府都出台了相关政策，鼓励民间组织、企业、个人创办养老服务机构。南岸区青松养老公寓也是在这种背景下由个人投资兴办的养老机构。与公办福利院相比，养老公寓是市场化运作，按照政府有关规定和标准收取费用，且费用相对公办福利院要高，这与其建设成本高是有一定关系的。

尽管各地政府都支持民间创办养老服务机构，但在支持的力度上还很不够。例如，在

用地上，有些地方对民办养老机构坚持有偿出让或"招拍挂"供地，而非"划拨"用地；征收建设和运营中的行政事业费等。对此，我们认为发展养老服务业不仅需要政府重视，更需要发动社会参与，建立完善多元化投资、多样化服务、市场化运营的养老服务业发展机制。

讲题 3　深圳市宝安区社会福利中心

一、机构简介

深圳市宝安区社会福利中心（以下简称"中心"）是宝安区政府为解决该区养老、孤儿收养等社会问题而建的综合福利机构，是宝安区 1998 年"十大民心工程"之一。中心主体按国家一级福利机构标准设计，占地 22000 平方米，建筑总面积 20069 平方米，由市、区两级政府投资 3900 多万元建设，于 2002 年 3 月 28 日成立。

中心内设办公室、保育部、老人部（宝馨颐养院）、康复部、福利部 5 个部门，共有员工 262 人（其中正式事业编制 27 人，临聘人员 235 人）。主要职能是为该区的孤寡老人、离退休人员、孤儿、弃婴提供生活起居、护理、保健、康复等服务；负责办理弃婴入户、迁户、助养及涉外收养手续；为家庭无力照管的老人、残疾儿童及无人照顾的海外侨胞提供生活起居、保健、康复、护理等有偿服务。

中心 2002 年成立至今，共接收弃婴（童）1354 人，办理国内收养 341 人，涉外收养 313 人，家庭寄养 337 人（次）。

中心成立以来，多次获得上级部门的表彰。2010—2012 年连续三年被评为全国孤残儿童涉外收养工作先进福利机构；2010—2012 年连续三年被广东省收养中心评为"涉外收养工作爱心奉献奖二等奖"。中心保育部副部长费英英同志，于 2012 年 3 月被人力资源和社会保障部、民政部评为"全国民政系统劳动模范"荣誉称号；2012 年 5 月被省委、省政府评为"广东省劳动模范"荣誉称号。

二、服务对象与内容

中心的服务对象主要是孤寡老人、离退休人员、孤儿和弃婴。目前，中心共有弃婴（童）35 余人（其中，居住中心 187 人，领养观察 32 人，家庭寄养 32 人，机构托养 80 人，模拟家庭 4 人）。在院老人 94 人，其中特护 32 人，占入住总数的 34％。

为了更好地照顾弃婴及老人，中心根据在院弃婴（童）的年龄、健康状况、性别（三岁以上进行区分）等不同条件实行"分区分班"安置，对应设置"5 区 16 班"，包括婴儿区（2 个班）、幼儿区（2 个班）、儿童区（5 个班）、特护区（3 个班）、观察区（4 个班）。

在院老人按照性别、健康状况对应划分 4 个护理级别，具体是自理、半护理、全护理、特级护理。

从服务内容来看，目前中心开展的主要业务包括：接收安置深圳市宝安区弃婴（童）；为在院残疾患儿提供生活护理、医疗、康复、学前教育、特殊教育服务；开展孤残儿童寄养（家庭寄养、异地公办福利机构代养）；办理孤残儿童国内收养、涉外收养业务；为宝安户籍孤寡老人提供免费机构养老护理服务；为社会自费老人提供有偿机构养老服务。

三、机构特色与创新

（一）引入 ISO 9001 质量管理体系，建立完整的规范制度

2005 年，中心引入 ISO 9001：2000 国际质量管理体系，提出精细化管理思路，从服务对象衣食起居、医疗康复、教育教学、社工服务、日常行政事务规范细则，一一予以明确。通过两年实践，逐渐探索出"以切合实际需要为主，适度超前"的制度建设思路，取得的经验被广东省内多家兄弟单位推广借鉴。

2009 年，中心在继续优化"ISO 9001 质量管理体系"的同时，适度引入"ISO 14001 环境管理""OHSAS 18000 职业健康与安全管理"及"SA 8000 社会责任标准"三项新体系。其中，"SA 8000 社会责任标准"的建立，在全国事业单位当中尚属首例。

随着三项新体系的引入，中心基本形成一体化的管理模式，实现全面绩效管理。因在制度建设方面积累了一定经验，2011 年 9 月，该中心作为全国唯一区级儿童福利机构，被民政部社会福利和慈善事务司、中国社会福利协会列为"民政业务标准化建设成员单位"，参与制定《全国儿童福利机构规范》的编撰工作。

（二）引进一支优秀的人才队伍，确保服务质量

中心按照"定点招聘、多方引进、重点培养、量材使用"的思路，长期坚持狠抓队伍建设，连续 10 年与重庆城市管理职业学院合作，定期选拔社会工作、社区康复、社会福利事业管理等相关专业毕业生来中心实习、就业，并从中发现人才，培养骨干。10 年来，该校到中心实习、就业的学生近 200 人，目前，中心 17 名中层骨干中 8 名来自该校。

其次，中心连续 6 年与湖北襄樊职业学校、广东梅州嘉应学院建立合作关系，引进特殊教育和医护人才；连续 5 年与广东江门幼儿师范学校建立合作关系，引进幼教人才；与南京特殊教育学院、江西省艺术职业学院、广西梧州卫校等多家院校建立合作关系，多方面引进人才，以满足中心多领域、多学科的专业需求。

此外，为提高队伍素质，中心与市医学继续教育中心合作，长抓员工的岗位技能培训和继续再教育。目前，中心一线护理人员持证上岗率 95％以上。坚持"走出去、请进来"的做法，多次组织业务骨干到北京、上海、天津、广州等同行先进单位学习，邀请专家来中心授课。带着问题学习，寻找差距，做到扬长避短，精益求精。

（三）探索一批优质特色服务，创新发展新模式

一是探索建立家庭寄养评估体系。2008 年年初，在驻点社工的主导下，该中心结合实际工作，"探索建立孤残儿童寄养家庭评估体系"，将家庭寄养工作的办理过程进一步规范化、精细化、特色化。2009 年 9 月，民政部"中国儿童福利政策研讨会暨第五届全国儿童福利院院长论坛"在武汉召开，中心专题发言介绍弃婴（童）家庭寄养工作经验，得到大会肯定和民政部表扬。

二是探索涉外收养服务业务。中心 2005 年起开展涉外收养，坚持"以孤残儿童为本"，按照"先送养后养育"的思路，至今累计上报涉外资料 382 份，目前已办理涉外收养手续 313 人。收养家庭遍布美、英、法、加、荷、澳、西、芬、瑞、挪、比等 15 个国家，其中美国家庭居多，共 195 名儿童，占涉外收养总数的 62.3%。所送养儿童中，218 名为残疾类患儿，约占涉外收养总数的 69.6%。2010 年、2011 年、2012 年连续 3 年被中国收养中心授予"全国孤残儿童涉外收养工作先进福利机构"荣誉称号，被省收养中心评为"涉外收养工作爱心奉献二等奖"。

三是引入西方教育，助推幼教、特教均衡发展。2007 年，中心与美国加州儿童会深圳市先觉教育文化有限责任公司合作，成立"宝安阳光学校"，开展院内普通幼儿教育，为中心孤儿提供免费幼儿教育服务。通过第一期三年的合作，逐步培养了一批中心自己的师资力量，使中心儿童普教工作初具规模。目前，开设教学班级 4 个，幼儿教师 12 名（含机构外教 1 名），在班儿童 43 名。2012 年 10 月，中心与该机构签订了第二期合作协议，扩大了合作范围，着重增强了特需儿童技能教育的比重。

2008 年 9 月，经市（区）民政、教育、残联等部门共同推动，在全市各区分别设立一个"元平特殊教育学校分教办学点"，宝安区分教点设立在中心。分教点的成立，填补了宝安区特教工作的空白。目前，开设教学班级 6 个，特教老师 16 名，在读学生 49 人。分教点儿童采用独立小班化教学，除开设语、数、外等一般性课程，着重增加了艺术训练、特奥运动、综合实践等选择性课程的比重。特教点儿童绘画作品多次荣获全国、省市奖励，手绘瓷盘雕刻被选为 2010 年深圳大运会指定礼品，向全世界大学生运动员赠发。

四是探索"异地代养"，创新孤残儿童养护模式。由于中心床位的饱和，为解决激增的儿童安置问题，创新儿童养护模式，按照福利事业社会化总体思路，中心在全市福利机构率先开创"异地代养"工作。早在 2007 年，先后与省杨村社会福利院、韶关市新丰县民政局合作，建立"弃婴（童）异地代养试点"。目前，在新丰县儿童福利院代养儿童 49 名，在杨村福利院代养儿童 31 名，均为无法治愈的精神疾病和重度残疾患儿。异地代养的实施，有效缓解激增儿童安置，降低了中心人力资源和用工成本，帮助中心减轻护理负担，以便腾出手开展其他精细化服务。

五是开展孤残儿童医疗康复和课题研究。中心收置的弃婴（童）中，脑瘫患儿占一半以上。对这些孩子，既要重视"运动功能"主要障碍的改善，也要考虑"认知功能"等脑功能障碍的治疗。几年来，中心坚持与高校、医院开展"产、学、研"合作。2009 年，

与重庆城市管理职业学院民政学院社区康复教研室、宝安区西乡人民医院合作，开展题为"头穴长留针配合康复运动对小儿脑性瘫痪运动及认知障碍的研究"的康复课题研究。这项课题的开展，为脑瘫患儿临床治疗提供了新的治疗思路。先后有60名儿童接受康复治疗，总有效率85%以上。取得的经验成果在《实用医学杂志》（2009年6月第25卷增刊）上发表，引起业内关注。

2011年，中心邀请匈牙利专家指导，尝试开展儿童引导式教育。通过两年实践，儿童在运动、认知、社会交往、生活自理能力、心理等方面有了明显提高。中心将实施引导式教育以来患儿综合康复情况进行评估总结，撰写题为"引导式教育在中国福利机构运用的体会"的业务论文，被德国慕尼黑第8届世界引导式教育会议收录发表，引起了大会高度关注。

2012年年底，中心与深圳张秋霞中医内科诊所建立长期合作关系，针对年龄较大、体质较弱的"一、二级残疾儿童"，从中医推拿按摩进行脏腑、肌肉及体质调理，再根据病情及脑瘫类型进行复合手法治疗。

四、案例评析

从服务对象来看，该机构的服务对象既包括老人又包括孤儿、弃婴，是一个综合性的福利机构，与本章中其他几个福利机构不一样。在管理上，该机构在全国率先引进ISO 9001质量管理体系，规范服务流程与标准，提升服务质量的做法值得其他福利机构借鉴和学习，引领了时代发展的潮流与方向。

此外，该机构非常善于整合社会资源，与不同的院校、机构合作，共同推进机构使命的实现。例如，与重庆城市管理职业学院、湖北襄樊职业学校、广东梅州嘉应学院等院校建立合作关系；与省杨村社会福利院、韶关市新丰县民政局合作，建立"弃婴（童）异地代养试点"；与深圳张秋霞中医内科诊所建立长期合作关系。通过与不同机构的合作，提升了员工的素质，满足服务对象多元的需求。

此外，该机构在促进儿童社会化方面作出了有益的探索。例如，建立儿童家庭寄养评估体系，开展涉外收养业务等。

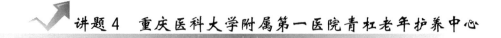

讲题4　重庆医科大学附属第一医院青杠老年护养中心

一、机构简介

重庆医科大学附属第一医院青杠老年护养中心（以下简称"青杠老年护养中心"）是重庆医科大学附属第一医院投资兴建，国家发改委批准的全国第一家大型公立医院下属的养老机构，是 2009 年国家基本养老服务体系建设试点项目。青杠老年护养中心集养生文化、康复理疗、医疗护理、休闲娱乐等功能于一体，建成后将成为重庆市大型五星级综合性养老机构。

青杠老年护养中心位于重庆市璧山县青杠街道，距主城区 22 千米，占地面积 1100 亩，总建筑面积 26 万平方米，设置床位 3000 张。青杠老年护养中心分三期进行建设，项目主要包括 5 个护养区、临湖疗养区、学术交流中心、老年病专科医院、护理培训学院等。目前建成的护养一区已于 2012 年 2 月 27 日投入使用。护养一区建筑面积 31 727.08 平方米，设置床位 522 张，由"四合院式"的 7 层电梯房组成，护养一区内设置有配套医院、康复治疗中心、水疗中心、健身活动中心、康复病区及护养区。

二、服务宗旨与营运模式

青杠老年护养中心依托重庆医科大学附属第一医院精湛的医疗护理技术、先进的仪器设备、优秀的管理团队，秉持"健康、养生、文化、护养"的服务宗旨。"养生"是为了拥有健康的生活，"文化"强调的是丰富的精神内涵，"护养"则依托重庆医科大学附属第一医院强大的医疗护理技术、先进的仪器设备、优秀的管理团队，对老人实行高品质、全方位的照护，全面提高老年人的生活和生命质量。青杠老年护养中心的创办理念就是要协助老人过独立自主的有尊严的老年生活，努力实现健康老龄化和积极老龄化。因此，青杠老年护养中心倡导老人积极主动地经营老年生活，而不是被动接受养护。青杠老年护养中心将开放农耕乐园、种植园、垂钓园、手工作坊等，让老人在丰富多彩的闲暇活动中享受快乐，同时延长其自理能力的时间，以期望达到健康老龄化。同时老年人不只是被关怀照顾的对象，青杠老年护养中心还根据老年人的需求、愿望和能力，充分发挥他们参与社会团体活动的主观能动性，使他们活得有价值、有意义，如成立夕阳创作中心、国学书院（大家互为师、互为徒，弘扬中国文化），设立老年文化宫、老年学术文化研究中心等，成为老人的精神乐园。

在运营模式上，青杠老年护养中心采取"社区模式经营，酒店模式管理，医院模式护理，星级标准服务"，将养老服务、康复理疗、健康疗养、医疗护理融为一体，旨在打造一个高品质、专业化的护养中心。目前，已引进欧美发达国家的系列化先进设施用于各种护理服务过程，如用于非自理老人的自动转移系统、特殊洗浴设施等。这些设施将方便老人的生活，保障老人安全，降低养老护理员工作难度。

三、机构特色与创新

（一）在全国率先开展"医护养"结合的新型老年护理服务模式

调查结果表明，2010 年全国需要长期护理的人数高达 810 万人，一些政府机构和学者估计，到 2050 年约有 2700 万～4300 万老年人需要长期护理。西方国家的研究一致表明，长期照护服务供不应求将导致老年人健康状况恶化，如发病率和死亡率增加等。青杠护养中心为顺应医疗卫生事业的发展潮流和广大群众的实际需求，充分合理地利用医疗卫生资源，提高医院床位的利用率，减少患者住院天数，实现急性病与慢性病的分治，减少住院费用，为国家和个人减轻负担。

青杠老年护养中心开展的"医护养"结合的新型老年护理服务模式，实现了急病、慢病分开治疗的要求。护养中心首创的有医疗保障的长期照护服务模式能在一个较长的时期内，持续为疾病恢复期、晚期癌症姑息治疗、康复患者、长期卧床、老年认知障碍及生活不能自理等老人提供长期护理服务。

（二）全国第一家大型公立医院下属的养老机构，实现了双向转诊

医护人员全心全意为老人的医疗护理及照护保驾护航。老人在慢性疾病或处于疾病恢复期时，在青杠老年护养中心接受照护和康复锻炼；当老人出现病情变化，需要转诊治疗时，中心配置24小时待命的救护车将老人转入医院。护养中心转入老人均拥有紧急救护绿色通道，当老人在医院经治疗病情平稳，度过病症的急性期后，再转回护养中心照护。目前，青杠老年护养中心已有12位老人顺利实现了双向转诊，有转到老年病科、心内科、神经内科等。青杠老年护养中心绿色医疗通道保障成为青杠老年护养中心又一特色亮点，真正实现了老有所养、老有所医。

（三）打造一支专业团队，提升服务质量

为给老年人提供个性化、专业化的养生、医疗、保健、休闲、娱乐等服务，全面提高老年人的生活和生命质量。青杠老年护养中心依托医院优秀的管理团队、国际先进的仪器设备、精湛的医疗护理技术、标准化的工作流程和制度，构建了一支由医生、护士、营养师、康复治疗师、社工师、护理员组成的长期照护专业团队。每一个入住中心的患者及老年人都会经过评估小组的专业医生和护士共同进行的身心全方位的综合性健康评估，建立个人健康档案。专业照护团队会根据入住者的具体状况与入住者及其家属共同制订个性化的照护计划，并由专业照护人员分别实施，包括适应性关怀、个体健康指导、日常生活照料、营养食谱的制定与选择、康复指导、心理疏导、文化娱乐、慢病健康指导、各种运送服务及其他支持性服务等专业照护服务，让入住老人享受到优质的老年健康生活。

（四）探索建立长期护理服务体系

国内还没有统一的长期护理服务规范和服务标准，青杠老年护养中心是全国首家大型公立医院下属的养老机构，在这个独一无二的平台上，对疾病恢复期、长期卧床、老年慢性疾病、老年认知障碍及生活不能自理的老人等人群提供长期护理、康复、健康教育等服务。青杠老年护养中心持续改进完善长期护理服务体系，研究制定长期护理服务的服务规范和标准，并在重庆及全国推广。

（五）探索建立长期护理服务人员培训体系

原卫生部要求加快护理教育改革与发展，科学确定护理教育的规模，尝试订单式培养模式，推进学校教学与医疗卫生机构之间的有效衔接。我国已经有养老护理员职业，但专

业化的养老护理人员严重缺乏，据民政部统计，截至 2010 年年底，全国的养老护理人员有 20 多万人，而拿到《养老护理员资格证书》的只有 2 万多人，持证上岗的只有 10％，养老护理人员缺口 1000 万人。青杠老年护养中心正在大胆地尝试对从事长期照护工作的护理员培训机制的改革，已制订护理服务人员培训计划和师资力量储备，拟申请成立长期照护人员的培训和实习基地，同时借助院本部和护理学院的平台，创长期护理服务人员培训品牌及延伸，为全国长期照护队伍的发展壮大贡献其力量。

（六）设置社工部，开展丰富多彩的养生文化活动

为丰富老年人的业余文化活动，青杠老年护养中心设置了社工部，招聘专职社工。专职社工根据老人身体情况、兴趣爱好、文化程度等，制订不同休闲活动方案，举办多样化的社团活动，设立老年大学，让老人获得最大可能的独立、自助、参与、个人归属及人格尊严。目前，专职社工为入住老人开展养生保健类、康乐活动类、节日庆典、生日祈福、户外出行等各类大型娱乐活动 30 余次，接受志愿者服务 100 余人次，使尊老、敬老、爱老的中国传统美德在青杠老年护养中心得到了传承与发扬。

四、案例评析

青杠老年护养中心是依托大型公立医院，专为介护老人安度晚年而设置的社会养老服务机构。从服务对象看，主要是针对日常生活行为依赖他人护理的老年人。在护理模式上，在全国率先实施"医护养"相结合老年护理模式，做到了急病、慢病分开治疗，并实现了在护养中心康复训练和医院住院治疗的双向转诊服务。我们认为，这是该机构的一大亮点和优势，这种做法可以给服务对象及家人带来诸多方便，有利于服务对象身心健康。

此外，该机构构建了一支由医生、护士、营养师、康复治疗师、社工师、护理员组成的长期照护专业团队。每一个入住中心的患者及老人都会经过评估小组的专业医生和护士共同进行的综合性健康评估，并建立个人健康档案；然后由专业照护团队根据入住者的具体状况与入住者及其家属的意见，共同制订个性化的照护计划；再由专业照护人员分别实施。这种服务理念既体现了专业性、独特性，又反映了对服务对象及家人的尊重与自决，值得推广。

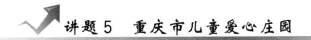

讲题 5　重庆市儿童爱心庄园

一、机构简介

重庆市儿童爱心庄园（以下简称"庄园"）是在市委、市政府的高度重视下，按照国

内一流标准设计建造的儿童福利机构，主要承担孤残儿童集中收养、保育护理、康复治疗、特殊教育、科研、培训以及对全市孤残儿童养育的指导工作。

庄园位于江北区铁山坪生态区森林公园内，于2010年5月29日开工奠基，2011年11月24日正式开园，设计床位1500张，庄园总建筑面积约8.8万平方米，现交付使用的约3.5万平方米。目前，庄园首期入住儿童约500名，主要来自重庆27个区县，残疾儿童占总数的67％，残疾类型有视力残疾、听力残疾、言语残疾、智力残疾、肢体残疾、精神残疾和多重残疾。

在市民政局的坚强领导下，在社会各界热诚的帮助下，庄园秉承"仁爱""平等""感恩""成长"的服务理念，不断规范服务流程、提升服务质量、打造服务亮点、拓展服务领域，为推动全市孤残儿童福利事业科学发展作出了一定贡献。2012年庄园获全市社会工作人才队伍建设"先进集体"称号，并连续两年获市民政局"先进集体"称号。

二、组织构架及职能

重庆市儿童爱心庄园是市级事业单位，由重庆市民政局负责管理和运营。为切实做好孤残儿童服务工作，按照国家《儿童福利院建设标准》和孤残儿童的心理特征和功能需求，庄园内设特殊儿童服务中心、爱心医院、社会工作科、培训中心、业务科、后勤科、膳食科、办公室、财务科、人事科等10余个部门，设置了爱心家庭区、集中养育区、特殊教育区、医疗康复区、儿童文体中心、培训中心及附属设施等功能区。

（一）主要科室介绍

1. 特殊儿童服务中心

特殊儿童服务中心主要负责庄园特殊儿童和青少年的保育、特殊教育、康复、职业训练、艺术教育等工作，下设5个工作组。

（1）保育组。负责庄园特殊儿童的保育工作，主要是为孤残儿童提供日常生活照料和护理，协助专业人员对孤残儿童进行康复、教育和保健辅助服务。

（2）特殊教育组。主要负责庄园发展迟缓儿童的早期干预和有特殊教育需要的儿童或青少年的教育工作。

（3）康复组。以现代康复理念为指导，通过运动、作业、语言治疗、引导式教育、生物反馈治疗、多感官刺激、感觉统合、理疗和中医中药等的综合运用，使残疾患儿在功能上得到最大限度的恢复。

（4）职业训练组。主要负责庄园14岁及以上的特殊青少年的职业、独立居住和社区适应能力的训练。

（5）儿童艺术组。主要负责庄园儿童的艺术训练工作。通过多种艺术形式的学习，丰富儿童的生活，发掘并培养儿童的艺术潜能。

2. 社会工作科

社会工作科主要承担学龄期孤儿的心理疏导、学业辅导、生活照料以及儿童、青少年、社区等相关专业领域的社会工作服务等。目前，社会工作科设置有学龄儿童生活区、社会工作服务功能区，建立了个案工作室、小组活动室、心理测评室、情绪宣泄室、音乐治疗室、沙盘游戏室、七巧板影院、爱心书屋和多媒体教室等专业社工服务平台。现有工作人员 33 人，主要由社会工作师、心理咨询师、学习辅导老师和生活管理老师等专业师资力量组成。其中，专职社工 4 名，心理咨询师 2 名，学习辅导老师 8 名，其余为生活管理老师。

社工科遵循社会工作的专业伦理规范，秉承"助人自助"的专业理念，坚持"以生命影响生命"的执着信念，恪守"以心以爱，服务儿童"的专业精神，帮助孤残儿童解决在日常生活和学习中认知、情绪情感、意志、行为等方面的问题。开园运营以来，已先后与重庆工商大学、重庆协和心理咨询事务所合作开展社工项目，建立了"派驻社工＋本土社工＋专业督导"的社会工作服务模式，积累了丰富的实践经验。在 2012 年首届全国优秀专业社会工作服务项目评选中，庄园社会工作项目获得了全国三等奖；多个社会工作专业服务案例入选重庆市社会工作专业服务案例汇编；指导学龄儿童参加学校和市级的体育、科技、演讲以及歌咏比赛中均获得了很好的成绩。

3. 爱心医院

爱心医院经市卫生局批准设立，设有内科、外科、皮肤科、妇产科、儿科、眼科、耳鼻喉科、口腔科、康复科、预防保健科、急诊医学科、临终关怀科、麻醉科、医学检验科、医学影像科。其中特色科室有儿科、康复科、临终关怀科。

爱心医院配备有大型设备，包括螺旋 CT、X 线高频数字成像系统、彩色多普勒超声仪、脑电图、脑血流图、医学检验设备、中心供氧系统、负压系统、信息网络系统、医学急救设备、救护车等。现有医疗人员和医学技术人员 25 人（副高职称 2 人，中级 2 人，初级职称 21 人），护理人员 17 人（中级职称 3 人，初级职称 14 人），所有医务人员均为全日制专科以上学历，其中大部分曾经在二级甲等以上医疗单位工作，有着丰富的临床经验。

2011 年年底，爱心医院已成为第三军医大学新桥医院和重庆医科大学附属儿童医院的挂牌指导机构。

（二）主要功能区介绍

1. 爱心家庭区

目前，庄园设计有 200 套爱心家庭房间，每套房间建筑面积共 123 平方米。每户家庭养育 4 名孤残儿童，爱心家庭区可养育 800 名儿童，是"全国最大规模的爱心家庭"区。爱心家庭是重庆市对"孤儿在家"养育模式的一种深化，通过向社会公开招聘自愿爱心父母与庄园儿童组建家庭，根据儿童的年龄、健康状况、父母的承受能力，选择 12 岁以下的可以行走的残疾儿童和正常儿童形成梯次组合，一方面保证家庭养育质量，另一方面有利于促进孤残儿童与爱心父母间的情感融合。

2. 特殊教育区

特殊教育区包括特殊儿童服务中心和儿童社工驿站。特殊儿童服务中心主要对残疾儿童和有特殊需要的青少年开展专门教育和训练，下设保育组、特殊教育组、儿童艺术组和职业训练组。儿童社工驿站以"助人自助"的理念，帮助孤残儿童发挥自身潜能，协调社会关系，为其最终回归社会奠定基础。

3. 医疗康复区

医疗康复区包括爱心医院和特殊儿童服务中心康复组。爱心医院内设儿科、儿童预防保健科、医学心理咨询中心等科室。特殊儿童服务中心康复组以现代康复理念为指导，通过运动治疗、作业治疗、语言治疗、引导式教育、生物反馈治疗、多感官刺激、感觉统合、体感互动、心理治疗、理疗和中医中药的综合运用，使残疾患儿在功能上得到最大限度的恢复。

三、机构特色与创新

（一）首创"教康养"模式，专注机能康复

针对初入庄园的残疾儿童，特别是婴幼儿体质较弱的问题，庄园首创了"教康养"三位一体整合服务模式，将原来的特教、康复、保育部门进行了整合，成立特殊儿童服务中心。

一是全力帮助残疾儿童改善体质、保持和发展生理机能。依据残疾儿童生理特征，分设了"康教保"和"教康保"重点班，建立了儿童成长档案，通过"接案→多专业联合评估→形成个别化支持计划→开展整合服务→服务评鉴→结案"的方式，在日常养育中融入特教和康复的理念和技巧，同时又通过专门的特殊教育和康复训练促成残疾儿童生活自理能力的提高，三者相辅相成，为残疾儿童提供了全方位的服务，有效保持和发展了残疾儿童的生理机能。目前，残疾儿童营养指标合格率达到95%以上，康复及受教育率达到适宜儿童的100%。

二是着力践行生涯教育，实现儿童成长纵向一体化。庄园将生涯教育理念贯穿到大龄残疾儿童的生活教育和职业教育中，即让残疾儿童在各个年龄段的教育、康复得以紧密衔接。通过将大龄残疾儿童置于家庭模式生活，开展陶艺、串珠、糕点、缝纫等职业课程训练，让其掌握了一定的生活能力和生存技巧，为转衔接教育提供了契机，也为他们将来回归社会打下了一定基础。

（二）建立了"专职社工＋驻站社工＋专业督导"的服务模式

通过向社会招聘、与高校合作等方式，逐步建立了"专职社工＋驻站社工＋专业督导"的服务模式，向孤残儿童提供游戏、娱乐、教育、心理支持、社会关系重建等一体化服务，满足儿童成长中的需求，使儿童身心得到康复，回归正常生活状态。

一是搭建服务平台，提升儿童幸福感。构建了适合儿童特点的心语坊（个案工作室）、成长动力坊（小组活动室）、七巧板影院、玲珑图书馆、诚信商店等硬件服务平台，通过营造温暖的服务环境、装饰温情的互动空间、恪守温柔的服务标准，为孤残儿童提供倾诉悲伤、抚慰心灵的守护天堂。

二是开展了一系列小组活动，如"我爱我家"适应庄园生活支持小组、"认识自我，接纳自我"自我认知成长小组、"蜕变——不再迷茫"青春期性健康教育小组、"为生命护航"安全教育小组、"文明礼仪伴我行"教育小组、"手工达人"艺术治疗小组等。通过小组成员间的互动互助，建立信任关系，营造温暖的社工服务文化，让儿童对庄园产生了强烈归属感、认同感，同时自我管理、自我监督的意识增强，提升了孩子们服务他人的幸福感。

三是以个案管理让孩子完成角色转变。从 2012 年 3 月起，社工开始着手建立儿童档案，有针对性地为每名儿童建立个人档案。在此基础上通过分析、筛选，对有特别需求的孩子进行了个案介入。整个项目过程中，社工共建立档案近 200 份，并对 19 个儿童进行了个案服务。在个案服务过程中，社工运用专业方法，从微观出发，从优点出发，帮助儿童建立起自信心，激发起改变自身的愿望，进而修正其他的不足之处，最终达到改善问题的效果。通过问卷调查显示，儿童认为他们的沟通交流能力得到提高的有 10.7%，团结协作能力得到锻炼的有 17.9%，表达能力得到提升的有 14.3%，自信心得到提高的有 21.4%。

"同一片蓝天下，我们共同成长"，这是孤残儿童的梦想，也是庄园的追求，庄园将以贴心的保育、因材施教的特殊教育、专业的康复与诊疗，尽心竭力助孤残儿童成长成才，以共享人生出彩的机会。

四、案例评析

重庆市爱心儿童庄园是目前我国规模最大的标准化儿童福利机构，为重庆市孤残儿童的健康成才提供了良好的环境，对探索孤残儿童服务标准化、规范化有积极的推动作用。例如，庄园首创了"教康养"三位一体整合服务模式，将特教、康复、保育部门进行了整合，成立特殊儿童服务中心，为残疾儿童提供全方位的服务，有效保持和发展了残疾儿童的生理机能。再如，建立了"专职社工＋驻站社工＋专业督导"的服务模式，向孤残儿童提供游戏、娱乐、教育、心理支持、技能训练、社会关系重建等一体化服务，满足儿童成长中的需求，使儿童身心得到康复，恢复正常生活状态，有利于提高儿童长大以后回归社会的能力。

儿童是祖国的花朵与未来，孤残儿童作为弱势群体理应受到政府的重视和社会的关怀。但需要注意的是，我们要意识到这不仅是一种怜悯、同情，也是一份责任，更要尊重与接纳他们，这样他们的生涯才会更精彩。

思考题

根据本章 5 个案例，分析：

1. 公办福利机构与民办福利机构的区别。

2. 社会工作介入福利机构服务的功能与作用。

3. 我国福利机构未来的发展趋势。

参考文献

[1] 多吉才让. 中国社会福利丛书(全五册)[M]. 北京：中国社会出版社,2002.

[2] 易松国. 社会福利社会化的理论与实践[M]. 北京：中国社会科学出版社,2006.

[3] 苑仲达. 我国社会福利机构的改革与发展[J]. 社会福利,2003(8).

[4] 周良才. 中国社会福利[M]. 北京：北京大学出版社,2008.

[5] 田北海. 社会福利概念辨析——兼论社会福利与社会保障的关系[J]. 学术界,2008(2).

[6] 吴桂英. 新型社会福利体系研究[M]. 北京：中国社会出版社,2007.

[7] 〔古希腊〕柏拉图. 理想国[M]. 郭斌和,张竹明,译. 北京：商务印书馆,2002.

[8] 〔古希腊〕亚里士多德. 政治学[M]. 吴寿彭,译. 北京：商务印书馆,1981.

[9] 〔英〕戴维·米勒. 社会正义原则[M]. 应奇,译. 南京：江苏人民出版社,2001.

[10] 〔美〕罗科斯·庞德. 通过法律的社会控制——法律的任务[M]. 沈宗灵,董世忠,译. 北京：商务印书馆,1984.

[11] 〔美〕迈克尔·沃尔泽. 正义诸领域：为多元主义与平等一辩[M]. 褚松燕,译. 南京：译林出版社,2002.

[12] 〔美〕约翰·罗尔斯. 正义论[M]. 何怀宏,何包钢,廖申白,译. 北京：中国社会科学出版社,1988.

[13] 褚思翔. 人文精神内涵[EB/OL]. http://hi. baidu. com/danbangua/blog/item/bfe099111102 ce76ca80c448. html.

[14] 丁霞. 科学精神与人文精神融合新探[J]. 理论月刊,2008(5).

[15] 顾肃. 当代西方政治哲学中的社会公正理论[J]. 河北学刊,2007,27(6).

[16] 何光沪. 基督宗教与人文主义：从误解走向对话[EB/OL]. http://blog. sina. com. cn/s/blog_4afe470701000078l. html.

[17] 黎昕. 构建和谐社会理论依据与思想资源[J]. 福建论坛,2005(8).

[18] 〔德〕马克思. 1844 年经济学哲学手稿[M]. 中共中央马克思恩格斯列宁斯大林著作编译局,译. 北京：人民出版社,2000.

[19] 人文精神内涵思考之一：独立的精神坚守和价值判断[EB/OL]. http://www. xici. net/u16270291/d87134441. htm.

[20] 万俊人. 何处追寻美德——重读麦金太尔的《追寻美德》[EB/OL]. http://book. douban. com/review/6142599/html.

[21] 王冬云. 论青年学生人文精神的培养[J]社会工作,2006(11).

[22] 王光辉. 谈新课程改革下教师内涵储备的价值取向[EB/OL]. http://wetalent. com/news. php? id=3887.

[23] 印明鹤. 新时期加强高校学生人文精神培养的思考[J]. 黑河学刊,2010(2).

[24] 〔美〕安东尼·哈尔,詹姆斯·梅志里. 发展型社会政策[M]. 罗敏,译. 北京:社会科学文献出版社,2006.

[25] 国家统计局. 2009 年农民工监测调查报告[EB/OL]. http://www. stats. gov. cn/tjfx/fxbg/t20100319_402628281. htm.

[26] 国家统计局. 2011 年我国农民工调查监测报告[EB/OL]. http://www. stats. gov. cn/tjfx/fxbg/t20120427_402801903. htm.

[27] 国家统计局. 2012 年全国农民工调查监测报告[EB/OL]. http://www. agri. gov. cn/V20/ZX/nyyw/201305/t20130527_3475033. htm.

[28] 景天魁,毕天云,高和荣,等. 当代中国社会福利思想与制度:从小福利迈向大福利[M]. 北京:中国社会出版社,2011.

[29] 易富贤. 大国空巢:反思中国计划生育政策[M]. 北京:中国发展出版社,2013.

[30] 周秋光,曾桂林. 中国慈善简史[M]. 北京:人民出版社,2006.

[31] 张美霞. 试析儿童福利机构面临的矛盾[EB/OL]. http://www. dtiosw. com/news_show. asp? id=369.

[32] 金新. 浅论福利事业管理格局之构建[EB/OL]. http://shfl. mca. gov. cn/article/llyj/fljgjs/200812/20081200025474. shtml.

[33] NPO 信息咨询中心. 非营利组织管理实务[M]. 北京:中国书籍出版社,2008.

[34] 单大圣. 中国养老服务管理体制的改革与发[J]. 经济论坛,2011(09).

[35] 董红亚. 非营利组织视角下养老机构管理研究[J]. 海南大学学报:人文社会科学版,2011(01).

[36] 潘丰. 国办养老机构运营现状及发展对策研究——以成都市第二社会福利院为例[D]. 成都:西南交通大学,2013. 3.

[37] 潘小芬. 浅析市场化运作模式下养老机构的成本控制[J]. 经济生活文摘,2012(10).

[38] 彭红燕. ISO 9001 质量管理体系在养老机构中的应用[J]. 中华现代护理杂志,2012,18(7).

[39] 周良才,赵淑兰. 社会福利服务[M]北京:北京大学出版社,2012.

[40] 孙洪峰. 论我国社会福利机构绩效评估的问题与对策[J]. 社会科学家,2006(03).

[41] 中华人民共和国民政部社会福利和社会事务司. 老年人社会福利机构基本规范(MZ008—2001)[S]. 2001-02-06.

[42] 中华人民共和国民政部社会福利和社会事务司. 残疾人社会福利机构基本规范(MZ009—2001)[S]. 2001-02-06.

[43] 中华人民共和国民政部社会福利和社会事务司. 儿童社会福利机构基本规范

（MZ010—2001）[S]. 2001-02-06.

[44] 国家发展改革委社会发展司、民政部社会福利和慈善事业促进司负责人解读国务院关于加快发展养老服务业的若干意见[EB/OL]. http://www. mca. gov. cn/article/zwgk/mzyw/201309/2013090051. html.

[45] 于菲菲,飞天. 管理中沟通的作用与艺术[J]. 2012(16).

[46] 陈金枝,张宗红,黄蔼云. 福利院护理人力资源的合理使用[J]. 中国民族民间医药,2013(22).

[47] 高灵芝,崔恒展,王亚南. 刍议社会福利服务领域行业管理体制的创新[J]. 社会,2004(1).

[48] 黄顺康. 公共危机管理与危机法制研究[M]. 北京：中国检察出版社,2006.

[49] 戚学森. 民政应急管理[M]. 北京：中国社会出版社,2007.

[50] 秦启文. 突发事件的预防与应对[M]. 北京：新华出版社,2008.

[51] 冯锁柱. 治安事件预防、预警与处置[M]. 北京：中国人民公安大学出版社,2002.